Kinder- und Jugendpsychologie für Erziehungs- und Sozialberufe

Kurt Müller
unter Mitwirkung von Elke Natorp

TR-Verlagsunion

Die Deutsche Bibliothek – CIP-Einheitsaufnahme

Müller, Kurt:
Kinder- und Jugendpsychologie für Erziehungs- und Sozialberufe / Kurt Müller.
Unter Mitw. von Elke Natorp
8. überarbeitete Aufl. – München: TR-Verlagsunion, 1992
Frühere Aufl. u. d. T.: Müller, Kurt: Kinder- und Jugendpsychologie für Erzieher,
ISBN 3-8058-2523-4

8. überarbeitete Auflage 1992 von „Kinder- und Jugendpsychologie für Erzieher“

Entwurf des Einbandes: Struve Design, München
Zeichnungen: Eduard Böhm, Fritz Klieber
Fotos: Süddeutscher Verlag, Ullstein-Bilderdienst
Druck: Ludwig Auer GmbH, Donauwörth
ISBN 3-8058-2523-4

Inhaltsverzeichnis

Vorwort 7

1. Kapitel 9
Was ist Psychologie?
Die Bedeutung des Begriffes Psychologie – Psychologie als Wissenschaft – Grundeinteilung der Psychologie – Gliederung der Psychologie

2. Kapitel 19
Wie arbeitet die Psychologie?
Geisteswissenschaftliche und naturwissenschaftliche Psychologie – Erkenntnisquellen der Psychologie und ihre Problematik

3. Kapitel 30
Zur Geschichte der Kinder- und Jugendpsychologie
Anfänge der Kinder- und Jugendpsychologie – Die Wende zum „Jahrhundert des Kindes" – Erste Arbeiten über Entwicklungsnormen für Kinder – Weitere Themen der kinderpsychologischen Forschung

4. Kapitel 40
Allgemeine Probleme und Begriffe der Entwicklungspsychologie
Zum Begriff der Entwicklung – Entwicklung als Differenzierung und Wachstum – Zeit und Entwicklung – Die Geschwindigkeit der Entwicklung – Akzeleration und Retardierung

5. Kapitel 52
Entwicklungsphasen in Kindheit und Jugend
Der Begriff der Entwicklungsabschnitte – Der Begriff der Phase – Der Stufenbegriff in der Entwicklungspsychologie – Kritik der Phasen- und Stufenlehren – Kritische Phasen und das Problem der Prägung – Latente Prägungen in der Entwicklung des Kindes – Sensitive Phasen in der Entwicklung

6. Kapitel 63
Die Wirkung von Vererbung und Umwelt auf die Entwicklung
Der Streit um das Erb-Umwelt-Problem – Was ist Vererbung? – Über den Unterschied von „angeboren" und „vererbt" – Methoden der Erbpsychologie – Was hat man unter Umwelt zu verstehen?

7. Kapitel 70
Vorgeburtliche Einflüsse und Geburt
Die vorgeburtlichen Entwicklungsabschnitte – Störungen der vorgeburtlichen Entwicklung – Psychologische Probleme der Geburt – Das Frühgeburtenproblem

8. Kapitel 80
Das neugeborene Kind und der Beginn des bewußten Erlebens
Die Neugeborenenzeit – Das Schreien des Neugeborenen – Der Schlaf des neugeborenen Kindes – Das körperliche Verhalten – Wahrnehmungsfunktionen in den ersten Lebenswochen – Welche Gefühle bestimmen den Lebensanfang? – Frühes Lernen

9. Kapitel 91
Die ersten Erfahrungen und ihre Folgen
Das Saugen als Instinktverhalten – Die Munderlebnisse und das Problem der Oralität – Das Problem der oralen Persönlichkeit – Daumenlutschen als Beispiel für das Entstehen eines Fehlverhaltens

10. Kapitel 101
Körperliche und psychische Geschlechtsunterschiede
Geschlechtspolarität als Fundamentaleigenschaft des Lebens – Die Prägung geschlechtstypischen Verhaltens durch die Gesellschaft – Biologische Geschlechtsunterschiede

11. Kapitel 111
Abhängigkeit und Angst
Abhängigkeit und Bindung – Emotionale und instrumentelle Abhängigkeit – Die Ursachen emotionaler Abhängigkeit – Emotionale Abhängigkeit auf späteren Altersstufen – Das Lernen von instrumenteller Abhängigkeit – Die Folgen der instrumentellen Abhängigkeit für die Entwicklung des Kindes – Erziehungsklima und Abhängigkeit des Kindes – Angst als Ursache von Abhängigkeit – Was ist Angst? – Die Herkunft von Angst – Die Entwicklung der kindlichen Angst

12. Kapitel 124
Identifikation und Imitation
Was ist Identifikation? – Der psychologische Sinn der Identifikation – Identifikation und Projektion – Identifikation und Imitation – Imitation als Lernprozeß – Imitation und Modell

13. Kapitel 135
Das Denken und seine Entwicklung
Biologische Grundlagen der Denkvorgänge – Handeln und Denken – Wahrnehmung und Denken – Abstraktion und kategoriales Verhalten – Sprache und kategoriales Verhalten – Wieviel Abwechslung braucht ein Kind? – Der Bildgehalt der Kategorien – Vorstellungsschemata und abstraktives Verhalten bei Kindern

14. Kapitel 146
Die geistige Entwicklung des Kindes in der Lehre Jean Piagets
Denken als Anpassungsleistung – Erster Grundbegriff: Das Schema – Veränderungen des Schemas – Zweiter Grundbegriff: Der Egozentrismus des Kindes – Die Beziehungen zwischen Denken und Sprache – Piagets Methode – Piagets Stufenlehre

15. Kapitel 158
Die Entwicklung der Sprache beim Kinde
Themen der psychologischen Sprachforschung – Gliederung der psychologischen Sprachforschung – Die Anfänge der individuellen Sprachentwicklung – Nennfunktion der Sprache und Einwortsatz – Die Sprachentwicklung im Vorschulalter – Milieutheoretische Sprachforschung

16. Kapitel 169
Die moralische Entwicklung des Kindes und des Jugendlichen
Fünf Thesen über das Wesen der Moralität – Methodische Schwierigkeiten bei der Erforschung der moralischen Entwicklung – Untersuchung moralisch gefährdeter Kinder – Verführung und Bewährung – Prüfung der moralischen Urteilsfähigkeit – Das moralische Verhalten und die Ich-Stärke – Tiefenpsychologie und Moral

17. Kapitel 181
Probleme der Geschlechtsreifung
Pubertät oder Adoleszenz? – Wandel in der Auffassung über das Wesen der Pubertät – Die Zeit der Vorpubertät – Die körperliche Entwicklung in der Pubertät – Früh und spät reifende Jugendliche – Psychische Veränderungen in der Pubertät – Die psychologische Funktion der Pubertät – Pubertät und Sexualität

18. Kapitel 192
Abweichende Sexualentwicklung unter biologischen, soziokulturellen und pädagogischen Aspekten
Arten der Homosexualität – Gibt es die homosexuelle Persönlichkeit? – Ursachen homosexueller Entwicklung

19. Kapitel 205
Psychische Störungen und Psychotherapie im Kindesalter
Wie äußern sich psychische Störungen? – Wie man psychische Störungen untersucht und erkennt – Therapeutische Möglichkeiten

20. Kapitel 216
Sozial auffälliges Verhalten von Kindern und Jugendlichen
Jugendkriminalität und Erziehung – Schwererziehbarkeit, Verwahrlosung, Delinquenz, Kriminalität – Ist Jugendkriminalität schichtspezifisch? – Warum werden Kinder kriminell? – Familienklima, Erziehung und Jugendkriminalität – Erbfaktoren und körperliche Konstitution – Läßt sich kriminelles Verhalten vorhersagen?

21. Kapitel 227
Neue Freiheit – neue Abhängigkeit
Ausreißer und Aussteiger – Jugendsekten – Süchtige Abhängigkeit – Drogenabhängigkeit – Probleme der Prävention

Biographische Hinweise 243

Literaturempfehlungen 245

Stichwortverzeichnis 249

Namenverzeichnis 253

VORWORT zur 8. überarbeiteten Auflage

„Kinder- und Jugendpsychologie für Erzieher" trägt mit der 8. Auflage den Titel „Kinder- und Jugendpsychologie für Erziehungs- und Sozialberufe". Der Band ist aus dem Begleitmaterial zu einer Hörfunkreihe im *Telekolleg für Erzieher* des Bayerischen Rundfunks hervorgegangen.

In der Zeit zwischen dem ersten Erscheinen dieses Buches vor fast 20 Jahren und dieser neuen Auflage haben sich nicht nur pädagogische Auffassungen geändert und Forschungsschwerpunkte verschoben, auch gesellschaftspolitische Jugendprobleme – man denke an die stetig wachsende Jugendkriminalität und das bedrückende Problem der Drogenabhängigkeit bei Jugendlichen – stellen Pädagogen vor neue, schwierige Aufgaben.

War der Beginn der siebziger Jahre von den Forderungen nach Chancengleichheit in der Erziehung und geistiger Frühförderung geprägt, so ist es heute um diese Themen fast schon wieder zu still geworden. Wurden in der Zeit zwischen 1950 und 1970 die Bedeutung der Mutter-Kind-Beziehung betont und die Folgen früher Mutter-Kind-Trennung dramatisch dargestellt, so stellen heute einige Kinderpsychologen die nüchterne Frage, ob in der frühen Kindheit tatsächlich „die Weichen gestellt" würden und warnen vor einer Überbewertung der Mutterrolle. Schon im Vorwort zur ersten Auflage mußte ich auf die allgemeine Erkenntnisunsicherheit in der kinder- und jugendpsychologischen Pädagogik hinweisen. Es gibt in der Psychologie kaum „unumstößliche" Fakten und Forschungsergebnisse. Die Darstellung solcher Ergebnisse ist aber auch nicht Ziel dieses Buches. Vielmehr soll beim Leser Problembewußtsein geweckt und verfeinert werden. „Rezepte" für Erziehungshandlungen oder gar Erziehungsregeln werden dem Leser nicht geboten. In dieser Neuauflage wurden notwendige Ergänzungen eingefügt, gleichzeitig bestimmte Themen gekürzt sowie Themenbereiche zusammengefaßt. Das thematische Gewicht, das vorher auf den Problemen der frühen Kindheit lag, wurde durch die Einfügung zweier neuer Kapitel auf die Probleme der Jugendzeit verschoben.

Das Buch kann aus wenigstens zwei Gründen nicht den Anspruch eines Lehrbuches erheben. Einmal ist es angesichts der Fülle wissenschaftlicher Befunde unmöglich, die gesamte Kinder- und Jugendpsychologie mit den dazugehörigen pädagogischen Problemen in einem Band systematisch und vollständig darzustellen. Zum anderen verlangen Lehrbücher von ihren Autoren einen weitestgehend neutralen Standpunkt. Kein Buch über Erziehung erlaubt jedoch „trockene" wissenschaftliche Neutralität. Immer ist „Parteilichkeit für das Kind" und damit persönliches Engagement des Autors gefordert.

Ich habe mich bemüht, die Probleme in einfacher Sprache darzustellen. Dies birgt allerdings die Gefahr, daß auch die Probleme selbst vereinfacht werden. Vielleicht mag dem Leser dieser oder jener Befund veraltet erscheinen, ich bin aber überzeugt, daß zwar Auffassungen und Ansichten, nicht jedoch Erkenntnisse veralten können. Auch bin ich überzeugt, daß eine kindzentrierte Pädagogik nicht von modischen Alternativen abgelöst werden kann. Dies wäre keine Ablösung, sondern ein Rückschritt.

Weiterhin möchte ich darauf hinweisen, daß im gesamten Buch mit dem Wort „Erzieher" eine allgemeine und geschlechtsneutrale Tätigkeit bezeichnet werden soll. Ich bin mir bewußt, daß wahrscheinlich weitaus mehr Erzieherinnen als Erzieher dieses Buch zur Hand nehmen. Die Erzieherinnen aus Neigung, Beruf oder Berufung mögen mir verzeihen, daß ich auf die umständliche Formulierung „Erzieherinnen bzw. Erzieher" verzichtet habe.

Frau Dr. Elke Natorp danke ich für ihre Mitarbeit. Als Spezialistin für Probleme der Sprachentwicklung beim Kind hat sie das 15. Kapitel geschrieben. Ihre reichen praktischen Erfahrungen auf dem Gebiet der Psychotherapie im Kindesalter werden in dem von ihr verfaßten 19. Kapitel erkennbar.

Kurt Müller

1. KAPITEL

Was ist Psychologie?

Die Psychologie ist eine vielgestaltige und reichgegliederte Wissenschaft. Sie läßt sich auf fast alle Bereiche des menschlichen Lebens anwenden. Als Wissenschaft ist die Psychologie verhältnismäßig jung. Ihre Ergebnisse sind nicht so gesichert wie die vieler anderer Wissenschaften. Die Anwendung psychologischer Erkenntnisse in der Praxis, besonders in der Erziehung, setzt deshalb Vorsicht und Kritikfähigkeit voraus. Psychologie kann unter sehr verschiedenen Voraussetzungen und mit sehr unterschiedlichen Absichten betrieben werden. Der Anfänger findet sich in dem „Irrgarten der Psychologien" kaum zurecht; deshalb soll in diesem Kapitel eine erste Orientierungshilfe geleistet werden.

Erziehung ist weitgehend angewandte Psychologie, denn erziehen heißt, das Verhalten von Menschen planvoll beeinflussen. Psychologie ist, sehr allgemein gesagt, *die Wissenschaft vom menschlichen Verhalten und seinen Ursachen.*

Psychologie und gesunder Menschenverstand

In der Praxis des Erziehers wird es immer wieder Situationen geben, wird er immer wieder vor Aufgaben gestellt sein, die nicht mit Alltagspsychologie, dem sogenannten gesunden Menschenverstand, zu bewältigen sind. Hier braucht der Erzieher wissenschaftlich fundierte Kenntnisse über menschliches Verhalten, an denen er sich orientieren kann. Solche Kenntnisse benötigt er aber auch zur Selbsterziehung und um sein eigenes Erzieherverhalten kritisch beurteilen und verbessern zu können.

1. Die Bedeutung des Begriffes Psychologie

Was ist Seele?

„Psychologie" bedeutet „Seelenkunde" oder „Wissenschaft von der Seele". Schon in dieser ersten Worterklärung sind grundsätzliche Schwierigkeiten zu erkennen. Der Ausdruck „Seele" ist mit gefühlhaften und religiösen Vorstellungen verbunden; es ist deshalb nicht einfach, dem Laien zu verdeutlichen, was die wissenschaftliche Psychologie unter „Seele" (bzw. „Psyche") versteht. Zwar hat sich die moderne Psychologie von dem Seelenbegriff der Theologen gelöst, ganz jedoch hat sie die theologische Tradition bei der Verwendung des Seelenbegriffes nicht überwunden. In dieser Tradition wird ein Körper-Seele-Gegensatz betont. Seele wird als eine selbständige Wirkungsinstanz aufgefaßt. Die Getrenntheit von Leib (Körper) und Seele kommt noch in folgenden Redewendungen zum Ausdruck, die auch von der wissenschaftlichen Psychologie zumindest als nicht falsch beurteilt werden.

> „Das Magengeschwür des Herrn X hat seelische Ursachen."
> „Der junge Y ist in körperlicher Hinsicht fast schon erwachsen, psychisch ist er aber fast noch ein Kind."

Mit „seelischen Ursachen" ist offensichtlich gemeint, daß z. B. für ein Magengeschwür keine körperlichen Ursachen gefunden werden können, daß wahrscheinlich Ärger, Aufregung, geistige Überforderung es verursacht ha-

ben. Im zweiten Beispiel geht man sogar so weit, anzunehmen, daß Körper und Seele sich verschieden rasch entwickeln können.
Der Psychologie erwachsen aus der Annahme von zwei verschiedenen Wirkungsinstanzen (Körper und Seele) erhebliche theoretische Schwierigkeiten. Es würde zu weit führen, hier auf die verschiedenen Versuche zur Lösung dieses heiklen Problems einzugehen.

2. Psychologie als Wissenschaft

Was ist Psychologie?

Versuchen wir, die Psychologie als Wissenschaft zu verstehen. Definitionen sind oft nichts weiter als umständliche Umschreibungen; zum Verständnis der Sache tragen die meisten nur wenig bei. Trotzdem sollen hier zwei Definitionsversuche genannt und besprochen werden.

> „Psychologie ist die Wissenschaft, welche die bewußten Vorgänge und Zustände sowie deren Ursachen und Wirkungen untersucht." (Rohracher)

Dies ist eine sehr knappe, aber dennoch inhaltsreiche Definition; es wäre aber nun weiter zu klären, was man unter „bewußt", unter „Vorgang", „Zustand", „Ursache" und „Wirkung" zu verstehen hat.

> „Psychologie ist jene Erfahrungswissenschaft, die unmittelbar das stets im Prozeß befindliche, in verschiedenen Klarheitsgraden auftretende Bewußtsein angeht, das in Wechselwirkung zum Körper steht."
> (Pauli-Arnold)

In dieser Definition wird besonders hervorgehoben, daß es eigentlich keine psychischen Zustände, sondern immer nur Vorgänge, Prozesse psychischer Natur gibt. Es fällt auch auf, daß von einer Wechselwirkung zwischen Bewußtsein und Körper gesprochen wird, so, als ob Bewußtsein vom Körperlichen losgelöst sei.
Die Zahl der Versuche, „Psychologie" zu definieren, ist sehr groß. Man gewinnt jedoch erst dann Klarheit, wenn man sich mit den Problemen, vor allem aber mit den Methoden der Psychologie beschäftigt. Voraussetzung dafür ist, daß man die Gliederung und die Gliederungsprinzipien der Psychologie kennt. Zur ersten Orientierung wird deshalb im folgenden Abschnitt der Versuch einer knappen und doch möglichst vollständigen Gliederung unternommen.

Teilzusammenfassung

Das Wort Psychologie bedeutet Seelenkunde. Was Psychologie der Sache nach ist, läßt sich nicht mit einer kurzen Definition sagen. Als erstes Ergebnis könnte man feststellen: Psychologie beschäftigt sich mit Vorgängen im menschlichen Bewußtsein, sowie mit deren Ursachen und Wirkungen.

3. Grundeinteilung der Psychologie

Wir wollen die verschiedenen methodischen Ansätze und Teilgebiete der Psychologie als Gegensatzpaare darstellen. Nicht immer bewährt sich dieses Verfahren, und in den bekannteren Lehrbüchern der Psychologie wird es auch nicht praktiziert; es hat jedoch den Vorteil der Kürze und der Einprägsamkeit.

Grundsätzlich können alle Probleme der Psychologie in zwei Problem-Hauptklassen eingeordnet werden:

- Psychologische Probleme, die für *alle* Menschen gelten (bzw. für alle Lebewesen, für die die Bezeichnung „psychisch" als zulässig anerkannt wird).

- Psychologische Probleme, die nur für *bestimmte* Menschen gelten.

Mit psychologischen Problemen, die für alle Menschen gelten, beschäftigt sich die Allgemeine Psychologie.
Mit psychologischen Problemen, die nur für bestimmte Menschen gelten, befaßt sich die Individuell-differentielle Psychologie.
Das Gegensatzpaar

Allgemeine Psychologie

- Allgemeine Psychologie ↔ Individuell-differentielle Psychologie

wird hier als Grundeinteilung der Psychologie bezeichnet.
Bei der ersten Betrachtungsweise verzichtet man von vornherein auf jede individuelle Besonderheit. Sprachlich kommt dies u. a. durch die Verwendung des Ausdrucks „man" oder durch Redewendungen wie etwa „der Mensch ist ...", „das Tier hat ..." zum Vorschein. Man verhält sich so, als ob es den Einheitsmenschen gäbe. Das ist selbstverständlich eine wenig natürliche Haltung; sie wird aber durch wissenschaftliche Prinzipien gefordert. Es gibt sogar die Auffassung, daß eine Wissenschaft über Individuelles gar nicht möglich sei.
Typische Probleme der Allgemeinen Psychologie kommen etwa in folgenden Fragen zum Ausdruck:

„Wie funktioniert das Wahrnehmungssystem?"
„Was ist Denken?"
„Wie verlaufen Lernvorgänge?"
„Was ist Intelligenz?"
„Warum träumt man?"
„Welche Bedeutung für die Lebensvorgänge haben die Gefühle?"
„Was ist eine Charaktereigenschaft?"

Man beachte: Es werden allgemein *die* Wahrnehmung, *das* Denken, *das* Lernen, *die* Intelligenz, *das* Träumen, *die* Gefühle, *die* Charaktereigenschaften genannt, nicht jedoch gefragt, wie Wahrnehmungssystem, Denken usw. bei Herrn X beschaffen sind, ob Herr X intelligenter ist als Herr Y und warum Herr X gerade diesen Traum geträumt hat. Diese Art zu fragen wäre typisch für die Individuell-differentielle Psychologie.

Individuell-differentielle Psychologie

Die Individuell-differentielle Psychologie beschreibt und beurteilt *bestimmte* Menschen in ihrer Besonderheit, die aber erst dann deutlich als solche erkannt werden kann, wenn sich Menschen von anderen unterscheiden, mit einem Fachwort gesagt: differenzieren. (Die Bezeichnung „Individualpsychologie" darf hier nicht verwendet werden; sie ist einer besonderen tiefenpsychologischen Richtung vorbehalten.)
Typische Probleme der Individuell-differentiellen Psychologie kommen in folgenden Fragen zum Ausdruck:

„Ist Herr X gewissenhaft?" – „Warum ist Herr X heute so traurig?" – „Ist Herr X geisteskrank?" – „Ist Herr C geiziger als Herr B?" – „Ist das Kind Z schulreif?"

Selbstverständlich stehen Allgemeine Psychologie und Individuell-differentielle Psychologie in enger Beziehung zueinander. Wenn gefragt wird, ob X intelligenter ist als Y, so muß zuerst bekannt sein, was Intelligenz überhaupt ist. Umgekehrt ist die Allgemeine Psychologie auf die Feststellung von Unterschieden angewiesen. Viele Probleme der Allgemeinen Psychologie werden erst aufgrund von hervorstechenden Unterschieden von Mensch zu Mensch erkannt.

Teilzusammenfassung

Die Gegenüberstellung Allgemeine Psychologie und Individuell-differentielle Psychologie wird hier als Grundeinteilung bezeichnet. Jedes psychologische Problem kann vom allgemeinpsychologischen und vom individuell-differentiell-psychologischen Aspekt her betrachtet werden.

4. Gliederung der Psychologie

Verschiedene Teilgebiete und Betrachtungsweisen der Psychologie werden hier in Gegensatzpaaren zusammengefaßt. Daraus ergibt sich eine Gliederung der Psychologie.

Psychologie der Kognition ↔ Psychologie der Motivation

Diese Gegenüberstellung ist nicht ganz unproblematisch, sie hat sich aber in neuerer Zeit mehr und mehr durchgesetzt.

Kognition

Unter Kognition versteht man alle *Erkenntnisvorgänge,* d. h. die Wahrnehmung, das Denken und das Lernen.

Motivation

Unter Motivation versteht man die *Ursachen und Antriebe des Verhaltens.*
Die Gegenüberstellung kann man sich durch ein Bild veranschaulichen. Man vergleiche den Menschen in seinem Verhalten mit einem Schiff. Zur Funktion des Schiffes sind nötig: ein Steuerungssystem (Lenkung, Kompaß, Radar) und ein Antriebssystem (Maschine, Treibstoff). Die Psychologie der Kognition befaßt sich mit den Voraussetzungen der Verhaltenssteuerung (über die Wahrnehmung, das Denken und das Gedächtnis), die Motivationspsychologie mit den Bedingungen, die das Verhalten in Gang bringen und in Gang halten.
Das Bild vom Schiff ist jedoch nur begrenzt für die Verdeutlichung des Gegensatzes von Kognition und Motivation nützlich. Z. B. wird der Treibstoffvorrat eines Schiffes niemals vom Zustand des Steuerungssystems beeinflußt; dagegen werden seelische Triebkräfte sehr wohl von den Erkenntnisvorgängen mitbestimmt.

Kognitive Psychologie

Ein sehr wichtiges Teilgebiet der Kognitiven Psychologie ist die Wahrnehmungspsychologie, die zu den ältesten und auch zu den am besten untersuchten Teilgebieten der Psychologie gehört. Sie gliedert sich nach den verschiedenen Sinnesgebieten (Psychologie der visuellen Wahrnehmung, der Gehörswahrnehmung, des Tastsinns, des Geruchssinns usw.). Eng verbunden mit der Wahrnehmungspsychologie ist die Psychologie der Denkvorgänge sowie die Psychologie der Lernprozesse und des Gedächtnisses.
Typische Problemfragen der Kognitiven Psychologie sind:

„Warum sehen wir die Dinge räumlich (dreidimensional), obwohl die Netzhaut des Auges, auf der sich diese Dinge abbilden, nur flächig (also zweidimensional) ist?"
„Was ist einsichtiges Denken?"
„Lernt man ein Gedicht besser, wenn man die Lernschritte zeitlich möglichst

weit verteilt, oder wenn man zwischen den Lernschritten möglichst kurze Pausen macht?"
„Warum vergessen alte Menschen Neugelerntes sehr schnell, während sie sich an Ereignisse der Jugendzeit sehr genau erinnern können?"

Motivationspsychologie

Gegenstände der Motivationspsychologie sind u. a. die Triebe (Hunger, Durst, der Geschlechtstrieb usw.) und die den Trieben entsprechenden Gefühle und Affekte. Typische Fragen motivationspsychologischer Forschung sind etwa:

„Welche Bedeutung für die Lebensvorgänge hat die Angst?"
„Was ist der Unterschied zwischen Hunger und Appetit?"
„Welche Rolle spielen Phantasie, Traum und Spiel bei der Bewältigung überstarker Triebe?"
„Wie verhält sich ein Lebewesen, wenn zwei verschiedene Triebe gleichzeitig vorhanden sind und miteinander konkurrieren?"
„Gründen sich höhere Interessen auf primitive Triebe?"

Psychologie des aktuellen Verhaltens ↔ Psychologie der Persönlichkeit

Diese Gegenüberstellung soll an einem Vorfall verdeutlicht werden, wie man ihn in der Lokalspalte einer Zeitung findet:

In einem Gasthaus sitzen an einem Tisch mehrere Männer. Sie trinken und diskutieren. Die Auseinandersetzung wird immer lauter und heftiger. Plötzlich springt ein Mann auf, schreit seinen Nachbarn an und schlägt ihm ein Bierglas auf den Kopf.

Das ist eine aktuelle Verhaltenssituation, wie sie etwa von einem Zeugen vor Gericht zu schildern wäre. Zur Beurteilung des Tatbestandes und der Schuldfrage müßte der Richter über zwei Arten von Informationen verfügen: Er müßte die Situation kennen und etwas über die beteiligten Personen wissen.

Verständnis aus der Situation

Informationen über die *aktuelle Situation* können von zufällig anwesenden Personen geliefert werden. Solche Informationen wären etwa: Zahl der Teilnehmer an der Tischrunde, Dauer des Zusammenseins, Art und Menge des genossenen Alkohols, Gesprächsthemen, Wortführer der Diskussion, Verhalten des Täters und des Angegriffenen vor der Tat.
Aufgrund solcher Zeugeninformationen könnte sich der Richter ein Bild vom Verhalten des Täters machen. Die Beweggründe (Motive) des Täters lassen sich jedoch nur in sehr wenigen Fällen allein aus der unmittelbaren Situation heraus ermitteln.

Verständnis von überdauernden Persönlichkeitseigenschaften

Meistens versteht man ein Verhalten nur dann, wenn man die dauerhaften Eigenschaften der beteiligten Personen bei der Verhaltensbeurteilung, wenn man die *Persönlichkeit* der Beteiligten berücksichtigt. Im Beispiel der Wirtshausschlägerei müßten Richter, Ankläger und Verteidiger z. B. wissen, ob sich der Täter „schon immer" so aggressiv verhalten hat, ob er besonders reizbar ist, ob er vielleicht sogar eine Hirnverletzung hat und vor allem: wie intelligent der Täter ist. Darüber hinaus müßten die Beziehungen zum Angegriffenen geklärt und auch die Persönlichkeit des Angegriffenen müßte „durchleuchtet" werden.
Zur Ermittlung der überdauernden Eigenschaften eines Menschen bedarf es oft besonderer Hilfsmittel. Zwar werden auch Laien beurteilen können, ob Herr X schon immer „ungewöhnlich reizbar" gewesen ist; aber bereits diese recht einfache Aussage setzt die Kenntnis „normaler" Reizbarkeit voraus. Ein

selbst leicht reizbarer Mensch wird einen Mitmenschen hinsichtlich dessen Reizbarkeit anders beurteilen als ein ruhiger und ausgeglichener Mensch.

Psychologie des aktuellen Verhaltens

Typisch für die Psychologie des aktuellen Verhaltens sind Probleme, die sich etwa in folgende Fragen fassen lassen:

> „Besteht eine Beziehung zwischen Enttäuschungserlebnissen und aggressivem Verhalten?"
> „Wird die Leistung eines Menschen durch Lob gesteigert?"
> „Wie verhält sich ein Mensch, nachdem er erfahren hat, daß er eine wichtige, aber falsche Entscheidung getroffen hat?"
> „Wie verhält sich ein wütender Angreifer, wenn er plötzlich erkennt, daß sein Gegner zu stark für ihn ist?"

Es sei erwähnt, daß die hier gestellten Fragen, die auf Verhalten in einer zeitlich begrenzten Situation zielen, auch von der Motivationspsychologie behandelt werden.

Persönlichkeitspsychologie

Die Persönlichkeitspsychologie dagegen befaßt sich mit Eigenschaften des Menschen, die sein Verhalten über längere Zeit hinweg, sogar sein ganzes Leben lang, bestimmen können. Die Persönlichkeitspsychologie gehört mit zu den wichtigsten und auch den ältesten Teilgebieten der Psychologie überhaupt. Früher war das Gebiet auch unter dem Namen „Charakterkunde" bzw. „Charakterologie" bekannt. Diese Bezeichnung wird heute nicht mehr verwendet, weil der Begriff des Charakters mit unerwünschten Bedeutungsgehalten beladen ist. Grundbestand der Persönlichkeitspsychologie ist die Lehre von den Persönlichkeitseigenschaften (den Charaktereigenschaften), deren Entstehung und vor allem die Lehre von den Eigenschaftsverbindungen. Die Typenlehre (Typologie) ist ein traditionsreiches Teilgebiet der Persönlichkeitspsychologie. In der Persönlichkeitspsychologie stellt man sich etwa folgende Fragen:

> „Welche Persönlichkeitseigenschaften sind mit Geiz besonders häufig verbunden?"
> „Kann man aus dem Ausdruck, der Schädelform, dem Körperbau Rückschlüsse auf den Charakter eines Menschen ziehen?"
> „Ist Ehrlichkeit eine überdauernde Persönlichkeitseigenschaft?"
> „Was ist musikalische Begabung? Ist sie ererbt?"
> „Gibt es *die* Intelligenz, oder besteht Intelligenz aus verschiedenen Teilintelligenzen?"

Die Grundeinteilung in Allgemeine und Individuell-differentielle Psychologie gewinnt für die Persönlichkeitspsychologie besonderes Gewicht. Die Schilderung (und Begutachtung) des Charakters, der Intelligenz, der Begabungen und Fähigkeiten eines bestimmten Menschen gehört zu den Aufgaben der Individuell-differentiellen Persönlichkeitspsychologie. Zur Lösung dieser Aufgaben hat die Psychologie eine große Zahl von Methoden entwickelt. Zur Prüfung des Vorhandenseins bestimmter Eigenschaften bei einem Menschen und zur Messung des Ausprägungsgrades dieser Eigenschaften verwendet man eine Vielzahl von Tests. Die Lehre von den Methoden der Individuell-differentiellen Persönlichkeitspsychologie ist unter der Bezeichnung Psychologische Diagnostik bekannt.

Psychologie der endgültigen Zustände ↔ Psychologie der Entwicklung

Bei dieser Gegenüberstellung wird unterstellt, daß es „endgültige" psychische Zustände gebe. Dies läßt sich zwar bestreiten, da die psychische Entwicklung in jedem Augenblick des Lebens voranschreitet. Nichtsdestoweniger kann man aus Gründen der Einfachheit gelegentlich die Entwicklung außer acht lassen und z. B. von der Intelligenz eines Menschen, von dessen Ehrgeiz, Reizbarkeit usw. sprechen, ohne Bezugnahme auf die Entstehung dieser Eigenschaften.

Entwicklungspsychologie

Die Entwicklungspsychologie untersucht psychische Vorgänge in der Zeit. Grundsätzlich kann sich dabei die Länge der Zeit von der Größenordnung der Gesamtentwicklungszeit aller Lebewesen bis hinab zur Größenordnung von Tagen, Stunden und Minuten erstrecken. Entwicklungspsychologische Fragen sind z. B. folgende:

„Wie hat sich das Denken der Menschen aus der Tierreihe heraus entwickelt?“
„Wie hat sich bei einem Mörder der Gedanke an die Tat entwickelt?“

Der weitaus wichtigste Zeitabschnitt für die Entwicklungspsychologie ist die Länge eines Menschenlebens. Für den Erzieher besonders wichtig sind die Psychologie der Kindheit und die Psychologie der Jugendzeit. Nicht ganz richtig scheint es, die Psychologie des Greisenalters im Rahmen der Entwicklungspsychologie zu behandeln und von „Rückentwicklung“ bei älteren Menschen zu sprechen.

Kinderpsychologie

Typische Fragen der Kinderpsychologie sind z. B.:

„Wann sollte man ein Kind zur Reinlichkeit erziehen?“
„Was sind die Ursachen des Daumenlutschens?“
„Wie verläuft die Sprachentwicklung eines Kindes?“
„Wie entwickelt sich das Denken beim Kinde?“

Jugendpsychologie

Entsprechend lassen sich etwa folgende Fragen für das Gebiet der Jugendpsychologie formulieren:

„Wie verändern sich die Interessen eines Jugendlichen im Verlauf der Pubertät?“
„Werden Jugendliche heute früher reif?“
„Warum verüben Jugendliche Selbstmord?“

Die bisherigen Einteilungen: Allgemeine – Individuell-differentielle Psychologie, Kognitive Psychologie – Motivationspsychologie und Psychologie des aktuellen Verhaltens – Persönlichkeitspsychologie lassen sich jeweils leicht auf die Probleme der Entwicklungspsychologie übertragen, wie auch umgekehrt alle diese Einteilungskriterien unter entwicklungspsychologischen Aspekten betrachtet werden können.

Psychologie des Einzelmenschen ↔ Sozialpsychologie

Man kann grundsätzlich alle psychologischen Fragen so stellen, als könnten Menschen isoliert von anderen Menschen existieren. Oft ist eine solche Betrachtungsweise aber unrealistisch; denn der Mensch ist von Natur aus ein geselliges Lebewesen. Die Sprache z. B. und mit ihr etwa das Denken sind ohne Bezug auf die soziale Umwelt in ihrem Wesen und in ihrer Bedeutung für das Leben gar nicht greifbar. So hat sich die Sozialpsychologie als eine sehr wichtige und sehr umfangreiche Teildisziplin der Psychologie herausgebildet.

Sozialpsychologie

Typische Fragen aus den Problembereichen der Sozialpsychologie sind etwa:

„Verhält sich der Mensch, isoliert von anderen, anders als in der Masse?"
„Welche Eigenschaften muß ein Mensch besitzen, damit er zur Führung einer Gruppe fähig ist?"
„Wie beeinflußt die Kenntnis der Leistung anderer die eigene Leistung?"
„Wie entstehen Vorurteile gegenüber unseren Mitmenschen?"

Psychologie der Bewußtseinsvorgänge ↔ Psychologie des Unbewußten

Tiefenpsychologie

Die Psychologie ist laut Definition (s. o. S. 10) die Lehre von den *bewußten* Vorgängen und Zuständen sowie ihren *Ursachen.* Es wäre allerdings falsch, die unbewußten Vorgänge und Zustände, wie das manchmal geschieht, immer als die Ursachen der bewußten aufzufassen. Zu lange hat sich die Psychologie ausschließlich mit den Bewußtseinsvorgängen befaßt. Erst Sigmund Freud hat die Bedeutung des Unbewußten richtig erkannt. Die Lehre von den unbewußten (oder auch den vorbewußten) Vorgängen wird auch als Tiefenpsychologie bezeichnet. Dies ist ein ungemein interessantes Teilgebiet der Psychologie. Es bietet dem Forscher naturgemäß erhebliche Schwierigkeiten; dementsprechend sind die Ergebnisse der Tiefenpsychologie nicht immer eindeutig und gesichert. Typische Fragen aus dem Bereich der Tiefenpsychologie sind etwa:

„Herr X hat seinen Ehering verlegt. Ist dies nur Zufall oder drücken sich hier unbewußte Wünsche (etwa nach Befreiung von der Ehe) aus?"
„Wie kommt es, daß man peinliche Dinge sehr leicht vergißt?"
„Sind Verbrechen in Hypnose möglich?"
„Was kann es bedeuten, wenn man häufig von Schlangen träumt?"

Psychologie des gesunden Menschen ↔ Psychologie des kranken Menschen

Für die Wissenschaft ist es von vornherein problematisch, was unter Gesundheit bzw. unter Normalität zu verstehen ist; trotzdem behält diese Einteilung ihren Sinn. Die Forschung beginnt gewöhnlich bei normalen Verhältnissen und registriert erst dann Abweichungen. Auch die Psychologie geht meistens von der Voraussetzung der Gesundheit und Normalität aus.

Psychopathologie

In der Psychologie des kranken (abnormalen) Menschen – der Fachbegriff dafür lautet „Psychopathologie" – kommt es aber gerade auf die Abweichungen an. Sie beschreibt und klassifiziert Störungen und krankhafte Vorgänge und versucht ihre Ursachen zu bestimmen. Die Abweichungen können körperlicher oder seelischer Art sein. So besteht z. B. das Problem, wie sich körperlich Kranke (z. B. Krebs- oder Lungenkranke) psychisch verändern, oder umgekehrt, welche körperlichen Veränderungen bestimmte seelische Krankheiten begleiten. Die Psychopathologie ist ein Grenzgebiet zwischen Psychologie und Medizin. Besonders zur Lehre von den Nerven- und Gemütskrankheiten (Psychiatrie) bestehen enge Beziehungen.

Psychotherapie

Neben dem Erkennen und Klassifizieren der Verhaltensabweichungen, der Störungen seelischer Entwicklung, der krankhaften Persönlichkeitsveränderungen, erarbeitet die Psychopathologie auch Methoden zur Heilung psychisch Kranker oder abnormaler Menschen.

Fragen aus dem Bereich der Psychopathologie sind z. B.:

„Was ist und wie entsteht eine Neurose?"
„Gibt es psychisch bedingte Lähmungen?"
„Was ist und wie erkennt man Schwachsinn?"
„Wie behandle ich das Stottern eines Kindes?"

Theoretische Psychologie ↔ Angewandte Psychologie

Jede Wissenschaft muß die Früchte der Forschungsarbeit, die Einzelergebnisse, systematisch ordnen. Das Ordnungssystem ist oft eine Theorie. Jedes neugewonnene Ergebnis sollte dann von dieser Theorie aus bewertet werden. Ist dies nicht möglich, so ist entweder das Forschungsergebnis falsch, oder die Theorie stimmt nicht und muß deshalb mehr oder weniger stark verändert werden. Das Vorhandensein von Theorien macht erst ein Sachgebiet zu einer Wissenschaft.
Die Psychologie verfügt über zahlreiche Theorien, die meisten aber sind recht unvollkommen, und ein Vergleich mit einer „theoretisch" so hoch entwickelten Wissenschaft wie der Physik ist der Psychologie noch nicht möglich.

Theorie und Praxis

Eine Gegenüberstellung von Theorie und Praxis birgt ihre Gefahren. Es gibt eine Redensart, die man sehr häufig hört, die aber nichtsdestoweniger absurd ist: „Dies mag in der Theorie richtig sein, in der Praxis ist es aber falsch". Jede geordnete praktische Tätigkeit, sogar die einfachste, hat ihre Theorie. Das Einschlagen eines Nagels mit einem Hammer z. B. wird als Anwendung der Hebelgesetze, also durch eine Theorie, erklärt. Praktisch-psychologische Tätigkeit in den Anwendungsgebieten der Psychologie setzt immer theoretische Kenntnisse voraus.
Typisch theoretische Fragen der Psychologie sind z. B.:

> „Können psychische Gegebenheiten (Erlebnisse, Gefühle usw.) meßbar gemacht werden?"
> „Können komplizierte psychische Gegebenheiten auf einfachere zurückgeführt werden?"
> „Gibt es zwischen Triebstärke und der Lerngeschwindigkeit gesetzmäßige Beziehungen?"

Angewandte Psychologie

Die Angewandte Psychologie läßt sich ihre Aufgaben weniger von grundsätzlichen und theoretischen Erwägungen als von den Erfordernissen der verschiedenen Lebensbereiche vorschreiben, in denen Psychologie bereits in Praxistätigkeit umgewandelt ist. Ihre Anzahl vergrößert sich ständig.
Die wichtigsten dieser Lebensbereiche und die zugehörigen Teilgebiete der Angewandten Psychologie sind aus der folgenden Tabelle ersichtlich.

Erziehungsbereich:	Pädagogische Psychologie
Rechtswesen:	Forensische Psychologie, Gefängnispsychologie
Wirtschaft:	Wirtschaftspsychologie, Konsumpsychologie, Werbepsychologie
Arbeitswelt:	Arbeits- und Betriebspsychologie, Eignungspsychologie
Verkehrswesen:	Verkehrspsychologie
Familie:	Psychologie in der Eheberatung und der Erziehungsberatung
Religion:	Religions- und Pastoralpsychologie

Der Psychologie sind in Zukunft weitere wichtige Praxisaufgaben gestellt, so z. B. in der Politik, im Umweltschutz und in der Friedensforschung.

Zusammenfassung

Die Frage „Was ist Psychologie?" läßt sich nicht leicht beantworten. Eine erste Orientierung ergibt sich aus der Aufzählung der verschiedenen Teilgebiete der Psychologie. Die Grundeinteilung in „Allgemeine Psychologie" und „Individuell-differentielle Psychologie" läßt sich dabei auf alle anderen Teilgebiete anwenden, die hier noch einmal in Gegensatzpaaren zusammengestellt seien:

Psychologie der Kognition — Psychologie der Motivation

Psychologie des aktuellen Verhaltens — Psychologie der Persönlichkeit

Psychologie der endgültigen Zustände — Psychologie der Entwicklung

Psychologie des Einzelmenschen — Sozialpsychologie

Psychologie der Bewußtseinsvorgänge — Psychologie des Unbewußten

Psychologie des gesunden Menschen — Psychologie des kranken Menschen

Theoretische Psychologie — Angewandte Psychologie

Worterklärungen

differentiell	auf Unterschiede sich beziehend
forensische Psychologie	Gerichtspsychologie
Individualpsychologie	eine von Alfred Adler begründete Schule der Tiefenpsychologie
individuell	auf einen bestimmen Einzelmenschen bezogen
Kognition	Erkenntnis, Kenntnis
Methode	Mittel und Weg zur Gewinnung einer Erkenntis
Motivation	Gründe und Ursachen des Verhaltens
Pastoralpsychologie	Psychologie in der Seelsorge
Psychopathologie	Lehre von den krankhaften Veränderungen des Seelenlebens
Psychotherapie	Lehre von den Heilmöglichkeiten krankhafter seelischer Veränderungen
Theorie	systematischer Begründungszusammenhang zur Erklärung und Vorhersage von Ereignissen

2. KAPITEL

Wie arbeitet die Psychologie?

Dieses Kapitel soll in die Methoden und Arbeitsweisen der Psychologie einführen. Jede Wissenschaft weist sich durch ihre Methoden aus, d. h. durch die Mittel, die sie zur Gewinnung von Erkenntnissen einsetzt. An den Methoden kann man ermessen, wie zuverlässig die Ergebnisse einer Wissenschaft oder auch wie problematisch sie sind. Das gilt in besonderem Maße für die moderne Psychologie. Ihr Verständnis ist nur dem möglich, der ihre Methoden kennt und kritisch einzuschätzen vermag.

Methodische Fragen der Psychologie lassen sich meist nur in engem Zusammenhang mit den jeweiligen Sachverhalten darstellen. Deshalb wird hier versucht, die Methoden anhand von Beispielen zu erörtern. Aber auch in späteren Kapiteln werden wir immer wieder nach den Methoden fragen müssen, auf denen einzelne Ergebnisse beruhen.

1. Geisteswissenschaftliche und naturwissenschaftliche Psychologie

Die Psychologie hat im Verlauf ihrer Geschichte die Ansprüche an die Genauigkeit ihrer Methoden und die Zuverlässigkeit ihrer Ergebnisse ständig erhöht. Als Ziel stand den Psychologen immer vor Augen, in methodischer Hinsicht eine exakte Wissenschaft zu werden. Vorbild war die Physik, die ihre Forschungsergebnisse in Form klarer, eindeutiger und allgemeingültiger Gesetze darstellen kann.

Diesem Ziel hat sich die Psychologie in einigen Teilgebieten annähern können, in anderen Bereichen, besonders den praxisnahen, ist sie noch weit von den methodischen Idealen einer exakten Naturwissenschaft entfernt. Einige Psychologen bezweifeln, ob das angestrebte Ziel jemals erreicht werden kann, andere stellen das Ziel selbst in Frage oder bedauern sogar, daß die Psychologie den Weg zu einer exakten Naturwissenschaft eingeschlagen hat.

Diese Auseinandersetzungen um die Methoden der Psychologie haben ihren Ursprung in der Wissenschaftsgeschichte. Die Psychologie hat sich im 19. Jahrhundert aus zwei verschiedenen Wurzeln entwickelt: aus der Philosophie und den Naturwissenschaften.

Geisteswissenschaftliche Psychologie

Aus der Philosophie hat sich die geisteswissenschaftlich orientierte Psychologie entfaltet. Sie bestreitet die Berechtigung der naturwissenschaftlichen Methoden für die Psychologie, verweist auf die angebliche Unmöglichkeit der genauen Messung psychischer Eigenschaften und Vorgänge und behauptet, daß das Verstehen die einzig zulässige Methode des Psychologen sei.

Naturwissenschaftliche Psychologie

Die naturwissenschaftlich eingestellten Psychologen hatten ihre Methoden zunächst den anerkannten Naturwissenschaften Physiologie, Medizin und Physik entlehnt. Später ist es aber gelungen, eigene Methoden der Psychologie zu entwickeln, die sogar wiederum von anderen Wissenschaften übernommen wurden.

Der Streit zwischen den geistes- und den naturwissenschaftlich eingestellten Psychologen ist zwar noch nicht ganz beigelegt, und immer wieder flakkern Diskussionen über die Methoden der Psychologie auf; insgesamt gewinnen aber die naturwissenschaftlichen Arbeitsweisen stärker an Bedeutung. Das hat u. a. zur Folge, daß sich ein Psychologe heute eingehend mit mathematischen und statistischen Methoden auseinandersetzen und die Technik des Experiments beherrschen muß.

Teilzusammenfassung

Die moderne Psychologie hat sich aus einer philosophisch-geisteswissenschaftlichen und einer naturwissenschaftlichen Tradition entwickelt. In den letzten Jahrzehnten unterwarf sie sich in immer stärkerem Maße den methodischen Anforderungen einer exakten Naturwissenschaft. Die überaus komplexen Probleme, welche die Psychologie zu behandeln hat, erschweren ihr allerdings den Weg zu einer messenden und Gesetze aufstellenden Wissenschaft.

2. Erkenntnisquellen der Psychologie und ihre Problematik

Nach den allgemeinen Bemerkungen über Psychologie als Wissenschaft wollen wir uns mit den Erkenntnisquellen der Psychologie beschäftigen. Zu den Erkenntnissen der Psychologie tragen Quellen bei, die sehr unterschiedlich zu bewerten sind.

Erkenntnisquelle Sprache

Wie viele andere Wissenschaften, so nimmt auch die Psychologie von Alltagserfahrungen ihren Ausgang. Diese werden in der normalen Sprache ausgedrückt und schriftlich festgehalten. Unsere Sprache ist aber oft unklar, und der Wortgebrauch nur selten eindeutig. Wie andere Wissenschaften, so bemüht sich die Psychologie aus diesem Grund um ein besseres Sprach- und Zeichensystem; sie verwendet Neu- oder Fremdwörter, von denen man annehmen kann, daß ihnen Unklarheit und Mehrdeutigkeit nicht in dem Maße anhaften, wie dies bei den muttersprachlichen Wörtern der Fall ist. Dem Laien oder dem Anfänger wird dadurch der Zugang zur Psychologie erschwert, zumal der Gebrauch von Fremd- und Neuwörtern nicht immer den erhofften Erfolg hinsichtlich größerer Klarheit und Eindeutigkeit bringt.
Einige Beispiele sollen verdeutlichen, wie wenig klar der muttersprachliche Wortschatz ist. Das Wort „Gefühl" (bzw. „fühlen") ist ein oft gebrauchtes Wort im Alltag, wie auch in der psychologischen Praxis. Vergleichen wir aber folgende Sätze miteinander, so sehen wir, in welch verschiedener Bedeutung die Worte „Gefühl" und „fühlen" verwendet werden:

„Hans fühlte heftige Liebe zu Edith."
„Der Arzt fühlte den Puls der Patientin."
„Die Patientin berichtete über ein taubes Gefühl in ihren Armen."
„Wer nicht hören will, muß fühlen."
„Ich habe gefühlt, daß es so kommen wird."
„Ich habe noch Ehrgefühl im Leibe."
„Er hatte ein Gefühl für sprachliche Feinheiten."
„Sie hatte ein unbändiges Lebensgefühl."

Tastempfindungen, unbestimmte Wahrnehmungen, Ahnungen, Leidenschaften, Einstellungen und Fähigkeiten können alle mit dem Wort „Gefühl" bezeichnet werden. Dieses Wort ist also für wissenschaftliche Zwecke eigentlich kaum zu gebrauchen, und es hat auch in der psychologischen Theorie schon einige Verwirrung erzeugt; nichtsdestoweniger wird es als psychologischer Begriff benutzt. Wir könnten viele Beispiele ähnlicher Art anführen, es sei hier nur noch auf das im Alltag, wie auch in der Psychologie, oft verwendete Wort „denken" hingewiesen. Man prüfe einmal, welche Bedeutung diesem Wort in folgenden Sätzen zukommt:

„Ich denke über ein Schachproblem nach."
„Ich denke, es wird morgen regnen."
„Ich denke im Traum nicht daran, das zu tun."
„Ich werde daran denken."
„Ich denke mir meinen Teil."

Anschaulichkeit der Umgangssprache

Es ist verständlich, daß sich die Psychologie immer wieder bemühen muß, zur sprachlich-begrifflichen Klarheit und Eindeutigkeit zu gelangen. Andererseits gibt es auch Psychologen, die gerade in der Umgangssprache eine wichtige Erkenntnisquelle für die Psychologie sehen. In der Sprache, so argumentieren sie, seien uralte Lebenserfahrungen gespeichert. Wörter wie „Leidenschaft", „Wohlwollen", „Naseweisheit", „Schlagfertigkeit", „Hingebung", „Gedankenflug", „Trübsinn", „Leichtsinn", „Leisetreter", „Aufgeblasenheit" und viele andere sind tatsächlich ungemein treffend und anschaulich, so daß jeder Ersatz durch Neu- oder Fremdwörter eher ein Verlust an psychologischer Erkenntnis als ein Gewinn wäre. Die Sprache ist also sowohl Hindernis als auch Hilfe bei der Gewinnung psychologischer Erkenntnisse.

Teilzusammenfassung

Die Psychologie sieht sich in besonderem Maße den Unzulänglichkeiten und Mehrdeutigkeiten der Umgangssprache ausgesetzt. Sie versucht mit mehr oder weniger Erfolg, eine eigene Fachsprache zu entwickeln. Andererseits kann die Psychologie aus der Lebensfülle und dem Bedeutungsreichtum der Umgangssprache Erkenntnisse gewinnen.

Erkenntnisquelle Lebenserfahrung

Aberglaube und Vorurteile

Jeder Mensch macht seine eigenen Lebenserfahrungen, neigt aber dazu, sie zu überschätzen. Das Bewerten der eigenen Erfahrungen, das Erkennen ihrer Allgemeingültigkeit oder ihrer Bedingt- und Begrenztheit kennzeichnet den reifen Menschen. Viele der sogenannten Lebenserfahrungen münden in Aberglauben oder Vorurteile und sind unserer Lebensführung eher schädlich als nützlich. Selbst unsere großen Denker und Dichter sind hier nicht immer die besten Lehrmeister, wenn sie uns ihre „Lebensweisheiten" in Form von Aphorismen anbieten.
Vorurteile, Voreingenommenheit und auch eine gewisse Leichtfertigkeit kommen in folgenden „Erfahrungen" zum Ausdruck:

„Geist macht Frauen alt." (Nietzsche)

„Ein witziger Mund, ein schlechter Charakter." (Pascal)

„Es gibt keinen größeren Verräter des Charakters als die Stimme." (Disraeli)

„Er ist sehr ungesellig, besagt beinahe schon, daß er ein Mann von großen Eigenschaften ist." (Schopenhauer)

Selbstverständlich gibt es echte Lebenserfahrungen und Lebensweisheiten; aber jede Erfahrung bedarf der kritischen Prüfung und gegebenenfalls der Korrektur, und selbst dann ist man kaum gegen Trug und Scheinerkenntnisse gefeit. Greifen wir folgendes Beispiel eines psychologischen Vorurteils heraus, mit dem wir etwas experimentieren wollen.

Beispiel 1

Von Napoleon wird folgender Ausspruch berichtet:
„Gib mir einen Mann, der mit einer ordentlichen Nase ausgestattet ist! Wenn ich jemanden brauche, der eine gute, geistige Arbeit leisten soll, so wähle ich immer einen Mann mit einer langen Nase.“

Schein-erkenntnisse

Napoleon glaubte also, es gäbe eine Beziehung zwischen langer Nase und der Befähigung zu geistiger Arbeit. Solche Scheinerkenntnisse entstehen besonders dann, wenn auffällige Gegebenheiten, Vorgänge oder Eigenschaften aufeinander bezogen werden, zwischen denen es keinerlei Zusammenhänge gibt. Auffällige Klugheit und abnorm lange Nase, große Kälte und Vollmond, Sonnenfinsternis und großes Unglück, Bild fällt von der Wand und Todesfall in der Familie usw. sind typische Zuordnungen, die zu Aberglauben und Vorurteilen führen, wenn sie nicht durch kritisches Registrieren auch der unauffälligen Gegenbeispiele korrigiert werden.

Teilzusammen-fassung

Viele der sogenannten Lebenserfahrungen beruhen auf Vorurteilen oder auf Aberglauben; sie dürfen deshalb nur mit größter Vorsicht für psychologische Verallgemeinerungen verwendet werden.

Erkenntnisquelle Beobachtung

Systematische und kontrollierte Beobachtung

Was wir für Erfahrungen halten, sind oftmals nur Scheinerfahrungen, vor allem weil wir unsere Beobachtungen und Feststellungen, auf denen sie beruhen, nicht oder nur unzureichend kontrollieren. Das Registrieren von mehr oder weniger zufälligen und äußeren Zusammenhängen führt selten zur Erkenntnis der tatsächlichen Ursachen und Wirkungen. Wer aber systematisch und kontrolliert beobachtet, wer auch etwaige Gegenbeispiele berücksichtigt, hat bereits eine wissenschaftliche Grundhaltung eingenommen. In der Psychologie gehört die systematische und kontrollierte Beobachtung zu den wichtigsten Voraussetzungen der Erkenntnis.
Kehren wir zur „Erfahrung“ Napoleons zurück. Wie könnten wir sie prüfen? Wir müßten längere Zeit Menschen mit sehr großer Nase genau beobachten, müßten ihr Verhalten registrieren, ihren Beruf und ihren Berufserfolg zu erfassen suchen, müßten mit ihren Lehrern, Eltern, Meistern, Freunden sprechen, um von ihnen ein Urteil über die Klugheit zu erhalten. Gleichzeitig müßten wir etwa mit der gleichen Zahl kleinnasiger Menschen die gleichen Erhebungen machen. Selbstverständlich wären alle Zwischenergebnisse schriftlich festzuhalten. Auf diese Weise könnten wir bereits zu einer kritischen Prüfung der Behauptung Napoleons gelangen.
Noch genauer wäre es aber, würden wir Menschen von einer bestimmten Nasenlänge an in einer Gruppe sammeln und diese Menschen mit bestimmten Prüfungsverfahren auf ihre Intelligenz hin untersuchen. Die gleiche Untersuchung müßte dann mit einer ähnlich großen Gruppe kurz- oder normalnasiger Menschen erfolgen. Würde die Behauptung Napoleons zutreffen, dann müßte die Prüfung zu deutlich voneinander abweichenden Ergebnissen führen. Wir könnten auch so verfahren: Wir prüfen eine größere Menge

von Menschen auf ihre Intelligenz, teilen sie je nach dem Prüfungsergebnis in zwei Gruppen: in Intelligente und Nichtintelligente; dann versuchen wir festzustellen, wie viele Langnasige in jeder Gruppe sind. Nach Napoleon müßten sich unter den Intelligenten deutlich mehr Langnasige befinden.
Die Psychologie hat viele Verfahren entwickelt, mit denen solche Erhebungen kontrolliert werden können. Meist ist bei Untersuchungen dieser Art eine größere Zahl von Einzelbeobachtungen nötig. Deshalb muß man zu den Methoden der Statistik greifen.

Statistische Methoden

Durch statistische Methoden wäre in unserem Beispiel 1 zu ermitteln, wie viele Fälle mindestens beobachtet werden müssen, bevor eine Behauptung oder die Widerlegung einer Behauptung gerechtfertigt ist. Wir müßten ferner entscheiden, von welcher Länge der Nase an man einen Menschen zur Gruppe der Langnasigen zählen darf, oder von welcher Intelligenzhöhe an man ihn der Gruppe der Intelligenten zurechnen kann. Wir hätten uns zu einigen, wie und mit welchen Methoden man Klugheit und Intelligenz mißt und schließlich, wie groß der Unterschied der Prüfungsergebnisse mindestens sein muß, wenn eine Behauptung als richtig gelten soll.

Teilzusammenfassung

Die Psychologie baut auf den Lebenserfahrungen auf und bildet Methoden aus, mit denen man aus individuellen Erfahrungen und Gelegenheitsbeobachtungen allgemeingültige wissenschaftliche Erkenntnisse gewinnen kann. Systematische und kontrollierte Beobachtungen sind die Grundlage solcher Methoden.

Erkenntnisquelle Experiment

Der Wissenschaftler kann und darf sich nicht mit dem bloßen Feststellen und Registrieren von Sachverhalten und oberflächlich erkennbaren Zusammenhängen begnügen; er muß versuchen, Ursachen zu ermitteln, oder besser: Ursachen-Wirkungsgefüge aufzudecken, von denen aus auch Vorhersagen auf zukünftige Sachverhalte möglich sind. Kontrollierte Beobachtung genügt aber dann nicht mehr; vielmehr muß der Wissenschaftler die Bedingungen eines Sachverhalts willkürlich verändern, d. h. experimentieren.

Willkürliche Veränderung des Bedingungsgefüges

Ein derartiger Eingriff in das Bedingungsgefüge ist allerdings gerade in der Psychologie oft sehr schwierig, in vielen Fällen sogar ganz unmöglich. Die Behauptung in Beispiel 1 „Männer mit langen Nasen sind klug“ kann man kaum experimentell prüfen, da sich weder die Nasenlänge der Männer noch deren Klugheit willkürlich (experimentell) verändern lassen. Hier muß man sich mit statistischen Erhebungen begnügen.
Folgendes Beispiel über das Verhalten mittelamerikanischer Indianer bei Sonnenfinsternissen soll verdeutlichen, wo die Grenzen der kontrollierten Beobachtung und der statistischen Erhebung liegen und wie in solchen Fällen nur noch das Experiment zur gesicherten Erkenntnis verhilft.

Beispiel 2
In Mittelamerika beginnen Indianerstämme bei einer Sonnenfinsternis sofort ekstatisch zu tanzen; sie sind fest davon überzeugt, daß nur ihr Tanzen die Sonne wieder zum Vorschein bringt. Das gründen sie auf uralte Erfahrungen und auf Beobachtungen, die noch nie zu einem anderen Ergebnis geführt haben.

Jeder „indianische Statistiker“ würde bei einer „Erhebung“ zu der Feststellung kommen, daß die Sonne immer nach dem Tanzen wieder erschienen ist. Die Aufforderung, einmal nicht zu tanzen und dann zu beobachten, ob die Sonnenfinsternis anhält, also zu experimentieren, würden die Indianer als

Lebensbedrohung oder als schlimmes Sakrileg – man denke an das Fällen der Wotanseiche durch Bonifatius – zurückweisen; aber gerade dieser Eingriff oder diese Veränderung des bisher gewohnten Verhaltens würde das Tanzen als abergläubisches Verhalten entlarven. Auch unser Aberglaube und unsere Vorurteile – es gibt davon weitaus mehr, als wir denken – beruhen auf der Tatsache, daß wir nicht experimentieren wollen oder können.

Eingriffe oft nicht möglich

In der Psychologie kann man sehr oft nicht experimentieren und zwar aus verschiedenen Gründen: Die Bedingungen eines Sachverhalts oder eines Vorgangs sind viel zu kompliziert, als daß man sie willkürlich verändern könnte, oder aber ein willkürlicher Eingriff in das Bedingungsgefüge ist aus ethischen Gründen nicht erlaubt.

Überall dort, wo er kann und wo er darf, experimentiert der Psychologe; die experimentelle Psychologie hat in den letzten Jahrzehnten sehr große Fortschritte gemacht und unsere Erkenntnis über psychologische Probleme ungewöhnlich erweitert.

Direkte und indirekte Wirkungszusammenhänge

Greifen wir ein ganz einfaches Beispiel aus der experimentellen Psychologie heraus. Wir gehen wiederum von einer bestimmten Behauptung aus. Diese lautet: „Alkoholgenuß verändert die Reaktionsfähigkeit des Menschen." Wir vermuten, daß die Behauptung stimmt, weil die Unfallstatistik auf Zusammenhänge zwischen Unfallhäufigkeit und Alkoholgenuß hinweist. Aus „statistischen Zusammenhängen" kann aber nicht ohne weiteres auf eine bestimmte Wirkungsart des Alkohols geschlossen werden. Vielleicht ist die Wirkung gar keine direkte, sondern vielleicht führt Alkoholgenuß zu einer erhöhten Ermüdung oder zu erhöhtem Leichtsinn, und möglicherweise sind Ermüdung oder Leichtsinn die eigentlichen Ursachen. Wie dem auch sei, in die eigentlichen Wirkungszusammenhänge dringen wir nur über entsprechend geplante und durchgeführte Experimente ein.

Versuchsplan und Messung

Kontrollexperiment

Ein Experiment zur Untersuchung der Behauptung „Alkohol verändert die Reaktionsfähigkeit des Menschen" wäre etwa folgendermaßen zu planen: Zuerst müßten wir festlegen, wie wir die Reaktionsfähigkeit messen, d. h. in Zahlen ausdrücken wollen. Es gibt viele Möglichkeiten, die Reaktionsgeschwindigkeit eines Menschen genau zu bestimmen. Offensichtlich läßt sich auch die Bedingung „Alkoholgenuß" leicht meßbar darstellen. Wir fordern unsere Versuchspersonen auf, vor der Reaktionszeitmessung eine bestimmte Menge Alkohol zu trinken und messen nach einiger Zeit deren Reaktionsgeschwindigkeit. Natürlich müssen wir wissen, wie Versuchspersonen nüchtern reagieren. Ein Experiment mit nüchternen Versuchspersonen wäre also das zugehörige Kontrollexperiment. Würde die Behauptung stimmen, so müßten sich deutliche Unterschiede zwischen den durchschnittlichen Reaktionszeiten der Versuchspersonen im nüchternen und im Alkoholzustand ergeben.

Kontrolle der Versuchsbedingungen

Wichtig bei dem Experiment ist ferner, daß alle anderen Bedingungen, die möglicherweise gleichfalls die Reaktionsfähigkeit beeinflussen, entweder ausgeschaltet, oder, falls das nicht möglich ist, genau unter Kontrolle gebracht werden. Meistens versucht man, solche Bedingungen im Experiment für alle Versuchspersonen gleich zu halten. Wenn wir z. B. annehmen, daß die Tageszeit (Morgen oder Abend) die Reaktionsfähigkeit beeinflußt, so müssen Experimente dieser Art entweder alle am Morgen oder alle am Abend stattfinden. Berücksichtigen wir, daß die Alkoholwirkung verschieden ist, je nachdem man einen leeren oder einen vollen Magen hat, so müßten

wir eigentlich alle Alkoholversuche entweder mit Versuchspersonen, die noch nichts gegessen haben, durchführen oder aber mit solchen, die gleich viel gegessen haben. Hinzu kommen noch viele andere Bedingungen, die im Experiment kontrolliert werden müssen.
Man erkennt daraus, daß bereits bei recht einfachen Problemen ein Experiment kompliziert werden kann, und fast bei jedem experimentell gewonnenen Ergebnis kann kritisiert werden, diese oder jene Bedingung sei nicht beachtet und kontrolliert worden.

- Ein Experiment setzt voraus, daß Bedingungen willkürlich verändert werden. Das ist in der Psychologie jedoch nicht immer möglich; oft können nur einzelne Bedingungen willkürlich verändert werden, während man andere als gegeben, als unveränderlich hinnehmen muß. Viele psychologische Untersuchungen sind deshalb Mischungen aus echten Experimenten und Erhebungen.

Experiment und Erhebung

Angenommen, wir vermuten, daß die Länge der Zeit, in der ein Säugling an der Mutterbrust gestillt wird, einen Einfluß auf die körperliche und geistige Entwicklung des Kindes hat. Die körperliche Entwicklung läßt sich recht genau messen und von einem bestimmten Lebensalter an auch der Stand der geistigen Entwicklung. Dagegen darf man die Länge der Stillzeit eines Kindes nicht willkürlich beeinflussen. Grundsätzlich wäre das zwar möglich, aber es verstieße gegen ethische Prinzipien. Eine Untersuchung des Zusammenhangs zwischen Länge der Stillzeit und der körperlich-geistigen Entwicklung von Kindern müßte die unterschiedlichen Stillzeiten als gegeben hinnehmen.

Das geschieht in der Forschung folgendermaßen:
Kinder etwa im siebten Lebensjahr werden auf ihre körperlichen und geistigen Entwicklungsstand hin untersucht. Man erhält eine größere Anzahl von Meßwerten (Körpergröße, Gewicht, Gesundheitszustand, Intelligenz, soziale Angepaßtheit usw.); sodann werden die Mütter dieser Kinder befragt, wie lange sie gestillt haben. Die Antworten werden naturgemäß wenig genau sein; denn die meisten Mütter können sich nicht mehr erinnern, oder sie geben erfahrungsgemäß eher längere als kürzere Stillzeiten an. Trotzdem kann man versuchen, Beziehungen zwischen den Meßwerten der körperlich-geistigen Entwicklung und den Angaben der Mütter über die Länge der Stillzeit herzustellen.

Schwierigkeiten bei der Interpretation von Ergebnissen

Solche Untersuchungen sind übrigens mehrfach durchgeführt worden; sie haben allerdings zu keinen eindeutigen Ergebnissen geführt, und selbst wenn man Beziehungen zwischen Stillzeitlänge und Entwicklungsstand der Kinder hätte entdecken können, so wäre größte Vorsicht bei der Auslegung solcher Befunde am Platz. Es könnte nämlich sein, daß Mütter, die ihre Kinder lange Zeit stillen, in ihrem gesamten Erziehungsverhalten sich von Müttern unterscheiden, die ihre Kinder gar nicht oder nur kurze Zeit stillen. Wir könnten also nicht ohne weiteres sagen, die Stillzeitlänge sei Ursache einer beschleunigten oder verlangsamten Entwicklung. Natürlich müßten wir auch feststellen, aus welchen Gründen Mütter ihre Kinder nicht oder nur kurze Zeit stillten. Vielleicht waren die Mutter oder das Kind krank oder schwach; dann wäre ein Untersuchungsergebnis möglicherweise auf den Gesundheitszustand der Mutter oder des Kindes zu beziehen. Wir sehen also, selbst wenn man ein bestimmtes Ergebnis erzielt hat, so ist damit die eindeutige Erklärung eines Zusammenhanges nicht immer gewährleistet. Weitere Untersuchungen müßten sich anschließen.

Teilzusammenfassung

Die experimentell arbeitende Psychologie verändert die Bedingungen eines Sachverhalts und versucht, dessen Ursache-Wirkungsgefüge aufzudecken. Die Kenntnis von Ursache-Wirkungszusammenhängen soll die Voraussage künftiger Sachverhalte ermöglichen. Die Zuverlässigkeit psychologischer Experimente wird jedoch vielfach dadurch beeinträchtigt, daß eine oder mehrere Bedingungen nicht willkürlich verändert werden können oder verändert werden dürfen. Weitere Unzulänglichkeiten ergeben sich aus den Schwierigkeiten der Messung und der Interpretation von Ergebnissen.

Erkenntnisquelle diagnostisches Experiment und Test

Im ersten Kapitel wurde zwischen Allgemeiner Psychologie und Individuell-differentieller Psychologie unterschieden. In der Allgemeinen Psychologie werden Fragen gestellt, die alle Menschen, in der Individuell-differentiellen Psychologie werden dagegen Probleme behandelt, die nur bestimmte Menschen beziehungsweise Unterschiede zwischen bestimmten Menschen betreffen. Die Methoden der Allgemeinen und der Individuell-differentiellen Psychologie unterscheiden sich nicht grundsätzlich; dennoch hat die Individuell-differentielle Psychologie in ihrer Methodik einige Besonderheiten aufzuweisen.

Fragen der Individuell-differentiellen Psychologie

Das Beispiel 1, die Behauptung, Männer mit langen Nasen seien klug, gehört eigentlich zur Individuell-differentiellen Psychologie; denn es geht nicht um das Wesen der Klugheit, sondern um Unterschiede zwischen Menschengruppen (der Lang- und der Kurznasigen). Die Frage: „Ist Herr X intelligent?" ist eine typische Frage aus der Individuell-differentiellen Psychologie. Auch Fragen wie „Ist Herr X intelligenter als Herr Y?", „Ist das Kind A schulreif?", „Ist Herr Z geisteskrank?" sind Fragen aus der Individuell-differentiellen Psychologie und nur zu beantworten, wenn die allgemeinpsychologischen Probleme des Wesens der Intelligenz, der Schulreife, der Geisteskrankheit usw. gelöst sind oder wenn man sich wenigstens über die Bedeutung dieser allgemeinpsychologischen Begriffe verständigen kann.

Psychologischer Test

Experimente mit individuell-differentiellpsychologischem Charakter werden auch als Prüfexperimente oder kürzer als Tests bezeichnet. Der Psychologe will das Verhalten bestimmter Menschen in bestimmten Lebenssituationen kennenlernen. Da es aber meistens unmöglich ist, die Menschen in den Lebenssituationen selbst zu prüfen, müssen diese Lebenssituationen zeitlich verkürzt und verdichtet werden, ohne daß aber die wesentlichen Bedingungen verloren gehen, die das Verhalten des Menschen in dieser Situation bestimmen. Schwieriger als das Prüfexperiment selbst ist manchmal das Problem, wie sich die dort gewonnenen Ergebnisse wieder auf die Wirklichkeit übertragen lassen. Ein Beispiel soll das verdeutlichen.

Beispiel 3

Ein Betriebsleiter will Herrn X einstellen. Er möchte in erster Linie vom Psychologen wissen, ob Herr X ehrlich ist. Nun könnte der Psychologe Herrn X über längere Zeit hinweg und in verschiedenen Lebenssituationen genau beobachten. Der Betriebsleiter muß aber schon heute wissen, ob Herr X vertrauenswürdig ist.

Die Frage, ob Herr X in jeder Lebenslage vertrauenswürdig ist, stellt eine offenbar kaum erfüllbare Forderung an den Psychologen; denn wie könnte er die verschiedenen Lebenssituationen, in denen sich Herr X bewähren müßte, zeitlich so zu einer experimentellen Prüfsituation verdichten, daß alle wesentlichen Bedingungen erhalten blieben und der Betriebsleiter dennoch heute

eine befriedigende Antwort auf seine Frage bekäme? Ehrlichkeit ist eine komplizierte Persönlichkeitseigenschaft. Sehr viel einfacher wären die Fragen des Betriebsleiters etwa nach der Handgeschicklichkeit, der Konzentrationsfähigkeit oder der Lesegeschwindigkeit des Herrn X zu beantworten.
Neben den Schwierigkeiten, Lebenssituationen im Test „richtig" abzubilden und das Testverhalten dann „richtig" auf die Wirklichkeit zu übertragen, hat der Psychologe auch noch folgenden Umstand zu bewältigen:

„Echtes" Verhalten im Experiment?

Menschen verhalten sich in der Situation eines Experiments anders als in den Lebenssituationen, deren Abbild oder Modell die experimentelle Situation darstellen soll. Oft wissen sie, um was es im Experiment geht, kennen das Problem und reagieren aufgrund ihres Wissens anders, als es naive Menschen tun würden. Für die verhältnismäßig kurze Zeit des Experiments kann man sich zusammennehmen, kann versuchen, das Letzte aus sich herauszuholen; umgekehrt kann das Wissen, jetzt in einem Prüfexperiment zu stehen, den Menschen befangen machen und hemmen. Es gehört deshalb mit zu den Aufgaben des Psychologen, die experimentelle Situation für die Versuchsperson oder den Prüfling undurchsichtig zu gestalten. Das führt häufig zu Mißtrauen gegenüber dem untersuchenden Psychologen, und dieses wiederum kann die Untersuchungsergebnisse gleichfalls beeinflussen.
Das Beispiel 3 zeigt das deutlich: Jedermann, der sich um eine Stelle bewirbt, würde sich in einer „Ehrlichkeitsprüfung" besonders ehrlich verhalten. Der Psychologe müßte dementsprechend die experimentelle Situation tarnen und den Prüfling über den Untersuchungszweck gründlich täuschen. Eine Tarnung ist mit etwas Phantasie möglich, aber die Gefahr besteht immer, daß die verschleierte Situation mit der Lebenswirklichkeit, die sie abbilden soll, keine Ähnlichkeit mehr hat und deshalb die Übertragbarkeit der Prüfergebnisse angezweifelt werden müßte.

Intelligenztest

Ein besonderes Problem stellt die Prüfung der Intelligenz dar. Wenn man wissen will, ob Herr X intelligent ist, so bezieht sich diese Frage auf eine Eigenschaft des Herrn X, die in allen möglichen Lebenssituationen in Erscheinung tritt. Vorausgesetzt, es gäbe nur *die* Intelligenz, d. h. eine einzige Form oder Art der Intelligenz, so müßte ein Prüfexperiment Lebenssituationen zu erfassen und zu verdichten suchen, in denen sie sich äußern kann. Natürlich müßte vorher allgemeinpsychologisch geklärt sein, was man unter *der* Intelligenz zu verstehen hat.
Die Entscheidung darüber, ob ein Prüfexperiment, ein Test, eine Lebenssituation angemessen abbildet, muß selbst wieder wissenschaftlich untersucht werden; d. h. der Psychologe muß immer wieder die im Test gewonnenen Ergebnisse mit den Verhaltensweisen (z. B. den Erfolgen oder Mißerfolgen) in den entsprechenden Lebenssituationen vergleichen. Erst dann kann er entscheiden, ob durch das Prüfexperiment treffsichere und praktisch verwertbare Aussagen möglich sind.

Viele Arten von Intelligenz

Nun gibt es aber nicht *die* Intelligenz, sondern viele verschiedene Intelligenzarten, die sich jeweils in unterschiedlichen Ausprägungsgraden in den verschiedenen Lebenssituationen äußern können. Die Psychologie hat diese Intelligenzarten klassifiziert und für jede spezielle Testverfahren entwickelt.

Test-„Batterie"

Bei einer Intelligenzprüfung wird der Prüfling deshalb gewöhnlich mit einer „Batterie", bestehend aus verschiedenen Intelligenztests, geprüft. Meistens fallen die Ergebnisse der einzelnen Intelligenztests bei einem bestimmten Menschen recht verschieden aus.

Sind Charaktereigenschaften meßbar?

Die Intelligenzmessung ist insgesamt schwierig und problematisch; aber sie ist im Verhältnis zur Messung komplexer Persönlichkeits- und Charaktereigenschaften doch noch einfach. Wie soll ein experimentelles Prüfverfahren, ein Test, aussehen, mit dem man „Ehrlichkeit", „Willensstärke", „Fleiß",

„Schöpferische Begabung", „Organisationstalent", „Liebe zum Kind", „Weltoffenheit" usw. messen oder wenigstens das Vorhandensein dieser Eigenschaften bei einem bestimmten Menschen feststellen kann?
Die Psychologie hat immer wieder mit wechselndem Erfolg versucht, auch zu so komplexen Charakterzügen Zugang zu gewinnen, und eine große Zahl von Methoden zur Messung von Persönlichkeitseigenschaften entwickelt. Insgesamt sind aber diese Versuche problematisch. Ihren praktischen Wert kann man nur bei genauer Kenntnis der methodischen Einzelheiten beurteilen.

Teilzusammenfassung

Wenn sich psychologische Experimente auf die Feststellung bestimmter Eigenschaften bei einzelnen Menschen oder auf die Feststellung von Eigenschaftsunterschieden zwischen mehreren Menschen beziehen, werden die Experimente als Prüfexperimente (Tests) bezeichnet. Die psychologische Diagnostik hat mit wechselndem Erfolg Tests erarbeitet, mit denen nicht nur einfache Fähigkeiten, sondern auch komplexe Persönlichkeitseigenschaften zu erfassen sind.

Experiment und Lebenswirklichkeit

Jedes experimentell gewonnene Ergebnis beansprucht Verallgemeinerung. Kein Wissenschaftler kann und darf sich mit Ergebnissen begnügen, die nur unter den Bedingungen gelten, die er in seinem Laboratorium hergestellt hat. Die Übertragbarkeit von Laboratoriumsergebnissen auf die Lebenswirklichkeit gehört zu den schwierigsten Problemen der Psychologie; sie ist aber notwendig, damit nicht der Vorwurf, den man oft hört, die experimentelle Psychologie sei lebens- und weltfremd, mit Recht erhoben werden kann.
Jede experimentell hergestellte Situation sollte deshalb ein Abbild, ein Modell einer Lebenssituation sein. Lebenssituationen sind aber meistens kompliziert, räumlich und zeitlich oft sehr ausgedehnt; deshalb gelingt eine modellhafte Vereinfachung, eine raum-zeitliche Verdichtung, nur selten so, daß eine Übertragung der im Experiment gewonnenen Ergebnisse auf die Lebenswirklichkeit ohne weiteres möglich wäre.

Problematik modellhafter Vereinfachung

Die Ergebnisse des oben erwähnten Experiments, in dem die Wirkung des Alkohols auf die Reaktionsfähigkeit des Menschen untersucht werden sollte, wären für Praktiker (Verkehrsfachleute, Juristen, Ärzte usw.) wenig interessant, wenn sie nicht Gültigkeit für die entsprechenden Verhältnisse in realen Verkehrssituationen beanspruchen könnten. Eine Übertragung ist aber nicht einfach; denn in der Praxis des Autofahrens kommen viele neue Bedingungen hinzu, die die Laborergebnisse in Frage stellen. Andererseits wäre eine Prüfung der Alkoholwirkung in einer echten Verkehrssituation für alle Beteiligten und viele Unbeteiligte lebensgefährlich.
Ziel psychologischer Experimente muß in solchen Fällen eine möglichst zuverlässige Annäherung an die Lebenswirklichkeit sein.
Während das allgemeinpsychologische Experiment in der Psychologie nach wie vor anerkannt ist, hat das Interesse an differentiellpsychologischen Verfahren, also an Testmethoden in den letzten Jahren nachgelassen. Gründe dafür sind einmal die Erkenntnis, daß Testergebnisse nur einen begrenzten Aussagewert besitzen, vor allem ist es jedoch die wachsende Sensitivität der Psychologen gegenüber Versuchen des Eindringens in die Persönlichkeit eines Menschen, besondes wenn dieser weder die Absichten noch die Methoden kennt und schon gar nicht, wenn er über die Testergebnisse nicht informiert wird. Zwar können Psychologen die gehässige Bezeichnung „Seelenspion" mit guten Gründen zurückweisen; aber sie sind sich heute stärker

der ethischen Problematik wissenschaftlich-psychologischen Handelns bewußt.

Zusammenfassung

Die moderne Psychologie hat eine geisteswissenschaftliche und eine naturwissenschaftliche Tradition. In den letzten Jahrzehnten entwickelte sie sich stärker in Richtung auf eine exakte Naturwissenschaft. Ihre Erkenntnisquellen sind u. a.: Sprache, Lebenserfahrung, Beobachtung, Experiment und Test.
Diese Erkenntnisquellen sind nicht unproblematisch: Die Sprache ist oft mehrdeutig, die Lebenserfahrung häufig von Vorurteilen und Aberglauben geprägt. Experimente und Tests können nur Teilaspekte der komplizierten psychischen Wirkungszusammenhänge erfassen und werden auch dadurch beeinträchtigt, daß man nicht alle Versuchsbedingungen oder Bedingungen eines zu untersuchenden Sachverhalts willkürlich ändern kann. Besonders schwierig ist es, z. B. bei einem Prüfexperiment Ergebnisse zu erzielen, die sich dann auch auf die Lebenswirklichkeit übertragen lassen.

Worterklärungen

Aphorismen	Gedankensplitter, Sinnsprüche
diagnostisch	durchschauend, erkennend; die Diagnostik ist die Lehre vom Erkennen von Zuständen und Veränderungen (Eigenschaften, Krankheiten)
Ethik	Sittenlehre, sittliche Grundhaltung
Experiment	Veränderung eines Zustandes zum Zwecke der Feststellung der Folgen dieser Veränderung
konkret	dinglich faßbar, anschaulich
Sakrileg	Vergehen gegen geheiligte Bräuche
Statistik	Lehre von den Massenerscheinungen, deren zahlenmäßige Erfassung, Ordnung und Deutung
Test	Prüfversuch, Prüfung, Prüfmethode

3. KAPITEL

Zur Geschichte der Kinder- und Jugendpsychologie

Hier befassen wir uns mit der geschichtlichen Entwicklung der Kinder- und Jugendpsychologie. Das Kapitel soll aber nicht ausschließlich historische Kenntnisse vermitteln. Die Darstellung des geschichtlichen Entwicklungsganges der Kinderpsychologie kann das Verständnis ihrer Probleme und ihrer Methoden erleichtern.

Die Kinderpsychologie ist, wie die gesamte Psychologie, eine noch sehr junge Wissenschaft. Sie hat mit erheblichen methodischen Schwierigkeiten zu kämpfen. Deshalb kann nicht genug davor gewarnt werden, Ergebnisse kinderpsychologischer Forschung unkritisch in die Erziehungspraxis zu übernehmen. In den folgenden Kapiteln wird man gelegentlich auf Widersprüche in den wissenschaftlichen Aussagen stoßen, und mit diesen Widersprüchen werden wir noch einige Zeit leben müssen. Das darf aber niemanden abhalten, sich kinderpsychologisch in Forschung und Praxis zu betätigen. Gerade die Unsicherheit muß Wissenschaftler und Praktiker zu verstärkten Bemühungen herausfordern; denn die Probleme der Kinderpsychologie sind für uns und für unsere Kinder von ganz außerordentlicher Bedeutung.

Viele Probleme der Kinderpsychologie sind zeitbedingt, und viele Fragen sind nur aus dem Verständnis der gesellschaftlichen Situation heraus zu beantworten. Die Probleme ergeben sich oft erst aus der besonderen Rolle, die das Kind in der Gesellschaft einnimmt, und der Einstellung, die die Mitglieder dieser Gesellschaft gegenüber dem Kinde und der Kindererziehung haben.

Kindheit, Jugend und Erziehung waren in früheren Phasen der menschlichen Kultur kein Gegenstand wissenschaftlicher Forschung. Wenn sich die heutige Psychologie mit dem Kind beschäftigt, so untersucht sie die Bedingungen, in die ein Kind hineingeboren wird und unter denen es seine Anlagen entwickeln muß. Diese Bedingungen sind zum Teil gesellschaftlicher Natur. So ist die Rolle des Kindes auf den Stufen der gesellschaftlichen Entwicklung und in unterschiedlichen Gesellschaftssystemen nicht die gleiche. Verschieden ist auch die Einstellung, die Erwachsene zum Kind und zur Erziehung haben. Sie wird u. a. geprägt vom Verhältnis zur Obrigkeit, von der wirtschaftlichen Situation, von der Religion, von der gesellschaftlichen Verfassung überhaupt und vom individuellen Schicksal.

Der Zugang zu den Problemen einer Wissenschaft wird durch den Nachvollzug ihrer historischen Entwicklung erleichtert. Die Kinderpsychologie ist anfangs von Fragen ausgegangen, die jeder Laie stellen konnte. Es zeigte sich aber immer wieder, daß eine klare und einfache Antwort auf manche Fragen nicht möglich war; daß vielmehr auch einfache Fragen aus sehr komplexen Problemen hervorgehen können. Warum ist der Schüler X träge? Das ist z. B. eine sehr einfache Frage; ihre Beantwortung jedoch füllt, wie wir später sehen werden, viele Seiten. Die Naivität, mit der die Kinderpsychologen der „Frühzeit" an die Probleme herangegangen sind, mag man heute belächeln; aber ohne die Arbeit dieser Pioniere stünden wir heute noch mit der gleichen

Naivität vor den Problemen. Ähnliches gilt für die Methoden, die die Klassiker der Kinderpsychologie angewendet haben. Mit den alten und einfachen Methoden wurden aber oftmals Ergebnisse erzielt, die auch heute noch Bestand haben.

1. Anfänge der Kinder- und Jugendpsychologie

Bemerkenswert spät in der Geschichte der Wissenschaften ist das Kind und seine Erziehung Gegenstand der Forschung geworden. Die Pädagogik verließ sich lange Zeit ausschließlich auf ihre praktischen Erfahrungen und lehnte wissenschaftliche Arbeit ab. Die Geschichte des Erziehungswesens hat jedoch zur Genüge gezeigt, daß Erfahrung ohne Besinnung über das eigene Tun nicht möglich ist. Dies aber, zusammen mit Selbstkontrolle, ist bereits Wissenschaft.

Kinder als kleine Erwachsene

Lange Zeit hat man das Kind als „kleinen Erwachsenen" betrachtet, der lediglich „großzuziehen" sei. Dieses Großziehen orientierte sich immer an den Normen des Erwachsenseins. Nie wurden Kind und Kindheit in ihrer eigenständigen Bedeutung gesehen. Kinder bildeten eben keine Probleme, und die Erziehung war in Traditionen erstarrt. Wo man keine Probleme sah, da stellte man auch keine Fragen.

Natürlich haben seit jeher die Großen des Geistes ihre Meinungen über Kinder und Kindererziehung kundgetan; aber die Bestimmtheit ihrer Behauptungen und ihr Prestige ließen keine Skepsis zu. Die Behauptungen waren außerdem meist so allgemein, daß es gar nicht möglich war, sie wissenschaftlichen Untersuchungen zugrunde zu legen.

Frühe Experimente mit Kindern

Dem scheinen allerdings Dokumente zu widersprechen, in denen von Experimenten mit Kindern berichtet wird, die angeblich auf Veranlassung neugieriger Fürsten erfolgt seien. Die Frage, die diesen Experimenten vorausging, war jedoch keine typisch kinderpsychologische. Man interessierte sich für die „Ursprache" der Menschheit.

Nach überlieferten Berichten wurden Neugeborene auf Befehl dieser Fürsten von ihren Müttern getrennt und Ammen zur Pflege übergeben, die mit den Kindern kein Wort sprechen durften. Man wollte wissen, in welcher Sprache sich die Kinder äußern würden, wenn sie ein bestimmtes Alter erreicht hätten.

Die Versuche sind nach der Überlieferung alle fehlgeschlagen, weil keines der Kinder sie überlebt hat. Die Unzuverlässigkeit der Berichte ist aber offensichtlich: die Experimente werden verschiedenen Herrschern (dem Pharao Psammitech, Friedrich II. von Hohenstaufen und Jakob IV. von Schottland) zugeschrieben.

Erst in der Mitte des 19. Jahrhunderts begann man ernsthaft, sich kinderpsychologischen Problemen zuzuwenden. Der Einfluß Darwins und seiner Entwicklungstheorie ist dabei nicht zu verkennen. Die eigentliche wissenschaftliche Kinder- und Jugendpsychologie setzte mit der Veröffentlichung von *Tagebuchaufzeichnungen* (Kinderbiographien) ein.

Kinderbiographien

Pestalozzi hatte sogar schon ab 1774 sorgfältige Beobachtungen über seinen dreieinhalbjährigen Sohn festgehalten. In der Folgezeit waren es vorwiegend Ärzte und Naturwissenschaftler (darunter Darwin selbst), die als scharfsinnige und geübte Beobachter die Entwicklung ihrer Kinder von der Geburt an genau verfolgten und jeden Entwicklungsfortschritt registrierten. Die Tagebücher enthalten wertvolle Beobachtungen und sind auch heute noch eine Fundgrube für jeden, der an Erziehung interessiert ist. Vor allem

regen sie zum Führen eigener Tagebücher an, eine Methode, die Erziehern dringend zu empfehlen ist.
Zusammenfassend läßt sich über die Kinderbiographien folgendes sagen:
Die Befunde dürfen nicht ohne weiteres verallgemeinert werden; denn die beobachteten Kinder waren Töchter und Söhne von Wissenschaftlern, die unter anderen Umweltbedingungen als der Durchschnitt der Kinder aufwuchsen.
Viele Beobachtungen geschahen nicht vorurteilslos. Religiöse und vor allem moralische Einstellungen trübten oft den Blick für wichtige Sachverhalte. So wird der Stolz des Vaters in allen Tagebüchern deutlich sichtbar. Man hat den Verdacht, daß nur auffallende Leistungen und solche, auf die ein Vater eben stolz sein kann, registriert wurden. Fehlverhalten wird erstaunlich selten beobachtet und berichtet.
Die meisten Biographien und Tagebücher über Kinder reichen nur bis zum 5. oder 6. Lebensjahr. Das ist zwar zu bedauern, aber auch zu verstehen; denn nach dem 6. Lebensjahr endet die Zeit rascher und intensiver Veränderungen. Außerdem entzieht sich das Kind durch Schule und Freundschaften in wachsendem Maße der Beobachtung.

Die Untersuchungen Preyers

Das erste eigentlich wissenschaftlich-systematische kinderpsychologische Werk schrieb der deutsche Arzt W. Preyer. Der Titel seines Buches „Die Seele des Kindes" (1884) ist aber zu anspruchsvoll; denn lediglich die Entwicklung in den drei ersten Lebensjahren – dabei vorwiegend die Entwicklung der Sinne, des Verstandes und der Körperbewegungen – wird behandelt, außerdem beschränken sich die Untersuchungen auf Beobachtungen und Experimente an seinem eigenen Sohn. Die Beobachtungen und Experimente sind – wenn man die zur Verfügung stehenden Mittel berücksichtigt – vorzüglich, und das Buch kann auch heute noch mit großem Nutzen gelesen werden.

Beobachtungen

Folgende Zitate mögen die Beobachtungsweise Preyers verdeutlichen:

> „Am 43. Tag hörte ich den ersten Konsonanten. Das Kind, in behaglichster Lage allerlei nicht fixierbare Laute ausstoßend, sagte deutlich einmal am – ma. Von Vokalen wurden gleichfalls an dem Tage a und o gehört."

> „Im 5. Monat wurden keine neuen Konsonanten außer k gebildet."

> „Im 7. Monat erkannte mein Kind seine Amme, an welche es sich Monate lang gewöhnt hatte, nach einer Abwesenheit von 4 Wochen nicht."

Experimente

Preyer hat auch, in sehr milder Weise übrigens, mit seinem Kind experimentiert, d. h. er hat bestimmte Gegebenheiten in der Umgebung des Kindes willkürlich verändert und beobachtet, wie sich das Kind verhielt.

> „Ich habe vom Ende des zweiten Lebensjahres an viele hundert Farbenprüfungen mit meinem Kinde vorgenommen, wochenlang täglich in der Frühe. Nachdem wiederholt die beiden Namen ‚rot' und ‚grün' mit Vorlegung der entsprechenden Farben vorgesagt worden waren, und nun beim Vorlegen nur der zwei Farben gefragt wurde: ‚Wo ist rot?', ‚Wo ist grün?', immer abwechselnd, erfolgte nach gänzlich resultatlosen Versuchen in der 86. und 87. Woche (am 758. Lebenstag) 11mal eine richtige und 6mal eine falsche Antwort."

Grenzen von Preyers Untersuchungen

Die wertvollen Beobachtungen Preyers sind in der Folgezeit von vielen anderen Forschern bestätigt und ergänzt worden. Man vermißt aber Aussagen über das Gesamtverhalten des Kindes. Preyer und viele andere nach ihm verhielten sich so, als sei das Kind nichts weiter als eine Summe einzelner

Sinnes- und Körperfunktionen, die man isoliert voneinander prüfen könne. Zwar wird von Preyer auch der „Wille“ des Kindes untersucht, an keiner Stelle des Buches erfährt aber der Leser etwas über den Trotz oder über die Reaktionen seines Sohnes auf die elterlichen Bemühungen, ihn zur Sauberkeit zu erziehen. Von Daumenlutschen oder anderen auffälligen Verhaltensweisen des Kindes ist nie die Rede. Diese Verhaltensweisen mögen Preyer nebensächlich erschienen sein, in der heutigen Kinderpsychologie spielen sie aber eine sehr große Rolle.

Zeitbedingte Moral und Kinderpsychologie

Schwerpunkt frühe Kindheit

Der Schwerpunkt der Forschung lag auch in der Folgezeit auf der frühen Kindheit. Das ist zu verstehen; ist doch diese Zeit mit ihrer ungewöhnlichen Entwicklungsdynamik in allen Bereichen und Funktionen voll von interessanten Problemen. Der weitere Fortgang der Kinderpsychologie hat die Schwerpunktsetzung auf die frühe Kindheit voll gerechtfertigt. Es wäre völlig falsch, würde z. B. ein Erzieher einwenden, er brauche von der frühen Kindheit und ihren Problemen nichts zu wissen, weil er nur ältere Kinder zu erziehen habe. Leider wird auch in der heutigen Pädagogenausbildung die frühe und früheste Kindheit oft vernachlässigt.
Die ältere Forschung scheint dagegen die Pubertät fast völlig übersehen zu haben. Erst gegen Ende des 19. Jahrhunderts wird das Interesse an der Reifezeit etwas reger. Vorher wurde sie fast ausschließlich unter den Aspekten einer moralisierenden Erziehung mit nie aufhörenden Warnungen vor den Gefahren der aufkeimenden Sexualität behandelt.
Daran sieht man, daß u. a. die gesellschaftliche Situation die Probleme und Fragen bestimmt oder beeinflußt, die sich die Wissenschaft stellt. Die Prüderie der Viktorianischen Epoche wirkte sich auch in der Kinderpsychologie aus; Fragen nach dem Wesen und der Bedeutung der sexuellen Reifung scheinen damals selbst Wissenschaftlern peinlich gewesen zu sein.

Die Entwicklung des Kindes als Wiederholung der Menschheitsentwicklung

Pubertät als Sturm und Drang

Der Einfluß des Amerikaners Stanley Hall auf die entstehende Kinder- und Jugendpsychologie war besonders groß. Vor der Jahrhundertwende begann er mit Untersuchungen über die Probleme der Pubertät, die von ihm als typische „Sturm-und-Drang-Periode“ aufgefaßt wurde. Gewisse Einseitigkeiten in seiner Auffassung sind allerdings nicht zu übersehen.

> Nach Hall ist die Reifezeit gekennzeichnet durch „Fehlen emotionaler Beständigkeit und dem Vorhandensein heftiger Impulse. Die Lebensführung ist allgemein unvernünftig. Es fehlen Begeisterungsfähigkeit und Sympathiegefühle. Alles ist fließend, plastisch und äußeren Beeinflussungsmöglichkeiten besonders zugänglich.“

Einfluß Darwins

Der Einfluß Darwins zeigt sich auch in den Werken Halls sehr stark. Er ist fasziniert von einer Theorie, die besonders von deutschen Anhängern Darwins erarbeitet worden war, der sogenannten Rekapitulationstheorie. Diese Theorie geht auf den in der Geistes- und Kulturgeschichte immer wieder geäußerten Gedanken der Wiederholung und der Wiederkehr zurück, der besonders deutlich im „Biogenetischen Grundgesetz“ Haeckels zum Ausdruck kommt. Dieses Gesetz – besser spricht man von einer Regel – besagt, daß der Entwicklungsverlauf eines Einzelwesens vor seiner Geburt eine kurze und gedrängte Wiederholung der gesamten Stammesgeschichte des Lebe-

Biogenetisches Grundgesetz

wesens sei. Hall übertrug diese Regel in recht großzügiger Weise auf das Verhältnis der Entwicklung des Kindes und des Jugendlichen zur Entwicklung der gesamten Menschheit.

Hall war der Ansicht, im Krabbelalter zeige sich die tierische Stufe in der Entwicklung. Dem Abschnitt vom vierten bis achten Lebensjahr entspreche in der Menschheitsgeschichte die Zeit der Jäger und Sammler. In der Vorliebe des Kindes für den Bau von Höhlen wiederhole sich das Zeitalter des Höhlenmenschen. Jagd- und Indianerspiele der Kinder zeugten von einem den Kindern innewohnenden, aus der Stammesgeschichte erhaltenen Trieb. In der Sturm- und Drangzeit der Pubertät kehre die jüngste und stürmischste Zeit der Menschheitsentwicklung wieder.

Die Kühnheit dieser Gedanken ist bemerkenswert, aber man darf ihnen nicht vertrauen, zumal in der Hallschen Wiederholungstheorie Menschheitsgeschichte und tierische Stammesgeschichte immer wieder durcheinandergebracht werden. Die Entsprechungen erscheinen auf den ersten Blick zwar frappant, sie beruhen aber auf bloß formalen und äußerlichen Ähnlichkeiten. Allerdings hatte die Wiederholungstheorie unter den älteren Pädagogen viele Anhänger gefunden.

Teilzusammenfassung

In früheren Zeiten hat man das Kind als „kleinen Erwachsenen" betrachtet. Erst im 19. Jahrhundert wurde erkannt, daß Kindheit und Jugend besondere Abschnitte im menschlichen Leben sind. Aus dem Interesse für die Entwicklung des Kindes, das von Darwin beeinflußt war, entstanden die Anfänge der Kinderpsychologie. Die ersten kinderpsychologischen Werke waren die Kinderbiographien oder Kindertagebücher, in denen hauptsächlich Naturforscher und Ärzte den Entwicklungsfortschritt ihrer Kinder aufzeichneten. Der Schwerpunkt des Interesses lag zunächst auf den ersten Lebensjahren. Probleme der Reifejahre wurden anfangs übersehen. Um die Jahrhundertwende beschrieb dann Stanley Hall die Reifezeit als Sturm-und-Drang-Periode des Menschen. Hall sah in der Kindheit eine Wiederholung der Menschheitsgeschichte.

2. Die Wende zum „Jahrhundert des Kindes"

Mit dem Ausklingen der Viktorianischen Epoche setzt ein Wandel in den Anschauungen ein. Das Problem Jugend rückt immer mehr in den Mittelpunkt des Interesses. Bildende Kunst und die Literatur nehmen sich des Themas an. Natürlich kündigte sich die Wende schon lange vorher an. In den Jahren vor der Jahrhundertwende häuften sich die Klagen von Eltern und Lehrern über die Unbotmäßigkeit der Jugend. Eine wachsende Jugendkriminalität beunruhigte die Öffentlichkeit in ähnlicher Weise wie in unseren Tagen.

Dichterische Darstellung der Pubertät

Das sexuelle Problem nahm eine zentrale Rolle in der Dichtung dieser Zeit ein. Frank Wedekind, Max Halbe, Hermann Hesse, Robert Musil und viele andere schilderten die Nöte der reifenden Jugend, die sich in der Jugendbewegung, im Wandervogel, neue Ausdrucks- und Lebensformen suchte. Diese erste „Jugendrevolte" ging von der bürgerlichen Jugend aus. Die Arbeiterjugend blieb fern. Kennzeichnend war auch der gänzlich unpolitische Charakter der damaligen Auflehnung, die in Wanderfahrten mit Lagerfeuerromantik keine allzu explosiven Formen annahm. Das Denken in Standesunterschieden blieb weiter beherrschend. Die Bildungsschranken und das sehr große Bildungsgefälle zwischen den sozialen Schichten wurden kaum in

Frage gestellt. Diesen Vorgängen stand die Kinder- und Jugendpsychologie des beginnenden 20. Jahrhunderts recht hilflos gegenüber. Ellen Keys Buch „Das Jahrhundert des Kindes" blieb romantisch-programmatisch, und was Ärzte und Psychologen zur sexuellen Reifung zu sagen hatten, ließ noch deutlich die Einstellungen der eben überwundenen Epoche erkennen. Vorherrschendes Thema der Kinderpsychologie dieser Zeit blieb das Problem der Intelligenz- und Sprachentwicklung.

Freuds Theorie von der frühkindlichen Sexualität

Um die Jahrhundertwende wurden die Schriften Sigmund Freuds und die seines sich ständig vergrößernden Schülerkreises der Öffentlichkeit mehr und mehr bekannt. Die akademische Kinder- und Jugendpsychologie weigerte sich lange, die Behauptungen Freuds über die frühkindliche Sexualität überhaupt zu diskutieren.

Tiefenpsychologie

Die Tiefenpsychologie, wie sie Freud vertrat, galt den meisten Psychologen der Zeit als unwissenschaftlich, und dies zum Teil sogar zu Recht, da die Erforschung des Unbewußten methodisch ungewöhnlich schwierig ist und sich viele Ergebnisse dieser Teildisziplin der Psychologie als falsch oder als sensationell übertrieben erwiesen. Die wissenschaftlichen Ergebnisse Freuds wurden zunächst als völlig unglaubwürdig empfunden, und in Deutschland wurde, anders als z. B. in den USA, die Psychologie Freuds erst verhältnismäßig spät anerkannt. Zwar muß man auch heute noch vielen ihrer Aussagen skeptisch gegenübertreten, insgesamt gesehen hat Freud, vielleicht gerade wegen des provozierenden Charakters seiner Behauptungen, die kinderpsychologische Forschung weiter in den Vordergrund rücken lassen.

Schockierende Thesen

Was sollte ein durch die Denkweisen des Viktorianischen Zeitalters geprägter Wissenschaftler oder Erzieher etwa von folgenden Sätzen aus Freuds Schrift über infantile (= kindliche) Sexualität halten?

> „Es ist ein Stück der populären Meinung über den Geschlechtstrieb, daß er der Kindheit fehle und erst in der als Pubertät bezeichneten Lebensperiode erwache. Allein dies ist nicht nur ein einfacher, sondern sogar ein folgenschwerer Fehler ... Ein gründliches Studium der Sexualäußerungen in der Kindheit würde uns wahrscheinlich die wesentlichen Züge des Geschlechtstriebes aufdecken, seine Entwicklung verraten und seine Zusammensetzung aus verschiedenen Quellen zeigen."

> „In noch größerer Unabhängigkeit von der sonstigen Sexualbetätigung entwikkelt sich beim Kinde die Grausamkeitskomponente des Sexualtriebes. Grausamkeit liegt dem kindlichen Charakter überhaupt nahe, da die Fähigkeit zum Mitleiden sich verhältnismäßig spät ausbildet."

Noch lange Zeit liefen Freudsche Tiefenpsychologie und die traditionelle Kinder- und Jugendpsychologie fast ohne Verbindung nebeneinander her. In Deutschland gewann Freuds Theorie, bedingt durch die politischen Ereignisse, eigentlich erst nach dem Zweiten Weltkrieg die Bedeutung, die sie in anderen westlichen Ländern schon lange hatte.

Sterns Psychologie der frühen Kindheit

In den ersten Jahrzehnten unseres Jahrhunderts wurde die Kinderpsychologie in Deutschland besonders durch das Werk William Sterns geprägt. Stern griff auf die biographische Methode des Tagebuches zurück. Die Beobachtung seiner eigenen Kinder erfolgte jedoch gezielter und vor allem stärker unter theoretischen Gesichtspunkten. Auch das Experiment nahm bei Stern einen wichtigen Platz ein, so z. B. bei seinen wichtigen, aber nicht unproblematischen Untersuchungen über die Gedächtnisleistungen bei Kindern und Jugendlichen, die nicht zuletzt für die Gerichtspraxis (Aussagetreue bei Zeugenvernehmungen) bedeutsam waren.

Schwerpunkt Sprachentwicklung

Sterns „Psychologie der frühen Kindheit" war lange Zeit das klassische Werk der Kinderpsychologie. Es hat zwar – wie Preyers Buch – den Mangel, daß die intellektuelle und sprachliche Entwicklung des Kindes zu stark betont wird und demgegenüber das gefühlhafte und triebhafte Verhalten wenig Berücksichtigung findet; aber es enthält erstmals eine Zusammenfassung der praktischen und theoretischen Ergebnisse der frühen Kinderpsychologie, die von ihm kritisch gesichtet und geordnet wurden.

Einige Zitate aus Sterns kinderpsychologischem Hauptwerk mögen seinen wissenschaftlichen Arbeitsstil verdeutlichen:

> „Sobald das Kind greifen kann, hat man Gelegenheit, Studien über seine Entfernungswahrnehmung zu machen. Unsere eigenen Beobachtungen stehen in Widerspruch zu der häufig wiederholten Anschauung, daß ursprünglich das Kind alle sichtbaren Objekte, nahe wie ferne, unterschiedslos nebeneinander liegen sehe und daher auch wahllos nach fernen ebenso greife wie nach den nahen."
>
> „Alle frühen Ausdrucksbewegungen haben instinktiven Charakter; es ist an ihnen nichts Angelerntes."
>
> „In der Zeit zwischen 25 und 26 Monaten fällt nun der plötzliche große Umschwung in Günthers Sprachentwicklung. Der Bann ist mit einem Zauberschlage gebrochen, und eine Fülle neuer Worte ergießt sich aus dem bisher so wortkargen Munde des Knaben ... In jenem einen Monat sind über 50 neue Wörter von uns notiert ..."

Triebverhalten und geistige Leistung

Vergleicht man die Textstellen aus Sterns Buch mit den vorher zitierten Sätzen von Freud, so wird der Unterschied in der Gesamtthematik beider Forscher deutlich: Bei Freud liegt der Schwerpunkt der Aussagen auf den frühkindlichen Triebregungen, bei Stern dagegen bei den frühkindlichen Wahrnehmungs-, Denk- und Sprachvorgängen. Beide Forschungsansätze sind einseitig; man weiß aber heute, daß geistige Funktionen und das Triebverhalten des Kindes, besonders des Kleinkindes, noch eine Einheit bilden.

Teilzusammenfassung

Um die Jahrhundertwende traten die Probleme der sexuellen Reifung in den Vordergrund. Sie wurden zunächst von Dichtern dargestellt, und fanden auch in der ersten Jugendrevolte, der „Jugendbewegung", ihren Ausdruck. Sigmund Freud vertrat in seiner Tiefenpsychologie die These, daß auch Kinder Sexualität haben. William Stern beschäftigte sich in seiner „Psychologie der frühen Kindheit" mehr mit der Sprachentwicklung und untersuchte später die sogenannte Kindersprache. Beide Forschungsansätze waren einseitig. Deshalb ist eine Verallgemeinerung der Ergebnisse problematisch.

3. Erste Arbeiten über Entwicklungsnormen für Kinder

Die Fehlermöglichkeiten bei der Untersuchung einzelner Kinder sind offensichtlich. Ergebnisse können nur verallgemeinert werden, wenn Entwicklungsnormen vorliegen, die zu beurteilen ermöglichen, wie weit das einzelne Kind von der Norm abweicht.

Beurteilung setzt Vergleichbarkeit voraus

Für die *körperliche Entwicklung* (Größe und Gewicht) ist dies einfach: Das Kind wird gemessen und gewogen; seine Größe und sein Gewicht werden mit den Durchschnittswerten der Kinder des gleichen Jahrganges verglichen. Für die *geistige Entwicklung* eines Kindes sind Normwerte schwerer zu bestimmen. Was ist z. B. die Norm der Sprachentwicklung bei Fünfjährigen, oder wie kann man Normwerte für die soziale Anpassung eines Kindes von sechs Jahren errechnen?

Binets Testsystem

Der französische Arzt Alfred Binet entwickelte 1905 im Auftrag des Erziehungsministeriums eine Methode, mit der rechtzeitig Entscheidungen getroffen werden können, ob ein Kind sonderschulbedürftig ist oder ob seine Lernfähigkeit und Intelligenz altersgemäß entwickelt sind.

Genormte Aufgaben

Binet und seine Mitarbeiter gingen so vor, daß sie, in Zusammenarbeit mit vielen Lehrern, nach Aufgaben suchten, die jeweils von der Mehrzahl der Kinder einer bestimmten Altersstufe gelöst werden konnten. Das Testsystem war also nach Altersstufen und Aufgabenschwierigkeiten gestaffelt. Je nachdem, welche Anzahl welcher Aufgaben ein Kind lösen konnte, wurde es in eine Intelligenz-Altersstufe eingeordnet. Die Differenzen zwischen dem Intelligenzalter und seinem Lebensalter zeigte dann, ob das Kind altersgemäß entwickelt war oder ob Entwicklungsrückstände oder -vorsprünge vorlagen.
Die folgende Tabelle enthält Beispiele aus diesem Staffelsystem für die Altersstufen von drei, sieben und elf Jahren.

Alter	*Aufgabe*
3 Jahre	1. Mund, Nase und Augen zeigen 2. Nachsprechen sechssilbiger Sätze 3. Nachsprechen von zwei Ziffern 4. Bildbetrachtungen: Aufzählung unzusammenhängender Einzelheiten 5. Angabe des Familiennamens
7 Jahre	1. Lücken in Bildern erkennen 2. Bildbetrachtungen: Beschreibung von Vorgängen 3. Abzeichnen eines Rhombus 4. Abzählen von 13 Münzen 5. Zahl der Finger angeben 6. Abschreiben einer geschriebenen Vorlage 7. Kenntnis von vier gebräuchlichen Münzen
11 Jahre	1. Sinnlosigkeiten in Sätzen erkennen 2. Aus drei Wörtern einen Satz bilden 3. In drei Minuten mehr als 60 Wörter aufsagen 4. Einen abstrakten Begriff definieren 5. Ungeordnete Wörter zu einem Satz ordnen

„Binetarium"

Dieses Staffelprüfsystem ist in den späteren Jahrzehnten immer wieder verbessert worden. Trotz mancher Mängel hat es sich bewährt, und das „Binetarium" — so wird die Aufgabensammlung mit dem Zubehör genannt — wendet man auch heute noch mit Erfolg an.
Binet hat für jedes Kind das „Intelligenzalter" errechnet. Entwicklungsvorsprünge oder -rückstände gegenüber der Altersnorm wurden zuerst in absoluten Zeitwerten, d. h. in Monaten oder Jahren angegeben. Das war natürlich wenig zweckmäßig; denn z. B. ein Rückstand von einem Jahr bedeutet bei einem fünfjährigen Kind mehr als ein gleich großer Rückstand bei einem Lebensalter von 12 Jahren. Stern hat deshalb (1912) vorgeschlagen, das Verhältnis des jeweiligen Intelligenzalters eines Kindes zu dessen Lebensalter in Form eines Bruches auszudrücken:

$$\frac{\text{Intelligenzalter}}{\text{Lebensalter}} = \frac{IA}{LA} = IQ$$

Intelligenzquotient

Dieser Bruch (Quotient) wird als *Intelligenzquotient* (abgekürzt IQ) bezeichnet. So hat z. B. ein neunjähriges Kind, für das ein Intelligenzalter von acht Jahren errechnet wurde, einen IQ von $8/9 = 0{,}88$. (Heute läßt man die Null und das Komma weg und spricht von einem IQ von 88.)
Das alles ist natürlich nicht unproblematisch; es würde aber hier zu weit führen, das System zu kritisieren.

4. Weitere Themen der kinderpsychologischen Forschung

Neuer Schwerpunkt: soziale Umwelt

Nach dem Ersten Weltkrieg ist die kinderpsychologische Forschung durch viele neue Impulse belebt worden. Während die Zeit vor dem Ersten Weltkrieg dadurch gekennzeichnet war, daß man in erster Linie die geistige und sprachliche Entwicklung des Kindes untersuchte, wurde jetzt der Themenkreis sehr stark erweitert. So trat vor allem die Frage der Umwelt- und Erziehungseinflüsse auf das Kind in den Mittelpunkt des Interesses.
In den Jahren zwischen 1920 und 1930 erschienen z. B. Arbeiten von Hildegard Hetzer über „Kindheit und Armut", von Hans Volkelt über die „Psychologie der werktätigen Jugend". Adolf Busemann schrieb eine „Pädagogische Milieukunde" und Lotte Danziger über „Freundschaft bei Proletariermädchen". An dieser kleinen Auswahl ist das für diese Epoche typische soziale Engagement zu erkennen.
Die Ursprünge kinder- und jugendpsychologischer Forschung liegen in Mitteleuropa, aber bereits vor dem Ersten Weltkrieg gingen die entscheidenden Impulse von den USA aus. Bedeutende Forscherpersönlichkeiten konnten dort mit unvergleichlich größeren Mitteln umfassende und sehr gründliche Untersuchungen beginnen.

Termans Untersuchungen

Als Beispiel sei hier nur die großangelegte und sorgfältig geplante Untersuchung von L. Terman genannt. Terman begann 1922 mit seiner Arbeit: Er verfolgte die Entwicklung von 1000 hochbegabten Kindern und ihren späteren Lebensweg. Die Untersuchung erstreckte sich über mehrere Jahrzehnte, d. h., die Kinder wurden in regelmäßigen Abständen bis in das hohe Erwachsenenalter hinein beobachtet. Die Ergebnisse dieser Forschung füllen mehrere Bände.

Experimente

In wachsendem Maße wurde auch das Experiment verwendet, und überall dort, wo Experimente mit Kindern nicht möglich oder aus ethischen Erwägungen nicht statthaft waren, wurden zunächst Tiere in ihrer Entwicklung untersucht, in der Hoffnung, daß man die tierpsychologischen Ergebnisse, mit den nötigen Einschränkungen, auch auf die Kinderpsychologie übertragen könne.

Vergleichende Völkerpsychologie

In zunehmendem Maße wuchs der Einfluß der Umwelt auf die Entwicklung des Kindes als zentrales Thema der Kinderpsychologie. Da die Umwelt mit ihren wesentlichen Faktoren aber nicht willkürlich verändert werden kann, muß sich der Forscher mit vergleichender Psychologie, besonders Völkerpsychologie, befassen. Zwischen den beiden Kriegen haben deshalb viele Forscher lange Zeit bei primitiven Völkern gelebt und dort die Entwicklung deren Kinder in ihrer besonderen Umwelt, vor allem aber die Erziehungsmethoden solcher Völker genau studiert.
Heute verfügt die Kinderpsychologie über eine solche Fülle von Ergebnissen, ist so reich ausgestattet mit exakten Methoden, daß dieses Teilgebiet der Psychologie ein selbständiges Studienfach sein könnte. Die weiteren Kapitel sollen ein Bild von dieser Vielfalt vermitteln.

Zusammenfassung

Die Kinder- und Jugendpsychologie hat sich erst verhältnismäßig spät, in der zweiten Hälfte des 19. Jahrhunderts, zu einem eigenständigen Wissenschaftszweig entwickelt. Am Anfang standen Tagebuchaufzeichnungen über die Entwicklung von Forscherkindern. Dabei ging es zunächst um die geistige und sprachliche Entwicklung. Um die Jahrhundertwende wies Sigmund Freud auf das Problem der frühkindlichen Sexualität hin. Damit trat die Problematik der sexuellen Reifung und der Jugendzeit mehr in den Vordergrund. Nach der Jahrhundertwende schenkte man den Fragen der Entwicklungsnormen eine steigende Beachtung. Bahnbrechend wurde Binets System von genormten Aufgaben, das schließlich die Berechnung des Intelligenzquotienten ermöglichte, einer Maßzahl für die geistige Entwicklung eines Menschen. Zwischen dem Ersten und Zweiten Weltkrieg gewannen Experiment und statistische Erhebung immer mehr an Bedeutung. Ergebnisse der Tier- und der Völkerpsychologie wurden mit herangezogen. Seit den zwanziger Jahren beschäftigt sich die kinder- und jugendpsychologische Forschung in starkem Maße mit der Untersuchung von Umwelteinflüssen.

Worterklärungen

Binetarium	von Binet zusammengestelltes Testsystem zur Prüfung des geistigen Entwicklungsstandes von Kindern und Jugendlichen
Biographie	Lebensbeschreibung
Embryologie	Lehre von der Entwicklung ungeborener Lebewesen
infantil	frühkindlich
Pubertät	Zeit der geschlechtlichen Reife
Rekapitulation	Wiederholung
Viktorianische Epoche	nach der Regierungszeit der engl. Königin Viktoria benannter Zeitabschnitt zwischen 1837–1901

4. KAPITEL

Allgemeine Probleme und Begriffe der Entwicklungspsychologie

Am Anfang jeder wissenschaftlichen Auseinandersetzung mit den Problemen der Kindheit und Jugendzeit steht die Frage nach dem Wesen der Entwicklung des Menschen.
Die Entwicklung des Menschen verläuft bis in das hohe Lebensalter nicht gleichmäßig. Zeiten rascher Veränderungen wechseln mit solchen, in denen die Entwicklung stillzustehen scheint. Verlaufsform und -geschwindigkeit der Entwicklung sind von Mensch zu Mensch verschieden, und auch beim einzelnen Menschen entwickeln sich Intelligenz, Sprache, soziales Verhalten, Begriffsbildung, Sexualität usw. jeweils in verschiedenen Verlaufsformen. Der Erzieher muß die Gesetzmäßigkeiten der Entwicklungsdynamik kennen, denn erst dann ist er in der Lage, den Entwicklungsverlauf und den Entwicklungsstand eines bestimmten Kindes zu beurteilen und danach pädagogisch zu handeln.

Zunächst müssen sehr allgemeine Begriffe, wie z. B. „Entwicklung", „Wachstum", „Verlaufsform" und „Verlaufsgeschwindigkeit" auf ihren Bedeutungsgehalt untersucht werden. Die Kenntnis dieser Begriffe wird in späteren Kapiteln immer vorausgesetzt.

1. Zum Begriff der Entwicklung

Definition 1

- Unter Entwicklung versteht man die Veränderung der Form und des Verhaltens von Lebewesen, und zwar einmal als Ausbildung des Organismus vom Keim bis zum erwachsenen Individuum (Ontogenese) und zum anderen als Entfaltung der Arten (Phylogenese). (Traxel)

In der Folge wird der Begriff der Entwicklung ausschließlich in seinem ersten Sinn (als Ontogenese) verstanden.
Die Bedeutung des Begriffes Entwicklung ist durch den sprachlichen Ausdruck „Ent-Wicklung" theoretisch gewissermaßen vorbelastet. Man verbindet nämlich mit ihm häufig die Vorstellung eines bereits vorgeformten Seins, das nur noch von seiner Hülle befreit, also ausgewickelt werden müsse.

Präformationstheorie und Tabula-rasa-Theorie

Vorgeformtheit

Ganz konkret wurde der Gedanke der Vorgeformtheit von den alten „Präformisten" aufgefaßt: Man stellte sich vor, im Samen des Mannes sei ein winziges Menschlein eingehüllt, das dann im Mutterleib ausgewickelt, entwickelt werden müsse. In diesem Menschlein sei wiederum ein weiterer, noch kleinerer „Homunculus" eingeschlossen, und alle künftigen Generationen seien so eingeschachtelt bereits fertig vorhanden.
Vorgeformtsein bedeutet aber Unveränderlichkeit und Schicksalsbestimmtheit. Nach dieser Theorie hätte die Erziehung lediglich die Aufgabe, den Weg

für den Entwicklungsprozeß freizulegen; dieser selbst aber sei kaum von außen zu beeinflussen. Die Präformationstheorie wird in ihrer naiven Form von niemandem mehr vertreten, die Auseinandersetzungen um das Problem der Vorbestimmtheit und Festgelegtheit (der ,,Anlagen") sind aber, wie später gezeigt werden soll, noch immer Bestandteil heutiger Diskussionen.

Formung durch Umwelt

Der Präformationstheorie steht eine andere gegenüber, die Tabula-rasa-Theorie: Das Kind ist nach dieser Theorie bei seiner Geburt ein leeres Blatt, eine blanke Tafel (tabula rasa), ein ungeformter Stoff, der erst durch die Umwelteinflüsse, durch Lern- und Erziehungsprozesse gestaltet wird. Das Bild der ,,Bildung" wird hier sehr konkret aufgefaßt.

Die Präformationstheorie, auch in ihren abgemilderten Formen, führt notwendig zu einem *Erziehungsfatalismus,* der sich etwa in bekannten Redensarten, wie ,,Dumm bleibt dumm" oder ,,Bei ihm ist Hopfen und Malz verloren", äußert.

Andererseits resultiert aus dem Glauben an die Allmacht der Umwelteinflüsse, der Formung des Bewußtseins und des menschlichen Verhaltens durch die Lernprozesse ein naiver und oft ungerechtfertigter *Erziehungs- und Bildungsoptimismus.*

Diesen Erziehungsoptimismus soll ein Zitat des amerikanischen Lernpsychologen Watson veranschaulichen.

> ,,Man gebe mir ein Dutzend gesunde, gut gebaute Kinder und meine besondere Welt, um sie aufzuziehen; dann garantiere ich, aus jedem nach Wahl irgendeinen Spezialisten zu machen: Arzt, Rechtsanwalt, Künstler, Kaufmann, ja, sogar Bettler und Dieb, ohne Rücksicht auf die Talente, Eigenheiten, Neigungen und Fähigkeiten, die Berufe und die Rasse seiner Vorfahren."

Teilzusammenfassung

Der Begriff der Entwicklung ist theoretisch vorbelastet. Einerseits kann er bedeuten: Es existiert etwas Vorgeformtes, das im Prozeß der Entwicklung und Entfaltung nur freigelegt wird. Andererseits kann er bedeuten: Etwas Ungeformtes wird durch äußere Einflüsse gestaltet. Man kann den Entwicklungsbegriff aber auch unbefangen und neutral verwenden, im Sinne eines Sowohl — Als-auch. So wird er auch in der Psychologie, besonders der Kinder- und Jugendpsychologie, benutzt.

2. Entwicklung als Differenzierung und Wachstum

Definition 2

- Entwicklung ist in erster Linie Differenzierung. Ein zunächst ungestaltetes Ganzes gliedert sich in Teile, die zueinander in ein bestimmtes Ordnungsverhältnis treten und somit ein neues Ganzes, nun aber höherer Ordnung, bilden. In diesem Ganzen übernehmen die Teile genau bestimmte Aufgaben; die Spezialisierung der Aufgaben erfolgt in einem System von Über- und Unterordnungen der Teilfunktionen.

Man versteht die Entwicklung des Kindes erst richtig, wenn man sie als Differenzierung begreift. Entwicklungsstörungen oder Fehlentwicklungen sind dann entsprechend als Mängel im Differenzierungsgeschehen aufzufassen.

Differenzierungsvorgänge können in großer Zahl unmittelbar nachgewiesen werden:

Die Bewegungen des Neugeborenen sind zuerst ganz ungegliedert ganzheitlich; dann bilden sich gezielte und geordnete Feinbewegungen wie Greifen, Heranholen, Sich-Zuwenden usw. aus.

Die Entwicklung der Sprache zeigt Differenzierungsvorgänge besonders deutlich. Aus dem unklaren und verwaschenen Lallen entstehen immer feinere Lautgebilde und schließlich Wörter und Sätze.
Die Intelligenzentwicklung geht zunächst von einer Art Globalintelligenz aus, die sich im Laufe der Zeit immer mehr spezialisiert.
Die Zeichnungen und Malereien eines kleinen Kindes unterscheiden sich von denen eines größeren hauptsächlich durch ihre geringe Gliederung.

Wachstum

Vom Begriff der Differenzierung ist der des *Wachstums* zu unterscheiden.

Definition 3

- Wachstum ist die rein quantitative (also unmittelbar meß- und abzählbare) Zunahme, Vergrößerung oder Vermehrung eines Gebildes.

Vielfach beruht Wachstum auf Teilung (z. B. bei der Zellteilung), aber auch auf Zuerwerb (z. B. beim Lernen von Vokabeln); jedoch ergibt sich mit der reinen Vermehrung der Teile noch kein neues Ordnungsgebilde.

Beispiele für reine Wachstumsvorgänge: Zunahme der Körpergröße und des Gewichtes eines Kindes, Vergrößerung seiner Kräfte, Vermehrung des Wortschatzes.

Gerade das Beispiel der Wortschatzvergrößerung zeigt aber, wie eng die Beziehung zwischen Wachstum und Differenzierung ist. So hängt die Wortschatzerweiterung bei einem Kind von der Differenziertheit des bereits bestehenden Wortschatzes ab. Das Lernen von Wörtern einer Fremdsprache ist zunächst ein reiner Wachstumsvorgang. Wenn aber die neuen Wörter nicht in ein bestehendes Ordnungsgefüge „eingebaut“ werden können, so werden sie bald wieder vergessen.
Eine Vermehrung des Wissens ohne gleichzeitige Differenzierung des Wissensstoffes, d. h. Ordnung und Systematisierung des Stoffes, ist offenbar unmöglich.

Teilzusammenfassung

Entwicklung ist Differenzierung und Wachstum. Differenzierung ist der Vorgang der Gliederung eines Ganzen in Teile, die sich zu einer neuen Ordnung höheren Grades fügen. In diesem neuen Ganzen übernehmen die Teile für das Ganze bestimmte Aufgaben. Der Differenzierungsgrad bestimmt die Vollkommenheit des Organismus. Wachstum ist demgegenüber der Vorgang rein quantitativer Vermehrung und Vergrößerung. Wachstum und Differenzierung sind meistens aufeinander bezogen und voneinander abhängig.

3. Zeit und Entwicklung

Die Entwicklung ist ein *Vorgang in der Zeit.* Das erscheint zunächst ganz selbstverständlich.

Biologische Zeit

Man sollte aber bedenken, daß die gewohnte Zeitrechnung gerade für das Entwicklungsgeschehen nicht immer die beste ist. Die Entwicklung der Lebewesen verläuft nicht starr in einem physikalischen oder astronomischen Zeitschema, sondern sie folgt einer eigenen „biologischen“ Zeit. Zwei Lebewesen, die gleich alt an Jahren (astronomischer Zeitrechnung) sind, können „biologisch“ von sehr verschiedenem Alter sein. Ein zehnjähriger Hund ist bereits ein Greis, ein zehnjähriger Mensch dagegen noch sehr jung. Das gilt auch – natürlich nicht in dieser extremen Form – für das Alter zweier Menschen und dies besonders in ihren frühen Lebensjahren.

Das Alter des Kindes

Chronologisches Alter

Das starre Beharren auf „chronologischen" Altersbestimmungen (d. h. nach astronomischen Zeitrechnungen) kann pädagogisch falsch, ja sogar schädlich sein.

> Mit Vollendung des 6. Lebensjahres (d. h. 6 Erdumläufen um die Sonne nach der Geburt) wird ein Kind schulpflichtig. Die Schulreife hängt aber nicht unmittelbar von den Sonnenumläufen ab, sondern die Reifungsgeschwindigkeit wird von biologischen Faktoren (z. B. Erbfaktoren) und auch von Umwelteinwirkungen bestimmt. Einschulungsentscheidungen, die ausschließlich vom chronologischen Alter des Kindes ausgehen, sind sehr oft, und zum Schaden des Kindes, Fehlentscheidungen.

Skelettalter

Aber welche Altersbestimmung wäre besser? Gibt es überhaupt *das* biologische Alter, oder aber können verschiedene Organe und Funktionen verschieden rasch reifen und altern? Ließe sich vom Reifezustand eines bestimmten Organs auf die psychische Reife, etwa die Schulreife schließen? Man glaubte, im „Skelettalter" – es wird mit Hilfe von Röntgenaufnahmen der Handwurzelknochen anhand von geeichten Tabellen bestimmt – ein geeignetes Maß für die allgemeine biologische Reife eines Kindes gefunden zu haben und war auch der Überzeugung, dieses Maß erlaube Vorhersagen der weiteren Entwicklung und besonders der Schulreife. Dieser frühe Optimismus ist allerdings etwas gedämpft worden. Die Beziehungen zwischen Skelettalter und anderen körperlichen oder psychischen Reifekriterien sind recht kompliziert. Nur ein erfahrener Kinderarzt dürfte eine Prognose wagen.

Intelligenzalter

In der Entwicklungspsychologie ist der Begriff des „Intelligenzalters" sehr gebräuchlich. Auch diese Altersbestimmung hat sich bewährt; allerdings kann das Intelligenzalter durch Umwelt- und Erziehungseinflüsse bis zu einem gewissen Grad verändert werden, während das Skelettalter kaum zu beeinflussen ist.
Natürlich bezieht man sich, schon aus Gründen der allgemeinen Verständlichkeit, immer wieder auf das chronologische Alter; es ist letztlich doch das Kriterium schlechthin für den Entwicklungsstand. Man sollte sich aber die Mängel der chronologischen Altersbestimmungen immer vor Augen halten.

Teilzusammenfassung

> **Entwicklung ist ein Vorgang in der Zeit. Jedoch ist die Altersbestimmung eines Organismus nach der in Jahren berechneten Zeit nicht immer die geeignetste, denn Organismen reifen und altern gemäß einer eigenen biologischen Zeit, die nicht immer mit der chronologischen Zeit übereinstimmt. Man glaubte, im „Skelettalter" eines Kindes ein besseres Reifekriterium gefunden zu haben. Es erlaubt auch Prognosen auf die weitere Entwicklung. Jedoch sollten diese nur Fachleuten überlassen werden.**

4. Verlaufsformen der Entwicklung

Stellt man die Beziehung zwischen dem Differenzierungsgrad oder dem Wachstumsstand einerseits und der Zeit (dem Lebensalter, dem Skelettalter, dem Intelligenzalter) dar, so ergeben sich verschiedene Verlaufsformen der Entwicklung.

Entwicklungskurven

Man zeichnet zwei Linien, die senkrecht zueinander stehen, und trägt auf der horizontalen Linie die Zeit- oder Alterswerte ein und auf der vertikalen Linie die Meßwerte, deren Entwicklungsverlauf man kennenlernen will, wie z. B. Körpergröße, Gewicht, Wortschatz, Interessenumfang, Zahl der

Freunde usw. Jedem Wert auf der horizontalen Linie kann dann ein Wert auf der vertikalen zugeordnet werden. Kennzeichnet man die Zuordnung durch Punkte und verbindet diese, so erhält man eine Linie oder Kurve, die die Verlaufsform der Entwicklung eines bestimmten Sachverhaltes abbildet.

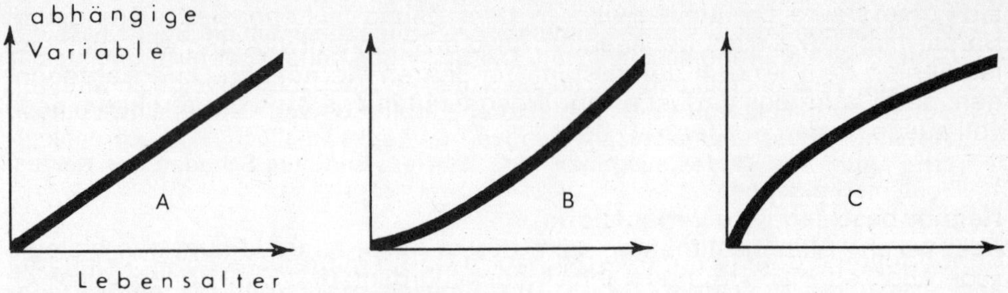

Man unterscheidet grob drei Verlaufsformen:
A Die *geradlinige* Verlaufsform
B Die Verlaufsform mit *positiver Beschleunigung*
C Die *gebremste Verlaufsform* (negative Beschleunigung)

Die Verlaufsformen A und B sind selten. Die Verlaufsform mit positiver Beschleunigung besagt, daß die Entwicklung (Differenzierung oder Wachstum) zunächst ganz langsam beginnt, dann aber immer schneller wird. Von einem bestimmten Zeitpunkt an wird ein solcher Verlauf, wie auch der geradlinige, gebremst.

Positiv beschleunigte Verlaufsform

Beispiel Wortschatzerweiterung

Ein typisches Beispiel für eine positiv beschleunigte und dann gebremste Entwicklung ist die Zunahme (das Wachstum) des Wortschatzes von Kindern in den ersten 6 Lebensjahren.

Alter des Kindes (Jahre)	Zahl der Wörter, die dem Kind bekannt sind	Zuwachs an neuen Wörtern pro Jahr
1	3	3
2	130	127
3	890	760
4	1550	660
5	2070	520
6	2562	492

Man erkennt, daß die Wortschatzerweiterung in den ersten drei Jahren ungewöhnlich schnell verläuft. Besonders steil ist der Anstieg zwischen dem 2. und dem 3. Lebensjahr. Bereits im 4. Lebensjahr wird die Wachstumsgeschwindigkeit wieder abgebremst.
Die in der Tabelle angegebenen Zahlen müssen übrigens mit großer Vorsicht beurteilt werden. Wortschatzermittlungen sind methodisch gar nicht einfach; verschiedene Forscher kommen zu sehr unterschiedlichen Ergebnissen, und nicht zuletzt unterscheiden sich die Kinder erheblich im Umfang

ihres Wortschatzes. Es kommt aber in der Tabelle nicht auf die absoluten Zahlenwerte, sondern auf die Verlaufsform der Wortschatzentwicklung an. Diese ist bei allen Kindern annähernd gleich.
Die Kenntnis der Verlaufsform einer Entwicklung, hier der Wortschatzzunahme, ist für den Erzieher sehr wichtig. Bei der Wortschatzentwicklung zeigt sich eine starke Dynamik zwischen dem 2. und 3. Lebensjahr. Das deutet darauf hin, daß dieses Lebensalter für die Sprachentwicklung entscheidend ist. Fehlen dem Kind in den ersten drei Jahren die nötigen Sprachanregungen, dann kann der Verlust erfahrungsgemäß in späteren Jahren kaum noch voll ausgeglichen werden.

Negativ beschleunigte Verlaufsform

Typische Verlaufsformen

Sehr häufig ist dagegen die Verlaufsform C, die gebremste Entwicklung (mit sog. negativer Beschleunigung). Die Entwicklung verläuft zunächst sehr schnell, wird dann aber immer langsamer, d. h. die Veränderungen werden mit der Zeit kleiner. Die hohe Entwicklungsgeschwindigkeit am Anfang erfordert, daß der Zeitmaßstab zu Beginn der Entwicklung feiner sein muß als zu späterer Zeit.

Bei den Entwicklungstests, d. h. bei Prüfverfahren zur Bestimmung des Entwicklungsstandes eines Kindes, müssen die Zeitabstände zwischen den Prüfungen bei kleinen Kindern erheblich kleiner sein als bei größeren Kindern und Jugendlichen. Die Altersnormen für Kleinkinder werden im 1. Lebensjahr von Monat zu Monat bestimmt, im 3. Lebensjahr werden die Prüfungen von Halbjahr zu Halbjahr vorgenommen; später wird nur noch im Abstand eines Jahres getestet.

Die gebremste Verlaufsform hat auch für die Erziehung des Kindes große Bedeutung. Die Entwicklungsdynamik ist in den ersten Lebensjahren sehr viel größer als später. Umwelt- und Erziehungseinflüsse benötigen, um wirksam zu werden, beim kleinen Kind wesentlich kürzere Zeit als beim älteren Kind.
Geradlinige, beschleunigte und gebremste Entwicklungsverläufe gelten nur für bestimmte Zeitabschnitte. Alle Verlaufsformen werden von einem bestimmten Lebensalter an gebremst; die Kurven verlaufen horizontal weiter oder fallen, wie dies bei der Intelligenzentwicklung besonders deutlich ist, mehr oder weniger stark ab.

Konkurrierende Verlaufsformen

Die verschiedenen Teilbereiche der Entwicklung, wie etwa das Größenwachstum, die Intelligenz- und Sprachentwicklung, die soziale Entwicklung, sexuelle Reifung usw., können jeweils unterschiedliche Verlaufsformen haben. Während z. B. die allgemeine geistige Entwicklung eine gebremste Verlaufsform hat, ist die Sprachentwicklung positiv beschleunigt.
Für den Erzieher besonders wichtig sind die konkurrierenden Verlaufsformen. So machen z. B. viele Mütter folgende Erfahrung: Eine gerade einsetzende und schnell verlaufende Entwicklung des Sprechens verlangsamt sich plötzlich wieder; das Sprechen kann für lange Zeit sogar stagnieren. Das hängt offensichtlich damit zusammen, daß ein anderer Teilbereich sich zu entwickeln beginnt, der eine andere Verlaufsform und Verlaufsgeschwindigkeit hat. Die Sprachentwicklung kann in ihren Anfängen z. B. mit der Entwicklung der Körpermotorik konkurrieren, besonders in dem Zeitpunkt, in dem

Verlangsamung und Stagnation

das Kind selbständig zu laufen beginnt und seine Umwelt durch das Laufenkönnen neu entdeckt.

Interferenz von Verlaufskurven

Natürlich sind solche Interferenzen, so nennt man diese gegenseitigen Störungen, nicht immer deutlich zu erkennen. Sie treten auch in späteren Altersabschnitten auf. So interferiert z. B. der Verlauf der sexuellen Reifung in der Pubertät mit vielen anderen Verlaufsformen, etwa der sozialen Entwicklung, der Leistungsbereitschaft usw. Plötzliche Wachstumsschübe können sich in einem Abfall der Lernfähigkeit des Kindes bemerkbar machen.

Teilzusammenfassung

Die Verlaufsformen der Entwicklung können grafisch dargestellt werden. Die meisten Entwicklungsverläufe sind negativ beschleunigt, d. h. die Entwicklung verläuft zunächst sehr rasch, wird aber immer langsamer. Es gibt Entwicklungen, die sich gegenseitig stören, wenn eine plötzliche Verlangsamung einer Teilentwicklung durch das schnelle Voranschreiten einer anderen Entwicklung überlagert wird.

5. Die Geschwindigkeit der Entwicklung

Die Entwicklungsverläufe unterscheiden sich

- durch ihre Verlaufsformen (geradlinig, beschleunigt, gebremst);
- durch den Zeitpunkt des Verlaufsbeginns (verfrüht, normal, verspätet);
- durch ihre Verlaufsgeschwindigkeit (schnell, normal, langsam).

Unabhängig von ihrer Verlaufsform unterscheiden sich Entwicklungsverläufe noch durch den Zeitpunkt ihres Beginns, und wiederum unabhängig von diesem Zeitpunkt kann eine Entwicklung sehr schnell oder sehr langsam verlaufen. Die Kombination von Verlaufsform, Zeitpunkt des Beginns und Verlaufsgeschwindigkeit kennzeichnet die Entwicklung eines bestimmten Teilbereiches (z. B. Sprachentwicklung, sexuelle Reifung usw.).

Pubertät

Die Pubertät setzt bei Knaben mit einem sehr kräftigen Wachstumsschub ein. Dieser Schub hat zunächst eine geradlinige, später jedoch gebremste Verlaufsform. Der Beginn des Schubes ist von Kind zu Kind sehr verschieden. Bei einigen Knaben setzt er mit zehn Jahren, bei anderen erst mit dreizehn ein. Unabhängig von seinem Beginn verläuft der Wachstumsschub beim einen Knaben sehr schnell, beim anderen langsam. Später Beginn kann also durchaus durch schnelleren Verlauf ausgeglichen werden. Allerdings sind solche Kompensationen nicht die Regel, denn allgemein schließen Knaben, bei denen der Wachstumsschub früh einsetzt, ihr Größenwachstum auch früher ab. Ähnliches gilt für die Sprachentwicklung: Kinder, die früh zu sprechen beginnen, zeigen auch insgesamt eine schnellere Sprachentwicklung.

Erbfaktoren und Entwicklung

Ganz allgemein verläuft die Gesamtentwicklung des Kindes von seiner Geburt bis zum Erwachsenenalter in allen Kulturen, bei allen Völkern und Rassen in erstaunlich großer Ähnlichkeit. Das deutet darauf hin, daß das Problem der Entwicklung ein allgemeines anthropologisches Problem ist. Ablaufsformen, der Beginn bestimmter Teilentwicklungen und die Entwicklungsgeschwindigkeit werden offensichtlich durch Erbfaktoren bestimmt; der Verlauf der Entwicklung ist sozusagen „programmiert". Das gilt natürlich nicht für alle Bereiche der Entwicklung in gleichem Maße. Die Sprachentwicklung wird stärker durch Umwelt- und Erziehungseinflüsse bestimmt als z. B. das Körperwachstum oder der Eintritt in die Pubertät.

In allen Gesellschaften und bei allen Rassen gewinnen die Kinder mit Abschluß ihres 2. Lebensjahres die Willenskontrolle über die Entleerungsmechanismen von Blase und Darm. In allen Sprachgemeinschaften wird mit dem 6. Lebensjahr ein Abschluß der allgemeinen Sprachentwicklung erzielt, und mit nur geringen Verschiebungen beginnt überall die Pubertät zwischen dem 11. und dem 13. Lebensjahr. Diesen großen Ähnlichkeiten der Entwicklungsverläufe auf der ganzen Erde entsprechen die Erziehungseinrichtungen. Fast überall, wo eine Schulpflicht besteht, werden die Kinder zwischen dem 5. und dem 7. Lebensjahr schulpflichtig.

Ähnlichkeit der Entwicklung bei verschiedenen Rassen

Entwicklungen gleicher Verlaufsform können mit unterschiedlicher Geschwindigkeit ablaufen. Im allgemeinen zeigen die Verlaufsformen und die Verlaufsgeschwindigkeiten der Entwicklung in verschiedenen Kulturen und bei verschiedenen Rassen eine verhältnismäßig große Ähnlichkeit.

Teilzusammenfassung

6. Akzeleration und Retardierung

Die Begriffe Akzeleration und Retardierung sind für die Entwicklungspsychologie sehr wichtig. Leider werden sie aber nicht immer eindeutig verwendet.
Bei dem Begriff Akzeleration wird oft nicht genügend unterschieden zwischen Akzeleration im Sinne der *zeitlichen Vorverlegung* eines Verlaufsbeginnes und Akzeleration im Sinne der *Erhöhung des Entwicklungstempos.*

Was ist Akzeleration?

Definition 4

- Unter Akzeleration versteht man die Abweichung des Beginns einer Entwicklung von einer Norm im Sinne einer zeitlichen Vorverlegung und bzw. oder die Erhöhung der Geschwindigkeit einer Entwicklung gegenüber einer Norm.

Ein Mädchen, bei dem bereits mit zehn Jahren die Menarche eintritt, ist in seiner Pubertätsentwicklung akzeleriert, denn der Pubertätsbeginn, der durch die Menarche angezeigt wird, ist bei ihm um etwa 2,5 Jahre gegenüber der Norm verfrüht.

Ein Mädchen, bei dem die Pubertät mit 12,5 Jahren (also ganz normal) beginnt, und das mit 14 Jahren in allen seinen Geschlechtsmerkmalen ausgereift ist, hat, bei normalem Beginn, die Pubertät sehr schnell durchlaufen. Es kann mit 14 Jahren als akzeleriert in Bezug auf seine Pubertätsentwicklung betrachtet werden.

In beiden Fällen handelt es sich um individuelle Akzelerationen.

Die verschiedenen Teilbereiche der Entwicklung (wie Körperwachstum, Intelligenzentwicklung, Sprachentwicklung usw.) können gemeinsam akzelerieren oder aber es tritt eine Spaltung in den Verlaufsgeschwindigkeiten ein, d. h. die Akzeleration betrifft nur einen bestimmten Teilbereich, während die anderen sich normal entwickeln. Die gemeinsame Akzeleration aller Teilbereiche wird auch als synchrone, gelegentlich als harmonische Akzeleration bezeichnet.

Synchrone und asynchrone Akzeleration

Verlaufen dagegen die verschiedenen Teilbereiche der Entwicklung bei einem bestimmten Kind oder Jugendlichen in — gegenüber der Norm — jeweils unterschiedlichem Entwicklungstempo, so spricht man von asynchroner bzw. von disharmonischer Akzeleration.

Asynchronien und Verhaltensstörungen

Bei Jugendlichen in und nach der Pubertät findet man immer wieder auffallende „Asynchronien" in der Entwicklung. Jugendliche sind z. B. übernormal groß für ihr Alter, zeigen aber nicht die entsprechende Entwicklung in anderen Teilbereichen, wie etwa der Geschlechtsmerkmale, der Intelligenz, des sozialen Verhaltens usw. Für den Erzieher ist die genaue Kenntnis solcher asynchroner Entwicklungen sehr wichtig. Nur zu oft werden Kinder und Jugendliche nach den auffallenden Entwicklungsmerkmalen, wie Körpergröße u. ä. beurteilt und auf ihr Leistungsvermögen hin eingeschätzt. Asynchron akzelerierte Jugendliche scheinen stärker zu Verhaltensstörungen zu neigen als harmonisch akzelerierte.

Die säkulare Akzeleration

Die Entwicklungsnormen scheinen sich im Laufe größerer Zeitabschnitte oder Epochen zu verändern. Auffällig ist, daß sich in den letzten 100 Jahren viele Kriterien der Entwicklung, des Wachstums und der Reifung zeitlich vorverlagert haben. Man spricht von „säkularer Akzeleration".

Besonders fällt dies bei der Körpergröße auf. Fast alle Heranwachsenden werden größer als ihre Eltern. Der Wachstumsschub in der Pubertät beginnt früher, aber auch das Größenwachstum wird früher beendet. Von pädagogischer Bedeutung ist besonders die Beschleunigung sexueller Reifung. Während vor 100 Jahren der Menarchetermin der Mädchen zwischen ihrem 16. und 17. Lebensjahr lag, ist er jetzt um 2–3 Jahre vorverlegt. Wichtig ist auch, daß jetzt die früher beachtlichen Unterschiede der verschiedenen Körpermaße zwischen den sozialen Schichten heute fast ausgeglichen sind.

Die Akzeleration beginnt schon bald nach der Geburt. Zwar ist das mittlere Geburtsgewicht der Neugeborenen heute nur wenig höher als das vor 100 Jahren, aber während die Säuglinge damals 6 Monate benötigten, um ihr Geburtsgewicht zu verdoppeln, brauchen sie dazu heute nur 4 Monate.

Ursachen der säkularen Akzeleration

Über die Ursachen dieser auffallenden Erscheinung ist viel diskutiert worden. Einige Forscher führten sie auf die allgemeine Hektik, das Überangebot starker Reize, auf die erhöhte Wirkung der UV-Strahlung oder auf die intensivere Durchmischung der Bevölkerung zurück. Aber alle diese Erklärungen konnten mit Hinweisen auf Gegenbefunde widerlegt werden.

Die Frage nach den Ursachen der heutigen Akzeleration sollte eher als Frage nach den Ursachen der Retardierung im 19. Jahrhundert formuliert werden. Weshalb blieben damals die Menschen kleiner und reiften langsamer? Bei Skelettausgrabungen der Anthropologen aus verschiedenen Zeiten hat man zwar gefunden, daß die Menschen früher allgemein kleiner gewesen sein müssen als heute, es muß aber auch Zeitabschnitte gegeben haben, in denen sie fast die Körpergröße heutiger Menschen erreichten. Möglicherweise gab es schon immer Akzelerations- und Retardierungswellen. Wie aber könnten diese entstanden sein?

Die weitaus meisten körperlichen Eigenschaften sind genetisch determiniert. Aber nicht bei allen ist es, wie etwa bei den Blutgruppen oder der Augenfarbe, eine „punktuelle"; vielmehr bestimmen die Gene jeweils einen mehr oder weniger breiten Variationsspielraum mit Ober- und Untergrenzen für die Ausprägung einer Eigenschaft. Für die Eigenschaft „Körpergewicht" ist dieser Spielraum relativ groß, denn das Körpergewicht kann auch von der Ernährung, vom Ausmaß körperlicher Betätigung und von vielen Krankheiten beeinflußt werden. Hingegen ist der genetische Variationsspielraum für die

Körpergröße und für den Zeitpunkt des Beginns der geschlechtlichen Reife relativ klein.
Man könnte nun die Frage nach den Ursachen der säkularen Akzeleration etwa so beantworten: Der von der Natur (hier: den genetischen Faktoren) vorgegebene Spielraum wird bis zu seiner Obergrenze in unserer Zeit besser ausgenutzt als in früheren Zeiten. Entscheidend ist dabei das verbesserte qualitative Nahrungsangebot. Da schon im ersten Lebensjahr eine beachtliche Akzeleration festzustellen ist, dürfte die bessere Versorgung der Schwangeren besonders mit eiweißreicher Nahrung und Vitaminen von besonderer Bedeutung sein. Alle anderen erwähnten Faktoren können zwar eine Akzeleration fördern, sie sind aber letztlich nicht ausschlaggebend.
Wahrscheinlich sind aber jetzt die „Grenzen des Wachstums" erreicht; nur noch Veränderungen im Genbestand (Mutationen) könnten sie verschieben.
Der Erzieher müßte besonders an der Frage interessiert sein, ob der körperlichen säkularen Akzeleration auch eine Beschleunigung etwa der Intelligenzentwicklung in den letzten 100 Jahren entspricht. Für die individuelle Akzeleration gibt es solche Parallelität, der Nachweis einer säkularen geistigen Akzeleration läß sich jedoch kaum erbringen, da uns Vergleichsnormen für die geistige Entwicklung von Kindern und Jugendlichen aus dem 19. Jahrhundert fehlen. Die im 3. Kapitel erwähnten Tagebuchaufzeichnungen über die Entwicklung einzelner Kinder erlauben keine Schlüsse auf allgemeine Entwicklungsnormen. Ob Kinder vor 100 Jahren später als heute zu laufen und zu sprechen begonnen haben oder ob sie nach unseren Vorstellungen später die Schulreife erlangten, kann nicht mit der gleichen Sicherheit behauptet werden, wie dies für körperliche Entwicklungskriterien möglich ist.

Was ist Retardierung?

Definition 5

- Unter Retardierung versteht man die Abweichung des Beginns einer Entwicklung von einer Norm im Sinne einer Verspätung und bzw. oder die Verlangsamung der Geschwindigkeit eines Entwickungsverlaufes gegenüber einer Norm.

Ein Kind, das erst mit drei Jahren richtig zu sprechen beginnt, ist hinsichtlich seiner Sprachentwicklung retardiert.
Aber auch dann spricht man von Retardierung, wenn das Kind normal mit 1,5 Jahren zu sprechen anfängt, aber seine weitere Sprachentwicklung sehr langsam verläuft.

Leider werden diese beiden Formen der Retardierung nicht immer klar genug voneinander getrennt.
Entsprechend den Verhältnissen bei der Akzeleration kann man auch bei der Entwicklungsverzögerung von synchroner und asynchroner Retardierung sprechen. Bei synchroner Retardierung sind alle Teilbereiche der Entwicklung gleichmäßig von der Verzögerung oder Verlangsamung betroffen, bei asynchroner Retardierung entwickelt sich nur ein bestimmter Teilbereich besonders langsam.

Synchrone und asynchrone Retardierung

Bei vielen Kindern ist die Sprachentwicklung verzögert, obwohl ihre Intelligenz altersgemäß entwickelt ist und ihr Körperwachstum durchaus als normal bezeichnet werden kann.
Ein besonderer Fall von asynchroner Retardierung ist im Falle der bekannten Lese- und Rechtschreibschwäche vieler Kinder gegeben. Diese Kinder

haben eine normale Intelligenz, können z. B. recht gut rechnen, sind körperlich gut entwickelt; lediglich bestimmte Wahrnehmungsfunktionen sind in ihrer Entwicklung zurückgeblieben.
Notwendig erscheint die Unterscheidung zwischen gleichbleibender und progressiver Retardierung.

Gleichbleibende Retardierung

Bei gleichbleibender Retardierung bleibt das Kind während seiner ganzen Entwicklung oder während eines größeren Zeitraumes um einen konstanten Betrag hinter der jeweiligen Altersnorm zurück. Es behält also z. B. während der ganzen Kindheit und Jugendzeit einen konstanten Intelligenzrückstand gegenüber der Norm bei.

Progressive Retardierung

Bei progressiver Retardierung hingegen wird der Abstand zur jeweiligen Altersnorm ständig größer. (Z. B. sinkt der Intelligenzquotient von 100 im 4. Jahr auf 90 im 5. und auf 80 im 6. Lebensjahr). Progressive Retardierungen deuten immer auf ernsthafte organische Störungen (besonders des Zentralnervensystems) oder auf ungewöhnlich schlechte Umweltverhältnisse hin.
Die Unterscheidung zwischen gleichbleibenden und progressiven Retardierungen ist vor allem bei den Einschulungsentscheidungen wichtig. Bei einer nicht allzu großen, aber gleichgebliebenen Retardierung von etwa einem Jahr ist es sinnvoll, das Kind um die entsprechende Zeit von der Einschulung zu befreien und es zurückzustellen. Bei einer progressiven Retardierung hätte eine Rückstellung nicht nur keinen Wert, sie wäre sogar für das Kind schädlich; denn in diesem Fall müßte das Kind entweder in ärztliche oder intensive heilpädagogische Behandlung.
Auch das „Sitzenbleiberproblem" wird von der Unterscheidung zwischen gleichbleibender und progressiver Retardierung berührt. Die weitaus meisten „Sitzenbleiber" sind, wie man sagt, Spätentwickler, also gleichbleibend Retardierte.
Gesamt- oder Teilretardierungen sind oft auf widrige Umweltverhältnisse zurückzuführen. Kinder, die z. B. schon als Säuglinge oder als Kleinkinder von ihren Müttern getrennt und in einem Heim aufgezogen wurden, zeigen besonders starke Teilretardierungen. Die unzureichende Anregung und der geringe soziale Kontakt führen in erster Linie zu einer ausgeprägten Retardierung der sprachlichen und der sozialen Entwicklung.

Zusammenfassung

Der Begriff Entwicklung bedeutet in der Psychologie sowohl Entfaltung von etwas Vorgeformtem als auch Gestaltung von etwas Ungeformtem durch äußere Einflüsse. Man unterscheidet dabei die Differenzierung eines Ganzen in Teile, die sich zu einem neuen Ganzen höherer Ordnung fügen, und das Wachstum, d. h. eine rein zahlenmäßige Vermehrung oder Vergrößerung.
Entwicklung ist ein Vorgang in der Zeit. Ihr Verlauf kann als geradlinige, beschleunigte oder gebremste Kurve zeichnerisch dargestellt werden. Die häufigste Verlaufsform ist die gebremste. Verlaufsformen verschiedener Teilbereiche können interferieren, d. h. sich gegenseitig stören. Entwicklungen gleicher Verlaufsform können bei einzelnen Menschen oder bei einzelnen Völkern zu verschiedenen Zeitpunkten beginnen und auch verschieden schnell ablaufen.
Setzt ein Entwicklungsverlauf früher ein oder vollzieht er sich schneller als die Norm, spricht man von Akzeleration, setzt er später ein oder vollzieht er sich langsamer, spricht man von Retardierung. In unserem Kulturkreis ist bei vielen Entwicklungsverläufen eine Akzeleration zu beobachten.

Worterklärungen

chronologisches Alter	nach Tagen, Monaten und Jahren berechnetes Lebensalter
Fatalismus	ergebungsvoller Schicksalsglaube
Homunculus	Menschlein
Interferenz	Störung durch Überlagerung
Menarche	erste Regelblutung beim pubertierenden Mädchen
Ontogenese	die Entwicklung eines Lebewesens vom befruchteten Ei bis zum ausgewachsenen Indviduum
Phylogenese	die Entwicklung in der Stammesgeschichte der Tiere vom primitivsten Lebewesen bis zum Menschen
Präformationstheorie	Theorie, daß das Lebewesen im Keim (bzw. im Samen oder Ei) bereits vollständig vorgeformt enthalten sei
säkular	hier: der letzten hundert Jahre
stagnieren	stillstehen, verharren
synchron	gleichzeitig
tabula rasa	leere Tafel

5. KAPITEL

Entwicklungsphasen in Kindheit und Jugend

Man kann, je nach Betrachtungsweise, Forschungsziel und Methode, die Kindheit und Jugendzeit in Phasen, Stufen, Perioden, Etappen, Stadien usw. gliedern. Die Einteilung kann sich entweder auf die Gesamtentwicklung oder auf die Entwicklung bestimmter Teilbereiche beziehen. So spricht man z. B. von Phasen (bzw. Stufen, Stadien usw.) der Intelligenzentwicklung, der Sprachentwicklung, der sozialen Entwicklung, der Entwicklung von Zahlbegriffen, moralischen Begriffen usw. Mit dem Begriff der Phase, nimmt man ihn in seiner eigentlichen Bedeutung, ist der Gedanke der Periodizität, der Wiederholung und der Rhythmik im Entwicklungsgeschehen verknüpft. In neuerer Zeit wird dem Phasenbegriff im Rahmen von Theorien über sogenannte „Kritische Phasen" große Bedeutung zugemessen.

Phasen- und Stufentheorien haben schon in der älteren Kinder- und Jugendpsychologie eine große Rolle gespielt, und fast jeder ältere Kinderpsychologe hat eine eigene Phasenlehre begründet. Man unterschied „Trotzphasen", „Phasen des Phantastischen Realismus", „Schwärmphasen", sprach von einem „Stadium der Anmut", von einer „Periode der Bejahung und Begeisterung", von einem „Märchenalter", dem „Robinsonalter", dem „Karl-May-Alter" usw. Es stellte sich jedoch heraus, daß diesen Einteilungen und den ihnen zugrunde liegenden Theorien nur ein begrenzter Erkenntniswert zukommt. Lediglich in bestimmten Teilbereichen der Entwicklung glauben einige Forscher auf Gliederung und Gliederungsprinzipien nicht verzichten zu können.

1. Der Begriff der Entwicklungsabschnitte

Deutliche Zäsuren

Theoretisch unverbindlich ist immer der Begriff „Abschnitt". Er läßt sich überall dort anwenden, wo einigermaßen deutliche Zäsuren einen Entwicklungsverlauf gliedern. So ist es leicht, drei große Abschnitte in der Entwicklung des jungen Menschen zu erkennen:

- *Die frühe Kindheit:* Sie endet bei etwa 6 Jahren.
- *Die eigentliche Kindheit:* Sie erstreckt sich vom 6. bis etwa zum 12. Lebensjahr.
- *Die Reifezeit* (Jugendzeit, Adoleszenz): Sie schließt etwa mit dem 18. Lebensjahr ab.

Gestaltwandel

Die Altersgrenzen zwischen diesen Abschnitten sind nicht sehr scharf; immerhin verändert sich das Kind, schon äußerlich durch andere Körperproportionen sichtbar, an den Abschnittsgrenzen so deutlich, daß diese Dreigliederung in der Entwicklung allgemein anerkannt wird. Zwischen dem 6. und dem 7. Lebensjahr beginnt eine erste Umgestaltung des Körpers. Aus dem pummeligen Kleinkind wird ein schlankwüchsiges Schulkind (erster Gestaltwandel), und der Beginn der Reifezeit (bei beiden Geschlechtern etwa im 12. Lebensjahr) kündigt sich durch sehr auffallende Körperformveränderungen, vor allem aber durch einen kräftigen Wachstumsschub an. Im 18. Lebensjahr haben die meisten Jugendlichen die Endform und Endgröße ihrer körperlichen Entwicklung erreicht.

Keine psychischen Kriterien

Diese Gliederung der Kindheit und Jugendzeit gilt für alle Kulturen und alle Rassen. Sie ist an biologischen Kriterien (Wachstum, Körperformveränderungen, Funktionsreifung der Geschlechtsorgane) orientiert. Viel schwieriger ist es, eine entsprechende Gliederung für den Verlauf der psychischen Entwicklung durchzuführen, da keine eindeutigen psychischen Gliederungskriterien gefunden werden können. Die Psychologie und die Pädagogik müssen sich deshalb zunächst an den körperlichen Entwicklungskriterien orientieren.

Eine Untergliederung dieser drei Abschnitte ist in zahlreichen Phasen- und Stufenlehren immer wieder versucht worden; eine Übereinstimmung hat man aber nicht erzielen können, da es im Körperlichen wie im Psychischen an klar feststellbaren Zäsuren fehlt, die weitere Feingliederungen rechtfertigen könnten.

Teilzusammenfassung

Die Entwicklung des Kindes und des Jugendlichen läßt sich grob in drei Abschnitte gliedern: Die frühe Kindheit, die eigentliche Kindheit und die Reifezeit. Diese Abschnitte unterscheiden sich in erster Linie durch körperliche Kennzeichen, eine Gliederung nach psychologischen Gesichtspunkten ist dagegen nicht so klar ausgeprägt.

2. Der Begriff der Phase

In der Kinder- und Jugendpsychologie wird der Begriff der Phase meistens ohne Besinnung auf seine eigentliche Bedeutung und in theoretisch recht unverbindlicher Weise verwendet; er besagt gewöhnlich das gleiche wie die Begriffe „Abschnitt", „Stadium", „Lebensalter", „Altersstufe" u. ä.

Was heißt Phase?

Man kann „Phase" aber durchaus sinnvoll in ihrer eigentlichen Bedeutung (wie sie dem Begriff in der Astronomie, der Mechanik oder der Chemie zukommt) in der Kinder- und Jugendpsychologie anwenden.

Definition 1

- Unter einer Phase versteht man einen ganz bestimmten Zustand in einem sich verändernden System, in dem Zustände periodisch aufeinanderfolgen.

Biologische Zyklen

Viele biologische Vorgänge sind durch periodisch-rhythmischen Wechsel von Zuständen (Phasen) gekennzeichnet: Man denke an den Wach-Schlafrhythmus, an die Brunftzyklen im Tierreich, an die Periodizität der weiblichen Sexualfunktionen beim Menschen. So liegt es nahe, die körperliche und seelische Entwicklung als eine Phasenabfolge zu betrachten. Für die körperliche Entwicklung, genauer für das Wachstum des Menschen, sind Phasenfolgen nachgewiesen: Phasen der Streckung können deutlich von Phasen der Füllung unterschieden werden. Der Nachweis psychischer Phasen in der menschlichen Entwicklung ist allerdings sehr viel schwieriger.

Wiederholung gleicher Zustände

Der Gedanke der Wiederholung gleicher Zustände in der Entwicklung des Menschen, ja sogar in seinem ganzen Lebensablauf, ist uralt. Der Grieche

Solon teilte das Menschenleben in Phasen, wobei die (mystische) Zahl Sieben eine große Rolle spielte. Die Möglichkeit einer Siebenjahresteilung des Lebens haben später noch viele Wissenschaftler und Laien geprüft; man muß zugeben, daß diese Einteilung nicht ganz so mystisch ist, wie sie zunächst erscheint. Die Grobeinteilung der Kindheit und Jugendzeit fußt auf Spannen von jeweils sechs bis sieben Jahren. Der Psychologe Hellpach hat geglaubt, ein „Wellengesetz des Lebens" gefunden zu haben, das gleichfalls an der Zahl sieben orientiert ist. Er analysierte die Lebensbeschreibungen großer Männer (wie z. B. Goethe und Bismarck) und fand, wie auch andere Forscher, einen deutlichen Siebenjahreszyklus der Schaffenskraft.

Teilzusammenfassung

Biologische Vorgänge sind durch Periodizität und Rhythmik gekennzeichnet. Man hat versucht, psychische Periodizitäten im Menschenleben aufzufinden, und glaubt, besonders im Schaffen genialer Menschen deutliche Phasen der Produktivität feststellen zu können.

3. Der Stufenbegriff in der Entwicklungspsychologie

Wie der Begriff „Phase" wird auch der der „Stufe" im allgemeinen sehr ungenau verwendet; dabei ist das Bild der Stufe vielen Entwicklungsverläufen durchaus gemäß. Es gibt zahlreiche Verlaufsformen, die mit einem steilen Anstieg beginnen, dann aber zu einem „Plateau" (oder Treppenabsatz) abknicken und nach bestimmter Zeit plötzlich wieder steil nach oben gehen.
Die Bezeichnung „Stufe" ist auch deshalb treffend, weil mit ihr das „Hinaufschreiten" im Entwicklungsverlauf dargestellt wird. Stufenentwicklungen verlaufen nicht in Perioden, sondern in einem nicht umkehrbaren Prozeß mit ganz bestimmter Richtung. Es wird nichts, wie bei den Phasen, abgelöst, sondern jede Stufe baut auf einer anderen auf. Beispiele für Stufentheorien sind etwa die später genauer zu behandelnde Theorie Piagets zur kognitiven Entwicklung und die Kohlbergs zur Entwicklung der Moralität. Typisch für die Stufentheorien ist auch, daß oft keine genauen Altersangaben für die einzelnen Stufen gemacht werden.

Entwicklungschub

Der Begriff „Stufe" steht in enger Beziehung zu dem des „Schubes". Ein Entwicklungsschub ist eigentlich eine Bewegung von einer Stufe zur anderen. Im Schub wird die Entwicklung (im Sinne von Differenzierung und Wachstum) ganz plötzlich und intensiv weitergebracht, um dann auf einem bestimmten Niveau eine bestimmte Zeit zu verharren. Oft wird der Begriff Schub bei krankhaften Entwicklungen verwendet; so sagt man z. B. von bestimmten Geisteskrankheiten, sie verliefen in Schüben.
Gelegentlich spricht man in der Entwicklungspsychologie auch von „spiralförmigen" Verläufen. Das Spiralmodell – es wurde von dem amerikanischen Kinderpsychologen Gesell begründet – verbindet die Eigenschaften des phasischen Verlaufes mit denen der stufenförmigen Entwicklung.

Teilzusammenfassung

Der Begriff der Entwicklungsstufe kann sinnvoll zur Beschreibung mancher Teilentwicklungen herangezogen werden. So lassen sich mit dem Bild der Stufe unstetige Entwicklungsverläufe anschaulich beschreiben.

4. Kritik der Phasen- und Stufenlehren

Überwiegend Ordnungsschemata

In den Phasen- und Stufenlehren wird typisches Verhalten beschrieben, nicht aber erklärt; es wird Verhalten klassifiziert, aber nicht analysiert. Somit befriedigen die verschiedenen Phasen- und Stufenlehren zwar einigermaßen unser Bedürfnis nach Ordnung und Systematik; sie lassen sich z. B. in der Lehre besonders gut darstellen, versagen aber überall dort, wo der Anspruch auf wirkliches Verständnis des kindlichen Verhaltens erhoben wird. Nicht selten vermitteln die Phasen- und Stufenlehren sogar nur Scheinerkenntnisse. Dieses soll an folgendem Beispiel demonstriert werden.

Beispiel 1

Frau A: Warum ist Ihr Peter heute so ungezogen, warum schreit er so heftig?
Frau B: Peter trotzt in letzer Zeit sehr oft. Er ist jetzt in einer Trotzphase.
Frau A: Was ist eine Trotzphase?
Frau B: Trotzphasen sind Altersabschnitte, in denen die Kinder sehr erregt sind, sie schreien, werfen sich auf die Erde und sind ungezogen.

Das Beispiel zeigt eine echte Zirkelerklärung. Nicht immer ist allerdings der Zirkel so eng und so schnell zu durchschauen. Wie viele Ordnungsschemata und Systematiken, so bergen die Phasen- und Stufenlehren ihre Gefahren. Allerdings ist die Antwort von Frau B nicht ganz sinnlos oder informationsarm; sie wollte ausdrücken, daß Peters Verhalten „altersnormal" und nicht etwa auf schlechte Erziehung zurückzuführen sei. Wahrscheinlich wollte dies aber Frau A gar nicht wissen; vielmehr sollte ihr Frau B sagen, warum das Kind gerade jetzt und in dieser Situation so heftig schreit. Wissenschaftlich ausgedrückt: Frau B wollte eine konditional-genetische Erklärung von Peters Verhalten, d. h. sie wollte die Bedingung des Verhaltens, das Ursache-Wirkungsgefüge kennenlernen. Für die Erziehung ist allein diese Kenntnis wichtig. Ein „Sichbegnügen" mit dem Hinweis, ein Verhalten sei „altersgemäß" oder „typisch für eine bestimmte Entwicklungsphase", würde den Erzieher wichtiger Informationen berauben und ihn vielleicht zu entsprechenden „phasengemäßen" Erziehungshandlungen veranlassen, die aber gerade deshalb falsch wären, weil sie den Bedingungen der Situation, unter denen sich ein bestimmtes Kind verhält, nicht genügend Rechnung tragen.

Keine Aussage über Ursachen-Wirkungsgefüge

Teilzusammenfassung

Phasen- und Stufentheorien haben insgesamt nur einen geringen Erkenntniswert; sie befriedigen zwar unser Bedürfnis nach Ordnung und Systematik, aber sie können auch Erkenntnis vortäuschen. Über Ursache-Wirkungsbeziehungen sagen Phasentheorien nichts aus.

5. Kritische Phasen und das Problem der Prägung

In neuerer Zeit hat in der Entwicklungspsychologie der Begriff „Phase" in Verbindung mit der näheren Bestimmung „kritisch" wieder Bedeutung erlangt. Allerdings wird auch hier der Phasenbegriff nicht in seinem strengen Sinn (= Zustand in einer periodischen Abfolge) verwendet, sondern unbestimmter im Sinne von Abschnitt oder Stadium.

Was heißt kritische Phase?

Die Bedeutung des Ausdruckes „Kritische Phase" läßt sich am besten mit Hilfe einer Darstellung tierpsychologischer Untersuchungen erklären. Der Verhaltensforscher Lorenz hat bei bestimmten Tierarten, besonders bei nestflüchtenden Vögeln, beobachtet, daß die Jungen unmittelbar nach der Geburt bzw. nach dem Schlüpfen aus dem Ei dem erstbesten bewegten Wesen, sei dieses ein Tier oder ein Mensch, nachlaufen und ihm auch später noch durch beständiges Folgen „die Treue halten". Man sagt dann, die Jungtiere seien auf das betreffende Lebewesen, dem sie folgen, „geprägt". In der natürlichen Situation ist dieses geprägte Nachfolgeverhalten biologisch sinn-

Prägung

voll, denn das Jungtier wird somit, ohne daß es lange lernen müßte, an die behütende und beschützende Mutter gebunden. Bei künstlich ausgebrüteten Küken kann die Prägung aber recht merkwürdige Formen annehmen: Das Tier folgt dem Menschen, den es als ersten sieht, ja es kann sogar auf einen bewegten toten Gegenstand geprägt werden.

Prägungen bei Tieren und beim Menschen

Wichtig für unser Thema ist nun, daß die Möglichkeit einer solchen Prägung auf einen ganz bestimmten Zeitraum begrenzt ist. (Er beträgt bei jungen Enten etwa 14–20 Stunden.) Diese Zeit nennt man die „Kritische Phase" für die Prägung des Nachfolgeverhaltens bei dem betreffenden Tier. Nach Ablauf der Kritischen Phase ist eine Prägung dieser Art nicht mehr möglich. Die Tiere reagieren dann nicht mehr mit Nachfolgeverhalten, sondern mit Angst und mit Fluchtverhalten.
Werden Hunde bestimmter Rassen unmittelbar nach der Geburt völlig von anderen Hunden und von Menschen isoliert und bleibt diese Trennung 14 Wochen in aller Strenge bestehen, so ist es nach Ablauf dieser Zeit nicht mehr möglich, die Tiere zu sozialem Verhalten zu erziehen. Sie werden scheu und ängstlich und können auch nicht mehr zu Wachhunden oder zu Blindenhunden abgerichtet werden. Für die soziale Anpassung und das soziale Lernen bilden also die ersten 14 Wochen eines Hundes eine Kritische Phase.
Versuchen wir nach diesen Beispielen eine Definition des Begriffes Kritische Phase:

Definition 2

- Kritische Phasen sind Zeiten in der Entwicklung eines Lebewesens, in denen allein und ausschließlich eine bestimmte Einwirkung auf das Lebewesen möglich ist.

Kritische Phasen beim Menschen

Diese Definition verzichtet zunächst auf den Begriff der Prägung, statt dessen wird ganz neutral von „Einwirkung" gesprochen. Das erscheint deshalb sinnvoll, weil dann möglicherweise der Begriff „Kritische Phase" auch auf Entwicklungsvorgänge beim Menschen anwendbar ist. Hier gewinnt dieser Begriff sogar besondere Bedeutung. Kritische Phasen in der Entwicklung gibt es besonders in den sehr frühen Stadien, man kann fast sagen, sie beschränken sich auf die sehr frühen Entwicklungsabschnitte.
Vor allem in der embryonalen Entwicklung erhalten die Kritischen Phasen eine sehr große Bedeutung. Die Ausbildung, die Differenzierung und das Wachstum der Organe vollzieht sich beim Menschen in den ersten drei Monaten nach der Befruchtung des Eies. Die Entwicklung verläuft in dieser Zeit außergewöhnlich rasch, und die Zeit für die Entwicklung bestimmter Organe, z. B. der Arme und Beine, des Nervensystems und der Sinnesorgane ist relativ kurz.
Erfolgt nun gerade in den Stunden oder Tagen, in denen sich z. B. die Extremitäten entwickeln, eine Störung der Entwicklung durch einen schädigenden Faktor (etwa ein Medikament oder eine Infektion der Mutter), so unterbleibt die Entwicklung gerade dieses Organs. Die Störung ist endgültig und kann später nicht mehr ausgeglichen werden. Die betreffende Zeit gilt dann als die für die spezielle Organentwicklung Kritische Phase. Nun können wir den Begriff „Prägung" genauer definieren.

Definition 3

- Prägung ist eine bestimmte Art der Einwirkung aus der Umwelt auf einen sich entwickelnden Organismus. Sie geschieht in einer Kritischen Phase und in einer sehr intensiven Weise. Die Wirkungen der Prägung – sie können unmittelbar in Erscheinung treten oder erst längere Zeit nachher – sind dauerhaft und oft nicht mehr rückgängig zu machen.

Sofort wirksame und latente Prägungen

Eine Prägung erfolgt entweder durch konkrete Ereignisse in der Umwelt des Organismus, die auf ihn wirken, oder aber dadurch, daß in einer Kritischen Phase dem Organismus eine für seine Entwicklung notwendige Gegebenheit entzogen wird. In diesem Fall spricht man von Entzugsprägung. Für die Kinderpsychologie sind Entzugsprägungen besonders wichtig. Die Prägungswirkung kann, wie in der Definition angegeben, unmittelbar nach der Prägung selbst eintreten – die Nachfolgereaktion der Entenküken ist für diese Prägungsart ein Beispiel –, die Prägungswirkung kann sich aber auch längere Zeit verzögern. Solche Prägungen werden „latente Prägungen" genannt. Auch sie sind für die Kinder- und Jugendpsychologie überaus wichtig. Was eine latente Prägung ist, wollen wir uns an einem Beispiel aus der Tierpsychologie deutlich machen.

Entzugsprägung

Latente Prägung

Der Amerikaner Hunt experimentierte mit Ratten. Er bildete drei Gruppen von Jungtieren, die er in folgender Weise behandelte. Gruppe A und Gruppe B: Die Tiere wurden nach der Geburt von ihren Müttern getrennt. Die Tiere der Gruppe C blieben bei ihren Müttern. Die jungen Tiere der Gruppe A wurden an ihrem 24. Lebenstag für 8 Tage auf sehr schmale Kost gesetzt. Die Tiere der Gruppe B ließ man in einem späten Abschnitt ihrer „Jugendzeit" wiederum 8 Tage lang fasten. Die Jungratten der Gruppe C wurden normal gefüttert. Nach Erreichen der Geschlechtsreife wurde an einem bestimmten Tag den Ratten aller Gruppen plötzlich für 24 Stunden jede Nahrung entzogen, und man beobachtete nun folgendes: Die Ratten der Gruppe A hamsterten nach Ablauf dieser überraschenden Hungerszeit in ganz extremer Weise. Bei den Tieren der B-Gruppe zeigte sich Hamsterverhalten in viel geringerem Ausmaß, und die Tiere der Gruppe C hamsterten gar nicht.

Was bedeutet dieser Versuch? Der Nahrungsentzug fiel für die A-Tiere in eine Kritische Phase; es erfolgte eine latente Entzugsprägung, d. h. die Prägungswirkung setzte erst lange Zeit nach dem Nahrungsentzug ein. Allerdings mußte das Hamsterverhalten durch eine neuerliche kurze Hungerszeit ausgelöst werden. Der gleich lange Nahrungsentzug bei der B-Gruppe war bei weitem nicht so wirksam, wahrscheinlich deshalb, weil die eigentlich Kritische Phase für die Prägung eines biologisch durchaus sinnvollen Verhaltens, wie das Futterhamstern, bereits verstrichen war.

Latente Entzugsprägung

Teilzusammenfassung

In der neueren Entwicklungspsychologie ist der Begriff der Kritischen Phase besonders bedeutsam geworden. Er steht in enger Verbindung mit dem der Prägung. Kritische Phasen sind Zeitabschnitte, in denen Prägungsvorgänge, d. h. intensive Einwirkungen aus der Umwelt, ausschließlich stattfinden und zu irreversiblen Wirkungen führen. Bei Entzugsprägungen werden (in Kritischen Phasen) dem Organismus notwendige biologische oder psychische Entwicklungsbedingungen entzogen. Die Prägungswirkungen können entweder sofort oder, bei der latenten Prägung, erst sehr viel später in Erscheinung treten.

6. Latente Prägungen in der Entwicklung des Kindes

Nachweis beim Menschen schwierig

Der Nachweis Kritischer Phasen und erst recht der Wirkung von Entzugsprägungen ist beim Menschen naturgemäß schwer zu erbringen. Experimente in dieser Härte und Rücksichtslosigkeit, wie sie selbst bei Tieren kaum noch zu verantworten sind, können mit Menschen selbstverständlich nicht durchgeführt werden. Es gibt jedoch tragische „Naturexperimente", die uns zumindest Hinweise geben, daß latente Prägungen – und zwar Entzugsprägungen – mit sehr dramatischen Auswirkungen auch beim Menschen vorkommen.

Folgen früher Isolierung

Wir verfügen heute über eine größere Zahl von Berichten über Kinder, die unmittelbar nach der Geburt oder jedenfalls in sehr frühem Alter von ihrer Umwelt völlig isoliert wurden, die man aber später aufgefunden und zu erziehen versucht hat.

Wolfskinder

Zu erwähnen sind hier besonders die (nicht ganz zuverlässigen) Berichte über die sogenannten Wolfskinder von Midnapore. Es ist zwar unwahrscheinlich, daß die Kinder direkt mit Wölfen zusammen aufwuchsen, es steht jedoch fest, daß sie lange Zeit allein in der Wildnis ohne jeden menschlichen Kontakt lebten.

Zuverlässiger und auch ausführlicher ist der Bericht des Arztes und Taubstummenlehrers Itard. Er hatte die Erziehung eines Jungen übernommen, den man kurz nach der französischen Revolution in den Bergen völlig verwildert „eingefangen" hatte. Viktor, so wurde der Junge von Itard genannt, mußte mindestens zehn Jahre allein in der Wildnis gelebt haben.

Kaspar Hauser

Neben diesen Mitteilungen gibt es Berichte über zahlreiche Fälle schwerster Verwahrlosung im frühen Kindesalter. In Deutschland ist vor allem der Fall Kaspar Hauser bekannt geworden. Dieser Fall bietet aber besondere Probleme, die hier nicht behandelt werden können.

Den Kindern wurden in frühester Kindheit für längere Zeit wesentliche Bedingungen einer normalen Entwicklung entzogen, und keine der Folgen dieses Entzugs konnte später durch Erziehungsbemühungen ausgeglichen oder rückgängig gemacht werden. Man kann demgemäß von latenter Entzugsprägung sprechen. Betroffen war in erster Linie die geistige Entwicklung der Kinder. Sie waren nicht mehr in der Lage, eine Sprache richtig zu erlernen. Die Sprachentwicklung kam ungewöhnlich langsam voran und wurde niemals abgeschlossen. Alle Kinder waren überaus scheu und verloren ihre Angst vor Menschen später niemals ganz. An unsere zivilisatorischen Errungenschaften, wie z. B. Essen mit Messer und Gabel, waren sie erzieherisch nicht mehr anzupassen.

Kritische Phase der Mutterprägung

Trennung von der Mutter

Die wichtigste und folgenreichste Entzugsprägung überhaupt scheint die Trennung des Kindes von der Mutter in frühen Lebensjahren zu sein. Trennung von der Mutter (durch Tod, Krankheit oder Scheidung), ohne entsprechenden Muttterersatz, ist für das Kind immer außerordentlich schädlich. Trennung gar in den ersten 18 Lebensmonaten mit nachfolgender und lange andauernder Massenpflege in einem Heim führt fast gesetzmäßig zu nicht wiedergutzumachenden Störungen in der Persönlichkeitsentwicklung eines Menschen. Man ist heute der Ansicht, daß die eigentliche Kritische Phase für eine Mutterentzugsprägung das Alter zwischen dem 4. und dem 18. Lebensmonat ist.

Die Forschung in diesem sehr wichtigen Problemgebiet der Kinderpsychologie hat zwei Wege eingeschlagen: Entweder man begleitet (in sogenannten Längsschnittuntersuchungen) die Entwicklung und den Lebensweg eines Kindes, das früh von seiner Mutter getrennt wurde, indem man die Entwicklungsfortschritte in bestimmten Zeitabständen prüft. Oder aber man geht den umgekehrten Weg, indem man ältere Kinder, Jugendliche oder sogar Erwachsene psychologisch untersucht und ihr Schicksal in früher Kindheit rückblickend (retrospektiv) durch Befragen oder über Heim- und Anstaltsberichte zu ermitteln sucht.

Von den in großer Zahl vorliegenden Untersuchungen können hier nur wenige besprochen werden.

Untersuchungen von evakuierten Kindern

Anna Freud, die Tochter Sigmund Freuds, untersuchte Erwachsene, die als Kinder aus englischen Großstädten wegen der Kriegsgefährdung von ihren Müttern getrennt und evakuiert wurden. Da fast alle Kinder gut gepflegt worden waren und viele Mütter ihre Kinder besuchen konnten, waren bei diesen Kindern, als sie erwachsen waren, keine schädlichen Folgen dieser Trennung festzustellen.

Es gab jedoch wichtige Ausnahmen: Diejenigen Erwachsenen, die man von ihren Müttern bereits im ersten Lebensjahr getrennt hatte, zeigten zum Teil erhebliche neurotische Störungen.

Bowlby, ein englischer Forscher, untersuchte das Entwicklungsschicksal von 14 kriminellen Jugendlichen, die besonders durch die Kälte und Brutalität ihrer Verbrechen aufgefallen waren. Zwölf Jungen waren mutterlos aufgewachsen, und in allen Fällen erfolgte die Trennung in den ersten drei Lebensjahren.

Untersuchungen an Heimkindern

Goldfarb untersuchte die Weiterentwicklung von Kindern, von denen bekannt war, daß sie die ersten drei Lebensjahre von der Mutter getrennt in Heimen verbracht hatten. Geistige Retardierung war nur in wenigen Fällen zu beobachten, die Kinder hatten jedoch in der Schule erhebliche Lernschwierigkeiten; sie waren entweder sehr scheu oder aber ungewöhnlich aggressiv.

Wiederum zeigte sich eine sehr wichtige Entwicklungsstörung: Die Kinder hatten größte Schwierigkeiten, soziale Beziehungen aufzunehmen, also Freundschaften zu schließen und Verantwortlichkeiten zu übernehmen. Sie waren ungesteuert egoistisch und hemmungslos in der Befriedigung ihrer Bedürfnisse.

Kritik der Untersuchungen

Man sollte jedoch bei der Interpretation solcher Ergebnisse einige Vorsicht walten lassen. Es ist zum Beispiel wichtig zu wissen, welche Gründe zur Trennung von der Mutter führten. Oft waren die Erziehungsverhältnisse bereits vor der Trennung trostlos, oder das Kind litt, etwa bei längerer schwerer Krankheit der Mutter, unter der niederdrückenden Atmosphäre im Elternhaus. Vor allem ist aber notwendig zu erfahren, was mit dem Kind nach der Trennung geschah, wie oft es das Heim gewechselt hat, durch wie viele Hände es gegangen ist, wer seine frühesten Kameraden waren, wie seine Umgebung aussah.

Mit anderen Worten: Die Muttertrennung als solche begründet eine große Zahl neuer Entwicklungsbedingungen, die ihrerseits schädigend wirken können.

Natürlich wäre es sehr wichtig zu wissen, wie sich die Trennung unmittelbar psychologisch auf das Kind auswirkt. Die Tatsache, daß Trennung in früher Kindheit überaus schlimme Folgen hat, und daß besonders kritisch die zweite Hälfte des 1. Lebensjahres ist, läßt zweierlei vermuten: Einerseits hatte das Kind zur Mutter bereits eine enge gefühlhafte Beziehung hergestellt – in den ersten drei Lebensmonaten ist dies noch nicht der Fall, demgemäß ist eine Muttertrennung in dieser Zeit nicht so tragisch –, andererseits kann das Kind im frühen Lebensalter die Trennung geistig noch nicht verarbeiten und ist noch nicht in der Lage, selbständig neue Gefühlsbeziehungen zu bestimmten Personen seiner Umwelt herzustellen.

In jüngerer Zeit ist die Existenz Kritischer Phasen in der Kindheit bestritten worden. Jede Deprivation, auch eine sehr frühe Trennung des Kindes von seiner Mutter und selbst schwere Erziehungsfehler könnten durch geeignete Erziehungsanstrengungen wieder ausgeglichen werden.
Tatsächlich hat man in einigen neueren Untersuchungen über die Folgen früher Mutter-Kind-Trennung keine so dramatischen Entwicklungsstörungen, wie sie in älteren Untersuchungen beobachtet worden waren, feststellen können. Das mag wohl auch daran liegen, daß diese älteren Untersuchungen die Öffentlichkeit aufgerüttelt haben und viele Mißstände in den Säuglingsheimen beseitigt wurden.
Man hat jedoch auch methodische Fehler in den älteren Arbeiten zu entdekken geglaubt. Der ethische Enthusiasmus der älteren Forscher sei zwar zu würdigen, nur zu oft jedoch hätten sie sich von Vorurteilen blenden lassen und Fälle, die nicht ihrer Hypothese angemessen waren, unberücksichtigt gelassen. Aber nicht nur werden die Ergebnisse älterer Forschung in Frage gestellt, man leugnet sogar ausdrücklich die Bedeutung der Mutter für die Entwicklung des kleinen Kindes:

- Es bestehe kein Grund zur Annahme, die Präsenz einer einzigen Person, der Mutter, sei für die Entwicklung eines Kindes notwendig.
- Die Annahme einer frühkindlichen kritischen Periode für die Entstehung der Bindungsfähigkeit werde nicht bestätigt.
- Eine bleibende Prägung der Persönlichkeit durch eine bestimmte Methode der Kleinkinderziehung sei nicht nachzuweisen.

Wie stark das Meinungspendel jetzt nach der anderen Seite ausgeschlagen ist, beweist folgendes Zitat:

> „Die unhaltbare Auffassung von der Frühkindheit als der prägenden und damit entscheidenden Lebensperiode für die seelische Entwicklung des Menschen hat den Müttern in den westlichen Kulturen eine kaum zu tragende Verantwortung auferlegt... Bowlby mit seiner Auffassung, daß das Verhalten der Mutter über die spätere emotionelle Bindungsfähigkeit des Kindes entscheide, sind Wegbereiter einer ausufernden Mutterinflation, Mutterverherrlichung und Mutterbeschuldigung gewesen." (Ernst, C./Luckner, N.: S. 155)

Sind solche Behauptungen gerechtfertigt? Gewiß liefern die meisten älteren Untersuchungen noch keinen schlüssigen Beweis für die Existenz kritischer Phasen in der frühen Kindheit. Dazu wären weitere gründliche Untersuchungen nötig. Es ist einerseits richtig, daß endlich der Auffassung entgegengetreten wird, an dieser oder jener Entwicklungsstörung trügen die Mütter mit ihrer falschen Erziehung die Alleinschuld. Andererseits kann die Bedeutung der Mutter für die Entwicklung des Kindes nicht hoch genug bewertet werden.

Teilzusammenfassung

Die frühe Mutter-Kind-Trennung gilt als wichtigster Fall einer Entzugsprägung. Viele Untersuchungen scheinen den Nachweis erbracht zu haben, daß eine frühe Trennung des Kindes von seiner Mutter dramatische und nachhaltige Folgen haben kann. Allerdings wird diese Auffassung heute in zunehmendem Ausmaß in Frage gestellt.

7. Sensitive Phasen in der Entwicklung

Vielleicht gibt es in der frühen Kindheit tatsächlich keine Kritischen Phasen im strengen Wortsinn und möglicherweise läßt sich dieser Begriff nur für die vorgeburtliche Entwicklung gebrauchen. Daß es aber sensitive Entwicklungsphasen gibt, daran ist nicht zu zweifeln.

Definition 4

- In der Entwicklung gibt es Zeitabschnitte, in denen der Organismus in besonders *empfindlicher* Weise auf bestimmte Umwelteinflüsse und Erziehungsmaßnahmen reagiert. Man nennt solche Phasen „Sensitive Phasen".

Besondere Empfindlichkeit

Die Bedeutung des Begriffs der Sensitiven Phase und sein Erklärungsanspruch sind umfassender als die des Begriffs der Kritischen Phase. Von Ausschließlichkeit und Irreversibilität der Einwirkung ist nicht mehr die Rede, und es wird bei Verwendung des Begriffes Sensitive Phase durchaus zugestanden, daß Einwirkung auf die Entwicklung auch außerhalb dieser Phase möglich ist. In der Sensitiven Phase ist der sich entwickelnde Organismus lediglich besonders empfindlich, aufgeschlossen, zugänglich gegenüber Einflüssen bestimmter Art.

„Was Hänschen nicht lernt, lernt Hans nimmermehr" ist ein Sprichwort, in dem eigentlich behauptet wird, die frühe Kindheit sei für jegliches Lernen eine Kritische Phase, denn das „nimmermehr" bezeichnet ja eine Ausschließlichkeit der Lernmöglichkeiten. Aber so streng ist das Sprichwort wohl nicht gemeint; eher will es besagen, die frühe Kindheit sei für das Lernen eine sensitive Zeit.

Entwicklung zur Selbständigkeit

Die Psychologin Stendler hat die Bedingungen untersucht, die notwendig sind, damit ein Kind selbständig und unabhängig wird. Sie glaubt nachgewiesen zu haben, daß eine erste Sensitive Phase für die Erziehung zur Selbständigkeit und Autonomie bereits bei etwa 12 Monaten liegt. In diesem Alter bilden sich nämlich erste und innige soziale Beziehungen zwischen dem Kind und beiden Elternteilen aus. Erfährt das Kind in diesem Alter die Erfüllung seiner (unbewußten) Forderungen nach Liebe und Behütung, dann gewinnt es Vertrauen, die Grundvoraussetzung zur späteren Autonomie des Denkens und Handelns. Spürt das Kind dagegen Kälte und Abweisung und muß es sich ständig um Kontakt und Zuwendung bemühen, so prägen diese Bemühungen sein späteres Verhalten: Es wird abhängig und unselbständig. Eine zweite wichtige Sensitive Phase für die Entwicklung zur Selbständigkeit wird für die Zeit zwischen dem 2. und dem 3. Lebensjahr angenommen.

Früh oder spät singen lernen?

Die Sensitiven Phasen haben naturgemäß eine sehr große Bedeutung für die Erziehung. Ein Beispiel unter vielen ist die Bedeutung Sensitiver Phasen für die Musikpädagogik. Updegraff übte mit einer Gruppe von etwa dreijährigen Kindern das Singen von Tönen, Tonschritten und Melodien. Er verglich diese „Frühsinger" mit einer Gruppe von „Spätsingern" und konnte zeigen, daß die Frühsinger einen ganz erheblichen Vorsprung in der Gesamtmusikalität erzielt hatten und diesen Vorsprung später immer beibehielten. Das bedeutet, im Alter von drei Jahren sind Kinder musikerzieherischen Einflüssen im besonderen Maße zugänglich. Allerdings mußte man auch feststellen, daß zu frühes Erlernen eines bestimmten Musikinstrumentes sich für die Entwicklung der Gesamtmusikalität eher schädlich als nützlich erweisen kann. Leider liegen für diesen interessanten Problembereich noch zu wenige Untersuchungen vor.

Teilzusammenfassung

Sensitive Phasen sind Zeitabschnitte, in denen der sich entwickelnde Organismus besonders empfindlich auf Umwelt- und Erziehungseinflüsse reagiert.

Insensitive Phasen?

Es gibt also Sensitive Phasen. Gibt es aber auch „Insensitive Phasen"? Gibt es Zeitabschnitte in der Entwicklung eines Kindes, in denen es gegenüber bestimmten Einwirkungen nicht oder nur mit „Widerständen" zugänglich ist? Die Kenntnis solcher Phasen wäre für den Erzieher sehr wichtig.
So schreitet die Entwicklung des Zeitbegriffes erfahrungsgemäß bei Kindern nur sehr langsam voran. Selbst bei den Zehnjährigen ist das Zeitbewußtsein noch so grob strukturiert, daß die Kinder z. B. glauben, der Alte Fritz habe ungefähr zu Großvaters Zeiten gelebt.
Vor dem 10. Lebensjahr gibt es also für bestimmte erzieherische Einflüsse (Geschichtsunterricht) eine Insensitive Phase.

Zusammenfassung

Die körperliche Entwicklung des Menschen läßt sich in die Abschnitte frühe Kindheit, eigentliche Kindheit, Reifezeit und Erwachsensein gliedern. Darüber hinaus hat man versucht, im menschlichen Leben periodische Abläufe aufzufinden. Das ist im Biologischen nicht allzu schwierig. Gesichtspunkte für eine psychologische Gliederung sind aber weniger ausgeprägt. Phasen- und Stufentheorien sagen nichts über Ursache-Wirkungsbeziehungen aus; sie dienen mehr der Systematik. In der neueren Psychologie spielt der Begriff der Kritischen Phase eine Rolle. Damit sind Zeitabschnitte gemeint, in denen nicht wieder rückgängig zu machende (irreversible) Einwirkungen erfolgen oder verhindert werden können. Wenn Irreversibilität nicht zweifelsfrei nachzuweisen ist, benutzt man den Begriff der Sensitiven Phase. Er bezeichnet einen Zeitabschnitt besonderer Empfindlichkeit für bestimmte Umwelteinflüsse. Insensitive Phasen sind Zeiträume, in denen das Kind bestimmten Einflüssen nicht oder nur mit Widerständen zugänglich ist.

Worterklärungen

Adoleszenz	Altersstufe des Heranwachsens (Jugendalter)
emotional	gefühlhaft
insensitiv	unempfindlich
intentional	aufmerksam zugewendet, zielgerichtet
konditional-genetisch	sich auf die Entstehungsbedingungen eines Sachverhalts beziehend
Midnapore	Fürstentum in Indien (Fundort der sog. Wolfskinder)
Periode	im regelmäßigen Zeitabstand wiederkehrender Zustand
sensitiv	empfindlich, Eindrücken zugänglich, empfänglich

6. KAPITEL

Die Wirkung von Vererbung und Umwelt auf die Entwicklung

Dieses Kapitel gibt einen Überblick über die Erbpsychologie. Es beschäftigt sich also mit dem Problem, ob seelische Eigenschaften vererbt werden können, d. h. in welchem Maße sie auf genetisch gesteuerten Prozessen beruhen. Diese Frage ist nicht zu beantworten, ohne daß man auf die Rolle der Umwelt bei der psychischen Entwicklung eingeht. Eine unkritische Verwendung des Begriffs Umwelt ist immer wieder Ursache für Mißverständnisse.

„Erbe und Umwelt" ist ein umfassendes Problemgebiet, zu dem auch die Themen „Reifen" und „Lernen" gehören.
„Reife" heißt soviel wie „Bereitsein". Den Prozeß des „Bereitwerdens" nennt man Reifung. Es werden organismische Reifungsprozesse und Reifungsprozesse unterschieden, die auf Erziehung beruhen. Primitive Funktionen wie das Gehen bedürfen kaum einer Übung; sie reifen fast von selbst. Auch die Geschlechtsreife vollzieht sich nahezu unbeeinflußt von äußeren Faktoren. Andere Reifungsprozesse, wie z. B. die Reifung des Sprachzentrums, sind eng verbunden mit ständigen und differenzierten Reizangeboten der Umwelt. Immer setzen psychische Reifungsprozesse körperliche voraus. So ist z. B. die Reinlichkeitserziehung erst sinnvoll, wenn etwa um den 18. Lebensmonat die Nervenbahnen zu den Schließmuskeln entwickelt sind und eine bewußte Steuerung einsetzen kann. Auch bei komplexen Reifungsvorgängen, die z. B. zum Erreichen der Schulreife nötig sind, gibt es körperliche Voraussetzungen.

Der Erzieher, der die Bereitschaft zu bestimmten Leistungen erwartet, sollte sich immer fragen, welchen Anteil organismische Reifungsprozesse am Zustandekommen einer Leistung haben.
Während die Reifungsvorgänge als genetisch gesteuerte organismische Prozesse dargestellt werden, schreibt man die Prozesse des Lernens und des Erfahrungszuwachses Umwelteinflüssen zu. Diese Gegenüberstellung ist allerdings nicht unproblematisch.

1. Der Streit um das Erb-Umwelt-Problem

Vererbungspartei und Umweltpartei

An der Frage nach der Bedeutung der Vererbung in der Psychologie allgemein und in der Kinderpsychologie im besonderen scheiden sich die Geister. Es haben sich zwei „Parteien" gebildet. Die Anhänger der V-Partei, wie wir sie nennen wollen, sind von der Bedeutung der Vererbung für die Entstehung von Persönlichkeitseigenschaften überzeugt, die der U-Partei lehnen mit gleicher Entschiedenheit die Theorie der Vererbung psychischer Eigenschaften ab und wollen der Umwelt (Lernen, Üben, Erfahren) die Hauptrolle bei der Entstehung von Persönlichkeitsmerkmalen zuweisen. Die Mehrzahl der Wissenschaftler nimmt einen Standort zwischen diesen „Parteien" ein.
Der Unterschied in den Auffassungen wird durch folgende Zitate von Vertretern der beiden „Parteien" deutlich:

„Die Vererbung und nicht die Umwelt macht den Menschen. Nahezu alles Elend und alles Glück in der Welt ist nicht auf die Umwelt zurückzuführen. Die Unterschiede zwischen den Menschen sind durch Unterschiede der Keimzellen verursacht, mit denen sie geboren werden" (A. E. Wiggam).

„Gegenwärtig sind alle kompetenten Forscher der Auffassung, daß schlüssige Beweise der Erblichkeit geistiger Fähigkeiten noch fehlen" (S. B. Sarason).

Die Heftigkeit des Streites um die Rolle der Vererbung bei der Entstehung psychischer Eigenschaften ist bemerkenswert, und man ist natürlich zunächst geneigt, die Widersprüche der Behauptungen und die Verschiedenheit der Auffassungen auf eine fundamentale Schwäche von Theorie und Methode der Erbpsychologie zurückzuführen. Aber in der Psychologie gibt es viele Teilbereiche, die theoretisch wie methodisch gewiß nicht besser fundiert sind als die Erbpsychologie. Über sie wird nicht in einer so erregten Weise gestritten. Die Ursachen des Streites liegen also außerhalb des Sachverhaltes.

Das ganze Problem ist ein weltanschaulich-politisch brisantes Streitobjekt. Wenn hier in einer zunächst ironischen Weise von „Parteien" gesprochen wurde, so könnte dieser Ausdruck eigentlich in seiner unmittelbaren politischen Bedeutung verstanden werden; denn man hat z. B. festgestellt, daß sich politisch neutrale oder eher konservativ eingestellte Forscher meistens der V-Partei verschrieben haben, während Wissenschaftler, die sich für „progressiv" halten, Anhänger der U-Partei sind.

Politischer Mißbrauch

Das Erb-Umwelt-Problem ist durch die politischen Ereignisse der Vergangenheit und auch der Gegenwart aufs schwerste belastet. Der Mißbrauch, der im „Dritten Reich" mit der Vererbungswissenschaft getrieben wurde, und die schrecklichen Exzesse, die man mit angeblichen Erkenntnissen der Erbbiologie begründete, haben eine tiefe Wirkung im Bewußtsein vieler Wissenschaftler hinterlassen. Die Gefahren eines Mißbrauches sind auch heute nicht gebannt; denn noch immer berufen sich Rassisten auf vermeintlich endgültige Ergebnisse der Erbpsychologie, z. B. wenn sie behaupten, bestimmte Rassen seien geistig minderwertig, oder wenn aus der „angeborenen Ungleichheit" der Menschen Machtansprüche von Gruppen abgeleitet werden, die sich für elitär halten.

Die moralische Vorbelastung eines so wichtigen Forschungsgebietes macht es vielen Wissenschaftlern schwer, unbefangen und sachlich zu forschen, zumal nicht selten die Gesinnung eines Forschers angezweifelt wurde, nur weil er sich aufgrund seiner Ergebnisse zu einer bestimmten Auffassung bekannte. Wir haben hier ein typisches Beispiel vor uns, wie gesellschaftliche und auch ideologische Auffassungen den Fortschritt einer Wissenschaft beeinflussen können.

Teilzusammenfassung

An der Frage nach der Entstehung psychischer Eigenschaften hat sich ein heftiger Streit entzündet. Während ein Teil der Wissenschaftler für bestimmte Eigenschaften (z. B. die Intelligenz) genetische Faktoren verantwortlich macht, erklären andere, daß die Umwelt (Lernen und Erfahrung) psychische Eigenschaften entstehen läßt. Die Auseinandersetzungen sind zu einem großen Teil durch Unterschiede der allgemeinen weltanschaulichen Standpunkte in unfruchtbare Polemik ausgeartet.

2. Was ist Vererbung?

Chromosome und Gene

Die Trägersubstanz der Vererbung von Eigenschaften sind bekanntlich die *Chromosomen,* d. h. sehr kleine (nur mit besonderen Mikroskopen sichtbar zu machende) bandförmige Teile der Kerne von Körper- und Keimzellen; auf ihnen sind kettenförmig die *Gene* aufgereiht. Die neueste Forschung hat bei der Aufklärung der chemischen Natur dieser Strukturen große Fortschritte gemacht; dennoch ist die Wirkungsweise eines Gens, d. h. der Weg bis zur Manifestation der Eigenschaft, noch wenig bekannt.

Zuordnung von Genen und Eigenschaften

Gene steuern, über zahlreiche chemische Zwischensubstanzen, die Entwicklung körperlicher Eigenschaften. Für viele Eigenschaften (z. B. für die Blutgruppen, die Augenfarbe, die Nasenform, Körpergröße, Haarfarbe) ist die Zuordnung zu bestimmten Genen in bestimmten Chromosomen bzw. zu bestimmten Gengruppen gelungen. Bei psychischen Eigenschaften ist dagegen naturgemäß der Nachweis einer Kontrolle durch einzelne Gene nur sehr schwer zu erbringen. Man kann aber annehmen, daß z. B. die Intelligenz durch eine Vielzahl von Genen vererbt wird, die dabei in noch nicht geklärter Weise zusammenwirken. Der Nachweis eines bestimmten Erbganges ist bei psychischen Eigenschaften auch deshalb kaum zu erbringen, weil sich schon früh in der Entwicklung die Umwelt stark modifizierend in den Wirkungsweg zwischen Gen und Eigenschaft einschaltet. Das gilt für Eigenschaften wie z. B. Aggressivität, Musikalität, Schachbegabung, Neigung zu Neurosen, Gutmütigkeit, Triebhaftigkeit, Temperament, Gefühlsansprechbarkeit, Willensstärke, Feigheit usw.

Eigenschaften und Anlagen

Zunächst ist zu betonen, daß die Eigenschaften selbst nicht unmittelbar vererbt werden, sondern die Gene wirken direkt nur auf Körpergewebsstrukturen, d. h. bei psychischen Eigenschaften in erster Linie auf Nervengewebsstrukturen ein. Sie steuern das Entwicklungsgeschehen (die Reifung, die Differenzierung und das Wachstum) nervöser Zentren im Gehirn (z. B. des Sprachzentrums) und auch der endokrinen Drüsen, das sind Drüsen, die Stoffe direkt in den Blutkreislauf ausschütten. Durch gen-gesteuerte Entwicklung differenzieren sich solche Zentren in verschiedener Weise und bestimmen somit die psychische Individualität des Menschen. Die Gene sind also nicht unmittelbar für die Eigenschaften „verantwortlich" zu machen, sondern sie setzen nur die „Dispositionen", die Anlagen für bestimmte Arten des Verhaltens. Demnach wird nicht „Aggressivität" vererbt, sondern Gene steuern Entwicklungsverläufe im Zentralnervensystem und im Hormondrüsensystem, so daß der Mensch leichter, schneller und heftiger auf Wahrnehmungsgegebenheiten in seiner Umwelt reagiert und andererseits bestimmte Hemmungsfunktionen nicht oder nur gedämpft ablaufen.

Anlagen und Umwelt

Eine Disposition oder Anlage ist z. B. auch die ererbte Sprachbegabung. Bestimmte Gen-Gruppen steuern und kontrollieren die Entwicklung des Sprachzentrums im Gehirn auf eine größere Differenziertheit hin, so daß das Sprachzentrum zu höherer Leistung befähigt wird. Im 7. Kapitel wurde aber darauf hingewiesen, daß dieser Reifungsprozeß nur abläuft, wenn während der Entwicklung das Sprachzentrum bereits zu funktionieren beginnt, d. h. wenn Sprechübungen für das Kind möglich sind. Die Umwelt ist also hier unmittelbar in das Entwicklungsgeschehen eingeschaltet.

Teilzusammenfassung

Die Vererbung von Eigenschaften wird durch Gene bestimmt. Ihre Wirkungsweise und ihr Wirkungsweg sind, besonders bei der Entwicklung psychischer Eigenschaften, noch wenig bekannt. Gene steuern einzeln oder in Gruppen die Entwicklung bestimmter Strukturen im Zentralnervensystem. Die Disposition zu einem bestimmten Verhalten (Aggressivi-

tät, Musikalität, Intelligenz usw.) ist aber noch nicht das Verhalten selbst. Dieses wird erst durch die speziellen Umweltbedingungen ermöglicht. Auch während des gen-gesteuerten Entwicklungsprozesses wirkt die Umwelt modifizierend auf die Entwicklung ein.

3. Über den Unterschied von „angeboren" und „vererbt"

Mit „angeboren" werden alle Eigenschaften und Verhaltensdispositionen bezeichnet, die das Kind bei seiner Geburt besitzt. Die Eigenschaften können bei der Geburt bereits feststellbar sein (wie z. B. angeborene Mißbildungen) oder aber als Anlage bzw. als Disposition „auf die Welt gebracht" werden (wie z. B. mathematische Begabung, Musikalität usw.).

Angeboren oder vererbt?

- *Angeboren* sind alle vererbten Eigenschaften und alle im vorgeburtlichen Leben erworbenen Eigenschaften.
- *Vererbt* sind alle die Eigenschaften, die im Augenblick der Befruchtung des Eies festliegen.

Die Bezeichnung „angeboren" zielt also auf eine weitere Bedeutung als die Bezeichnung „vererbt".
Die Verwechslung dieser beiden Bezeichnungen führt immer wieder zu Mißverständnissen. Es ist z. B. ungenau zu sagen, Musikalität sei Herrn X angeboren. Genauer wäre: Musikalität hat er ererbt; denn es ist wenig wahrscheinlich, daß Herr X seine Musikalität in den neun Monaten seines vorgeburtlichen Lebens erworben hat.
Wichtig wird eine genaue Kennzeichnung bei den zahlreichen Formen verminderter Intelligenz. Der Ausdruck „angeborener Schwachsinn" z. B. läßt nicht unmittelbar erkennen, ob der Schwachsinn auf Erbfaktoren beruht oder ob er, z. B. durch eine Rötelinfektion der Mutter, während der vorgeburtlichen Entwicklung (in einer „kritischen Phase") erworben wurde.

Teilzusammenfassung

Die Bezeichnung „angeboren" ist immer ungenau; es wäre besser, wenn man nur noch von „vererbt" und von „vorgeburtlich erworben" sprechen würde.

4. Methoden der Erbpsychologie

Wie läßt sich feststellen, welche psychischen Eigenschaften eines Menschen ererbt und welche erworben sind? Die Wissenschaft hat dafür eine Reihe von Methoden entwickelt, wie z. B. die Familienforschung, die Züchtungsforschung und die Zwillingsforschung.

Familienforschung

Bei der Entscheidung über Erblichkeit und Umweltbedingtheit hat die Familienforschung zwar immer noch ihren Wert, aber diese Methode ist mit einigen Fehlermöglichkeiten behaftet. Tritt ein Merkmal extremer Ausprägung (z. B. Musikalität) bei einem bestimmten Familienmitglied auf, so können unter Umständen dadurch die Umweltbedingungen für die anderen Familienmitglieder in erheblichem Maße verändert werden. Durch Vorbild, Erziehung, wirtschaftliche Situation usw. können auch andere Mitglieder diese Eigenschaft übernehmen oder erwerben.

Züchtungsforschung

Die Züchtungsforschung liefert in Form von Experimentergebnissen Nachweise über die Erblichkeit psychischer Eigenschaften. Bei Tieren hat man mit Erfolg psychische Eigenschaften, d. h. Verhaltens- und Reaktionseigenschaf-

ten, züchten können. Natürlich sind derartige Experimente beim Menschen aus ethischen Gründen völlig ausgeschlossen.
Eine besondere Methode der Erbpsychologie stellt die Zwillingsforschung dar.

Die Zwillingsforschung

Eineiige und zweieiige Zwillinge

Auf etwa 100 Lebendgeburten kommt bei uns eine Zwillingsgeburt. Man unterscheidet bekanntlich eineiige Zwillinge – sie werden abgekürzt mit EZ bezeichnet – und zweieiige Zwillinge (ZZ). Eineiige Zwillinge haben gleiche Erbanlagen, während zweieiige im Durchschnitt nur etwa 50 Prozent gemeinsames Erbgut besitzen. Die ZZ sind sich so ähnlich bzw. so unähnlich wie gewöhnliche Geschwister. Die Merkmale, in denen sich die EZ-Partner gleichen, in denen sie, wie man sagt, *konkordant* sind, können auf Erbfaktoren zurückgeführt werden; Eigenschaften dagegen, die bei EZ-Partnern verschieden auftreten, in denen sie *diskordant* sind, können nicht genetisch determiniert sein; sie wurden im vor- oder nachgeburtlichen Leben erworben.

Statistische Methoden

Nehmen wir an, wir wollten prüfen, ob eine bestimmte Art der Intelligenz, sagen wir Rechenfähigkeit, auf Erbfaktoren zurückgeführt werden kann. EZ-Partner müßten sich, wäre Rechenfähigkeit erbbedingt, wenig unterscheiden; jedenfalls müßten Leistungsdifferenzen zwischen EZ-Partnern deutlich kleiner sein als die Unterschiede der Rechenfähigkeit bei ZZ-Partnern.
Wir prüfen dies in einem Rechentest, den wir einer größeren Zahl von EZ- und ZZ-Paaren vorlegen. Für jedes Zwillingspaar wird der Unterschied in der Rechenleistung bestimmt und, für jeweils die EZ- und die ZZ-Paare getrennt, der durchschnittliche Leistungsunterschied errechnet.
Wir stellen fest, daß der durchschnittliche Leistungsunterschied bei den ZZ-Paaren 15 Punkte beträgt, während sich die EZ-Paare im Durchschnitt nur um 8 Testpunkte unterscheiden. Aus diesen durchschnittlichen Differenzen bilden wir einen Bruch, den sogenannten *Diskordanzquotienten* (DQ):

Diskordanzquotient

$$DQ = \frac{\text{Durchschnittl. Unterschied der ZZ-Paare}}{\text{Durchschnittl. Unterschied der EZ-Paare}}$$

Der DQ in unserem Beispiel wäre dann $\frac{15}{8} = 1{,}87$.

Der Wert 1,87 besagt, daß die Leistung im Rechentest hauptsächlich durch Erbfaktoren bestimmt wird; sie übertreffen die Wirkung der Umweltfaktoren um das 1,87fache.
Diese Methode ist allerdings mit einigen Fehlern behaftet; es gibt aber heute verbesserte statistische Verfahren, mit denen sie einigermaßen ausgeschaltet oder verringert werden können.

Schwachsinn

Der Nachweis, daß eine Eigenschaft genetisch bestimmt ist, kann auch auf folgende Weise erbracht werden: Nehmen wir an, wir wollten untersuchen, ob eine Form von Schwachsinn erblich ist. Es ist dann notwendig, eine größere Zahl von Zwillingen zu suchen, bei denen diese Schwachsinnsform bei jeweils mindestens einem Partner festzustellen ist.
Bei diesen Zwillingen ist dann zu prüfen, ob sie EZ oder ZZ sind. Ist die Schwachsinnsform genetisch determiniert, dann ist zu erwarten, daß bei den eineiigen Zwillingen in einem deutlich höheren Prozentsatz beide Partner schwachsinnig sind als bei den zweieiigen.
Der Amerikaner Kallmann hat insgesamt 775 Zwillingspaare mit einer bestimmten Schwachsinnsform festgestellt. 257 Paare waren EZ und 518 Paare

ZZ. Bei den EZ waren in 94 Prozent der Fälle beide Partner schwachsinnig, bei den ZZ dagegen nur in 55 Prozent der Fälle.

Teilzusammenfassung

Die Zwillingsmethode ist für die erbpsychologische Forschung die wichtigste Methode. Bei erblich bestimmten Eigenschaften müssen sich eineiige Zwillingspartner ähnlicher sein als zweieiige Partner. Mit Hilfe der Zwillingsmethode hat man die Erbbedingtheit vieler psychischer Eigenschaften nachweisen können, so z. B. für zahlreiche Unterformen der Intelligenz, für Schwachsinn, Draufgängertum, Gehemmtheit, Verhaltensstörungen in der Kindheit; aber auch für Schizophrenie, Homosexualität, Depression, Epilepsie.

5. Was hat man unter Umwelt zu verstehen?

Die meisten Untersuchungen zum Erb-Umwelt-Problem werden mit großer Sorgfalt und unter Verwendung ausgeklügelter mathematischer Methoden durchgeführt. Leider wird dabei ein Problem entweder vernachlässigt oder sogar ganz außer acht gelassen. Es wird meistens nicht klar genug ausgesprochen, was man eigentlich unter „Umwelt“ zu verstehen habe. Bei näherer Betrachtung zeigt sich nämlich, daß dieser Begriff gar nicht so einfach ist, wie er uns zunächst erscheint.
Schon früh wurde gegen die Zwillingsforschung eingewendet, der Anteil der Umwelt an der Entstehung eines bestimmten Merkmals ließe sich deshalb nicht genau feststellen, weil Zwillinge (EZ wie ZZ) meistens in der gleichen Umgebung aufwüchsen, d. h. auf gleiche Weise erzogen würden, die gleichen Kindheitserlebnisse hätten usw.

Gleiche und verschiedene Umwelten

Diesem Einwand begegnete man durch die Suche nach Zwillingen, die schon früh voneinander getrennt worden waren. Ist zu vermuten, daß die Umwelt (besonders die Erziehung) an der Entstehung eines psychischen Merkmals beteiligt sein könnte, dann müßten sich EZ-Partner, die lange Zeit in verschiedener Umwelt aufwuchsen, in diesem Merkmal stärker voneinander unterscheiden als EZ-Partner, die immer zusammengeblieben waren.
Für die Intelligenz ist auf diese Weise eine Mitwirkung der Umwelteinflüsse nachgewiesen worden. Zwar sind allgemein EZ-Partner, die in verschiedener Umgebung groß wurden, sich immer noch ähnlicher als ZZ-Partner, die zusammen aufwuchsen; getrennt aufgewachsene eineiige Zwillinge unterscheiden sich aber doch von EZ-Partnern, die immer zusammenblieben. Die durchschnittlichen Unterschiede von EZ-Partnern aus verschiedener Umwelt liegen in der Größenordnung zwischen denen der EZ aus gleicher Umwelt (mit den geringsten Unterschieden) und den ZZ aus gleicher Umwelt.

Umweltwirkung und Erlebnisfähigkeit

Was ist aber unter „Umwelt“ zu verstehen? Man könnte zunächst ganz einfach sagen, Umwelt sei das, was uns umgibt, sei die Welt, in der wir leben, in der wir erzogen werden, in der wir uns zurechtfinden müssen, die uns bedroht, erfreut, uns zum Ärgernis wird usw.
Aber: Sich bedroht fühlen, sich erfreuen usw. sind doch *Erlebnisse,* und diese Erlebnisse sind auf *Erlebnismöglichkeit* gegründet, diese aber wiederum kann auf Erbfaktoren zurückgeführt werden.

- Die Art und Weise, ob und wie die Umwelt uns zu Bewußtsein kommt, wie sie erlebt wird, ist selbst mindestens zu einem Teil durch Erbfaktoren determiniert.

Eine strikte Trennung von Erbfaktoren und Umweltfaktoren ist also gar nicht möglich. Verdeutlichen wir uns dieses an einem Beispiel:

Beispiel 1
Zwei Männer unternehmen eine Italienreise. Sie fahren also beide in die gleiche „geographische Umwelt". Herr A ist hochintelligent und künstlerisch begabt, Herr B leicht schwachsinnig. Die gleiche geographische Umwelt Italien wird von beiden Männern ganz verschieden erlebt. Herr A ist nachhaltig beeindruckt, während der stumpfe Herr B keine wesentlich neuen Erfahrungen macht.

Intelligenz und Erlebnisfähigkeit

Nach allen Befunden der Forschung ist die Intelligenz des Menschen mindestens zu einem Teil genetisch bestimmt. Je höher aber diese (genetisch bestimmte) Intelligenz bei einem Menschen ist, desto stärker läßt er sich von der Umwelt beeinflussen. Ein Mensch mit (genetisch determiniertem) Schwachsinn dagegen wird sich gegenüber Umweltveränderungen eher resistent verhalten.

- Erbfaktoren und Umwelteinflüsse können niemals als voneinander unabhängige Bedingungen für die Entstehung eines bestimmten psychischen Merkmals betrachtet werden. Die Umwelt kann nur dann über die Erfahrung und die Erziehung wirksam werden, wenn der Organismus erfahrungsfähig und sensibel genug für solche Einflüsse ist. Erfahrungsfähigkeit und Erziehungssensibilität sind aber wiederum mindestens zu einem Teil durch Erbfaktoren bestimmt.

In den meisten Fällen ist also die Frage „Erbe *oder* Umwelt?" von vornherein falsch gestellt.
Die Ergebnisse der Erbpsychologie können aber nicht zum Erziehungsfatalismus und zur Bildungsresignation führen; denn keine psychische Eigenschaft, ganz und gar nicht die Intelligenz, entwickelt sich ausschließlich über genetisch gesteuerte Reifungsvorgänge. Immer muß die Umwelt über Erziehen und Lernen bei solchen Entwicklungsprozessen mitwirken. Der Erzieher sollte nur die Grenzen seiner Möglichkeiten erkennen; übersieht er sie in einem blinden Erziehungsoptimismus, dann kann er bei den ihm anvertrauten Kindern seelische Schäden verursachen. Solche Schäden stehen denen nicht nach, die auf Erziehungsversäumnissen beruhen.

Zusammenfassung

Die Frage, ob psychische Eigenschaften erblich sind oder ob sie durch Umweltfaktoren vermittelt werden, hat in der Wissenschaft zu heftigen Auseinandersetzungen geführt. Die erbbiologische und erbpsychologische Forschung konnte nachweisen, daß viele psychische Eigenschaften zu einem beachtlichen Teil auf Erbfaktoren zurückgeführt werden müssen. Dies gilt u. a. für die Intelligenz, bei der man mit Hilfe der Zwillingsmethode die Rolle der Erbfaktoren ermitteln konnte. Bei allen psychischen Eigenschaften bzw. psychischen Dispositionen wirken jedoch Umweltfaktoren entscheidend mit. Eine strikte Trennung von Erbfaktoren und Umweltbedingungen ist nicht möglich; denn die Fähigkeit, Erfahrungen zu machen und zu lernen, ist selbst wiederum genetisch determiniert.

Worterklärungen

diskordant	nicht übereinstimmend
Disposition	Anlage, Bereitschaft für . . .
konkordant	übereinstimmend
manifestieren	sich kenntlich machen
Manifestation	Erkennbarkeit

7. KAPITEL

Vorgeburtliche Einflüsse und Geburt

Die Entwicklung des Menschen vor seiner Geburt ist dramatischer und enthält Momente von größerer Bedeutung für seine Gesamtentwicklung als jeder spätere Lebensabschnitt. Positive wie negative Einflüsse in dieser Zeitspanne sind um so wirksamer und nachhaltiger, je früher sie einsetzen. Viele Faktoren kann man beeinflussen, ja sogar ausschalten, andere dagegen muß man hinnehmen. Auch die Formung der Individualität des Menschen beginnt lange vor seiner Geburt; besonders die geistige Entwicklung des Kindes wird von Bedingungen bestimmt, die schon sehr früh im vorgeburtlichen Leben wirksam werden. Der Erzieher sollte deshalb die zahlreichen Gefahren kennen, welche die Entwicklung des Kindes vor seiner Geburt bedrohen, aber auch die Möglichkeiten, den Verlauf der vorgeburtlichen Entwicklung günstig zu beeinflussen. Ferner lassen sich viele Erziehungsschwierigkeiten und Entwicklungsstörungen bei Kindern auf vorgeburtliche Schädigungen zurückführen. So gesehen beginnt Erziehung bereits vor der Geburt des Kindes.

1. Die vorgeburtlichen Entwicklungsabschnitte

Schwangerschaft

Die pränatale (= vorgeburtliche) Entwicklung des Kindes dauert neun Monate, das sind 40 Wochen oder 280 Tage. Diese Zeit kann erheblich unterschritten und in geringerem Ausmaß überschritten werden: Lebensfähig ist ein Kind manchmal schon nach 180 Tagen. Eine Schwangerschaftsdauer von 330 Tagen ist zwar selten, sie kann aber zu einer normalen Geburt führen. In den weitaus meisten Fällen wird die Zeit von 280 Tagen mit ganz geringen Abweichungen eingehalten.

Die Einflüsse auf die vorgeburtliche Entwicklung sind in verschiedenen pränatalen Entwicklungsabschnitten unterschiedlich in Art und Wirkung; deshalb ist es notwendig, daß wir kurz auf die pränatalen Stadien eingehen.

Keimstadium

Im sogenannten *Germinalstadium* (= Keimstadium) – es beginnt mit der Befruchtung des Eies und endet etwa nach 10 bis 14 Tagen – besteht keine Verbindung zwischen dem sich in rascher Zellteilung befindlichen Keim und der Mutter. Die Keimentwicklung verläuft deshalb unbeeinflußt von Vorgängen im mütterlichen Körper. Erst nach der „Einnistung" des Keimes in der Wand des Uterus (= Gebärmutter) wird über die Placenta (= Mutterkuchen) eine Verbindung mit dem Blutkreislauf der Mutter hergestellt. Von diesem Zeitpunkt an können sich Vorgänge im mütterlichen Körper auf die Keimentwicklung auswirken. Aus dem „unabhängigen" Keim hat sich ein „Embryo" gebildet.

Embryonalstadium

Das *Embryonalstadium* – es beginnt etwa in der 2. Woche nach der Befruchtung und endet in der 9. Woche – ist gekennzeichnet durch sehr schnell verlaufende Organentwicklungen im Sinne typischer Differenzierungen (siehe 4. Kapitel).

Alle Einflüsse der Mutter auf das Kind nehmen im Embryonalstadium den

Weg vom Blutkreislauf der Mutter über die Placenta in den Blutkreislauf des Embryos. Eine andere Einwirkungsmöglichkeit, sieht man von rein mechanischen ab, existiert nicht; und es ist wichtig zu wissen, daß zwischen Mutter und dem ungeborenen Kind keine Nervenverbindung besteht.

Der von dem Philosophen Hegel stammende Ausdruck von der „psychischen Einheit von Mutter und Kind vor der Geburt" ist also nicht korrekt. Die Erlebnisse der Mutter, besonders ihre Affekte, werden nicht direkt auf das Kind übertragen. Lange Zeit und bei vielen Völkern hat der Aberglaube in dieser Beziehung üppige Blüten hervorgebracht, und auch heute noch ist eine große Zahl von Menschen der Überzeugung, daß sich Wahrnehmungserlebnisse der Mutter unmittelbar auf das Kind auswirken; so glaubt man z. B., eine Mutter, die vor einem plötzlich aufspringenden Hasen erschrickt, könne ein Kind mit einer Hasenscharte zur Welt bringen. Das sogenannte „Versehen" der Schwangeren spielt im Volksglauben immer noch eine Rolle. Dieser Aberglaube ist aber ungemein schädlich, da die werdende Mutter ganz unnötig in Angst versetzt wird.

Störungen der Entwicklung sind während der Embryonalzeit meist außerordentlich tiefgreifend, da sich alle Organe in einem sehr dynamischen Entwicklungsprozeß befinden. Oft stirbt die geschädigte Frucht ab, oder aber eine bestimmte Organentwicklung wird so gehemmt, daß schwere Mißbildungen der betreffenden Organe auftreten. Dabei ist die eigentliche Störungsursache weniger wichtig als der genaue Zeitpunkt, in der die Störung erfolgt, d. h. für die Organentwicklung gibt es im Embryonalstadium typisch Kritische Phasen (siehe 5. Kapitel).

Die tragischen Fälle der Gliedmaßenmißbildungen nach Einnahme bestimmter Medikamente sind Beispiele für solche „zeitpunktuellen" Wirkungen schädigender Faktoren. Die Kritischen Phasen waren bei diesen Mißbildungen auf Stunden oder höchstens wenige Tage beschränkt.

Am Ende des Embryonalstadiums hat sich der Embryo bereits so entwickelt, daß die typisch menschliche Gestalt zu erkennen ist.

Fötalstadium

Im *Fötalstadium* (Fötus = das ungeborene Kind) – es beginnt in der 9. Woche nach der Befruchtung und endet mit der Geburt des Kindes – gibt es keine Organdifferenzierung mehr, da diese im Embryonalstadium abgeschlossen wird. Der Fötus wächst, das Nervensystem reift weiter, und die Entwicklung stabilisiert sich so, daß etwa ab der 29. Woche das Kind lebensfähig wird.

Störungen der Entwicklung während des Fötalstadiums zeigen sich weniger in Mißbildungen als in Hemmungen der Reifungsverläufe und des Wachstums.

Teilzusammenfassung

Die Zeit der pränatalen Entwicklung kann grob in drei Stadien gegliedert werden: Im Germinalstadium entwickelt sich das befruchtete Ei relativ unabhängig von Außeneinflüssen; im Embryonalstadium besteht eine unmittelbare Verbindung zwischen dem Blutkreislauf der Mutter und dem des Embryos. Störungen der Embryonalentwicklung zeigen sich in mehr oder weniger schweren Schädigungen der Organdifferenzierung. Im Fötalstadium reift das Kind zur Lebensfähigkeit heran. Störungen in dieser Zeit betreffen hauptsächlich die Reifungs- und Wachstumsprozesse.

2. Störungen der vorgeburtlichen Entwicklung

Embryo und Fötus entwickeln sich, durch besondere Hüllen gut geschützt, parasitär, d. h. die Entwicklung erfolgt rein auf Kosten der Mutter. Das ungeborene Kind entnimmt das, was es zu seiner Entwicklung benötigt, dem Blutkreislauf der Mutter, auch wenn sie schwersten Mangel leiden müßte. Das Kind hat vor der Geburt immer den Vorrang. Trotz dieser Begünstigung des ungeborenen Lebens gibt es zahlreiche Schädigungs- und Störursachen. Diese sind:

Ursachen vorgeburtlicher Störungen

a) Beengte Raumverhältnisse im Uterus

Zwar paßt sich der Uterus weitgehend der Größe des Fötus an, besonders bei Mehrlingsföten kann aber eine Raumbeengung die Organentwicklung negativ beeinflussen. Bei einer Behinderung des Schädelwachstums wird natürlich die Entwicklung des Gehirns mitbetroffen. Komplikationen dieser Art treten in erster Linie bei Mehrlingsschwangerschaften auf.

b) Größe und Gewicht der Placenta

Über die Placenta wird das Kind mit den nötigen Aufbaustoffen, vor allem mit Sauerstoff, versorgt. Ist diese Versorgung durch Placentamängel gefährdet, dann kann es zu allgemeinen Entwicklungsstörungen kommen. Da die Entwicklung des Nervensystems, besonders des Gehirns, in hohem Maße von einer guten Sauerstoffversorgung abhängt, können z. B. spätere Intelligenzmängel bei Kindern u. a. auf eine mangelhafte Ausbildung der Placenta zurückgeführt werden. Wiederum sind die Mehrlingsföten besonders gefährdet. Tatsächlich zeigen Zwillinge und erst recht Drillinge nicht selten eine allgemeine Verlangsamung ihrer geistigen Entwicklung.

c) Mechanische Einwirkungen

Durch Stoß oder Schlag oder bei heftigen Erschütterungen bzw. länger andauernden leichteren Vibrationen kann es zu einer vollständigen Ablösung der Placenta kommen. In diesem Fall stirbt die Frucht ab. Bei nur teilweisen Ablösungen wird die Versorgung des Kindes behindert.

d) Krankheit der Mutter

Erkrankungen der Mutter müssen vor allem im Embryonalstadium als wichtige Ursachen von Fehlentwicklungen angesehen werden. Für die spätere psychische Entwicklung des Kindes wirkt sich z. B. eine Infektion der Mutter mit Röteln oder Masern in den ersten vier Monaten der Schwangerschaft sehr häufig tragisch aus, denn diese Krankheit kann die Entwicklung der Sinnesorgane und des Gehirns hemmen. Einige Erreger werden von Haustieren auf den Menschen übertragen und können mittelbar die Entwicklung des Embryos gefährden. Ein nicht geringer Teil der Schwachsinnsformen ist durch Infektion durch einen Mikroorganismus verursacht. Auch die Erreger von Geschlechtskrankheiten, vor allem der Syphilis, bewirken während der pränatalen Entwicklung Störungen der Wahrnehmungsorgane und des Gehirns.

In neuerer Zeit ist die „HIV-Infektion" („Aids") und die Übertragbarkeit dieses Virus auf das ungeborene Kind wegen der noch immer sehr geringen Heilungschancen zu einem sehr ernsten Problem geworden.

e) Ernährungszustand der Mutter

Natürlich ist der gute Ernährungszustand der Mutter eine wichtige Voraussetzung für eine normale Entwicklung des Kindes vor der Geburt. Die Quantität der Nahrung spielt dabei eine geringere Rolle als die Qualität. Für die Entwicklung des Nervensystems ist besonders die Zufuhr von Eiweiß, Vitaminen und Spurenstoffen nötig. In mehreren Untersuchungen ist immer wieder festgestellt worden, wie wichtig die Eiweißzufuhr in der Schwangerschaft für die geistige Entwicklung des Kindes ist. So wurde z. B. bei mehreren tausend Schwangeren zusätzlich eine besondere Eiweißdiät verordnet. Die Kinder dieser Mütter wurden in ihrem 3. und 4. Lebensjahr mit Kindern solcher Mütter auf ihren Intelligenzstand hin verglichen, die diese zusätzliche Nahrung nicht erhalten hatten. Es zeigte sich bei den Kindern, deren Mütter mit Zusatznahrung während der Schwangerschaft versorgt wurden, ein Vorsprung in der geistigen Entwicklung.

f) Lebensalter der Mutter

Das günstigste Lebensalter für eine Schwangerschaft liegt zwischen dem 23. und dem 29. Lebensjahr. Entwicklungsstörungen in der pränatalen Zeit, die auf das Alter der Mutter zurückzuführen sind, zeigen sich besonders bei sehr jungen Müttern und bei Müttern über 35. Natürlich bringen in den weitaus meisten Fällen auch ältere Mütter gesunde Kinder zur Welt, die Gefahr einer Komplikation steigt aber vom 35. Lebensjahr stetig an. Bestimmte schwere Formen von Schwachsinn (z. B. der sogenannte „Mongolismus") stehen eindeutig in Verbindung mit dem Lebensalter der Mutter.

g) Überlastung der Mutter durch Arbeit

Arbeitsüberlastung der Mutter ist für das ungeborene Kind immer schädlich. Mehrere Untersuchungen haben ergeben, daß viele Mütter schwachsinniger Kinder während der Schwangerschaft unter Erschöpfungszuständen gelitten hatten, die durch übermäßige Arbeit verursacht waren. In Verbindung mit schlechter Ernährung, hauptsächlich mit Eiweißmangel, müssen notwendig Entwicklungsstörungen beim Kind auftreten. Natürlich ist nicht jede Art körperlicher Arbeit während der Schwangerschaft schädlich. Im Gegenteil, körperliche Aktivität, die nicht zu starker Ermüdung oder gar zu Erschöpfung führt, bewirkt eine verbesserte Sauerstoffzufuhr für das Kind.

h) Medikamente

Während des Embryonalstadiums können Veränderungen im Blutchemismus der Mutter zu schweren Störungen der Organentwicklung führen. Natürlich erhebt sich immer die Frage – und hier wird ein ganz allgemeines Problem angesprochen –, warum die Mutter z. B. zu einem bestimmten Medikament gegriffen hat. Man kann dann oft nicht recht erkennen, ob das Medikament selbst die Ursache einer Entwicklungsstörung ist oder die Krankheit, wegen der das Medikament eingenommen wurde. Vielfach sind aber – wie bei der bekannten Contergankatastrophe – Medikamente und Drogen als unmittelbare Ursachen für schwere Schäden in der Entwicklung ermittelt worden.

i) Rauchen

Die schädliche Wirkung des Tabakgenusses selbst auf den ausgereiften Organismus ist bekannt. Weniger bekannt scheint jedoch zu sein, daß das ungeborene Kind „mitraucht", wenn seine Mutter die Zigarette anzündet. Nikotin ist ein überaus wirksames Gift. Es wirkt hauptsächlich auf das Nervensystem, führt zu Gefäßverengungen und behindert dadurch die Versorgung des ungeborenen Kindes. Die unmittelbar erkennbare Folge ist nicht selten eine Frühgeburt. Während im allgemeinen Durchschnitt etwa 3–5% aller Geburten als Frühgeburten bezeichnet werden können, steigt diese

Prozentzahl auf 6%, wenn die Mutter während der Schwangerschaft raucht. Rauchen Mutter und Vater, dann ist mit einer Frühgeburtenwahrscheinlichkeit von über 10% zu rechnen. Diese Zahl beweist die schädliche Wirkung des „passiven Rauchens".

j) Alkohol

Entsprechendes gilt für die Beziehung zwischen Alkoholgenuß und Entwicklungsstörungen beim ungeborenen Kind. Natürlich ist zunächst an eine unmittelbar toxisch-physiologische Wirkung des Alkohols auf die Entwicklung des Embryos und des Fötus zu denken; aber man sollte immer auch fragen, warum eine Schwangere zum Alkohol gegriffen hat. Vielleicht waren es Angst und Depression, die eine Frau veranlaßt haben zu trinken; dann könnte man mit Recht vermuten, daß es die seelischen Zustände waren, die die Entwicklungsstörung verursacht haben und nicht in erster Linie der Alkohol.
Die rein statistisch ermittelten Zusammenhänge zwischen zwei Sachverhalten (z. B. zwischen Rauchen und Frühgeburtenhäufigkeit oder zwischen Alkohol und Schwangerschaftskomplikationen) sagen noch nichts über die eigentlichen Ursache-Wirkungsverhältnisse aus; diese könnten strenggenommen erst mit Hilfe des Experimentes aufgeklärt werden. Aus ethischen Gründen sind aber Experimente mit einer solchen Problemstellung bei werdenden Müttern nicht erlaubt.

k) Die psychische Situation der Mutter

Ein ganz wesentlicher Faktor, der die Entwicklung des ungeborenen Kindes beeinflußt, ist die Einstellung der Mutter zum ungeborenen Kind und zur Schwangerschaft.
Das psychische Bedingungsgefüge wird aber in den meisten Fällen von den objektiven Verhältnissen beeinflußt: Die wirtschaftliche Situation und die gesellschaftliche Stellung der werdenden Mutter wirken auf ihren psychischen Zustand, der wiederum physiologisch die pränatale Entwicklung mitbestimmt. Besonders ist es Angst, die bei längerer Dauer die Entwicklung des ungeborenen Kindes schädigen kann. Wie erwähnt, bestehen zwischen der Mutter und dem Embryo bzw. Fötus keine Nervenverbindungen. Plötzlicher und auch heftiger Schreck, aber auch Wut und andere Affekte werden deshalb nicht sofort dem Ungeborenen übermittelt. Gegen akute Erregungen ist es also recht gut abgeschirmt. Dauern dagegen die Gefühlserregungen längere Zeit an, steht die Mutter also etwa im „Dauerstreß", wird sie von Sorgen gequält oder hat sie beständig Angst, kann sich dies negativ auf den Fötus auswirken. Unmittelbar läßt sich dies daran erkennen, daß der Fötus sich häufiger und intensiver im Mutterleib bewegt. Die Folge davon ist, daß die Kinder untergewichtig zur Welt kommen können. Sie neigen auch nach der Geburt zu nervösen Störungen, schlafen und trinken schlecht. Ebenso können die Verdauungsvorgänge in Unordnung geraten. Kinder, die unter häufigen Koliken leiden, haben oft nervöse und ängstliche Mütter. Das zeigt, daß man nicht unbedingt von „Vererbung" sprechen muß, wenn Mutter und Kind nervöse oder gar neurotische Verhaltensweisen gleichermaßen zeigen.

Kurze Affekte und Dauerstreß

Teilzusammenfassung

Viele Faktoren können die Entwicklung des Kindes vor der Geburt beeinträchtigen. Bei einer großen Zahl von Kindern mit geistiger Behinderung müssen pränatale Störungen des Entwicklungsverlaufes angenommen werden. Die Feststellung von Zusammenhängen zwischen bestimmten Faktoren und bestimmten Fehlentwicklungen ist methodisch nicht immer einfach. Bei einigen Faktoren ist es ungewiß, ob sie direkt auf das

Entwicklungsgeschehen einwirken, oder ob die Faktoren nur Symptome für allgemeinere und tieferliegende Störungsbedingungen sind.
Der Verlauf der Schwangerschaft und der Geburt wird wesentlich von der Gefühlslage der Mutter bestimmt. Auch unter guten objektiven Bedingungen kann es zu Schwangerschaftskomplikationen kommen, wenn die Mutter die Schwangerschaft ablehnt oder unter starken psychischen Belastungen leidet.

3. Psychologische Probleme der Geburt

Geburtstrauma?

Die Geburt ist ein ungemein gefährliches Ereignis im Leben des Menschen; deshalb ranken sich bei allen Völkern zahlreiche Mythen und Legenden um das Problem der Geburt. Die Astrologen glauben an die Bedeutung der Stellung der Gestirne im Zeitpunkt der Geburt für den Charakter und das Schicksal des Menschen. Aber auch ernstzunehmende Wissenschaftler werden bei der Behandlung der Geburt nicht selten sentimental und mystifizieren ganz normale Vorgänge. So glauben viele Anhänger Freuds an die Lehre vom Geburtstrauma. Freuds Schüler O. Rank behauptete z. B., daß die Geburt einen „lustvollen Primärstatus", also einen Zustand völliger Ausgeglichenheit und glücklicher Zufriedenheit, beende. Die Geburt selbst wird, nach dieser Ansicht, vom Kind als schreckliches und angsterregendes Ereignis erlebt. Alle späteren Lebensängste sollen auf die Geburtsangst zurückzuführen sein.
Diese Auffassung ist wissenschaftlich nicht haltbar. Alle unvoreingenommenen Beobachter eines Geburtsvorganges sind der Überzeugung, daß das Kind während des Geburtsprozesses keine Erlebnisse hat, und erst recht nicht kann es seinen Zustand vor der Geburt als beglückend und lustvoll erleben.

Umstellung des Organismus

Nichtsdestoweniger ist die Geburt für den Organismus ungewöhnlich belastend. Die Leistungen, die dem Kind, das „das Licht der Welt erblickt", abverlangt werden, sind ganz außerordentlich, denn niemals in seinem späteren Leben muß der Organismus sich in so kurzer Zeit in so tiefgreifender Weise umstellen und an neue Bedingungen anpassen wie während und unmittelbar nach der Geburt. Die Gefährdung während des Geburtsvorganges ist entsprechend groß. Für die spätere psychische Entwicklung des Kindes sind besonders zwei Gefahrenmomente von Bedeutung:

Geburtsschädigung

- Verletzungen des kindlichen Schädels und des Gehirns;
- länger dauernde Unterbindung der Sauerstoffzufuhr – sie wirkt sich gleichfalls schädigend auf die Entwicklung des Nervengewebes aus.

Man schätzt, daß etwa zehn Prozent aller Fälle von geistiger Behinderung und von Verhaltensstörungen auf Geburtsschädigungen zurückgeführt werden müssen. Oft zeigen sich die Schäden nicht unmittelbar nach der Geburt, sondern erst nach drei oder vier Jahren.

Folgen von Geburtsschädigungen

Sie manifestieren sich während der nachgeburtlichen Entwicklung des Kindes in mannigfacher Weise. Das Spektrum der Störungen reicht von schwersten Schädigungen der Körpermotorik und der geistigen Entwicklung bis hin zu kaum merklichen Verhaltensabweichungen. Typische Kennzeichen für geburtsbedingte Entwicklungsstörungen sind: Allgemeine Unruhe, Konzentrationsunfähigkeit und Ablenkbarkeit, Ausdrucksauffälligkeiten wie Grimassieren und Tics, Sprachstörungen, Wahrnehmungsstörungen, die sich vielfach erst beim Erstleseunterricht zeigen.

Geburtskomplikationen und Entwicklungsstörungen

Man hat oft versucht, Beziehungen zwischen bestimmten Arten von Geburtskomplikationen und bestimmten Entwicklungsstörungen aufzufinden. Meistens geht man bei solchen Untersuchungen so vor, daß man an Hand von Klinikberichten den Geburtsverlauf von Kindern mit bestimmten Störungen „retrospektiv", d. h. zurückschauend, auf Besonderheiten untersucht, oder aber man beschreitet den umgekehrten Weg, indem man, von der Geburt ausgehend, den Entwicklungsverlauf von Kindern mit bestimmten Geburtskomplikationen (in einer sogenannten Längsschnittuntersuchung) beobachtend und registrierend begleitet.

Eindeutige Ergebnisse haben solche Untersuchungen bisher nicht erbracht; das liegt zum Teil daran, daß viele Ursachen von Geburtskomplikationen auch gleichzeitig Ursachen der Entwicklungsstörung sein können. Will man z. B. untersuchen, ob Kinder, die mit Kaiserschnitt zur Welt gebracht wurden, sich anders entwickeln als normal geborene, so muß selbstverständlich zuerst gefragt werden, warum eine Schnittentbindung notwendig geworden war.

Teilzusammenfassung

Die Geburt ist ohne Zweifel ein sehr gefährliches Ereignis im Leben des Menschen. Der Geburtsvorgang fordert von dem jungen Organismus außergewöhnliche Umstellungs- und Anpassungsleistungen. Dennoch ist die Behauptung eines psychischen Geburtstraumas als Ursache der Lebensangst wissenschaftlich nicht haltbar. Dagegen kann die nachgeburtliche Entwicklung des Kindes entscheidend vom Geburtsverlauf beeinflußt werden. Hirnverletzungen oder Störung der Sauerstoffversorgung während der Geburt führen oft zu geistigen Defekten, Schäden an den Wahrnehmungsorganen und allgemein zu einer großen Zahl von Verhaltensabweichungen.

4. Das Frühgeburtenproblem

Besondere Aufgaben sind dem Pädagogen dann gestellt, wenn er ein Kind zu erziehen hat, das zu früh geboren wurde; denn sehr oft sind solche Kinder geistig retardiert, machen Erziehungsschwierigkeiten, sind körperlich schwächer, instabil in ihren Gefühlen und Stimmungen und neigen stärker zu Neurosen und Psychopathien.

Kriterien der Frühgeburt

Definition 1

- Die Kennzeichnung *Frühgeburt* wird dann verwendet, wenn das Kind lebend, aber noch nicht ausgetragen, zwischen der 28. und 39. Schwangerschaftswoche geboren wird.

Wegen der Ungenauigkeit in den Zeitangaben für die pränatale Entwicklung ist es zweckmäßiger, andere Kriterien für die Kennzeichnung „Frühgeburt" zu benutzen. Man hat sich international geeinigt, als das wichtigste Kriterium das Geburtsgewicht zu verwenden.

Definition 2

- Kinder, die bei der Geburt weniger als 2500 Gramm wiegen, gelten als *prämatur geboren.*

Der Ausdruck „prämatur geboren" ist sinnvoller als die Bezeichnung „Frühgeburt". Neben dem Geburtsgewicht werden der Geburtstermin, aber auch andere Merkmale von Unreife (z. B. der Atmung, Hautbeschaffenheit, Auslösbarkeit von Reflexen usw.) berücksichtigt. Es gibt nicht wenige untergewichtige Neugeborene, die pünktlich und „reif" zur Welt kommen; bei ihnen sind es andere Faktoren (z. B. Körpergröße und Gewicht der Mutter sowie ihr Ernährungszustand während der Schwangerschaft), die das geringe Geburtsgewicht verursacht haben.

In vielen Kliniken ist es jetzt üblich, den Reifegrad eines Neugeborenen mit besonderen Testverfahren zu bestimmen. Bewährt hat sich der „Apgartest" (benannt nach einer amerikanischen Ärztin). Dieser Test wird 1 Minute, 5 und 10 Minuten nach der Geburt durchgeführt. Inspiziert werden die Gesichts- und allgemeine Hautfarbe, die Pulsfrequenz, die Reflexerregbarkeit, die allgemeine Aktivität und die Atmungsstärke. Je nach Ausprägung dieser Kriterien kann jedem ein Punktwert von 0 bis 2 zugeteilt werden. Die Punkte werden dann addiert. Ein Kind mit einer Apgarsumme von 8–10 bedarf keiner besonderen Betreuung. Diese erweist sich jedoch bei Apgarwerten unter 6 Punkten als nötig. Der Apgartest erweist sich zudem als zuverlässige Methode für die Prognose der weiteren Entwicklung eines Kindes. Frühgeborene haben im allgemeinen eine um so größere Chance, sich normal weiterzuentwickeln, je größer der Apgarwert bei ihrer Geburt gewesen ist.

Apgartest

Die Ursachen von Frühgeburten stimmen weitgehend mit denen überein, die insgesamt die vorgeburtliche Entwicklung des Kindes negativ beeinflussen.

Man rechnet etwa, daß fünf Prozent aller Kinder prämatur geboren werden. Der weitaus größte Teil dieser Kinder kann als *leicht prämatur* (Gewicht zwischen 2200 und 2500 Gramm) gelten.

Wahrscheinlichkeit der Frühgeburt

Die Wahrscheinlichkeit der Frühgeburten hängt von verschiedenen objektiven und sozialen Bedingungen ab. Sie erhöht sich bei Mehrlingsschwangerschaften und ist außerdem abhängig von der psychischen Situation der werdenden Mutter: Angst, vor allem schwere seelische Depression, aber auch die Ablehnung der Mutterschaft führen nicht selten zu Frühgeburten.

Es wäre voreilig, die vorzeitige Geburt selbst für die späteren Entwicklungsstörungen verantwortlich zu machen. Selbstverständlich sind prämature Kinder durch die Geburt besonders gefährdet, denn die unzulängliche Entwicklung des kindlichen Schädels macht diesen gegen mechanische Schädigungen besonders anfällig. Meistens sind aber Ursachen, die die prämature Geburt bewirken, gleichzeitig Ursachen der späteren Entwicklungsstörungen. Hat sich z. B. aus irgendeinem Grund die Placenta teilweise abgelöst, dann wird zunächst die pränatale Entwicklung des Fötus erheblich gestört, die gleiche Ursache (Placentaablösung) führt aber auch zur vorzeitigen Geburt.

Frühgeburt und Entwicklungsstörungen

Es besteht ein enger Zusammenhang zwischen nachgeburtlichen Entwicklungsstörungen und geringem Geburtsgewicht des Kindes. Der Grad der Unreife bei der Geburt bestimmt das Ausmaß der Entwicklungsstörung. Für den Pädagogen ist nun wichtig zu wissen, ob prämature Kinder eine Chance haben, sich normal zu entwickeln und ihren Nachteil auszugleichen. Die Meinungen darüber sind geteilt. Bei geringem Grad der Prämaturität wird viel davon abhängen, wie das Kind die Geburt überstanden hat. Ist die Geburt ohne Komplikationen verlaufen, bieten sich für leicht prämature Kinder dann gute Chancen aufzuholen und auszugleichen, wenn den Kindern eine intensive pädagogische Betreuung zuteil werden kann. Diese Betreuung muß bereits unmittelbar nach der Geburt einsetzen. Allerdings hat man immer wieder die Erfahrung gemacht, daß Verhaltensabweichungen und Erziehungsschwierigkeiten bei frühgeborenen Kindern nicht selten auf übermäßige Zuwendung und Verwöhnung sowie auf Abschirmung von den Alterskameraden zurückzuführen sind.

Späterer Ausgleich möglich?

Teilzusammenfassung

Zu früh geborene Kinder stellen den Erzieher vor besondere Aufgaben, denn in vielen Fällen zeigen solche Kinder Störungen ihrer körperlichen und geistigen Entwicklung. Die Entwicklungsstörungen können bereits lange vor der Geburt begonnen haben, bei vielen Frühgeburten werden aber die Schäden unmittelbar während der Geburt verursacht. Die Schwere des späteren Entwicklungsdefektes steht in direkter Beziehung zum Grad der Unreife bei der Geburt. Als grobes Kennzeichen des Reifegrades eines Kindes kann sein Geburtsgewicht gelten. Bei leichter Prämaturität vermag das Kind die Entwicklungsrückstände aufzuholen, wenn die pädagogische Betreuung und die geistige Anregung intensiv genug sind. Selbst bei Kindern mit sehr niedrigem Geburtsgewicht können durch Erziehung Entwicklungsrückstände abgeschwächt werden.

Die Kenntnis der Vorgänge vor und während der Geburt ist nach allem, was in diesem Kapitel gesagt wurde, für jeden Erzieher notwendig. Besonders die Erziehung von Kindern mit Entwicklungsstörungen erfordert die Berücksichtigung der Störungsursachen. Ein Kind mit geistiger Behinderung kann diese Behinderung durch eine Geburtskomplikation erworben haben; ein solches Kind unterscheidet sich aber meistens in seinem Gesamtverhalten von einem Kind mit ererbtem Schwachsinn. Kinder mit pränatalen und perinatalen Entwicklungsdefekten haben oft relativ eng umschriebene Schäden (z. B. des Wahrnehmungssystems, der Körpermotorik), während sich ererbter Schwachsinn meistens in sehr viel allgemeinerer Form äußert. Allerdings bedarf es großer Erfahrung, um vom Verhalten eines Kindes auf die Ursachen der Entwicklungsstörung schließen zu können. Dazu ist vor allem nötig, daß sich der Erzieher über den normalen Entwicklungsverlauf eines Säuglings und eines Kleinkindes genauer informiert. Die folgenden Kapitel sollen solche Informationen vermitteln.

Zusammenfassung

Die pränatale Entwicklung kann in drei Stadien gegliedert werden, in

- **das Germinalstadium,**
- **das Embryonalstadium und**
- **das Fötalstadium.**

Eine unmittelbare Verbindung zwischen Mutter und Kind besteht erst im Embryonalstadium. Störungen der vorgeburtlichen Entwicklung können schwerwiegende Folgen haben. Diese zeigen sich

- **im Embryonalstadium als Schädigung der Organdifferenzierung,**
- **im Fötalstadium als Beeinträchtigung von Wachstums- und Reifungsprozessen.**

Es ist meist sehr schwierig, solche Schädigungen auf bestimmte Ursachen zurückzuführen. Psychologisch sind Geborgenheit und Sicherheit Voraussetzungen für eine komplikationslose Schwangerschaft. Angst oder Ablehnung des Kindes erhöhen die Wahrscheinlichkeit von Komplikationen. Auch der Geburtsverlauf kann sich auf die Entwicklung des Kindes auswirken. So können z. B. Hirnverletzungen bei der Geburt u. a. zu späteren Verhaltensstörungen führen. Die Annahme eines Geburtstraumas ist aber wissenschaftlich nicht haltbar. Besondere Ansprüche an Pflege und pädagogische Betreuung stellen die Frühgeburten.

Worterklärungen

Embryo	das ungeborene Lebewesen, dessen Organentwicklung noch nicht abgeschlossen ist
Fötus oder Fetus oder Fet	das ungeborene Lebewesen (im engeren Sinne: das ungeborene Lebewesen mit abgeschlossener Organentwicklung)
germinal	keimhaft
Placenta	der Mutterkuchen; Gewebsverbindung zwischen dem Embryo bzw. dem Fötus und dem Uterus; Aufgabe: Vermittlung von Nahrung und Sauerstoff für das Kind
perinatal	nahe dem Geburtszeitpunkt
prämatur	vorreif
pränatal	vor der Geburt, vorgeburtlich
Symptom	auffälliges Zeichen am Organismus als möglicher Hinweis auf eine Störung oder eine Krankheit
toxisch	vergiftend
Uterus	Gebärmutter

8. KAPITEL

Das neugeborene Kind und der Beginn des bewußten Erlebens

Hier soll das Verhaltensinventar des neugeborenen Kindes dargestellt werden. Für jeden Erzieher, auch für den, der nicht unmittelbar Neugeborene und Säuglinge zu betreuen hat, ist die Kenntnis der „Psychologie des Neugeborenen" schon deshalb wichtig, weil er mit vielen fundamentalen Verhaltensweisen, auf denen sich später komplexere aufbauen, konfrontiert wird. Pädagogische Probleme sind bereits am ersten Lebenstag eines Menschen gegeben.

Wann beginnt das bewußte Leben? Diese Frage wäre nur dann eindeutig zu beantworten, wenn es klare Kriterien für das Bewußtsein gäbe. Man kann die Frage natürlich ausklammern und schlicht das Verhaltensinventar eines Neugeborenen registrieren und experimentell untersuchen. Es gibt viele Psychologen, die die Frage nach dem Bewußtsein für wenig sinnvoll halten; sie werden z. B. die Reaktionen eines Neugeborenen auf einen lauten Knall mit Hilfe des Films aufzeichnen, aber sie werden mit der Schulter zucken, wenn man sie fragt, ob das Kind nach dem lauten Knall ein Schreckerlebnis hatte. Wir können in diesem oder jenem Fall mit einigem Recht vermuten, daß das Kind etwas erlebt; sichere Aussagen über das Bewußtsein des Neugeborenen sind aber nicht möglich.

1. Die Neugeborenenzeit

In den ersten 10 bis 14 Lebenstagen stabilisiert sich der kindliche Organismus und beginnt sich den Anforderungen der neuen Umwelt anzupassen. Es ist eine kritische Zeit, denn innerhalb dieser Frist muß es sich zeigen, ob der Organismus den Umweltbedingungen gewachsen ist.

Hilflosigkeit

Der neugeborene Mensch ist im Verhältnis zu vielen neugeborenen Tieren in seinem Zustand und Verhalten ungewöhnlich schwach und deshalb auf intensive Pflege und Behütung angewiesen. Der Zoologe Portmann hat behauptet, daß jeder neugeborene Mensch eigentlich einige Monate zu früh auf die Welt komme, denn verglichen mit dem Reifungsstand, den viele neugeborenen Tiere bei der Geburt besitzen, ist der Mensch bei seiner Geburt recht hilflos. In der Tat sieht das neugeborene Kind erbarmenswert aus: Die noch fehlenden Fettpolster lassen es manchmal der zunächst enttäuschten Mutter als häßlichen Zwerg erscheinen; aber schon kurz nach Ablauf der Neugeborenenzeit gewinnt das Kind die Gestalt des typischen Babys. Die Körperformen werden weicher und rundlicher, der Kopf, im Verhältnis zum Rumpf und zu den Extremitäten sehr groß, bestimmt mit der ausgeprägten Augenpartie das gesamte Erscheinungsbild, das man einfach nicht anders als mit Ausdrücken wie „goldig", „lieblich", „herzig" bezeichnen kann und das nicht nur die Mutter zu liebkosender Pflege veranlaßt, sondern bei fast allen Menschen spontan Sympathieverhalten auslöst.

Die moderne Instinktforschung, besonders K. Lorenz, hat nachgewiesen, daß auch bei vielen Tieren die Jungen ganz bestimmte Körperproportionen aufweisen, die bei den Müttern unmittelbar den Pflegeinstinkt auslösen. Man nennt das Erscheinungsbild der Jungtiere (und des kleinen Kindes) „Kindchenschema".

Kindchenschema

Die Puppenhersteller und die Fabrikanten von Stofftieren wissen von der Attraktivität des Kindchenschemas und übersteigern es bis zum Kitsch.

2. Das Schreien des Neugeborenen

Spekulationen über Geburtsschrei

Der Geburtsschrei ist das Signal des Lebens. Über seine „tiefere" Bedeutung haben sich unsere größten Geister immer wieder Gedanken gemacht. Shakespeare deutet ihn als Zeichen des Erschreckens des Kindes vor dem Hineingeborenwerden in eine Welt der Not und des Schreckens. Kant versteht den Geburtsschrei als Ausdruck des erlebten Mißverhältnisses zwischen dem Willen und dem Unvermögen, sich frei zu bewegen. Hegel glaubt in ihm den Protest des Geistes gegen die Natur zu vernehmen, und der Psychologe Alfred Adler erkennt im Geburtsschrei das Zeichen der allgemein angeborenen Minderwertigkeitsgefühle.

Antwort auf Mangelsituation

Das sind geistreiche Spekulationen; jeder Geburtshelfer wird den ersten Schrei viel sachlicher deuten können, indem er auf die physiologische und lebensdienliche Funktion des Geburtsschreies verweist: Kältereiz und Sauerstoffmangel bewirken eine intensive Atemtätigkeit, und der erste kräftige Schrei ist ein Zeichen für die einsetzende Tätigkeit der Lunge.

Das Schreien des neugeborenen Kindes ist zuerst reflektorisches Verhalten, d. h. das Kind beantwortet einen Mangelzustand mit Stimmbetätigung.

Ausdrucksschreien und Instrumentelles Schreien

Das Schreien ist also anfangs Ausdruck einer Befindlichkeit, die durch einen Mangel bestimmt ist. Das Kind lernt aber bereits in den ersten Tagen, dieses Schreien als „Instrument" zur Beseitigung des Mangelzustandes zu verwenden. Es „erfährt", daß nach dem Schreien eine Bedürfnisbefriedigung erfolgt. Die Verknüpfung: Schreien - Bedürfnisbefriedigung (Sättigung oder Trockenlegen) ist ein typischer Lernprozeß, der in der Psychologie als „Lernen am Erfolg" bezeichnet wird. Dieses „Instrumentelle Schreien" bleibt bis in die späte Kindheit hinein bestehen.

Die Neugeborenen unterscheiden sich hinsichtlich der Intensität und der Dauer des Schreiens sehr stark. In den ersten Lebenstagen schreien die Kinder im Durchschnitt 117 Minuten; es gibt aber „stille" Kinder mit einer täglichen Schreizeit von nur 50 bis 60 Minuten und „Dauerschreier", die bis zu vier Stunden am Tag mit „Stimmübungen" beschäftigt sind. Die Individualität des Kindes zeigt sich in erster Linie durch Dauer und Intensität des Schreiens: Kinder, die gut trinken und gut schlafen, schreien weniger als allgemein „nervöse" Kinder. Diese haben meistens auch nervöse Mütter, deren aufgeregte und hastige Manipulation am Kind dieses zu verstärktem Geschrei veranlaßt.

In etwa 30 bis 40 Prozent der Fälle ist die Ursache des Schreiens der Hunger; Unbehagen durch Nässe und Wundsein ist der zweitwichtigste Grund; Koliken, Übermüdung, Überhitzung und später auch Langeweile mit Kontaktbedürfnis sind weitere Ursachen. In einer Untersuchung hat man sogar einen Einfluß des Wetters auf die Intensität und die Dauer des Schreiens festgestellt. Entgegen der Meinung vieler Mütter stecken sich die Kinder auf den Neugeborenenstationen nicht gegenseitig mit ihrem Geschrei an. Die Kinder stören sich auch nicht im Schlaf; das in Kiniken immer wieder zu hörende gemeinsame Gebrüll ist weiter nichts als ein Zeichen gemeinsamen Hungers.

In den ersten Lebenswochen ist das Schreien in seinem Ausdrucksgehalt noch nicht differenziert. Wie man in Untersuchungen ermittelt hat, gelingt es auch geübten Pflegerinnen nicht, bei den Kindern die spezifische Ursache des Schreiens zu erkennen.

Teilzusammenfassung

Das neugeborene Kind befindet sich etwa zwei Wochen nach der Geburt in einem Zustand des Ungleichgewichtes und der noch nicht vollzogenen Anpassung an die Umwelt. Das Schreien des Kindes ist zuerst reflektorisch, dann drückt das Kind seine Befindlichkeit mit Schreien aus, und aus diesem „Ausdrucksschreien" wird „Instrumentelles Schreien", d. h. das Kind lernt, seine Bedürfnisse der Mutter durch Schreien mitzuteilen. Intensität und Dauer des Schreiens sind bei den einzelnen Kindern sehr verschieden; Ursachen können in den ersten Wochen neben Mangelzuständen wie Hunger und Nässe auch Fehler bei der Pflege des Kindes sein.

3. Der Schlaf des neugeborenen Kindes

Schlafdauer

Im ersten Monat seines Lebens schläft das Kind fast 20 Stunden am Tag in etwa sieben bis zehn Schlafphasen, die allmählich zu immer größeren Einheiten verschmelzen. Mit sechs Wochen verringern sich die Schlafphasen auf vier, und das sechs Monate alte Kind schläft im allgemeinen die ganze Nacht durch.

Schlafperioden

Es gibt bei Neugeborenen, wie beim Erwachsenen, verschiedene Arten des Schlafes, die sich durch unterschiedliche Schlaftiefe unterscheiden. In neuerer Zeit hat die Forschung zwei grundsätzlich voneinander unterscheidbare Schlafperioden entdeckt: *Schlaf mit intensiven und raschen Augenbewegungen* bei geschlossenen Lidern, verbunden mit allgemeiner körperlicher Unruhe, und *Schlaf ohne Augenbewegung* und ohne Körperunruhe.

Träumen Säuglinge?

Beide Schlafperioden wechseln miteinander unregelmäßig. Beim Erwachsenen ist der Schlaf mit Augenbewegungen fast immer mit Träumen verbunden. Der Anteil dieser Schlafperiode am Gesamtschlaf beträgt beim Erwachsenen höchstens 15 Prozent. Es ist nun interessant, daß bei Neugeborenen die Augenbewegungsperioden fast 50 Prozent der gesamten Schlafzeit ausmachen. Bedeutet das aber nun, daß Neugeborene bereits träumen? Was wären dann aber die Trauminhalte?

Eigenerregung des Gehirns

Man kann sich diese Befunde noch nicht recht erklären. Möglicherweise bedarf das Gehirn zur Weiterreifung einer Mindestmenge von Eigenerregung. Für diese Auffassung spricht, daß der Anteil des Augenbewegungsschlafes an der Gesamtschlafdauer in den ersten Lebensmonaten stetig zurückgeht. Ein dreijähriges Kind hat dann etwa die gleiche Aufteilung des Schlafes in Perioden mit und ohne Augenbewegungen wie der Erwachsene. Die Eigenerregung des Gehirns ist vielleicht notwendig, weil wegen der zu langen Gesamtschlafzeit zu wenig Außenreize zum Nervensystem gelangen. Wird diese Außenreizung in mäßiger Intensität geliefert, dann schläft das Kind meistens tief und mit weniger Augenbewegungen. Das bedeutet, daß für den Schlaf des Neugeborenen und des Säuglings absolute Stille und völlige Dunkelheit durchaus nicht günstig sind. Dämmerlicht und leise, monotone Geräusche sowie leichtes Schaukeln und Wiegen verschaffen dem Kind die physiologischen Bedingungen, die den Tiefschlaf fördern.

Teilzusammenfassung

Der Schlaf des Neugeborenen wird nur durch kurze Phasen des Wachseins unterbrochen. Nur etwa 50 Prozent der Schlafzeit besteht aus Tief-

schlaf. Schlafphasen mit Augenbewegungen sind bei Neugeborenen zahlreich und langdauernd; während diese Phasen beim Erwachsenen mit Träumen verbunden sind, ist es unwahrscheinlich, daß Neugeborene bereits träumen. Die Augenbewegungen kennzeichnen hier beim Neugeborenen vielleicht lediglich ein bestimmtes Maß an Eigenerregung des Gehirns.

4. Das körperliche Verhalten

Man kann beim neugeborenen Kind und beim Säugling drei verschiedene Arten des Verhaltens unterscheiden:

- Ungesteuerte und ungezielte *Massenbewegungen* (alle Extremitäten sind in lebhafter Bewegung);
- *Körper-Teilbewegungen,* wie z.B. Lageveränderungen des Rumpfes, Kopfdrehungen, Anheben des Kopfes;
- *Reflexbewegungen.* Diese Bewegungen sind angeboren, werden durch ganz bestimmte Reize ausgelöst und verlaufen im allgemeinen in gleichförmiger und starrer Weise.

Massenbewegungen und Teilbewegungen erfolgen entweder spontan, oder sie werden durch die Befindlichkeit des Kindes, also durch Hunger und Ermüdung, aber auch durch Wohlbefinden ausgelöst. Die Reflexbewegungen haben in erster Linie die Aufgabe, den Organismus möglichst ohne langwierige Lernvorgänge, also möglichst rasch, den Umweltanforderungen anzupassen.

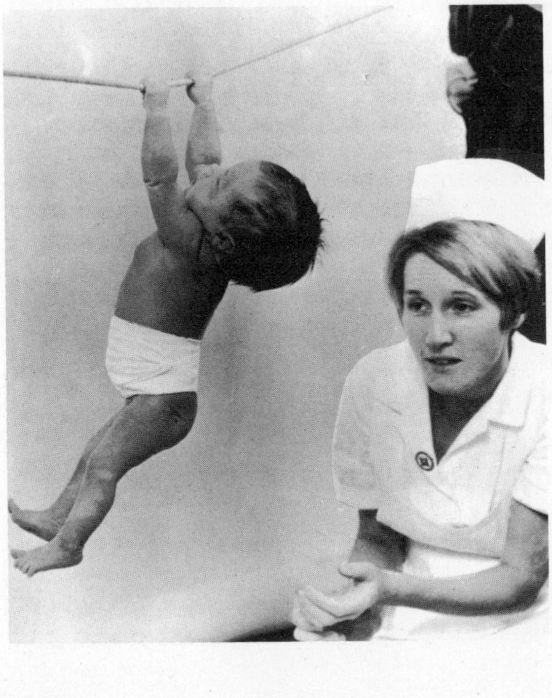

Der Palma-Reflex. Solche „Darwinsche Reflexe" verschwinden ab dem 3. Lebensmonat. Sie hatten wahrscheinlich in der Stammesgeschichte des Menschen einmal lebenserhaltende Bedeutung.

Darwinsche Reflexe

Beim Neugeborenen zeigen sich interessanterweise mehrere Reflexe, deren Zweck unmittelbar nicht zu erkennen ist und die sich mit der Zeit auch wieder verlieren. Man vermutet, daß diese Reflexe in der Stammesgeschichte des Menschen einmal zweckdienliche Verhaltensweisen waren; deshalb werden sie gelegentlich auch Darwinsche Reflexe genannt. Ein solcher Reflex ist z. B. der Moro-Klammerreflex. Bei einem plötzlichen lauten Geräusch oder einer stärkeren Erschütterung macht das Kind kräftige klammerartige Bewegungen mit den Armen und Beinen. Vielleicht war dieses Verhalten in der Frühgeschichte der Menschheit sinnvoll; dann z. B., wenn bei plötzlicher Gefahr das Neugeborene sich an der Mutter festklammern mußte. In ähnlicher Weise wäre der sogenannte Palma-Reflex zu deuten. Berührt man die Innenfläche der Hand eines Säuglings, dann schließt sie sich sofort und zwar oft mit einer solchen Stärke, daß Kinder, die man mit diesem Griff an einer Stange frei hängen ließ, ihr eigenes Gewicht mehrere Minuten lang zu tragen vermochten. Ein weiterer Primitivreflex dieser Art ist der Babinskireflex, der in einer Abspreizung der großen Zehe bei Berührung der Fußsohle besteht.

Schreckreflex

Diese Reflexe verschwinden wieder und werden durch andere Verhaltensweisen ersetzt. So wird z. B. der Moro-Reflex vom 4. Monat an vom eigentlichen Schreckreflex abgelöst, der dann bis in das Erwachsenenalter bleibt. Bei einem lauten Knall kommt es bei einem fünf Monate alten Kind nicht mehr zum Klammerreflex, sondern es zuckt zusammen, zieht den Kopf ein und schließt die Augen.

Saug- und Suchreflex

Andere Reflexe, wie z. B. der Saugreflex und der Suchreflex, sind für das Neugeborene unmittelbar lebenswichtig. (Beim Suchreflex wird der Kopf so lange hin und her gedreht, bis der Mund die Brustwarze gefunden hat.) Aus Massenbewegungen, Körper-Teilbewegungen und den Reflexen entwickelt sich allmählich das gesteuerte und gezielte Verhalten des älteren Säuglings und des Kleinkindes. Wie sich aber diese Entwicklung vollzieht, darüber besteht keine Einigkeit. Einige Forscher glauben, daß sich das geordnete Verhalten durch Differenzierung aus den Massenbewegungen entwickle (Entwicklung vom Ganzen zum Teil); andere sind der Ansicht, das reife Verhalten baue sich aus den Einzelreflexen durch Lernvorgänge stückhaft auf (Entwicklung vom Teil zum Ganzen).

Teilzusammenfassung

Das Gesamtverhalten des Neugeborenen setzt sich aus Massenbewegungen, Körper-Teilbewegungen und Reflexbewegungen zusammen. Primitivreflexe verschwinden wieder und werden durch andere Reflexe oder durch erlerntes Verhalten ersetzt. Es existieren zwei Ansichten über die Entstehung des geordneten und reifen Verhaltens:

- **Es entwickelt sich durch Differenzierung aus den ungesteuerten Massenbewegungen, oder**
- **es entsteht durch Zusammenfügen von Teilbewegungen und Reflexen mit Hilfe von Lernvorgängen.**

5. Wahrnehmungsfunktionen in den ersten Lebenswochen

Der amerikanische Philosoph und Psychologe William James hat einmal behauptet, die Welt des Neugeborenen dürfte ein „brummendes, surrendes und flimmerndes Chaos" sein, und Tausende von Reizen, die auf das soeben geborene Wesen einströmten, müßten es schier überwältigen.

Die neuere Forschung konnte aber zeigen, daß das Kind bereits in seinen ersten Lebenstagen über eine zwar sehr einfache, doch bereits gut strukturierte Wahrnehmung verfügt.

Strukturierte Wahrnehmungen

Natürlich ist der Nachweis *bewußter* Wahrnehmungen und Gefühle bei Neugeborenen und kleinen Säuglingen kaum zu erbringen. Man kann zwar aus manchen Veränderungen des kindlichen Ausdrucks und des Verhaltens (im Analogieschluß zu entsprechendem Verhalten bei älteren Kindern und Erwachsenen) auf bewußte Wahrnehmungen und Gefühle schließen, ein wirklicher Beweis ist aber nicht möglich; dies gilt auch für physiologische Messungen, etwa für die Ableitung von Hirnströmen, die bei Erwachsenen von bestimmten Bewußtseinserscheinungen begleitet werden.

Angeborene oder erlernte Mechanismen?

Die Erforschung der ersten Wahrnehmungsleistungen des Kindes ist von erheblicher theoretischer Bedeutung, weil die Entscheidung zu treffen ist, ob eine bestimmte Leistung als fertiger Mechanismus angeboren ist oder ob sie erst erlernt werden muß. Das gilt z. B. für das Sehen von Formen, für die Wahrnehmung räumlicher Tiefe, für Empfindungen (oder Gefühle) wie Angst, Furcht, Neugier usw.

Sehen

Das Neugeborene ist für die Leistung des Sehens gut gerüstet, denn anatomisch sind das Auge und die zugehörigen Nervenbahnen bei der Geburt ausgereift; lediglich das Zentrum der Netzhaut, die Stelle des deutlichsten Sehens, ist noch nicht ganz funktionsfähig. Allmählich lernt aber das Kind – vorausgesetzt natürlich, man gibt ihm die Gelegenheit dazu –, wie es die Augen bewegen muß, um einen Gegenstand richtig zu sehen. Bereits nach wenigen Tagen kann es einen sich bewegenden Lichtpunkt über eine kleine Strecke hinweg mit den Augen verfolgen. Auch Farben scheint das Kind schon früh unterscheiden zu können, denn bringt man ihm eine grellrote Scheibe vor die Augen, dann atmet es erregt und wird unruhig; bei blauen und grünen Farbtönen dagegen bleibt es ruhiger. Vom 10. Lebenstag an kann es wahrscheinlich verschiedene Muster unterscheiden: Streifenmuster, vor allem stark kontrastierende Strukturen, werden zunächst länger als andere Formen fixiert, aber nach wenigen Wochen wird das Kind anspruchsvoller und reizhungriger, d. h. man muß ihm schon etwas kompliziertere Formen vorsetzen, damit es sie einer längeren Beachtung würdigt.

Lächeln

Vom 2. Monat an können gegliederte Figuren ein Lächeln auslösen. Zunächst genügt dazu eine einfache Scheibe mit einem größeren Punkt. Später lächelt das Kind erst, wenn es ein gezeichnetes Augenpaar sieht. Vom 4. Monat an löst nur ein vollständiges menschliches Gesicht (in Abbildung oder in natura) das Lächeln aus.

Diese Befunde haben eine wichtige pädagogische Bedeutung: In Tierversuchen hat man immer wieder festgestellt, daß die Fähigkeit zu lernen sich nur dann entwickelt, wenn den Tieren schon früh ein differenziertes Reizangebot in ihrer Umwelt gemacht wird. Zieht man die Tiere (Ratten, Hunde oder Affen) isoliert von anderen Tieren in einem völlig homogen gefärbten Käfig oder Behälter auf, dann zeigen sie später nicht nur schwere Verhaltensstörungen, sondern sind oft auch unfähig, bestimmte Aufgaben zu lernen.

Bedürfnis nach Wahrnehmungserlebnissen

Ein Kind hat ganz offensichtlich ein unmittelbares und starkes Bedürfnis nach Wahrnehmungserlebnissen. Leider glaubt man gelegentlich noch, daß ein Neugeborenes sich mit einem schlicht weiß getünchten Raum, mit einem weißen Bett, weißen Laken und weiß gekleideten Pflegerinnen begnügen könne. Neben der körperlichen Hygiene darf die psychische aber nicht vergessen werden. Einfache farbige Muster, nicht zu verwirrende geometrische Figuren, eine leicht schwingende Kugel oder ein Mobile über dem Bett sollten schon von der 2. Lebenswoche an zur Wahrnehmungswelt des ganz kleinen Kindes gehören.

Gehör

Das Gehör ist kurz nach der Geburt fast funktionsfähig, oft sind jedoch die Gehörgänge noch nicht ganz frei, so daß man früher glaubte, das Kind sei bei der Geburt taub. Bei starken Schallreizen reagieren aber fast alle Neugeborenen mit dem Moro-Klammerreflex; allerdings zeigt sich dieser Reflex erst drei bis vier Sekunden nach dem Reiz. In den folgenden Wochen spricht das Kind von Tag zu Tag schneller auf Töne und Geräusche seiner Umgebung an.

Die Fähigkeit zur Tonunterscheidung scheint schon früh entwickelt zu sein, denn bei tieferen Tönen, besonders wenn diese längere Zeit andauern, beruhigt sich das Kind, während es bei höheren aufmerksam zu lauschen beginnt. Zu kurze Töne (solche, die kürzer sind als eine Sekunde) bleiben beim Neugeborenen unwirksam; langdauernde und homogene Geräusche versetzen das Kind in Schlaf.

Auch die akustische Welt des Neugeborenen darf nicht leer sein, und schon früh sollte man dem Kind ein differenziertes Angebot von Tönen und Geräuschen vermitteln, denn dies ist für seine Sprachentwicklung von großer Wichtigkeit. Das Wiegenlied sollte für das Kind nicht nur eine beruhigende Wirkung haben, sondern ihm frühe Gehörerfahrungen verschaffen.

Geschmackssinn

Der Geschmackssinn scheint bei der Geburt bereits gut ausgebildet zu sein, denn eine Vorliebe für süß zeigt sich vom ersten Lebenstag an. Träufelt man dagegen saure oder gar bittere Substanzen in sehr geringer Menge auf die Zunge, so reagiert das Kind mit ähnlichen Grimassen, die auch der Erwachsene auf diese Geschmacksqualitäten hin zeigt.

Geruchssinn

Das Vorhandensein eines differenzierten Geruchsvermögens ist bei Neugeborenen naturgemäß schwer nachzuweisen. Man hat jedoch gefunden, daß bereits sehr junge Säuglinge auf widerwärtige Gerüche (z. B. auf starken Verwesungsgeruch) mit abwehrendem Ausdruck reagieren. Später verschwindet allerdings die Reaktion wieder, und man nimmt an, daß die Fähigkeit zur Wahrnehmung unangenehmer (und gefährlicher) Gerüche das Relikt eines stammesgeschichtlich sinnvollen Abwehrverhaltens ist. Die reflektorische Suche nach der Mutterbrust scheint von Geruchsreizen ausgelöst und gesteuert zu werden.

Temperatursinn

Neugeborene Kinder haben auch die Fähigkeit zur Unterscheidung von größeren Temperaturunterschieden, die sich im Laufe der ersten Wochen immer mehr verfeinert. Eine angeborene Vorliebe für bestimmte Nahrungstemperaturen scheint jedoch nicht zu bestehen, denn man hat festgestellt, daß die Kinder, sogar frühgeborene, auch sehr kalte Milch gern trinken und daß auch kalte Speisen ihnen gut bekommen.

Teilzusammenfassung

Fast alle Wahrnehmungsarten sind bei der Geburt entwickelt. Das Kind unterscheidet schon früh Formen und Farben; das Gehör ist zuerst nicht ganz funktionsfähig, es leistet aber wenige Tage nach der Geburt bereits viel. Geschmacks-, Geruchs- und Temperatursinn scheinen voll ausgebildet. Die frühe Funktionstüchtigkeit der Wahrnehmungsorgane zeigt an, daß das Neugeborene bereits Bewußtseinserlebnisse, wenn auch einfachster Art, besitzt. Daraus ist die Folgerung zu ziehen, daß dem Kind schon früh ein differenziertes Reizangebot für alle Sinne gemacht werden muß. Bleibt die Umgebung des Kindes zu gleichförmig, dann entwickeln sich die Wahrnehmungsfunktionen und darüber hinaus auch die geistigen Funktionen sehr viel langsamer.

6. Welche Gefühle bestimmen den Lebensanfang?

Äußerungen von Unlust

Jeder Beobachter eines neugeborenen Kindes muß feststellen, daß der Ausdruck des wachen Kindes oft „gequält“ erscheint und daß die Äußerungen der Unlust überwiegen. Erst später werden seine Züge ruhiger und auch freundlicher. Natürlich kann man aus dem Ausdruck und dem Verhalten nicht ohne weiteres auf die Gefühle schließen, man kann aber annehmen, daß die Umstellung des Organismus vom vorgeburtlichen Zustand auf das nachgeburtliche Leben nicht gerade als lustvoll erlebt wird.

Urgefühle?

Welche Gefühle könnte man, wenn auch nicht als angeborene, so doch in etwa als „Urgefühle“ bezeichnen? Gewiß sind es nicht Hochmut, Stolz, Neid oder Eifersucht; vielleicht aber Lust, Ärger und Wut. Unlustäußerungen sind, wie gesagt, vom ersten Tag an unverkennbar. Auch Wut scheint eine sehr frühe Emotion zu sein; behindert man nämlich ein Kind von nur wenigen Tagen an seinen Bewegungen, indem man seinen Kopf oder seine Arme festhält, zeigt es typische Ausdrucksmerkmale der Wut.

Angst

Oft wird behauptet, daß sich Angst erst in der zweiten Hälfte des ersten Lebensjahres zeige. Man meint dann aber Angst (besser spräche man von Furcht) vor ganz bestimmten Gegebenheiten. Angst kann sich schon bei einem sehr kleinen Säugling aus dem Schreck vor einem lauten Geräusch oder bei einer plötzlichen Störung des Gleichgewichtes entwickeln. Erst wenn die Wahrnehmungsfähigkeiten genügend ausgebildet sind, wenn das Kind Bekanntheitseindrücke und damit auch Fremdheitserlebnisse hat, beginnt es sich vor bestimmten Dingen und Situationen zu fürchten. Wahrscheinlich gibt es keine angeborenen Auslöser von Angst und Furcht, d. h. die Angst vor fremden Personen, vor der Dunkelheit, vor Tieren ist erlernte Angst. Eine besondere Rolle in der Entwicklung des Kindes spielt die Angst vor der Trennung von der Mutter; sie wird aber erst später wirksam. Beim Neugeborenen ist die Mutterbindung noch nicht ausgeprägt, und erst bei einem zwei bis drei Monate alten Säugling beginnt sich eine stärkere gefühlhafte Beziehung zur Mutter (bzw. zu einer bestimmten Pflegeperson) einzustellen.

7. Frühes Lernen

Die Frage, von welchem Zeitpunkt seines Lebens an ein Kind zum Lernen befähigt ist, hängt davon ab, was man unter Lernen versteht. Verdeutlichen wir uns den Begriff „Lernen“ zunächst an einigen Beispielen:

Das Kind lernt, wie die Mutterbrust zu suchen ist und wie man saugt.

Es lernt, wie ein sich bewegender Lichtpunkt mit den Augen zu verfolgen ist.

Es lernt, wie man den Kopf hebt.

Es lernt, wie man durch Schreien die Mutter herbeirufen kann.

Es lernt, bestimmte Dinge in seiner Umgebung zu fürchten.

In jedem dieser Beispiele wird „Lernen“ in jeweils etwas abweichender Bedeutung verwendet.

Lernen durch Konditionieren

Das primitivste Lernen – bereits Tiere niederer Entwicklungsstufen können es – ist das Lernen durch Konditionieren, das von dem russischen Physiologen I. Pawlow zuerst untersucht worden ist: Ein einfacher Reflex, der ursprünglich einen ganz bestimmten Reiz beantwortet hat, kann durch Konditionierungslernen auch von einem anderen Reiz ausgelöst werden. Wie schon erwähnt, sind Reflexe einfache und einförmige Reaktionen des Organismus auf jeweils eng umschriebene Reize.

Das Konditionierungslernen und die verwendeten Fachbegriffe seien an folgendem Beispiel des Pupillenreflexes erläutert: Beim Auftreffen eines Lichtstrahles auf das Auge verengt sich (reflektorisch) die Pupille. Der Lichtreiz ist für diesen Reflex der *unbedingte Reiz.*

Bietet man kurz (z. B. eine Sekunde) vor dem Lichtreiz einen ganz anderen Reiz, z. B. einen Summton, und wiederholt längere Zeit die Folge: Summton - Lichtreiz (Pupillenverengung), dann verengt sich die Pupille (ohne Lichtstrahl) allein auf den Summton hin. Der Summton ist für diesen Reflex nun *konditionaler* (= bedingender) *Reiz.* Der Reflex wurde, wie man sagt, auf den Summton konditioniert.

Man glaubt unterscheiden zu müssen zwischen Reaktionen (Reflexen), die der Abwehr einer schädigenden Einwirkung dienen – dazu gehören u. a. der Lidschlußreflex und der eben erwähnte Pupillenreflex –, und solchen Reaktionen des Organismus, die eine Bedürfnisbefriedigung (allgemeiner: die Wiederherstellung eines physiologischen Gleichgewichtes) herbeiführen, wie z. B. der Brust-Suchreflex und der Saugreflex.

Zur Verdeutlichung der methodischen Schwierigkeiten sei folgendes Experiment mit Neugeborenen geschildert:

Konditionieren bei Neugeborenen

Bei leichtem Schmerzreiz an der Fußsohle ziehen Neugeborene (reflektorisch) ihr Bein an den Körper. Diese Reaktion kann man durch einen leichten elektrischen Reiz an der Fußsohle auslösen. Läßt man diesem Reiz einen Summton vorausgehen, dann reagiert das Kind nach einigen Wiederholungen der Folge Summton-elektrischer Fußsohlenreiz allein auf den Summton mit einer Rückziehbewegung des Beines. Diese konditionierte Reaktion erlischt aber bald, wenn nicht in gewissen Abständen wieder der Schmerzreiz gesetzt wird. Unterbricht man die Experimente einige Zeit, dann kann sich die konditionierte Reaktion, die bereits erloschen war, wieder spontan erholen. Diese bereits in den klassischen Tierexperimenten Pawlows gewonnenen Ergebnisse zeigen sich auch bei Neugeborenen.

Reizgeneralisierung

Allerdings neigen Kinder in frühen Lebensabschnitten in starkem Maß zu Reizgeneralisierungen, d. h. die konditionierte Reaktion wird nicht nur durch den Summton, sondern auch durch ähnliche Geräusche, ja sogar durch Reize ausgelöst, die dem konditionalen Reiz eigentlich kaum ähnlich und dem Kind neu sind. Da aber dem Säugling viele Reize neu sind, reagiert er eben auf viele Reize mit der gleichen Abwehrbewegung.

Experiment von Watson und Raynor

Das Lernen von Konditionierungen ist in den ersten Lebensmonaten von großer Bedeutung. Watson und Raynor haben einem fünf Monate alten Kind ein Kaninchen zum Spielen gegeben. Das Kind hatte keine Furcht und näherte sich dem Tier ganz unbefangen. Später wurde das Kind, immer wenn man das Kaninchen hereinbrachte, durch ein sehr lautes Geräusch (Schlag auf eine Eisenstange) erschreckt. Nach einigen Wiederholungen dieses Vorgangs fürchtete sich das Kind und begann auch dann zu weinen, wenn kein Schreckgeräusch mehr ertönte und nur das Kaninchen gezeigt wurde.

Unbedingter Reiz war hier das laute Geräusch, die Reaktion war der Schreck. Das Kaninchen wurde zum konditionalen Reiz, d. h. es löste die gleiche Schreckreaktion aus.

- Wichtig in diesem Versuch war die Reizgeneralisierung: Im Laufe der Zeit reagierte das Kind mit Furchtreaktionen von Wahrnehmungsgegebenheiten, die Ähnlichkeiten mit den Eigenarten des Kaninchens hatten; z. B. bekam es Angst vor Pelzen und flauschigen Kleidungsstücken.

Konditionierungslernen, zusammen mit der Reizgeneralisierung, ist, wie später noch zu zeigen sein wird, pädagogisch von großer Bedeutung, denn viele Verhaltensstörungen des Kindes sind oft durch Konditionierungen entstanden.

Lernen am Erfolg

Eine andere Art des Lernens – es wurde bereits im 2. Abschnitt dieses Kapitels kurz erwähnt – ist das Lernen am Erfolg oder, wie man es auch nennt, das Lernen durch Bestärkung: Führt eine Reaktion (ein einfacher Reflex oder aber eine kompliziertere Verhaltensweise) zu einem Zustand der Befriedigung (d. h. zur Sättigung, zur Ausgeglichenheit, zu Lustgefühlen), dann wird diese Reaktion beibehalten.

Dreht man z. B. den Kopf eines neugeborenen Kindes zur Seite und gibt ihm sofort darauf etwas süße Milch zu trinken, dann gewöhnt sich das Kind, wenn Drehung des Kopfes und darauffolgende Belohnung oft genug wiederholt werden, die Kopfbewegung nach der Seite an. Das ist selbstverständlich eine sinnlose Dressur; das Lernen am Erfolg ist aber, wie später zu zeigen sein wird, pädagogisch sehr wichtig.

Ein weiteres Beispiel soll das verdeutlichen:

Bestärkungen unentbehrlich

Bereits im 2. Lebensmonat beginnt das Kind zu lächeln und leise Gurr- und Kehllaute von sich zu geben. Wird nun das Kind jedesmal, wenn es lächelt oder gurrt, an der Brust oder am Bauch leicht gestreichelt, so wird das Ausdrucksverhalten durch das Streicheln (besser: durch das Lustgefühl) bestärkt. Kinder, die man so behandelt, lächeln und gurren viel häufiger als Kinder, deren Verhalten ohne diese Bestärkung bleibt. Man kann sich leicht vorstellen, wie schnell das Verhalten eines Kindes verkargt und eingeengt wird, wenn es solche Bestärkungen durch seine soziale Umwelt immer wieder entbehren muß.

Natürlich kann das Lernen am Erfolg auch pädagogisch negative Wirkungen haben. Wird z. B. das Kind jedesmal, wenn es schreit, sofort gestillt, so wirkt die Bedürfnisbefriedigung als Bestärkung des Schreiens. Mit der Zeit lernt das Kind, das Schreien als Instrument für seine Bedürfnisbefriedigung zu benutzen. Aus diesem Grund nennt man ein solches Lernen auch Instrumentelles Lernen.

Lernen durch Nachahmung

Eine dritte Art elementaren Lernens ist schließlich das Lernen durch Imitation (Nachahmung). Bei Neugeborenen tritt es gegenüber den beiden vorher erwähnten Arten des Lernens noch etwas zurück, weil Nachahmung erst dann möglich ist, wenn das Kind genauer wahrnehmen kann. Von der 4. Woche an beginnt das Kind, wenn es Laute hört, diese nachzuahmen. Auch das Lächeln ist dann oft Nachahmungsverhalten. Vom 5. Lebensmonat an ahmt das Kind sogar Grimassen nach.

Teilzusammenfassung

Vom ersten Tag seines Lebens an beginnt das Kind zu lernen. Man unterscheidet gewöhnlich drei Arten elementaren Lernens: Lernen durch Konditionieren, Lernen am Erfolg und Lernen durch Imitation. Im Konditionierungslernen werden Reize, die ein bestimmtes Verhalten auslösen, durch andere ersetzt; beim Lernen am Erfolg wirkt die Befriedigung eines Bedürfnisses als Bestärkung desjenigen Verhaltens, das zur Befriedigung geführt hat. Im Imitationslernen übernimmt das Kind unmittelbar wahrgenommene Verhaltensweisen aus der Umwelt in sein eigenes Verhaltensinventar.

Am Ende dieses Kapitels steht also die Erkenntnis, daß Erziehung mit dem Augenblick der Geburt beginnt. Kinder, deren Wahrnehmungsorgane nicht durch differenzierte Reize geschult werden, deren Lernbedürfnis nicht genug Anregung erhält, zeigen bald schon ein deutlich geringeres Spektrum an Verhaltensweisen als Kinder, die es in Hinsicht auf ihre Umgebung besser hatten. Der Erzieher, der mit kleinen Kindern umgeht, merkt solche Unterschiede unmittelbar. Es wäre aber falsch zu glauben, daß man bei benachteiligten Kindern nur einfach nachholen muß, was an ihnen bisher versäumt wurde. Das könnte zu Überforderung führen und sich schädlich auswirken. Der Erzieher muß dabei die individuelle Aufnahmefähigkeit der Kinder berücksichtigen.

Zusammenfassung

In den ersten beiden Wochen nach der Geburt ist das Kind noch nicht an seine Umwelt angepaßt. Sein Schreien erfolgt reflektorisch. Erst später lernt das Kind, durch Schreien auch Bedürfnisse mitzuteilen. Der Schlaf des Kindes ist anfangs nur durch kurze Wachphasen unterbrochen. Schlafphasen mit Augenbewegungen deuten nicht auf Träume hin, sondern wohl eher auf eine Eigenerregung des Gehirns. Das Neugeborene zeigt eine Reihe von Primitivreflexen, die nach und nach durch erlernte Reaktionen ersetzt werden. Fast alle Wahrnehmungsarten sind bei der Geburt schon funktionsfähig. Sie bedürfen aber zu ihrer weiteren Entwicklung eines differenzierten Reizangebotes. Das Kind lernt also vom ersten Tag seines Lebens an. Am Beginn des Lebens herrscht elementares Lernen vor: Lernen durch Konditionieren, Lernen am Erfolg und Lernen durch Imitation.

Worterklärungen

Generalisierung	Verallgemeinerung
konditionieren	bedingen
Palma	die Handfläche

9. KAPITEL

Die ersten Erfahrungen und ihre Folgen

Die frühesten Eindrücke erhält das Kind über den Mund. Die erste, einem bestimmten Zweck dienende Aktivität ist das Saugen. So einfach dieses Verhalten zunächst erscheint, so wichtig ist es, wenn wir den Aufbau der kindlichen Persönlichkeit verstehen wollen. Wegen der einfachen Verhaltensstruktur kann am Beispiel des Saugens eine größere Zahl allgemeiner entwicklungspsychologischer Probleme studiert werden. So läßt sich das Wesen eines Instinktes erklären und auch zeigen, wie ein Instinktverhalten durch Lernvorgänge modifiziert wird. Besondere Bedeutung gewinnt das Saugen des Kindes in der Theorie Sigmund Freuds, der die frühen Munderfahrungen in enge Verbindung mit der Charakterentwicklung bringt. Nicht zuletzt kann an einem zunächst so banal erscheinenden Verhalten wie dem Daumenlutschen der Mechanismus demonstriert werden, wie ein Fehlverhalten entsteht.

1. Das Saugen als Instinktverhalten

Definition 1

- Ein Instinkt ist ein hierarchisch organisierter nervöser Mechanismus, der auf bestimmte vorwarnende, auslösende und richtende Impulse anspricht und sie mit koordinierten und lebens- bzw. arterhaltenden Bewegungen beantwortet (Tinbergen).

Wir versuchen nun, diese Definition auf das Saugverhalten des neugeborenen Kindes anzuwenden.

Trieb

Voraussetzung für Instinktverhalten ist das Vorhandensein eines bestimmten Bedürfnisses oder Triebes. Beim Saugen ist dies der Hunger (bzw. der Durst) des Kindes. Steigt der Trieb an, so setzt zuerst eine allgemeine Bewegungsunruhe ein. Das Kind beginnt mit Suchbewegungen. Der Kopf wird reflektorisch so lange hin und her bewegt, bis die Brustwarze gefunden ist. In der Fachsprache nennt man dieses, dem eigentlichen Instinktverhalten vorhergehende Verhalten Appetenz. Das Appetenzverhalten wird beendet, sobald ein Reiz gefunden ist, der den Instinkt auslöst („Auslöser"). Der auslösende Reiz ist in diesem Fall die Brustwarze (bzw. das Mundstück der Flasche), die in der empfindlichen Mundschleimhaut eine nervöse Erregung bewirkt. Die nervöse Erregung führt zu koordinierten Bewegungen der Mundmuskulatur im Sinne des Saugens und des Pumpens.

Appetenz

Auslöser

Es sind also alle Voraussetzungen gegeben, die uns berechtigen, das Saugen des neugeborenen Kindes als echte Instinkthandlung zu bezeichnen: Wachsende Triebspannung — Appetenzverhalten (Suchreflex) — Finden des auslösenden Reizes (Brustwarze) — Auslösung einer koordinierten Muskelbewegung (Saugen).

Leerlaufhandlung

Ist die Triebspannung stark (großer Hunger), kann das Saugen auch durch andere Auslöser (Finger, Bettzipfel usw.) in Gang gebracht werden. Bei sehr

großem Hunger ist ein auslösender Reiz nicht mehr notwendig. Die Instinktforscher sprechen dann von einer Leerlaufhandlung.
Der Instinktmechanismus des Saugens funktioniert normalerweise recht gut; nicht wenige Kinder, besonders die zu früh geborenen, haben jedoch zuerst einige Schwierigkeiten, die durch Lernen überwunden werden müssen. Überhaupt bietet sich das Saugverhalten des Neugeborenen als lehrreiches Beispiel für das Zusammenwirken eines Instinktes mit Lernvorgängen an. Das Lernen ist dabei ein typisches Lernen am Erfolg, d. h. die erfolglosen Muskelbewegungen verschwinden allmählich; die Bewegungen, die zur Befriedigung führen, bleiben erhalten.

2. Die Munderlebnisse und das Problem der Oralität

Lust beim Saugen

Die Schleimhäute des Mundes sind beim neugeborenen Kind äußerst empfindlich, und wahrscheinlich erlebt es, wenn sie gereizt werden, Lust. Das Erlebnis der Lust beim Saugen steht zunächst ganz im Dienste der Erfüllung einer biologischen Aufgabe, nämlich der Zufuhr lebenswichtiger Stoffe durch den Mund.
Schon früh jedoch befreit sich der Lustgewinn aus den biologischen Diensten und erhält einen eigenen Wert, d. h. das Kind sucht auch unabhängig vom Hunger Mundlust. Das Streben nach Lust wird also zu einem relativ selbständigen Motiv, das neben dem Hungertrieb oder mit diesem zusammen das Gesamtverhalten des Kindes bestimmt.

Autonome Motive

Das Prinzip der Loslösung eines Triebes oder eines Motivs aus dem Verband biologisch zweckmäßigen Verhaltens erklärt viele typisch menschlichen Verhaltensweisen. In der Psychologie ist es unter der Bezeichnung „Autonomie der Motive" bekannt.
Das Essen um des Essens willen ist ein Beispiel für die Gültigkeit dieses Prinzips, die Loslösung des sexuellen Verhaltens vom biologischen Zweck der Fortpflanzung ein anderes. Auch das Spiel kann als eine Verselbständigung von ursprünglich zweckdienlichen Verhaltensweisen aufgefaßt werden. Wird ein Triebverhalten autonom, so verliert der Trieb (das Bedürfnis) meistens seine Unlusttönung. Während etwa der Durst ursprünglich (d. h. biologisch) als quälend erlebt wird, gewinnt er bei der Ablösung des Trinkverhaltens von seiner biologischen Zweckgebundenheit (Versorgung des Körpergewebes mit Flüssigkeit) den Charakter des Angenehmen, ja sogar des Erstrebenswerten („Durst wird durch Bier erst schön").

Oraler Trieb

Es war Sigmund Freud, der das Bedürfnis nach Mundlust als ein selbständiges Bedürfnis, als Trieb auffaßte. Er nannte diesen Trieb den *oralen Trieb* („oral" stammt vom lateinischen Wort os = Mund). Die Mundschleimhaut, die das Lusterlebnis vermittelt, ist nach Freud eine sogenannte *erogene Zone,* d. h. eine Körperstelle, deren Reizung sexuelle Erregung auslösen kann. Das Bedürfnis des Kindes nach oraler Lust wird also unmittelbar als Ausdruck einer sehr frühen Sexualität gesehen. Orale Triebbefriedigung (Saugen und Daumenlutschen) ist demnach gleichzusetzen mit sexueller Betätigung.
Wir können von der Sexualitätstheorie Freuds zunächst einmal absehen, denn sie ist sehr umstritten. Wichtig ist jedoch seine Erkenntnis, daß es einen selbständigen oralen Trieb gibt. Allerdings scheint die Autonomie des oralen Triebes nicht angeboren zu sein; vielmehr sprechen neuere Forschungsergebnisse dafür, daß die Loslösung und Verselbständigung des Strebens nach oralem Lustgewinn in den ersten Lebenswochen erfolgt. Danach bleibt die Selbständigkeit des Oraltriebes erhalten. Beim Erwachsenen

vermutet man in Verhaltensweisen wie Kauen an Bleistiften, Strohhalmen, Pfeifenmundstücken die Äußerungen eines noch bestehenden oralen Bedürfnisses. Anhänger Freuds verweisen auch auf das Küssen, wobei der Zusammenhang dieses Verhaltens mit der Sexualität betont und als Beleg für die Identität von Oralität und Sexualität betrachtet wird.

Teilzusammenfassung

Das Saugen des Neugeborenen ist ein typisches Instinktverhalten, das bald nach der Geburt durch Lernen am Erfolg verbessert wird. Wenn ein Trieb (z. B. Hunger) eine bestimmte Stärke erreicht hat, beginnt zunächst Appetenzverhalten (z. B. Suchen mit dem Kopf); es wird so lange fortgesetzt, bis ein auslösender Reiz (z. B. Brustwarze) gefunden ist. Wird nun die Mundschleimhaut gereizt, so ruft dies Bewegungen der Mundmuskulatur hervor (Saugen). Im Laufe der individuellen Entwicklung löst sich das lustgetönte Saugen bald aus dem Verband biologischer Funktionen (Nahrungszufuhr) und verselbständigt sich als freies (autonomes) Triebverhalten. Freud glaubte, im autonomen oralen Triebgeschehen Zusammenhänge mit der Sexualität erkannt zu haben.

3. Das Problem der oralen Persönlichkeit

Lust und Unlust

Einzelerlebnisse schließen sich zu Gesamterfahrungen zusammen und bestimmen dann das Verhalten und die Einstellung des Menschen. Die ersten Erlebnisse des Kindes stammen aus seiner Mundwelt. Wahrscheinlich sind die Unterscheidung von Lust und Unlust und die Wahrnehmung der Abstufbarkeit des Ausmaßes von Lust und Unlust die frühesten und elementarsten Erkenntnisleistungen überhaupt. Könnten Säuglinge ihre oralen Erfahrungen reflektieren und in Worte kleiden, so würde das eine Kind etwa sagen:

„Ich bekomme alles, was ich möchte, sehr schnell. Ich bin zufrieden. Diese Welt scheint in Ordnung zu sein."

Ein anderes Kind müßte erwidern:

„Ich soll immer warten, und wenn ich schließlich etwas bekomme, dann muß ich mich so anstrengen, daß ich nicht viel Spaß beim Trinken habe."

Freuds Theorie des oralen Charakters

Früheste Erfahrungen

Natürlich erleben Säuglinge Befriedigung, Beglückung, Enttäuschung nicht wie ältere Kinder oder gar wie Erwachsene; nichtsdestoweniger können die frühesten Erfahrungen den Verlauf der Entwicklung entscheidend beeinflussen. Allerdings gehen unter den Psychologen die Auffassungen weit auseinander, welches Ausmaß die Einflüsse der frühen oralen Erlebnisse auf die spätere Entwicklung haben. Während die einen nur relativ kurzzeitiges Nachwirken der oralen Früherfahrungen annehmen, glauben andere – es sind dies in erster Linie die Anhänger Freuds –, die Erlebnisse auf der oralen Stufe der Entwicklung bestimmten den späteren Charakter eines Menschen wesentlich mit. Man geht dabei von dem anerkannten Prinzip aus, daß Einflüsse auf das Entwicklungsgeschehen um so tiefer und nachhaltiger wirksam sind, je früher im Leben sie einsetzen.

Urvertrauen

Frühe und regelmäßige orale Befriedigung führt nach Meinung vieler Anhänger Freuds zur Ausbildung eines Charakters, der durch eine vorwiegend optimistische Grundeinstellung zur Welt und zu den Menschen gekennzeichnet ist. Erikson, ein Schüler Freuds, spricht vom Urvertrauen, das sich aus den ersten oralen Erfahrungen entwickelt. Mit Optimismus und Zufriedenheit verbinden sich in der sogenannten oralen Persönlichkeit Eigenschaften wie

Genußsucht und Oberflächlichkeit. Demgegenüber sind Menschen, die in frühester Kindheit immer wieder orale Frustrationen (Enttäuschungen) erfahren mußten, geneigt, der Welt mit Mißtrauen, aber auch mit Angst und Resignation zu begegnen. In der Sprache der Psychologie nennt man eine solche Ausdehnung einer zeitlich begrenzten Erfahrung auf umfassendere Bereiche des Verhaltens, der Interessen, Einstellungen und Gesinnungen eine *Erfahrungsgeneralisierung.*

Überprüfung von Freuds Theorie

Wissenschaftliche Basis schmal

Natürlich muß man sich fragen, ob diese Auffassungen (oder Theorien) wissenschaftliche Gültigkeit beanspruchen können und auf welche Forschungsergebnisse sie sich stützen. Freud und seine Anhänger verwerteten Beobachtungen an seelisch kranken Menschen und versuchten, über deren Kindheitserlebnisse Aufschlüsse zu erhalten. Insgesamt gesehen ist aber die wissenschaftliche Basis für so weitreichende Aussagen noch viel zu schmal.
Eine Reihe von Forschern hat sich die Aufgabe gestellt, Freuds Behauptungen wissenschaftlich zu überprüfen. Dabei mußte zunächst das Gesamtproblem in zwei Teilprobleme zerlegt werden. Das eine Teilproblem läßt sich in folgende Frage kleiden: Gibt es überhaupt die orale Persönlichkeit? Erst wenn diese Frage positiv zu beantworten ist, wäre es sinnvoll, sich dem zweiten Teilproblem, der Beziehung zwischen einer solchen Persönlichkeitsstruktur und den frühen oralen Erfahrungen, zuzuwenden.

Methodische Schwierigkeiten

Bei der Überprüfung der Freudschen These ergeben sich erhebliche methodische Schwierigkeiten. Die Anwendung experimenteller Techniken ist meistens nicht möglich, denn man kann z. B. nicht willkürlich einen Teil der Säuglinge oral frustrieren und einen anderen Teil oral befriedigen, um später festzustellen, wie sich beide Gruppen hinsichtlich ihres Charakters entwickeln. Als einzige Methode bietet sich die retrospektive Erhebung an. Ältere Kinder oder auch Erwachsene werden mit bestimmten Testverfahren auf das Vorhandensein der betreffenden Charaktermerkmale untersucht; sodann befragt man die Mütter der untersuchten Personen nach den Fütterungstechniken (z. B. Brust- oder Flaschenfütterung, Länge der Brustfütterung, Entwöhnungszeitpunkt usw.), um Beziehungen zwischen der Charakterstruktur der getesteten Personen und ihrem „oralen Schicksal" auffinden zu können. Die Fehlerquellen solcher Untersuchungen sind natürlich nicht zu übersehen; wie viele Mütter z. B. können sich noch an ihre Fütterungstechniken erinnern, und welche Schwierigkeiten sind zu überwinden, wenn die Charakterstruktur eines Menschen ermittelt werden soll!

Fütterungstechnik und Erziehungshintergrund

Fütterungstechnik

Daß man von einem oralen Charakter sprechen kann, wird heute von vielen Psychologen bejaht; es bleibt aber ungewiß, ob die oralen Erfahrungen in frühester Kindheit den Ausschlag bei der Formierung einer solchen Charakterstruktur gegeben haben. In den meisten Untersuchungen konnten jedenfalls keine eindeutigen Beziehungen zwischen den Fütterungstechniken der Mütter und der Charakterentwicklung der Kinder gefunden werden. Das verwundert auch kaum, denn der Charakter eines Menschen ist das Ergebnis einer langen Auseinandersetzung mit der Umwelt, und es scheint kaum möglich, eine zeitlich begrenzte Fütterungstechnik für die Entwicklung einer so tief im Persönlichkeitsgefüge verankerten Eigenschaft wie Lebensoptimismus verantwortlich zu machen.

Die Forschung hat auch immer wieder gezeigt, daß es ganz ausgeschlossen ist, einen vom gesamten Erziehungshintergrund isolierten Faktor (Fütterungstechnik) auf seine Wirkung hin zu untersuchen. Enttäuschungserlebnisse beim Saugen können z. B. durch die Wärme des gesamten Erziehungsklimas mehr als ausgeglichen werden, und dauernde Saugbefriedigung ist auch bei einer kalten und feindseligen Mutter möglich. Natürlich wird niemand bestreiten, daß enge Beziehungen zwischen dem Erziehungsklima, in dem ein Kind aufwächst, und einzelnen Erziehungstechniken bestehen. Aber gerade dies ist der Grund, warum es methodisch so schwierig scheint, die Wirkung einer isolierten Erziehungstechnik festzustellen. So kann die positive Charakterentwicklung eher auf ein günstiges Erziehungsklima als auf eine bestimmte Fütterungstechnik (z. B. längere Brustfütterung) zurückgeführt werden.

Erziehungsklima

Einfluß der Erziehungspraxis auf die oralen Erfahrungen

Immer wieder geäußerte Einwände gegen westliche Erziehungstechniken haben dazu geführt, daß die Säuglingspflege vermehrt orale Erfahrungen berücksichtigt.
Lange Zeit herrschten in westlichen Industrieländern Erziehungs- bzw. Pflegetechniken vor, die dem Kind den Übergang vom vorgeburtlichen zum nachgeburtlichen Leben erschwerten. Ein starrer Rhythmus in Pflege und Nahrungsaufnahme sorgte in vielen Fällen für ein unnatürliches Verhältnis im „Mutter-Kind-System". Heute ist die Erziehungspraxis eher wieder geprägt von einer Säuglingserziehung, die durch folgende Punkte gekennzeichnet ist:

- Keine zu lange Trennung des Kindes von der Mutter nach der Geburt. Häufiger und längerer Hautkontakt zwischen Mutter und Kind.
- Bevorzugung der Brustfütterung. Ausdehnung der Brustfütterung auf mindestens sechs Monate.
- Fütterung des Kindes nach seinem Bedarf und nicht nach einem starren Zeitplan.
- Auch nach der Sättigung wird dem Kind Gelegenheit zu weiterer oraler Betätigung gegeben.
- Die Entwöhnung erfolgt in milder Weise. Die Entwöhnungszeit ist um so länger, je länger das Kind an der Brust gestillt wurde.

Teilzusammenfassung

Freud behauptete, die frühesten Saugerfahrungen des Kindes beeinflussen seine Charakterentwicklung wesentlich. Befriedigung oder Enttäuschung beim Saugen prägen oder verhindern nach dieser Auffassung Eigenschaften wie Optimismus, Weltoffenheit, Genußsucht. Die Forschung hat jedoch bisher keine eindeutigen Beziehungen zwischen bestimmten Fütterungstechniken und der Ausbildung bestimmter Charaktereigenschaften feststellen können.

4. Daumenlutschen als Beispiel für das Entstehen eines Fehlverhaltens

Ein direkter Beweis für Freuds Theorie der Beziehung zwischen oraler Erfahrung und Persönlichkeitsentwicklung ist bisher von der Forschung nicht erbracht worden. Die oralen Erlebnisse des Kindes können aber unmittelbar das Verhalten des Kindes innerhalb begrenzter Entwicklungsabschnitte bestimmen. Ein solches Verhalten ist das oft beobachtete Daumenlutschen. Seine Entstehungsbedingungen sind recht interessant und zwar auch deshalb, weil sie uns allgemeinere Prinzipien der Verhaltensentwicklung erkennen lassen.

Erblich bedingt oder erworben?

Erst natürliche Reaktion

Daumenlutschen ist bei Säuglingen zunächst kein Fehlverhalten, sondern eine natürliche Reaktion, die man auch bei Tieren (besonders bei Affen) beobachten kann. Preyer berichtete, daß Kinder bereits während der Geburt versuchen, an den Fingern des Arztes zu saugen und gelegentlich sogar mit dem Daumen im Mund geboren werden.

Das normale Daumen- und Fingerlutschen steigt in seiner Häufigkeit in den ersten drei Monaten stark an und nimmt gegen Ende des ersten Lebensjahres wieder ab. Nicht selten bleibt es jedoch bis in das 5. Lebensjahr hinein erhalten und ist dann bei den Eltern Anlaß zur Sorge, weil sie mit einigem Recht Fehlentwicklungen des Gaumens und der Zähne befürchten.

Die meisten der zahlreichen wissenschaftlichen Untersuchungen über das Daumenlutschen berichten über Geschlechtsunterschiede: Mädchen sollen mehr dazu neigen als Knaben. Die Ursachen dieses Unterschiedes sind noch nicht hinreichend bekannt. Man nimmt aber an, daß die Mundschleimhäute bei Mädchen etwas empfindlicher sind als bei Knaben.

Erbfaktoren mit beteiligt?

Es ist auch vermutet worden, die unterschiedliche Häufigkeit des Daumenlutschens könnte auf Erbfaktoren beruhen, denn bei den verschiedenen Rassen ist Daumenlutschen in unterschiedlichem Ausmaß verbreitet. Sturtevant hat beobachtet, daß Daumenlutschen besonders bei Kindern auftritt, deren Zunge sehr beweglich ist, d. h. die ihre Zunge rollen und falten können. Das Merkmal der Zungenbeweglichkeit ist aber erwiesenermaßen genetisch bedingt.

Einflüsse der Erziehung

Die Mehrzahl der Psychologen neigt jedoch zu der Ansicht, als wichtigste Ursache haben orale Erfahrungen zu gelten, die dem Kind über die Erziehung vermittelt werden. Die Häufigkeitsunterschiede des Daumenlutschens bei den verschiedenen Rassen können wahrscheinlich besser durch die jeweils üblichen Fütterungstechniken erklärt werden. Viele Völkerpsychologen haben beobachtet, daß Daumenlutschen bei den Naturvölkern zwar vorkommt, jedoch bei weitem nicht so verbreitet ist wie unter den Kindern in den westlichen Ländern. Von dieser Regel gibt es aber auch Ausnahmen.

Reaktion auf orale Frustration

Nichtnutritives Saugen

Es wurde schon erwähnt, daß sich lustgetöntes Saugen von der Gebundenheit an die biologische Funktion der Nahrungsaufnahme befreit und zu einem selbständigen Verhalten wird. Man spricht dann von nichtnutritivem Saugen (d. h. Saugen, das nicht mehr der Ernährungsfunktion dient).

Ersatzhandlung

Daumenlutschen kann als Ersatz- oder Ergänzungshandlung zur Befriedigung des selbständigen oralen Triebes aufgefaßt werden. In diesem Fall müßte es besonders dann in Erscheinung treten, wenn eine Befriedigung des oralen Triebes auf normale Weise, also bei der Fütterung des Kindes, nicht möglich ist. Diese Auffassung konnten mehrere Untersuchungen bestätigen. Levy hat bei 66 Müttern (mit insgesamt 112 Kindern) das Fütterungsverhalten in Beziehung zur Häufigkeit und Stärke des Daumenlutschens gesetzt. In der untersuchten Gruppe befanden sich 28 Kinder, die sehr intensive Daumenlutscher waren. Die Mütter dieser Kinder unterschieden sich in ihrer

Erziehungspraxis deutlich von den Müttern der nur selten daumenlutschenden Kinder, und zwar in folgenden Punkten:

- Sie fütterten ihre Kinder seltener in der Nacht.
- Die zeitlichen Fütterungsabstände waren länger.
- Die Kinder erhielten keine Schnuller.
- Die Stillzeiten waren allgemein kürzer, und die Kinder konnten sich nach Sättigung nicht mehr oral betätigen.

Unterschiede zwischen brustgestillten und flaschengefütterten Kindern wurden hinsichtlich der Häufigkeit und Intensität des Daumenlutschens jedoch nicht festgestellt.
Eine Untersuchung wie die eben genannte ist mit zahlreichen Fehlern behaftet. Nur ein echtes Experiment könnte Aufschluß über die Ursachen des Saugverhaltens geben. Da aber, wie gesagt, aus ethischen Gründen Experimente mit Kindern in diesem Problembereich kaum möglich sind, hat Levy einen Tierversuch gemacht.

Experiment mit Hunden

Er trennte neugeborene Hunde von ihren Müttern und zog sie mit der Flasche auf. Ein Teil der Tiere bekam die Milch aus einer Flasche mit großer Saugeröffnung, der andere Teil mußte die Milch aus einer Flasche mit kleiner Saugeröffnung trinken. Alle Tiere erhielten die gleiche Menge Milch; die erste Gruppe wurde aber schneller satt als die zweite Gruppe, die sehr lange saugen mußte. Es zeigte sich nun folgendes: Die Tiere, die schnell trinken konnten, waren rasch gesättigt, aber ihr oraler Trieb wurde nicht genügend befriedigt. Deshalb neigten diese Tiere stark zu nichtnutritivem Saugverhalten. Sie versuchten, an Tuchfetzen oder an den Fingern der sie pflegenden Personen zu saugen. Dieses Verhalten war bei den „Langsamsaugern" nicht zu beobachten.
Die Untersuchungen Levys lassen erkennen, daß Daumenlutschen, allgemein nichtnutritives Saugen, eine Reaktion auf orale Frustration, d. h. auf unzulängliche Befriedigung des oralen Triebes ist.

Daumenlutschen eine Gewohnheit?

Nun gibt es aber eine Anzahl von Forschungsergebnissen, die bei oberflächlicher Betrachtung in Widerspruch zu den Erkenntnissen Levys stehen, z. B. werden in bestimmten Ländern die Kinder extrem lange an der Brust gestillt. Im Irak erfolgt die Entwöhnung selten vor dem 14. Lebensmonat. Oft füttert man dort die Kinder bis in ihr 4. Lebensjahr an der Brust. Von diesen Kindern wird berichtet, daß sie in ungewöhnlichem Ausmaß daumenlutschen.

Experiment mit Fütterungstechniken

Ein weiteres Untersuchungsergebnis, das der Frustrationstheorie des nichtnutritiven Saugens zu widersprechen scheint: Davis, Sears und Brodbeck experimentierten mit 60 Neugeborenen. Im Einverständnis mit den Müttern wurden diese Kinder in unterschiedlicher Weise gefüttert. 20 Kinder wurden brustgestillt, 20 mit der Flasche gefüttert, und 20 Kinder erhielten ihre Milch vom ersten Tag an aus der Tasse, eine Fütterungsart, die übrigens von den Kindern nach kurzer Zeit voll akzeptiert wurde. Alle Kinder wurden zehn Tage lang genau beobachtet. Nach der Frustrationstheorie müßte man erwarten: die „Tassenkinder" sollten am stärksten zu nichtnutritivem Saugen neigen. Es zeigte sich aber, daß dies nicht der Fall war; vielmehr waren es gerade die brustgestillten Neugeborenen, die neben allgemeiner Unruhe am häufigsten nichtnutritives Saugverhalten zeigten.

Orale Erfahrungen

Zur Verdeutlichung des Widerspruchs sei noch eine dritte Untersuchung erwähnt: Der Psychologe Bernstein ließ 50 Kinder im Alter von drei bis vier Jahren, deren orales Schicksal (z. B. Länge der Stillzeit) sehr genau bekannt war, zwischen zwei Arten von Süßigkeiten, nämlich zwischen Schokolade und Dauerlutscher wählen. Etwa die Hälfte der Kinder nahm die Schokolade. Bernstein stellte nun fest: Kinder, die als Säuglinge eine deutlich geringere Saugerfahrung hatten, griffen zur Schokolade, die anderen zum Dauerlutscher. Nach der Frustrationstheorie hätte man erwarten müssen, die oral zu kurz gekommenen Kinder würden den Dauerlutscher bevorzugen.
Aufgrund der hier zitierten und zahlreicher weiterer Untersuchungen könnte angenommen werden, daß Daumenlutschen eher eine Gewohnheit ist als eine Reaktion auf unzulängliche Befriedigung.

Habit und Frustration

Habitbildung

Auch Laien sagen immer wieder, Daumenlutschen sei eine (schlechte) Angewohnheit. Psychologen sprechen in diesem Zusammenhang von erlerntem Verhalten (Habit). Habits entstehen, wenn ein bestimmtes Verhalten zur Triebbefriedigung, besser, zum Abbau einer psychischen Spannung führt. Diese Spannung kann durch Hunger, Durst aber auch durch Müdigkeit oder Schmerzen bedingt sein. Die Habitbildung (Gewohnheitsbildung) versuchen Erzieher gelegentlich auf zwei Arten zu verhindern:

Erstens: Man unterbindet das Verhalten, das zur Spannungsminderung führt. Je früher eine solche Unterbindung erfolgt, um so rascher soll ein in der Entstehung befindlicher Habit wieder verschwinden.

> Watson, ein amerikanischer Psychologe, gibt dazu folgende Anweisungen: „Wie ist das Daumenlutschen zu beseitigen? Es muß gleich in den ersten Tagen der Kindheit abgewöhnt werden. Nehmen Sie ihm die Hände vom Mund fort, so oft Sie es wach sehen, und sorgen Sie, daß die Hände unter der Decke liegen. Nähen Sie weite, weiße Fausthandschuhe aus Flanell, ohne Einschnitte für die Finger, an die Ärmel des Nachthemdes und an alle Tagkleider, und lassen Sie sie 14 Tage oder noch länger daran ..."

Zweitens: Man kompensiert die beim Daumenlutschen eintretende Spannungsminderung durch neue Spannung, d. h. durch eine unangenehme Saugerfahrung.

> Vielfach werden zu diesem Zweck die Finger des Kindes mit einer bitteren Substanz bestrichen.

Beide Methoden sind erfahrungsgemäß wenig wirksam und auch pädagogisch nicht ganz ungefährlich.
Nach der Frustrationstheorie wäre das Daumenlutschen am schnellsten dadurch zu beseitigen, daß man dem Kind entweder genügend normale Saugbefriedigung (beim Trinken) vermittelt oder ihm eine unbedenkliche Ersatzbefriedigung (durch den Schnuller) ermöglicht.
Habit-Theorie und Frustrationstheorie scheinen sich zunächst zu widersprechen. Der Widerspruch ist aber leicht aufzulösen. Man muß von folgendem ausgehen:

- Ein Habit entsteht, wenn durch ein Verhalten Triebspannung gelöst wird.
- Eine Frustration ist die Verhinderung einer Triebbefriedigung.

Habit und Frustration setzen das Bestehen eines Triebes (oder Bedürfnisses) in einer Mindeststärke voraus.
Bevor wir in der Auflösung des scheinbaren Widerspruches fortfahren, ist es notwendig, kurz auf den Begriff des Triebes (bzw. Bedürfnisses) einzugehen.

Primäre und sekundäre Bedürfnisse

Zweckmäßigerweise unterscheidet man primäre und sekundäre Bedürfnisse (bzw. Triebe). Hunger und Durst, aber auch die Bedürfnisse nach Schmerzbeseitigung und nach Ruhe sind primäre (biologische) Bedürfnisse. Sekundäre Bedürfnisse, man nennt sie auch erlernte Bedürfnisse, entstehen, wenn sich bei der Befriedigung primärer Bedürfnisse das Verhalten verselbständigt, das zur Spannungsminderung geführt hat (und von Lust begleitet ist).

Sauglust wird sekundäres Bedürfnis

Das Saugen führt zunächst zur Beseitigung des Hungers (eines primären Bedürfnisses). Dabei wird Lust empfunden. Das Bedürfnis nach dieser Lust ist dann ein sekundäres Bedürfnis.
Primäre Bedürfnisse unterscheiden sich in einem wesentlichen Punkt von sekundären:

- Primäre (biologische) Bedürfnisse können schnell befriedigt werden. Sie entstehen durch Mangelzustände des Organismus und kehren in relativ konstanter Periodizität wieder.
- Sekundäre Bedürfnisse lassen sich zwar gleichfalls kurzfristig befriedigen, sie werden aber um so stärker, je öfter die Befriedigung erfolgt.

Mit anderen Worten: Die Befriedigung des sekundären Bedürfnisses bewirkt zwar kurzzeitig eine Spannungsminderung. Auf die Dauer jedoch hat sie ein Weiterbestehen und Stärkerwerden des Bedürfnisses zur Folge. Das Problem des Suchtverhaltens (Trunksucht, Rauchen, Drogenabhängigkeit usw.) ist nur zu verstehen, wenn man diese Eigenart sekundärer Bedürfnisse kennt. Die Befriedigung sekundärer Bedürfnisse drängt nach Fortdauer des zur Befriedigung führenden Verhaltens.
Der sogenannte orale Trieb (bzw. das orale Bedürfnis) ist nun das typische Beispiel eines sekundären Triebes. Er entsteht durch die Befriedigung eines primären Triebes (des Hungers) durch ein Verhalten, das lustgetönt ist. Das Bedürfnis nach dieser Lust ist dann ein sekundäres Bedürfnis, das durch die Wiederholung des gleichen Verhaltens befriedigt wird. Wird das primäre Bedürfnis (z.B. der Hunger des Kindes) auf eine andere Weise als durch Saugen (etwa durch Tassenfütterung) gestillt, so entsteht das Bedürfnis nach Sauglust erst gar nicht. Wird dagegen das orale Bedürfnis wieder und wieder befriedigt, dann steigert es sich und verlangt immer nachdrücklicher nach Befriedigung.

Triebstärke und Frustration

Die Wirkung einer Frustration, d. h. der unzulänglichen oder verhinderten Befriedigung eines Triebes, ist um so stärker, je intensiver der Trieb ist. Das gilt sowohl für primäre wie auch für sekundäre Triebe. Daumenlutschen, als Reaktion auf eine Frustration des oralen Triebes, ist um so häufiger und um so intensiver, je stärker der orale Trieb ist. Die Stärke dieses sekundären Triebes wird u. a. durch die Häufigkeit seiner Befriedigung bestimmt.
Wir verstehen nun, warum die Kinder im Irak trotz sehr langer Stillzeiten intensiv den Daumen lutschen und wie Bernsteins Untersuchungsergebnisse zu erklären sind: Kinder mit langen Saugerfahrungen haben einen stärkeren oralen Trieb und wählen deshalb den Dauerlutscher; Kinder, die dagegen als Säuglinge nur wenig orale Befriedigung erfahren hatten, wählen bevorzugt die Schokolade.

Zusammenfassung Frühe Untersuchungen führten das Daumenlutschen, allgemein das nichtnutritive Saugverhalten, auf mangelhafte Befriedigung eines besonderen oralen Triebes (bzw. Bedürfnisses) zurück. Daumenlutschen wäre demnach eine Ersatz- oder Ergänzungshandlung. Spätere Untersuchungen ergaben aber, daß auch Kinder mit außergewöhnlich langen und intensiven oralen Erlebnissen zu nichtnutritivem Saugen neigen. Diese Widersprüche lassen sich leicht erklären: Die Wirkung einer Frustration ist um so stärker, je stärker der frustrierte Trieb ist. Der orale Trieb ist ein sekundärer oder erlernter Trieb, dessen Stärke mit der Häufigkeit seiner Befriedigung anwächst. Im Daumenlutschen erkennen wir also eine Verhaltensweise, die bei Kindern mit starkem oralen Bedürfnis auftritt. Die Stärke dieses Bedürfnisses hängt von mehreren Bedingungen ab. Möglicherweise sind genetische Faktoren beteiligt; in erster Linie ist die Triebstärke aber durch die Häufigkeit der Triebbefriedigung verursacht.

Worterklärungen

Appetenz	triebhaft gieriges Suchverhalten
erogene Zonen	Körperstellen, die (sexuell getönte) Lustempfindungen auslösen, wenn sie gereizt werden; Beispiele sind: Mundschleimhaut, After und Genitalorgane
Frustration	Vereitelung oder Nichterfüllung eines Triebes oder eines Wunsches
hierarchisch organisierter Mechanismus	Mechanismus, dessen Teile in einem straffen Verhältnis der Über- und Unterordnung zueinander stehen
oral	auf den Mund bezogen

10. KAPITEL

Körperliche und psychische Geschlechtsunterschiede

Die Frage nach der Art und Weise, wie sich die Geschlechter unterscheiden, wird im folgenden Kapitel behandelt.
Neben der Erörterung dieser Fragestellung soll aufgezeigt werden, daß die Geschlechtspolarität nicht nur die körperlichen Vorgänge bestimmt, sondern auch psychische Eigenschaften auf geschlechtsspezifische Unterschiede zurückgeführt werden können.

1. Geschlechtspolarität als Fundamentaleigenschaft des Lebens

Männliche und weibliche Merkmale

Die Lebewesen der meisten biologischen Arten sind durch Körperbau und Körperfunktionen entweder als männlich oder als weiblich unterschieden. Diese Geschlechtspolarität ist bereits an primitiven Organismen zu beobachten. Während jedoch bei diesen auch die ungeschlechtliche Vermehrung nicht selten vorkommt, ist bei den höher entwickelten Lebewesen die geschlechtliche Fortpflanzung die Regel. Bei den sehr hoch entwickelten Tieren und besonders beim Menschen beschränken sich die Unterschiede zwischen den Geschlechtern aber nicht auf die eigentlichen Fortpflanzungsorgane. Weibliche und männliche Exemplare einer Gattung unterscheiden sich auch durch Merkmale, die nicht mehr unmittelbar in Beziehung zu den Fortpflanzungsfunktionen stehen, z. B. durch Körpergröße, Körperform, Haarwuchs, Fettgewebsverteilung, Stimme usw.

Gibt es geschlechtsspezifische seelische Merkmale?

Zwischen körperlichen und psychischen Vorgängen besteht ein enger Zusammenhang. Psychische Prozesse und bestimmte Nervenprozesse sind sogar identisch. Deshalb liegt die Annahme nahe, daß sich zumindest bei den höheren Lebewesen die beiden Geschlechter auch in psychischer Hinsicht unterscheiden. Es wäre sogar erstaunlich, bliebe eine Erscheinung wie die Geschlechtspolarität, die so tief im biologischen Leben wurzelt und die so viele körperliche Funktionen bestimmt, auf den rein körperlichen Bereich des Lebens beschränkt. Nun ergeben sich aber bei dem Versuch, geschlechtsspezifische seelische Funktionen nachzuweisen, ganz erhebliche Schwierigkeiten. Man kann sogar sagen: Psychische Merkmale, die ausschließlich einem Geschlecht zugeschrieben werden können, gibt es gar nicht. Während körperliche Unterschiede zwischen den Geschlechtern leicht festzustellen sind, lassen sich im psychischen Bereich nur graduelle Differenzen erkennen, die oft genug so klein sind, daß sie nur mit besonders feinen psychologischen Testverfahren registriert werden können.

Psychische Unterschiede schwer festzustellen

Koedukation

Die Koedukation der Geschlechter hat sich, entgegen manchen Vermutungen älterer Pädagogen, gut bewährt. Auch dies scheint zu besagen: Im geistigen und psychischen Bereich gibt es keine krassen Unterschiede zwischen den Geschlechtern.

Typisch männlich – typisch weiblich

Biologische Grundlagen zweifelhaft?

Viele Pädagogen und Psychologen sind der Auffassung, psychische Unterschiede zwischen den Geschlechtern, die bei einzelnen Funktionen auftreten, könnten nicht biologisch begründet sein; die Verschiedenheit der Verhaltensweisen, des Denkens, Fühlens, der Interessen und Einstellungen müsse vielmehr durch Lern- und Prägungsvorgänge in der Kindheit und Jugendzeit entstanden sein. Das neugeborene Kind wäre demnach psychisch ein Neutrum, ein geschlechtsloses Wesen. Erst Umwelt und Erziehung würden jeweils die geschlechtsspezifischen psychischen Merkmale festlegen. Da Umwelteinflüsse in der frühen Kindheit aber vor allem sozialer Art sind, wäre letztlich die Gesellschaft diejenige Instanz, von der die geschlechtsverhaltensprägenden Einflüsse ausgehen. Die Gesellschaft bzw. die Kultur – so lautet diese These – bestimmen darüber, was als „typisch männliche" oder „typisch weibliche" Eigenschaften und Verhaltensweisen gilt. Diese kultur- oder gesellschaftsrelativistische Auffassung wird heute von vielen Wissenschaftlern vertreten. Sie findet ihre Stütze in den Forschungsergebnissen der Kulturanthropologen und Völkerpsychologen, auf die wir im nächsten Abschnitt eingehen wollen.

Normen der Gesellschaft

Teilzusammenfassung

Die Polarität männlich-weiblich ist ein Wesensmerkmal des Lebendigen. Besonders bei höherentwickelten Lebewesen sind auch solche Merkmale geschlechtsspezifisch ausgebildet, die nicht unmittelbar mit den Fortpflanzungsfunktionen in Verbindung stehen. Im psychischen Bereich ist jedoch keine deutliche Geschlechtspolarität zu erkennen. Unterschiede hinsichtlich einzelner Eigenschaften sind nur graduell. Viele Wissenschaftler streiten eine biologische Grundlage des geschlechtstypischen Verhaltens ab; sie deuten es als Produkt von Umwelt und Erziehung; geschlechtstypische psychische Merkmale würden von den jeweiligen Gesellschaften bzw. Kulturen dem Kind aufgeprägt.

2. Die Prägung geschlechtstypischen Verhaltens durch die Gesellschaft

Männliche und weibliche Geschlechtsrollen

Kulturanthropologen und Völkerpsychologen haben festgestellt, daß ein und dieselbe Eigenschaft oder Verhaltensweise bei manchen Völkern als typisch männlich, bei anderen Völkern dagegen als typisch weiblich gelten kann. So berichtet Margaret Mead, die bekannte Kulturanthropologin, über Volksstämme auf Neuguinea:

> „Die Mundugumor schätzen bei Männern und Frauen die gleichen Charaktereigenschaften, nämlich Gewalttätigkeit, Ehrgeiz, sexuelle Energie, Rachsucht und die Freude an Aktivität und Kampf." „Die Frauen sind ebenso selbstsicher und kraftvoll wie die Männer, sie verabscheuen das Austragen und das Aufziehen von Kindern."

Bei den Tschambuli, einem Kopfjägervolk, das nicht sehr weit von den Mundugumor wohnt, zeigen die Männer folgende Verhaltensweisen:

> „Sie schmücken sich, schnitzen, malen und üben neue Tanzschritte."
> „Für das Verhältnis zwischen Männern und Frauen ist das Wohnhaus charakteristisch, in ihm beherrschen die Frauen unerschütterlich die Mitte, während die Männer sich an der Tür herumdrücken, geduldet, aber nicht gebraucht werden."
> „Der Tschambuli-Mann ist zu einem Künstler geworden und steht einem streng praktischen Weib gegenüber, das ihn ausbeutet und beherrscht."
> „Erwachsene Männer sind scheu, vorsichtig und für tausenderlei Klatsch zugänglich."

Geschlecht als Rolle

In jeder Gesellschaft erhalten Männer und Frauen jeweils bestimmte Geschlechtsrollen zugewiesen. „Spielen" sie ihre Rolle gut, so gelten sie dieser Gesellschaft als angepaßt und normal; im anderen Fall dagegen werden sie mißachtet oder sogar ausgestoßen. Bei vielen Völkern müssen die Frauen schwere Lasten auf dem Kopf tragen; fragt man Angehörige dieser Völker, warum solche Arbeiten nicht von den kräftigeren Männern getan werden, dann antworten sie, das seien typisch weibliche Leistungen; Frauen eigneten sich besser zum Lastentragen als Männer. Ein lastentragender Mann würde in einem solchen Volk als „weibisch" bezeichnet und mißachtet werden. In einem anderen Volk würde eine Frau, die sich schmückt, tanzt und gerne schwatzt, eher als Mann gelten.

Kritik des Kulturrelativismus

Wir können eine Auffassung der Geschlechtsrollenproblematik, die sich auf derartige Beobachtungen stützt, als kulturrelativistisch bezeichnen. Bis zu einem gewissen Grad ist sie wahrscheinlich richtig; es wäre aber einseitig, wollte man die Existenz biologisch begründeter Verhaltensweisen, in denen sich die beiden Geschlechter voneinander unterscheiden, einfach abstreiten. Gegen einen solchen übertriebenen Kulturrelativismus wäre etwa folgender Einwand möglich: Bleiben wir einmal beim Beispiel der Tschambuli. Mead berichtet, die Männer dieses Stammes hätten Kopfjagd betrieben und seien auch sonst recht grausam. Möglicherweise haben sie sich ihr leichteres Leben durch ihre physische Überlegenheit erworben und den Frauen die schwere Arbeit und schließlich auch die Verantwortung für die Familie und das Stammesleben aufgebürdet.
Es ist dies kein Ausdruck natürlicher Emanzipation der Frau, wenn bei vielen primitiven Völkern die Frauen hart arbeiten, zur Jagd gehen, Fische fangen etc. und darüber hinaus noch Kinder gebären und aufziehen müssen. Es ist wohl auch kein Beweis für die grundsätzliche Austauschbarkeit der Geschlechtsrollen. Vielmehr sind solche Verhältnisse ein klarer Hinweis auf die männliche Vormachtstellung in der Gesellschaft.

Teilzusammenfassung

Die Theorie der gesellschaftlichen und kulturellen Relativität der Geschlechtsrollenzuordnung findet eine gewisse Bestätigung in der vergleichenden Völkerpsychologie und Kulturanthropologie. Tatsächlich sind in vielen Gesellschaften die Geschlechtsrollen anders verteilt als bei uns. Es wäre aber falsch, diese Relativierung zu übertreiben.

3. Biologische Geschlechtsunterschiede

Durch Erziehung und Lernprozesse können geschlechtsspezifische Verhaltensweisen erzeugt werden. Anders wäre innerhalb einer Gesellschaft ein Tausch bestimmter Geschlechtsrollen nicht möglich.
Es wäre aber falsch, daraus zu schließen, biologische Ursachen psychischer Geschlechtsunterschiede könnten ganz außer Betracht bleiben.
Beide Geschlechter lernen zwar Geschlechtsrollen und lassen sich dabei von der Umwelt beeinflussen; was sie aber im einzelnen von ihrer Umwelt übernehmen und was nicht, darüber entscheidet wohl nicht zuletzt ihr Geschlecht. Biologische geschlechtsbestimmende Faktoren stehen in enger Wechselwirkung mit Lernvorgängen.

Was ist Geschlecht?

Es gibt psychologische Geschlechtsunterschiede, die biologisch begründet sind, z. B. Unterschiede des Verhaltens, der Wahrnehmung, des Denkens, der Gefühle, Einstellungen und Interessen. Bevor wir auf dieses Problem näher eingehen, müssen wir uns zuerst darüber verständigen, was unter dem Begriff „Geschlecht" zu verstehen ist. Man sollte vier Bedeutungen dieses Begriffes unterscheiden:

- genetisches Geschlecht,
- hormonales Geschlecht,
- anatomisches Geschlecht,
- psychisches Geschlecht.

Geschlechts-determinatoren

Dieser Einteilung entsprechen vier Geschlechtsdeterminatoren, d. h. Faktoren, von denen die Ausprägung der weiblichen und männlichen Merkmale bestimmt wird: die genetischen, hormonalen, anatomischen und psychischen Determinatoren.
Die Determinatoren sind voneinander nicht unabhängig; sie beeinflussen einander, teils einseitig, teils wechselweise. Wir können diese Beziehungen in einem Schema darstellen (einfache Pfeile bedeuten einseitige Wirkungsrichtung; Doppelpfeile bedeuten Wechselwirkung).

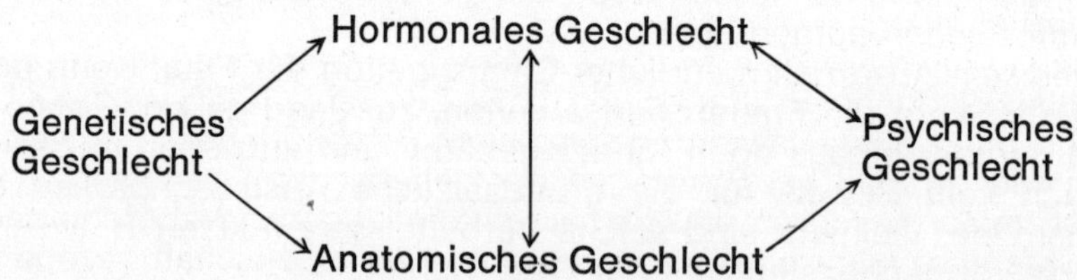

Das genetische Geschlecht

Geschlechts-chromosomen X und Y

Bei der Befruchtung des Eies durch die Samenzelle wird das genetische Geschlecht festgelegt. In der Eizelle sind 22 Chromosomen und ein sogenanntes Geschlechtschromosom X vorhanden; in einer Samenzelle befinden sich gleichfalls 22 Chromosomen und entweder ebenfalls ein X-Chromosom oder aber ein Y-Chromosom. Wenn das Ei durch eine männliche Samenzelle befruchtet wird, gibt es zwei Möglichkeiten:

Möglichkeit 1
Männliche Samenzelle mit X-Chromosom: Im befruchteten Ei finden sich 44 Chromosomen und zwei Geschlechtschromosomen X. Aus diesem Ei entwikkelt sich ein weiblicher Embryo.

Möglichkeit 2
Männliche Samenzelle mit Y-Chromosom: Im befruchteten Ei finden sich 44 Chromosomen, ein X- und ein Y-Chromosom. Aus diesem Ei entsteht ein männlicher Embryo.

Weitere geschlechtsbestimmende Faktoren

Die genetische Geschlechtsdetermination ist die Grundlage und die Voraussetzung aller anderen Determinationsarten. Wahrscheinlich sind außer den Geschlechtschromosomen auch noch Gene in anderen Chromosomen an der Geschlechtsdetermination beteiligt; auch die Wirkung von Erbfaktoren außerhalb der Chromosomen wird für möglich gehalten.

Störungen

Es gibt also eine Vielzahl geschlechtsbestimmender Erbfaktoren. Je größer die Zahl solcher Faktoren, desto größer ist auch die Möglichkeit von Störungen. Man kann sogar sagen: Selbst das genetische Geschlecht ist niemals ganz eindeutig männlich oder weiblich ausgeprägt. Nichtsdestoweniger werden bei der Befruchtung des Eies die Weichen für die Geschlechtszugehörigkeit des werdenden Lebens gestellt.
Die Konstellation der Geschlechtschromosomen ist, wie gesagt, im Normalfall XX (weiblich) oder XY (männlich). In den letzten Jahren ist eine große Zahl von Abnormitäten bei der Geschlechtschromosomenkonstellation entdeckt worden.

Konstellation XXY

So hat man gefunden, daß in den Körperzellen auch die Konstellation XXY auftrat. Träger dieser abnormen Konstellation sind „Männer“ mit unvollständig ausgebildeten äußeren und inneren Geschlechtsorganen. Kennzeichnend für dieses Krankheitsbild ist der immer vorhandene Schwachsinn.

Konstellation XYY

Eine andere, psychologisch wichtige abnorme Konstellation der Geschlechtschromosomen, XYY, wurde (oft unter Gefängnisinsassen) bei Männern gefunden, die übermäßig maskulin entwickelt sind. Diese meist sehr großen und schweren Männer können durch brutale Aggressivität auffallen.

Konstellation XO

Gelegentlich findet man bei sexuell stark unterentwickelten Frauen in Körperzellen nur ein einziges X-Chromosom. Diese Abnormität wirkt sich nicht nur auf die mangelhafte Ausprägung weiblicher Geschlechtsmerkmale, sondern auch auf psychische Funktionen aus: Neben der schwach entwickelten Intelligenz zeigen diese Frauen z. B. erhebliche Störungen bei der räumlichen Wahrnehmung.

Abnormitäten der Geschlechtschromosomen und psychische Störungen

Die Forschung hat noch viele andere extreme Konstellationen im Bestand der Geschlechtschromosomen aufgedeckt, z. B. die Sätze XXYY und XXX. Man kennt noch nicht alle Auswirkungen solcher Fehlbildungen; psychologisch ist jedoch wichtig, daß bei Störungen der genetischen Geschlechtsdetermination fast immer psychische Merkmale wie Intelligenz, Wahrnehmung, Antrieb und Interesse mehr oder weniger stark in Mitleidenschaft gezogen sind. Das bedeutet: Zwischen Faktoren, die psychische Merkmale bestimmen, und geschlechtsprägenden Determinatoren besteht ein Zusammenhang. Wir müssen also mit geschlechtsspezifischen psychischen Eigenschaften rechnen, die biologisch (d. h. genetisch) begründet sind.

Das hormonale Geschlecht

Gene steuern die Entwicklung

Die genetischen Determinatoren (z. B. die an die Geschlechtschromosomen gebundenen Gene) entfalten ihre Wirkung in überaus komplizierter Weise. Sie steuern die Entwicklung vom Zeitpunkt der Befruchtung an. In den frü-

Hormonales System

hen Phasen des embryonalen Wachstums werden die inneren und äußeren Geschlechtsorgane ausgebildet; das System der innersekretorischen Drüsen (der Hormondrüsen) wird entwickelt und kontrolliert. Auch nach der Geburt regieren die Gene das hormonale System. Erbfaktoren bestimmen nicht nur das Wie der Entwicklung, sondern auch das Wann, d. h. den Zeitpunkt, in dem ein neuer Entwicklungsschub einsetzt. Die Wirkungsweise des hormonalen Systems ist ohne biochemische Fachkenntnisse kaum zu verstehen. Sie soll hier nur kurz am Beispiel der Pubertät geschildert werden.

Hypophyse steuert sexuelle Reifung

An der Basis des Gehirns liegt eine sehr wichtige Hormondrüse, die Hypophyse; sie erzeugt die Gonadotropine, geschlechtssteuernde Hormone, die in geringen Mengen schon bei kleinen Kindern gefunden werden. Vom 9. Lebensjahr an wird die Hypophyse durch Erregungen in bestimmten Hirnabschnitten veranlaßt, immer größere Mengen von Gonadotropinen in das Blut abzugeben. Die Gonadotropine fördern die Reifung der Hoden, Eierstöcke und der äußeren Geschlechtsorgane. Die inneren Geschlechtsorgane produzieren aber auch selbst geschlechtsspezifische Hormone, z. B. solche, die den weiblichen Sexualzyklus und damit die Empfängnisbereitschaft regeln.

Gehirnfunktionen und hormonales Geschehen

Wichtig ist vor allen Dingen der enge Zusammenhang zwischen bestimmten Funktionen des Gehirns und dem hormonalen Geschehen, wie er in erster Linie durch die Hypophyse hergestellt wird. Das ist unmittelbar zu erkennen, wenn Störungen auftreten. Übermäßige und fortdauernde nervöse Erregung kann die Hypophyse veranlassen, vorzeitig mit einer starken Produktion von Gonadotropinen zu beginnen. Die Entwicklung der Geschlechtsorgane, und damit die Pubertät, setzt dann zeitlich verfrüht ein. Die im 4. Kapitel erwähnte säkulare Akzeleration und auch Einzelfälle verfrühter Pubertät (pubertas praecox) finden in dieser Wechselwirkung zwischen Hirnfunktionen und dem Hormonsystem eine Erklärung. Man kann auch von außen in das hormonale Geschehen eingreifen und die Ausbildung des hormonalen Geschlechts beeinflussen: Eine Verfrühung des Pubertätsbeginns läßt sich so durch Hormongaben verhindern. Wenn die Geschlechtsreifung verzögert ist, können ihr Beginn durch Medikamente eingeleitet und ihr Verlauf beschleunigt werden.

Eingriffe in das hormonale Geschehen

Das hormonale Geschlecht hängt zwar von den genetischen Determinatoren ab; es ist aber auch, wie soeben gesagt wurde, von anderen Faktoren zu beeinflussen. Bei vielen Krankheiten wird es mehr oder weniger verändert – für kurze Zeit, manchmal für immer. Es ist demnach sinnvoll, das genetische Geschlecht vom hormonalen Geschlecht zu unterscheiden; denn auch bei relativ klarer genetischer Geschlechtsdetermination tritt manchmal eine Unbestimmtheit der hormonalen Geschlechtsausprägung ein: Das genetische Geschlecht kann stabil, das hormonale Geschlecht dagegen labil ausgeprägt sein. Das gilt sogar für die normale Entwicklung des Kindes: Genetisch ist das Neugeborene in den weitaus meisten Fällen klar geschlechtlich determiniert: sein hormonales Geschlecht ist dagegen noch völlig unterentwickelt.

Genetisches und hormonales Geschlecht

Das anatomische Geschlecht

Primäre und sekundäre Geschlechtsmerkmale

Wir unterscheiden primäre und sekundäre anatomische Geschlechtsmerkmale. *Primär* nennen wir sowohl die inneren Organe (wie Eierstöcke, Hoden, Prostata, Uterus usw.) als auch die äußeren Organe (wie Penis, Vulva). Als *sekundär* bezeichnen wir Merkmale wie Brüste, Bartwuchs, hohe oder tiefe Stimme. Zwischen dem anatomischen und dem hormonalen Geschlecht bestehen enge Zusammenhänge: Die inneren Geschlechtsorgane produzieren selbst Geschlechtshormone; die Entwicklung der Geschlechtsorgane und der hormonalen Organe wird durch genetische Determinatoren gesteuert. Eine Unterscheidung zwischen anatomischem und hormonalem Geschlecht erscheint aber aus vielen Gründen dennoch gerechtfertigt: Das anatomische Geschlecht kann z. B. einwandfrei ausgeprägt und entwickelt sein, während das hormonale Geschlecht durch bestimmte Störungen im Erwachsenenalter tiefgreifend verändert ist.

Mißbildungen der äußeren Geschlechtsorgane

Umgekehrt kann auch das hormonale System völlig intakt sein, während die äußeren Geschlechtsorgane eine Mißbildung erfahren haben: Wenn eine Frau während der Schwangerschaft mit bestimmten Sexualhormonen behandelt wird, kann das unter Umständen bei einem genetisch einwandfrei determinierten, männlichen Embryo die Ausbildung der äußeren Geschlechtsorgane beeinträchtigen oder sogar verhindern. Diese Kinder werden dann mit inneren männlichen und äußeren weiblichen Geschlechtsorganen geboren; es sind Hermaphroditen (Zwitter).

Durch eine Kastration, d. h. eine operative Entfernung von Geschlechtsorganen, wird das Hormonsystem gestört; und da zwischen dem Hormonsystem und den Hirnfunktionen enge Beziehungen bestehen, beeinflußt und verändert dies auch geistige und psychische Funktionen wie Antriebe, Gefühle und Einstellungen mehr oder weniger stark.

Das psychische Geschlecht

Definition 1

- Die Gesamtheit aller geschlechtsspezifischen psychischen Eigenschaften und Funktionen bezeichnen wir als psychisches Geschlecht.

Ein Mensch, der die Geschlechtsrolle eines Mannes übernommen hat, der sich als Mann fühlt und sich so verhält, wie es die Gesellschaft von einem Mann erwartet, ist demnach psychisch dem männlichen Geschlecht zugehörig.

Normalfall

Im Normalfall stimmt das psychische Geschlecht eines Menschen mit seiner genetisch, hormonal und anatomisch determinierten Geschlechtszugehörigkeit überein. Wiederum sind es die Abnormitäten und Grenzfälle, die unsere Unterscheidung des psychischen Geschlechts von den übrigen Determinatoren rechtfertigen:

Transvestiten

So gibt es z. B. Männer, die zwar anatomisch (und wahrscheinlich auch hormonal und genetisch) einwandfrei männlich determiniert sind, die aber die vorgezeichnete Geschlechtsrolle nicht akzeptieren und sich mehr als Frau fühlen, sich wie Frauen kleiden und sich wie Frauen benehmen. Umgekehrt findet man Frauen, die sich als Männer fühlen. Allerdings ist fast nie zweifelsfrei auszuschließen, daß in solchen Fällen nicht auch genetische, hormonale und anatomische „Determinationsschwächen" eine Rolle spielen.

Psychisches und hormonales Geschlecht

Das psychische Geschlecht kann das hormonale Geschlecht beeinflussen: Psychische Vorgänge sind mit bestimmten Hirnprozessen gekoppelt und wirken, über die Hypophyse, auf das Hormonsystem ein. Z. B. erzeugt die Wahrnehmung des Geschlechtspartners beim Sexualverhalten hormonale Vorgänge; umgekehrt kann sich bei einem erhöhten Hormonspiegel die Bereitschaft zur Wahrnehmung erotischer Reize verstärken. Auch Dauerwirkungen sind nicht auszuschließen. So ist es denkbar, daß ein Mann, der sich als Frau fühlt und wie eine Frau verhält, mit der Zeit auch sein hormonales Geschlecht verändert.

Pubertät

Die engen Wechselbeziehungen zwischen psychischen Vorgängen und hormonalem Geschehen zeigen sich besonders in der Pubertät. Mit Hilfe bestimmter Tests kann man messen, wie und vor allem wann sich

Interessen und Einstellungen pubertierender Jugendlicher verändern. Derartige Wechsel vollziehen sich manchmal abrupt innerhalb weniger Tage oder Wochen. Laboruntersuchungen haben ergeben, daß der plötzliche Umschwung immer mit einer im Harn nachweisbaren Vermehrung eines bestimmten Sexualhormons einhergeht. Hormonausschüttung und psychisches Verhalten sind also miteinander verknüpft.

Teilzusammenfassung

Die folgende Tabelle soll einen Überblick über den Inhalt dieses Abschnittes vermitteln:

Geschlecht	Determination	Störungen
Genetisch	durch Geschlechtschromosomen; normale Konstellation: XX und XY	Chromosomenkonstellationsstörungen, z. B. XYY, XXY, XXX
Hormonal	Innersekretorische Drüsen (Hypophyse, Ovarien usw.); Sexualhormone: Gonadotropin, Androgen, Östrogen usw.	Krankheit oder Ausfall einer oder mehrerer Drüsen. Falsche Hormonbehandlung usw.
Anatomisch	Primäre, sekundäre, äußere und innere Sexualorgane	Mißbildung, Kastration
Psychisch	Umwelt, Erziehung, Vorbilder, Lernprozesse, gesellschaftliche Konvention	z. B.Homosexualität, Transvestitentum

4. Das biologisch stabile Geschlecht

In fast allen Kulturen gilt der Mann als die eigentliche Verkörperung des Menschen. Knabengeburten werden fast immer höher bewertet als Mädchengeburten. Die Bevorzugung des männlichen Geschlechts ist jedoch nicht zu begründen; sie geht auf mythische Vorstellungen zurück, und immer ist sie Ausdruck des männlichen Herrschaftsanspruchs, bedingt durch die Überlegenheit an körperlicher Kraft. Vom biologisch-medizinischen Standpunkt aus ist eine solche Überbewertung nicht zu rechtfertigen. Biologisch ist das männliche Geschlecht eigentlich das schwächere.

Weiblicher Organismus biologisch stabiler

Höhere Sterblichkeitsquote der Männer

Das weibliche Geschlecht ist biologisch das primäre; denn in der Embryonalentwicklung wird zuerst bei allen Embryonen das weibliche Geschlecht angelegt und erst von einem bestimmten Zeitpunkt an erfolgt über eine Steuerung durch Gene die Ausbildung männlicher Organe. Bereits vor der Geburt sterben deutlich mehr männliche als weibliche Föten, und auch die Säuglingssterblichkeit ist bei Knaben höher als bei Mädchen. Die größere biologische Stabilität des weiblichen Geschlechts zeigt sich über das gesamte Leben hinweg. Auf allen Altersstufen, bis hin zum Greisenalter, ist die Sterblichkeitsquote der Männer größer als die der Frauen. Ein Biologe hat dies einmal so ausgedrückt: „Die Mannwerdung ist ein langes, schwieriges und risikoreiches Abenteuer. Sie muß sich im beständigen Kampf gegen den inhärenten Trend zur Weiblichkeit durchsetzen.“ (siehe 18. Kapitel)

Mehr psychische Fehlentwicklungen bei Jungen

Entwicklungsvorsprung der Mädchen

Auch in der psychischen Entwicklung haben Mädchen über lange Zielstrecken hinweg deutliche Vorteile gegenüber Jungen. Bis in die späte Kindheit hinein bleiben die Knaben in der Sprachentwicklung hinter den Mädchen zurück. Die Mädchen beginnen früher zu sprechen; sie sprechen deutlicher; auch das Erlernen von Fremdsprachen fällt ihnen leichter. Nach der Pubertät ist von diesem Vorsprung der Mädchen nichts mehr festzustellen.

Entwicklung der Jungen risikoreicher

Die geistige Entwicklung der Jungen ist häufiger gefährdet; mehr Jungen als Mädchen sind Schulversager. Neurosen, Erziehungsschwierigkeiten, Fehlentwicklungen sind in früher und mittlerer Kindheit bei Knaben häufiger, in ihren Erscheinungsweisen massiver und schwerer zu behandeln.

Biologische Ursachen ungeklärt

Dies deutet darauf hin, daß biologisch das weibliche Geschlecht stabiler und anpassungsfähiger ist als das männliche. Die Ursachen für die biologische Benachteiligung des männlichen Geschlechts sind noch nicht vollständig bekannt. Man vermutet, durch das Fehlen des zweiten X-Chromosoms und das Vorhandensein eines nur sehr kleinen Y-Chromosoms werden Ausfälle im Gen-Bestand verursacht. In den X-Chromosomen befinden sich nämlich nicht nur geschlechtsbestimmende Gene, sondern auch solche, die Abwehrleistungen des Organismus gegenüber bestimmten Krankheiten steuern. Wahrscheinlich gibt es aber noch andere, bisher unbekannte Ursachen.

Zusammenfassung

Von der Geschlechtspolarität männlich-weiblich werden nicht nur die körperlichen Vorgänge bestimmt; auch wesentliche psychische Eigenschaften sind geschlechtsspezifisch ausgeprägt. Man neigt heute allgemein dazu, psychische Geschlechtsunterschiede ausschließlich oder vorwiegend auf die Umweltbedingungen zurückzuführen. Viele Ergebnisse der Forschung, besonders in der kulturanthropologischen und vergleichend völkerpsychologischen, scheinen das zu beweisen. Ein übertriebener Kulturrelativismus in bezug auf die psychischen Geschlechtsunterschiede würde aber die Sicht für bestimmte Tatsachen verstellen: Der Erzieher bemerkt, daß sich im Laufe der Entwicklung eines jungen Menschen, trotz gleicher Umwelt und Erziehung, deutliche psychische Geschlechtsunterschiede herausbilden. Es wäre falsch, sie durch spezielle Erziehungsbemühungen wieder nivellieren zu wollen, denn damit würde man biologischen Tendenzen entgegenarbeiten.

Worterklärungen

Chromosomenkonstellation	Gruppierung (normal: Paarbildung, abnormal: Bildung von Dreier- oder Vierergruppen) von Chromosomen
Determinator	festlegender und bestimmender Faktor
Diskrepanz	Unstimmigkeit
Emanzipation	Befreiung aus einem Zustand der Abhängigkeit
Embryonalentwicklung	Entwicklung des ungeborenen Lebewesens bis zum Abschluß der Organausbildung
graduell	abgestuft, allmählich übergehend

innersekretorische Drüsen	Drüsen, die Hormone in das Blut absondern. Dazu gehören u. a. die Schilddrüse, die Nebennieren, die Hypophyse, die Eierstöcke
Koedukation	gemeinsame Erziehung der beiden Geschlechter; Unterricht ohne Geschlechtertrennung
Kulturanthropologie	wissenschaftliche Richtung, in der die allgemeine Menschenkunde (Anthropologie), die vergleichende Völkerkunde, die Psychologie und die Soziologie vereinigt sind. Hauptvertreter sind Margaret Mead und Ruth Benedict
nivellieren	einebnen
Polarität	die Entfaltung einer Gegebenheit nach zwei entgegengesetzten Richtungen

11. KAPITEL

Abhängigkeit und Angst

Die autonome Persönlichkeit und der mündige Bürger gelten heute als wichtige Erziehungsziele. Autonomie bedeutet Freiheit von Fremdbestimmung, d. h. Freiheit von Abhängigkeit. Deshalb sprechen wir in diesem Kapitel über die kinderpsychologische Forschung der letzten Jahre zum Problem der Abhängigkeit. Das Problem der Abhängigkeit kann aber nicht behandelt werden, ohne daß man auf das Problem der Angst eingeht. Angst ist eine biologisch sinnvolle Lebenserscheinung; sie dient der Gefahrenabwendung. Zum anderen behindert sie aber die Entfaltung der Persönlichkeit und wird allgemein als Nährboden der meisten neurotischen Entwicklungen angesehen. Das Thema ist außerordentlich komplex und schwierig. Das Kapitel kann deshalb nur einen Überblick über diese umfangreichen und pädagogisch wichtigen Problemgebiete vermitteln.

1. Abhängigkeit und Bindung

Nicht immer wird deutlich genug zwischen Abhängigkeit und Bindung unterschieden. Abhängigkeit hat passiven Charakter, während man Bindung oft aktiv und freiwillig herstellt. Abhängigkeit setzt eine dominierende Instanz (Person oder Sache) voraus. Bindungen erfolgen auch zwischen Gleichgestellten. Verdeutlichen wir uns die Unterschiede an den Beispielen 1 und 2:

Beispiel 1
Frau X hat sehr jung und vor dem Abschluß ihrer Berufsausbildung geheiratet. Ihr Mann verdient gut und bestreitet allein den Unterhalt der kinderlosen Familie. Frau X ist von ihrem Mann abhängig, ist sich dessen auch bewußt, und als der Ehemann nach langer Ehe stirbt, entwickelt sich bei der Frau eine schwere Angstneurose.

Abhängigkeit ist mehr passiv

Beispiel 2
Herr Y ist ein begabter junger Wissenschaftler. Er arbeitet in einem Forschungsinstitut mit seinem akademischen Lehrer zusammen, von dem er ausgebildet wurde. Verehrung und Hochachtung vor dem bedeutenden Forscher führen zu einer starken Bindung. Als Herr Y eine ehrenvolle Berufung an eine Universität erhält, die ihm neben der Selbständigkeit auch bedeutende finanzielle Vorteile brächte, lehnt er die Berufung ab und arbeitet weiter mit seinem verehrten Vorbild zusammen.

Bindung ist mehr aktiv

Natürlich ist Abhängigkeit von Bindung nicht immer klar zu trennen. Aus Abhängigkeiten können Bindungen entstehen, und diese wiederum begründen nicht selten Abhängigkeitsverhältnisse. Abhängigkeit bedeutet stets einen Verlust an persönlicher Freiheit und behindert die Selbstentfaltung der Persönlichkeit. Bindungen hingegen bereichern und können schöpferische Energien freisetzen.

Abhängigkeit engt ein

2. Emotionale und instrumentelle Abhängigkeit

Emotionale Abhängigkeit

Man kann eine emotionale (auf einem Gefühl beruhende) und eine instrumentelle (auf ein Ziel gerichtete) Abhängigkeit unterscheiden. Die emotionale Abhängigkeit ist psychisch tiefer verwurzelt als die instrumentelle. Wenn ein emotionales Abhängigkeitsverhältnis gestört wird, etwa durch eine Trennung, führt das oft zu intensiven und nachhaltigen neurotischen Reaktionen oder zu Fehlentwicklungen. Emotionale Abhängigkeit trifft man naturgemäß häufiger bei kleinen Kindern als bei älteren Kindern und Jugendlichen an, aber sie bleibt, wie die Fälle von sexueller Hörigkeit zeigen, durchaus nicht immer auf die Kindheit beschränkt.

Instrumentelle Abhängigkeit

Instrumentelle Abhängigkeit ist dagegen relativ oberflächlich. Ein Kind ist instrumentell abhängig, wenn es gelernt hat bzw. gewöhnt ist, Erwachsene auch zur Befriedigung solcher Bedürfnisse heranzuziehen, die es bereits selbständig befriedigen könnte. In vielen Fällen entwickelt sich eine instrumentelle Abhängigkeit aus einer emotionalen. Ein Kleinkind, das von seiner Mutter plötzlich getrennt wird, beginnt sofort heftig zu schreien. Dieses Schreien ist eine emotionale Reaktion auf die Trennung. Kommt die Mutter zurück, während das Kind noch schreit, so lernt das Kind, sein Schreien als Instrument zu benutzen (siehe 8. Kapitel). Die emotionale Abhängigkeit besteht weiter; sie wird aber von einer instrumentellen überlagert.

Verschiedene Ursachen und Auswirkungen

Einige Psychologen wollen eine Unterscheidung zwischen emotionaler und instrumenteller Abhängigkeit nicht anerkennen; sie erscheint jedoch notwendig, weil einmal die instrumentelle Abhängigkeit andere Ursachen hat als die emotionale und die Auswirkungen instrumenteller Abhängigkeit und emotionaler Abhängigkeit auf die Charakterentwicklung sehr verschieden sind. Erziehung zur Selbständigkeit bedeutet in erster Linie Beseitigung instrumenteller Abhängigkeit; dabei kann eine emotionale Abhängigkeit durchaus weiter bestehen bleiben. Die emotionale Abhängigkeit ist unter Umständen sogar pädagogisch erwünscht.

Teilzusammenfassung

Man sollte „Bindung“ und „Abhängigkeit“ klar unterscheiden: Bindung bereichert, Abhängigkeit verkargt die Persönlichkeit und behindert ihre freie Entfaltung. Abhängigkeit ist keine einheitliche psychosoziale Beziehung. Zweckmäßg unterscheidet man eine emotionale und eine instrumentelle Abhängigkeit. Dementsprechend ist auch Unselbständigkeit keine einheitliche psychische Eigenschaft. Instrumentelle Abhängigkeit ist in pädagogischer Hinsicht immer negativ zu bewerten; emotionale Abhängigkeit dagegen ist, besonders bei kleinen Kindern, eine biologische Notwendigkeit.

3. Die Ursachen emotionaler Abhängigkeit

Instinktives Abhängigkeitsverhalten

Die Ergebnisse der tierpsychologischen Forschung scheinen zu beweisen, daß emotionale Abhängigkeit angeboren ist bzw. als Instinktverhalten gelten kann. Instinktives Abhängigkeitsverhalten – es zeigt sich z. B. im beständigen Streben nach physischem Kontakt mit der Mutter und intensivem Widerstand gegen eine Trennung von ihr – muß sofort nach der Geburt voll ausgebildet sein. Wenn das junge Lebewesen das Abhängigkeitsverhalten erst lernen müßte, wäre es während des Lernens hilflos und hätte wenig Überlebenschancen; denn es müßte sich ja wenigstens vorübergehend von der Mutter trennen und allen Gefahren aussetzen, die damit verbunden sind.

Der biologische Sinn des Abhängigkeitsverhaltens

Die Untersuchungen von Konrad Lorenz über Prägungserscheinungen bei Jungtieren (siehe 5. Kapitel) scheinen diesen Standpunkt zu rechtfertigen. Ein frischgeschlüpftes Entlein läuft auch einem Menschen nach, wenn dieser als erste bewegte Gegebenheit vom Tier wahrgenommen wird. Ein Abhängigkeitsverhalten kann also Resultat eines Prägungsvorgangs sein. Die Spontaneität des Nachfolgeverhaltens läßt es als unwahrscheinlich erscheinen, daß es erlernt werden muß. Für Tiere, deren Bewegungsapparat nach ihrer Geburt relativ reif ist und die, wie z. B. die nestflüchtigen Vögel, nach dem Schlüpfen sehr mobil sind, ist Abhängigkeitsprägung biologisch sinnvoll, denn die Tiere müssen sich unmittelbar nach der Geburt in die Obhut des Muttertieres begeben können.

Abhängigkeitsverhalten bei Gänsen. Die Kleinen schwimmen in Formation zwischen Mutter und Vater. Ein Küken, das den Kontakt zur Formation verloren hat, zeigt Angstverhalten: Es piept („schreit") laut und heftig, bis der Kontakt wiederhergestellt ist.

Mutter-Kind-Beziehung

Beim Menschen, der nach der Geburt ungewöhnlich hilflos ist, ist eine Abhängigkeitsprägung offensichtlich nicht notwendig; trotzdem glaubt man, daß die frühe Mutter-Kind-Beziehung noch starke Instinktkomponenten besitzt.
Allerdings wird instinktives Abhängigkeitsverhalten bald von Lernprozessen überformt. Die regelmäßige Befriedigung seiner Bedürfnisse, vor allem jedoch die Wärme und Sicherheit, die von der Mutter ausgehen, verstärken das zunächst triebhafte Abhängigkeitsverhalten des Kindes.

Emotionale Abhängigkeit und geistige Entwicklung

Versuch mit Surrogatmüttern

Der Amerikaner Harlow hat in interessanten tierpsychologischen Untersuchungen die Entstehung emotionaler Abhängigkeit bei jungen Rhesusaffen untersucht. Die Tiere wurden in unterschiedlichem Lebensalter von ihren Müttern getrennt und mit sogenannten Surrogatmüttern (Ersatzmüttern) zusammengebracht, also mit einfachen Drahtgestellen, die nur grob die Form eines Rhesusaffen andeuteten. Die Augen wurden durch kleine Glühbirnen

dargestellt, ein kleiner Heizstrahler und ein über das Gestell gespanntes Fell bewirkten „mütterliche Wärme"; eine gefüllte Milchflasche mit Sauger simulierte die Mutterbrust.
Die jungen Rhesusaffen wurden mit solchen Surrogatmüttern allein gelassen und beobachtet. Bei einem der Experimente waren im Käfig zwei Surrogatmütter, die sich in folgenden Eigenschaften unterschieden; Die eine war kahl und kalt, spendete aber dafür süße Milch, die andere hingegen spendete Wärme, jedoch keine Nahrung. Harlow wollte die Frage untersuchen, wie sich die Tiere bei heftiger Angst verhalten. Erfahrungsgemäß geraten junge Affen in Panik, wenn sie ein befremdliches Objekt in ihrem Käfig erblicken. Harlow benutzte als Angstauslöser meist einen kleinen, laut trommelnden Teddybären. Es zeigte sich nun, daß die Tiere im Angstzustand bevorzugt zur wärmespendenden Ersatzmutter liefen und sich an ihr anklammerten. Nur bei ihr gewannen sie allmählich ihre Sicherheit wieder, und die machte es ihnen möglich, das angstauslösende Objekt dann neugierig zu erforschen.

Frühe und späte Muttertrennung

In dieser Weise verhielten sich jedoch nur Tiere, die nach der Geburt einige Tage bei ihrer Mutter geblieben waren. Tiere, die man sofort nach der Geburt von der Mutter getrennt und isoliert aufgezogen hatte, zeigten ein völlig anderes Verhalten: Beim Erscheinen des Angsterregers flüchteten sie in eine Käfigecke und verbargen dort zitternd ihr Gesicht; sie gewannen keine Sicherheit und begannen auch nicht, das schreckerregende Objekt zu erforschen.
Was besagen diese Ergebnisse? In erster Linie bewirken nicht die Nahrungsversorgung, sondern Wärme und Geborgenheit die emotionale Abhängigkeit. Emotionale Abhängigkeit ist die Voraussetzung für emotionale Sicherheit, und diese wiederum wird zur Grundlage für das Interesse an der Umwelt. Somit ist emotionale Abhängigkeit eine der wichtigsten Voraussetzungen der geistigen Entwicklung.

4. Emotionale Abhängigkeit auf späteren Altersstufen

Ursache von Unselbständigkeit

In frühester Kindheit ist emotionale Abhängigkeit etwas Natürliches und auch biologisch sinnvoll. Sie bleibt in unterschiedlicher Ausprägung bis zur Pubertät und nicht selten sogar bis in das Erwachsenenalter hinein bestehen. Ist sie dann noch sehr stark ausgeprägt, so kann dies zu pädagogisch unerwünschten Folgen führen, denn Unselbständigkeit auf emotionaler Grundlage ist bei einem Heranwachsenden für dessen Charakterentwicklung außerordentlich schädlich.

Abhängigkeit durch angsterzeugende Erziehung

Nicht selten sind es grobe Erziehungsfehler, die zu einer übermäßigen und andauernden emotionalen Abhängigkeit führen. Allgemein läßt sich sagen, daß alle Erziehungstechniken, die auf das Kind und den Jugendlichen verunsichernd wirken, mehr oder weniger die emotionale Abhängigkeit verstärken und notwendige Ablösungsprozesse verhindern.
Daß verunsichernde und damit Angst erzeugende Erziehung emotionale Abhängigkeit bewirkt, hat man in vielen Untersuchungen nachweisen können. Zuerst wollen wir wiederum ein tierpsychologisches Experiment besprechen. Fisher arbeitete mit jungen Hunden, die er in zwei Gruppen teilte. Die erste

Inkonsequente Behandlung verunsichert

Gruppe wurde gleichbleibend zärtlich behandelt; jedesmal, wenn sich ein Tier dem Pfleger näherte, streichelte und fütterte er es. Die Tiere der zweiten Gruppe hingegen wurden für Annäherungsverhalten in unregelmäßiger Folge entweder zärtlich behandelt oder mit leichten Stockschlägen bestraft. Es zeigte sich, daß die inkonsequent, also unregelmäßig mit Lohn und Strafe behandelten Tiere sehr viel anhänglicher wurden als die nur zärtlich behandelten. Nicht selten waren inkonsequent erzogene Tiere sogar von besonders „hündischer" Unterwürfigkeit. Diese Eigenschaft ist, wie die Erfahrung lehrt, vor allem an Hunden in Familien mit vielen Mitgliedern zu beobachten, die sich alle an der Erziehung des Tieres beteiligen wollen.

Pädagogische Folgen der Abhängigkeit

Experiment im Kindergarten

Hartup konnte ganz ähnliche Erscheinungen in Kindergärten beobachten. Die Kinder wurden in zwei Gruppen eingeteilt. Die Kinder der ersten Gruppe erhielten von der Erzieherin beständige Zuwendung, während die Kinder der zweiten Gruppe nach zunächst intensiver Zuwendung plötzlich sich selbst überlassen wurden. Der plötzliche Entzug von Zuwendung und Aufmerksamkeit bewirkte starke emotionale, aber auch instrumentelle Abhängigkeit. Diese Kinder waren außerordentlich auf Lob und Anerkennung erpicht.

Abhängige lernen besser

Ihre starke Bezogenheit auf die Erzieherin hatte allerdings auch einen positiven pädagogischen Effekt: Weil infolge der stärkeren Erzieherbezogenheit Lob intensiver wirkte, lernten sie deutlich besser als die weniger abhängigen Kinder.

Unterjochung durch Inkonsequenz

Inkonsequente Behandlung eines Menschen durch undurchsichtigen Wechsel von Lohn und Strafe, von Lob und Tadel, von Liebe und Zurückweisung, von Gewährung und Versagung, ist eine bekannte Technik, der sich viele Despoten zur Unterjochung von Menschen bedient haben. Auch die sexuelle Hörigkeit ist so zu erklären.

Teilzusammenfassung

Emotionale Abhängigkeit ist wahrscheinlich zunächst instinktives, angeborenes Verhalten; es wird jedoch bald durch Lernprozesse verstärkt und modifiziert. Emotionale Abhängigkeit trägt in frühester Kindheit wesentlich bei zur Sicherheit und emotionalen Stabilität, die für die geistige Entwicklung sehr wichtig sind. Bleibt sie jedoch später in stärkerem Ausmaß bestehen, so kann sie der freien Entfaltung der Persönlichkeit abträglich sein. Falsche, vor allem inkonsequente und verunsichernde Erziehungstechniken verstärken die emotionale Abhängigkeit und verlängern ihre Dauer.

5. Das Lernen von instrumenteller Abhängigkeit

Instrumentelle Abhängigkeit = Verwöhntheit

Während emotionale Abhängigkeit zunächst triebhaft-instinktiver Natur ist und Lernprozesse sie erst allmählich verstärken und in ihrem Andauern verlängern, wird instrumentelle Abhängigkeit von vornherein erlernt. Instrumentelle Abhängigkeit, also Unselbständigkeit im eigentlichen Sinne des Wortes – man kann auch von Verwöhntheit sprechen –, ist nicht auf bloße Erziehungsversäumnisse zurückzuführen, sie beruht unmittelbar auf aktiven, über die Erziehung vermittelten Lernprozessen, die in der Psychologie auch als instrumentelle Konditionierungen bezeichnet werden.

Die Untersuchungen Skinners

Verstärkung von Reaktionen

Skinner, ein sehr bekannter Forscher auf dem Gebiet der Lernpsychologie, hat diese Prozesse eingehend untersucht. Er konnte zeigen, daß sich einem

Tier erstaunliche Verhaltensweisen andressieren lassen, wenn man bestimmte Teilbewegungen dieser Verhaltensweisen unmittelbar (etwa durch einen Leckerbissen) belohnt. Die Lernpsychologie spricht dann von der Verstärkung einer Reaktion. (Der englische Terminus heißt reinforcement; er ist auch mit Bestärkung zu übersetzen.) Mit der Verstärkungsmethode kann man z. B. Seehunden beibringen, Bälle zu jonglieren, oder Bären, Motorrad zu fahren.

Lernen durch Verstärkung in Intervallen

Verstärkungsschema

Skinner hat in umfangreichen Untersuchungen nachgewiesen, daß die Schnelligkeit, mit der eine Dressur erzielt wird, vor allem aber die Dauerhaftigkeit eines andressierten Verhaltens davon abhängig sind, auf welche Weise die Verstärkung erfolgt. Man kann z. B. jede Teilbewegung sofort verstärken, oder man belohnt das Tier erst nach einer Pause von bestimmter Zeitdauer. In anderen Verstärkungsplänen oder Verstärkungsschemata wird das Tier nach einem Intervall, z. B. nach jeder dritten oder nach jeder zehnten Teilbewegung, mit Futter belohnt; schließlich kann man die Verstärkung einer Teilbewegung regelmäßig oder unregelmäßig vornehmen.

Variables Verstärkungsschema

Verdeutlichen wir uns dies an einem Beispiel aus der Kindererziehung, das der Lernpsychologe Angermeier berichtet:

> Beispiel 3
> „Nehmen wir an, daß ein dreijähriges Kind immer weint, wenn es zu Bett gebracht wird. Die Eltern hören sich das Weinen eine Zeitlang an, gehen dann aber in das Kinderzimmer und versuchen, das Kind zu beruhigen. Dies gelingt gewöhnlich auch, und nach kurzer Zeit schläft das Kind ein. Wenn sich dieser Vorgang wiederholt, steht fest, daß das Schreien des Kindes durch ein variables Intervallverstärkungsschema verstärkt ist" (Angermeier).

Was ist nun ein variables Verstärkungsschema? Die Mutter hatte sich zuerst vorgenommen, das Kind einfach schreien zu lassen, weil sie glaubte, es würde sich das Schreien dann von selbst abgewöhnen. Aus Mitleid oder Ungeduld ging sie dann doch immer wieder in das Zimmer und tröstete das Kind. Am ersten Tag ging sie vielleicht nach 5 Minuten, am 2. Tag erst nach 15 Minuten und am 3. Tag bereits nach einer halben Minute zum Kind. Die Verstärkung erfolgte also in unregelmäßigen (variablen) Intervallen.
Skinner hat wiederholt gezeigt, daß ein Verhalten, das auf diese Weise verstärkt wird, ganz ungewöhnlich resistent (widerstandsfähig) gegenüber Löschung (Abgewöhnen) ist. Besser wäre es gewesen, die Mutter wäre sofort nach dem Beginn des Schreiens in das Zimmer gegangen.

Verstärkung durch Aufmerksamkeit

Ein anderes Beispiel, das gleichfalls Angermeier erwähnt, verdeutlicht, wie auch bei älteren Kindern instrumentelle Abhängigkeit „andressiert" werden kann:

> Beispiel 4
> „Nehmen wir an, daß ein Schüler im Klassenzimmer während des Unterrichtes ein für den Lehrer lästiges Verhalten zeigt, um dessen Aufmerksamkeit auf sich zu lenken. Nehmen wir weiterhin an, daß der Lehrer anfangs diesem Schüler seine Aufmerksamkeit verweigert. Bei der fünften Störung jedoch wird es dem Lehrer zuviel, und jetzt wendet er dem Schüler seine volle Aufmerksamkeit zu" (Angermeier).

In der Sprache der Lernpsychologie Skinners nennt man diesen Vorgang eine 5:1 regelmäßige Häufigkeitsverstärkung (vorausgesetzt, daß der Lehrer immer nach jeder 5. Störung den Schüler durch Zuwendung „belohnt"). Was ist an dem Verhalten des Lehrers falsch? Er hätte sich entweder nach der ersten Störung dem Schüler zuwenden müssen oder gar nicht. In allen anderen Fällen wird das aufdringliche Verhalten des Schülers weiterbestehen und sich wiederholen.

Teilzusammenfassung

Instrumentelle Abhängigkeit (Unselbständigkeit im eigentlichen Sinn oder Verwöhntheit) wird durch Lernprozesse erworben. Wenn man ein Abhängigkeitsverhalten des Kindes (Schreien, Hilfesuchen usw.) durch Erfüllung belohnt (verstärkt), dann bleibt dieses Verhalten bestehen. Nach der Lerntheorie Skinners ist das Verstärkungsschema (Verstärkung in regelmäßigen oder unregelmäßigen Abständen, Verstärkung einer bestimmten Quote von Teilhandlungen usw.) maßgebend für die Schnelligkeit, mit der das Abhängigkeitsverhalten zustande kommt, und für die Resistenz des Verhaltens gegenüber Löschung.

6. Die Folgen der instrumentellen Abhängigkeit für die Entwicklung des Kindes

Unselbständigkeit (im instrumentellen Sinn) hat direkte Auswirkungen: Das Kind wird entweder zaghaft, oder es entwickelt sich zu einem Egoisten, d. h. zu einem Menschen, der ständig bemüht ist, die Anstrengungen und Leistungen anderer für sich zu nutzen.

Unselbständigkeit mindert Leistungsmotivation

Leistungsmotivation

Die Forschung der letzten Jahre hat herausgefunden, daß frühe Unselbständigkeit sich sehr negativ auf die spätere Leistungsmotivation des Kindes auswirken kann. Was ist mit Leistungsmotivation gemeint? Heckhausen, der sich besonders um die Erforschung dieser Zusammenhänge bemüht hat, schreibt:

Definition 1

- „Leistungsmotivation ist das Bestreben, die eigene Tüchtigkeit in allen jenen Tätigkeiten zu steigern oder möglichst hoch zu halten, in denen man einen Gütemaßstab für verbindlich hält und deren Ausführung deshalb gelingen oder mißlingen kann" (Heckhausen).

Etwas vereinfacht ausgedrückt: ein leistungsmotiviertes Kind ist fleißig, strebsam, zielbewußt, wettbewerbsfreudig, ehrgeizig u. ä.

Frühe Selbständigkeit fördert Leistungsmotivation

Die Entwicklung einer guten Leistungsmotivation ist von vielen Erziehungsfaktoren abhängig. Eine Voraussetzung aber scheint besonders wichtig: Das Kind muß in den ersten acht Lebensjahren ein Mindestmaß an Selbständigkeit gewinnen.

Untersuchung von Winterbottom

In einer bahnbrechenden Untersuchung, auf die sich viele spätere Forschungsarbeiten stützen, hat Winterbottom die Bedeutung früher Selbständigkeit unmittelbar nachgewiesen. Lehrer von acht- bis zehnjährigen Knaben wurden gebeten, ihre Schüler nach dem Grad ihres Fleißes und ihrer Strebsamkeit zu beurteilen. Danach teilte Winterbottom die Schüler in zwei Gruppen ein: in die Gruppe der hoch und in die der niedrig leistungsmotivierten Kinder. Sodann ließ er die Mütter ausführlich nach ihren Erziehungszielen und vor allem nach ihren Erziehungstechniken fragen. Das Ergebnis war eindeutig: Die Mütter der fleißigen Schüler hatten in den ersten acht Lebensjahren jedes selbständige Meistern von Aufgaben mit Liebe, Anerkennung und Zärtlichkeit belohnt.

Frühe Selbständigkeit nicht dämpfen

Frühe Selbständigkeit zeigt sich bei den meisten Kindern immer wieder spontan schon im zweiten und dritten Lebensjahr. Die Kinder wollen alles selbst machen und wehren sich gegenüber Eingriffen seitens der Erzieher. Von Eltern wird ein solches Verhalten der Kinder nicht selten als Eigensinn und Unzugänglichkeit gegenüber Anregung und Belehrung abgewertet. Die Psychologie sieht heute in dem Versuch, die freie Initiative des Kindes zu dämpfen, einen der schwersten Erziehungsfehler überhaupt.

Kindbezogene Selbständigkeit

Allerdings ist immer nur die Selbständigkeit gemeint, die sich auf die eigenen Belange des Kindes bezieht. Selbständigkeit in längst gelernten Routinefertigkeiten oder Selbständigkeit bei der Bewältigung von Aufgaben, die eigentlich dem Erwachsenen übertragen sind (z. B. Hilfe im Haushalt, Geschirrspülen, Einkaufen usw.), sind nicht Vorläufer der Leistungsmotivation.

Teilzusammenfassung

Die frühe Selbständigkeit des Kindes ist Voraussetzung (Vorläufer) der Leistungsmotivation. Ein Kind, das sich schon früh seiner Entscheidungsfreiheit bewußt wird und das sich selbst ein bestimmtes Ziel setzen darf, wird später eher Leistungsverhalten und Strebsamkeit zeigen als ein Kind, das ständig gegängelt wurde.

7. Erziehungsklima und Abhängigkeit des Kindes

Genetische Faktoren im Spiel

Es wäre natürlich falsch, in der Art der Erziehung den einzigen Faktor zu sehen, der Abhängigkeit oder Unabhängigkeit des Kindes verursacht. Wahrscheinlich spielt auch die Vererbung eine gewisse Rolle; denn Zwillingsuntersuchungen haben ergeben, daß bei eineiigen Zwillingen die Ähnlichkeit in den verschiedenen Verhaltensweisen, die auf Abhängigkeit hindeuten, größer ist als bei zweieiigen. Nach den Erfahrungen vieler Kinderpflegerinnen unterscheiden sich Säuglinge bereits in den ersten Monaten, also in einem Alter, in dem Lernen noch nicht sehr wirksam ist, deutlich hinsichtlich des Ausmaßes an sozialer Zuwendung gegenüber den Pflegerinnen. Es gibt ausgesprochene „Schmusekinder" und solche, die sich spröde und zurückhaltend gegenüber den Erwachsenen verhalten. Jedoch sollte man Zärtlichkeitsbedürfnis nicht immer gleichsetzen mit Abhängigkeitsverhalten, und soziale Sprödigkeit ist nicht gleich Selbständigkeit.

Zusammenhang zwischen emotionaler und instrumenteller Abhängigkeit

Kühle macht abhängig

Der Sinn der Unterscheidung von emotionaler und instrumenteller Abhängigkeit zeigt sich besonders, wenn man versucht, die Rolle der Gesamterziehung, d. h. des Erziehungsstiles und des Erziehungsklimas, für die Entstehung von Abhängigkeit oder Selbständigkeit zu beschreiben. Nach den meisten der vorliegenden Untersuchungen scheint nämlich ein negativer Zusammenhang zwischen emotionaler und instrumenteller Abhängigkeit zu bestehen: Instrumentelle Abhängigkeit erwächst auf der Grundlage emotionaler Gleichgültigkeit zwischen Mutter und Kind, während umgekehrt starke emotionale Abhängigkeit die Voraussetzung für spätere Eigenständigkeit und

Selbstverantwortlichkeit ist. Ein emotional abhängiges Kind hat zu den Eltern Vertrauen und gewinnt immer größere Sicherheit. Sind die Eltern dem Kind gegenüber kühl und zurückhaltend, dann resultiert daraus Unsicherheit und später Unselbständigkeit. Die Beziehungen einerseits zwischen einem kalten oder ablehnenden Erziehungsklima und Abhängigkeit, andererseits zwischen einer liebevollen Atmosphäre und Selbständigkeit sind in zahlreichen Untersuchungen nachgewiesen worden.

Emotionale Bindung macht sicher

Winder und Rau haben festgestellt, daß mütterliche Kälte und Sprödigkeit gegenüber dem Kind zu Abhängigkeit führt. Verhält sich auch noch der Vater in der Erziehung reserviert oder sogar feindselig, dann entwickelt das Kind neben Unselbständigkeit auch noch Aggressivität.

Unselbständigkeit und Aggressivität

Sears und seine Mitarbeiter stellten eine zwar leichte, jedoch deutlich erkennbare Beziehung zwischen Kälte der Mutter und der Unselbständigkeit des Kindes fest. Marshall fand, daß sich Kinder, die sich von ihren Eltern zurückgestoßen fühlen, im Kindergarten außerordentlich unselbständig verhielten und sich ständig um Lob und Anerkennung der Erzieherinnen bemühten. McCord registrierte bei Kindern, die von ihren Müttern wie von ihren Vätern hart behandelt wurden, einen hohen Grad von Unsicherheit und Unselbständigkeit. Watson berichtete schließlich, daß Kinder, die in einer warmen und liebevollen Atmosphäre erzogen wurden, sehr viel schneller Selbständigkeit erlangten als andere Kinder. Liebevolle Zuwendung zum Kind allein genügt jedoch nicht; vielmehr müssen sich Kinder frei entscheiden dürfen. Kinder, die trotz Wärme und liebevoller Erziehung ständig gegängelt und sorgsam in all ihrem Tun überwacht wurden, entwickelten mit der Zeit instrumentelle Abhängigkeit.

Frühe Entscheidungsfreiheit

Selbständigkeitserziehung kann, wie Murphy gezeigt hat, bereits im Säuglingsalter beginnen: Zwanglosigkeit und Gelassenheit beim Füttern des Säuglings und des Kleinkindes hatte eine erkennbare Auswirkung auf die Selbständigkeit dieser Kinder im Kindergarten.

Teilzusammenfassung

Wahrscheinlich verursachen Erziehungsbedingungen bis zu einem gewissen Grad abhängiges Verhalten. In vielen Untersuchungen konnte nachgewiesen werden, daß emotionale Abhängigkeit, die durch mütterliche Wärme und Zuwendung bedingt ist, zur Selbständigkeit des Kindes führt, während Kälte und Zurückweisung das Kind verunsichern und unselbständig machen.

8. Angst als Ursache von Abhängigkeit

Befriedigt man die Wünsche eines instrumentell abhängigen Kindes nach Hilfe und Beistand nicht, so ist nicht selten ein Wutausbruch die Folge; ganz anders verhält sich ein emotional abhängiges Kind, wenn es plötzlich allein gelassen wird: Es zeigt typische Symptome von Angst. Auch diese verschiedenen Reaktionsweisen rechtfertigen die gelegentlich umstrittene Unterscheidung von emotionaler und instrumenteller Abhängigkeit.

Es wäre jedoch falsch, jedes Abhängigkeitsverhalten, das aus Angst resultiert, als Ausdruck emotionaler Abhängigkeit zu betrachten. Angst ist immer ein überaus wirksamer sozialer Faktor, und sehr oft hat man in der Angst die Ursache jeder Gemeinschaftsbildung gesehen. Bereits einfache Beobachtungen, die jedermann im Wartezimmer eines Zahnarztes machen kann, zeigen, daß viele Patienten erstaunlich rasch ins Gespräch mit fremden Personen kommen, wenn sie Angst haben.

Sozialer Faktor Angst

Bedürfnis, sich unterzuordnen

Schachter und seine Mitarbeiter haben in zahlreichen Untersuchungen die Zahnarzt-Wartezimmer-Situation experimentell simuliert. Unter dem Einfluß von Angst äußerte sich nicht nur ein gesteigertes Gesellungsbedürfnis, sondern auch ein Bestreben, sich unterzuordnen. So hat man z. B. 14jährige Jungen gebeten, an einem Test teilzunehmen, bei dem angeblich die Auswirkungen elektrischer Schläge unterschiedlicher Stärke auf den Organismus untersucht werden sollten. Die jugendlichen Versuchspersonen mußten jeweils längere Zeit auf die Tests warten (die gar nicht stattfanden). Dazu standen ihnen zwei Warteräume zur Verfügung. In dem einen befanden sich mehrere gleichaltrige Jungen, die sich weitgehend je mit sich selbst beschäftigten. Im anderen Wartezimmer dagegen hielt sich eine offensichtlich straff geführte Gruppe auf, deren Mitglieder gehorsam alle Anweisungen des Anführers ausführten. Das Ergebnis war, daß ängstliche Jungen bevorzugt das Wartezimmer aufsuchten, in dem sich die Gruppe befand, die von einem Anführer straff organisiert war.

9. Was ist Angst?

Das Problem Angst ist eines der schwierigsten und umstrittensten der Psychologie, und in den vielen Angsttheorien spiegeln sich sowohl die Komplexität der Problematik als auch die Unsicherheit und Uneinheitlichkeit, mit der man der Lebenserscheinung „Angst" gegenübertritt.

In Stärke und Qualität verschieden

Mehrdeutigkeit des Begriffes Angst

Schon die Frage, ob es überhaupt ein einheitliches Erlebnis „Angst" gibt, ist nicht leicht zu beantworten. Ist z. B. in den folgenden Aussagen immer von der gleichen Angst die Rede?

Der kleine Hans hat Angst vor dem Nikolaus.
Karl hat Angst, wenn er durch einen finsteren Wald geht.
Frau W hat Angst, wenn sie über einen großen, freien Platz geht.
Julia hat Angst vor der nächsten Klassenarbeit.
Herr X hat Angst vor der Zukunft.
Herr Y hat Angst vor dem Tod.
Herr Z ist in eine Gletscherspalte gefallen und hat Todesangst.

Angsterlebnisse sind nicht nur in ihrer Stärke, sondern auch in ihrer Qualität sehr verschieden. In unseren Beispielen war von Angst die Rede, die man in bestimmten Situationen (Angst im finsteren Wald, wenn man über einen freien Platz geht, in der Gletscherspalte), und von Angst, die man vor gefährlichen Situationen und Sachverhalten hat.

Kein einheitlicher Sprachgebrauch

Angst und Furcht

Man hat schon immer gefordert, Angst und Furcht deutlich voneinander zu unterscheiden und den Ausdruck Furcht nur solchen Erlebnissen vorzubehalten, die eintreten, wenn der Mensch vor konkreten gefährlichen Objekten und Sachverhalten „Angst hat". „Angst" dagegen, so lautete der Vorschlag, sollte immer im Sinne unbestimmter, vager Angst verwendet werden. Niemand richtet sich jedoch nach diesen Empfehlungen für einen sinnvolleren

Sprachgebrauch. Sowohl in der Sprache des Alltags als auch in der Wissenschaft werden „Angst" und „Furcht" ungeschieden und abwechselnd für den gleichen seelischen Sachverhalt verwendet.
Die Philosophen, besonders die Existenzphilosophen, haben sich sehr eingehend mit der Angstproblematik beschäftigt. Für Heidegger ist Angst eine „Grundbefindlichkeit der menschlichen Existenz", und bei Sartre finden wir Sätze wie z. B. „In der Angst ängstigt sich die Freiheit vor sich selbst". Das sind tiefe Gedanken. Sie gehen aber weit über die in der Psychologie möglichen Fragestellungen hinaus.

Teilzusammenfassung

Angst ist ein wichtiger sozialer Faktor. Ängstliche Menschen suchen nicht nur sozialen Kontakt, sie sind auch bereit, sich in ein soziales Abhängigkeitsverhältnis zu begeben. Es gibt sehr unterschiedliche Angsterlebnisse. Sie sind nicht nur hinsichtlich ihrer Intensität, sondern auch in ihrer Qualität sehr verschieden. Man sollte vor allem unterscheiden zwischen Angst und Furcht. Furcht ist immer bezogen auf konkrete Objekte oder Sachverhalte; Angst dagegen zeigt sich nicht selten als unbestimmtes und unbegründbares Erlebnis.

10. Die Herkunft der Angst

Jeder, der sich mit dem Wesen der Angst auseinanderzusetzen beginnt, stößt sehr bald auf einen Widerspruch: Angst ist im Leben von Tier und Mensch weit verbreitet, sie hat also offensichtlich eine biologische Funktion. Im Angsterlebnis wird das Lebewesen vor gefährlichen Situationen gewarnt, und mit der Angst werden außerordentliche Energien für den Organismus freigesetzt. Angst wirkt also signalisierend und aktivierend. Andererseits weiß man aus vielen Alltagserfahrungen, daß Angst auch hemmen kann, und daß ein Mensch, der sich in höchster Gefahr befindet, „wie gelähmt" erscheint.

Ist Angst lebensdienlich?

Ist die lähmende Angst nicht sogar lebensbedrohend, und welchen biologischen Sinn hätte ferner die neurotische Angst, die einem Menschen das Leben zur Hölle macht? Einige Biologen würden einwenden, daß auch die Angstlähmung sinnvoll sein kann. Bei höchster Gefahr reagieren viele Organismen auf zwei verschiedene Weisen: Entweder sie flüchten mit äußerstem Energieaufwand (Panik), oder sie verharren in völliger Bewegungslosigkeit (Totstellreflex). Man muß sich allerdings fragen, ob ein Verhalten wie der Totstellreflex, das für einen Käfer lebenserhaltend sein kann, auch für den Menschen eine lebensdienliche Funktion hat. Das ist zu bezweifeln, und es läßt sich höchstens vermuten, die Angstlähmung sei ein stammesgeschichtliches Überbleibsel, das beim Menschen, wie so manches andere, keine biologische Bedeutung mehr hat.

Keine spezifischen Angstauslöser beim Menschen

Gibt es nun bestimmte situative Eigenschaften, die beim Menschen immer Angst auslösen? Mit anderen Worten: Sind beim Menschen spezifische Angstauslöser nachgewiesen? Man muß diese Frage verneinen; das bedeutet jedoch nicht, daß Angst vor bestimmten Gegebenheiten in jedem Fall erst

Unklare Situationen

erlernt werden muß. Angst tritt oft ein, wenn die wahrgenommene Situation verworren, unklar, labil oder mehrdeutig ist. Es müssen jedoch noch andere Bedingungen erfüllt sein.

Wenn Vertrautes verfremdet wird

Der kanadische Psychologe Hebb hat Tierexperimente durchgeführt, die für die Psychologie der Angstentstehung von großer Bedeutung sind. Er hat festgestellt, daß Schimpansen sich durchaus nicht fürchten, wenn sie mit einem ihnen völlig neuen und unbekannten Objekt konfrontiert werden; sie geraten jedoch in panische Angst, wenn ihnen ein vertrauter Gegenstand in „verfremdeter" Weise gegenübertritt. Ein unbekannter Mensch z. B. ängstigt die Tiere kaum, betritt jedoch der Wärter mit einer neuen Mütze den Raum oder verkleidet er sich, so beginnen die Tiere heftig zu zittern.

Angst vor toten Artgenossen

Man war immer wieder darüber erstaunt, daß Schimpansen vor toten Artgenossen Angst haben, und glaubte, hier werde offensichtlich eine angeborene Angst vor dem Tod sichtbar. Diese Angst läßt sich aber durchaus begreifen, wenn man ein leblos im Käfig liegendes Tier unter dem Aspekt der Verfremdung betrachtet. Der Körper ist den anderen Tieren vertraut, die Bewegungslosigkeit jedoch eine fremde Eigenschaft.

Unter diesem Gesichtspunkt ist auch die Angst der Kinder vor Larven, Masken, Teufeln, Clowns, Hexen usw. verständlich. Das Kind hat weder Angst vor dem völlig Bekannten noch vor dem völlig Neuen. Das Unheimliche entsteht, wenn ein Kern vertrauter Eigenschaften von einem Hof neuartiger Attribute umgeben wird.

Angstlust

Die wachsende Vertrautheit mit dem Verfremdeten erzeugt den affektiven Schwebezustand der Angstlust, der von vielen Kindern sogar erstrebt wird. Versteckspiele, Gespensterspiele, Freude an der Geisterbahn deuten darauf hin, daß das Kind ein Bedürfnis hat, von Zeit zu Zeit diesen Mischzustand aus Angst und Lust zu erleben.

Teilzusammenfassung

Angst ist ein lebensdienlicher Zustand. Er signalisiert dem Organismus Gefahr. Durch Angst werden im Organismus Energiereserven mobilisiert. Andererseits wirkt Angst lähmend, und auf Angst gründen sich die meisten Neurosen. Beim Menschen sind keine spezifischen Angstauslöser nachgewiesen; es scheint jedoch sicher, daß unter bestimmten Wahrnehmungsbedingungen regelmäßig Angst entsteht: bei labilen Wahrnehmungssituationen, vor allem aber, wenn ein Gegenstand oder Lebewesen verfremdet wahrgenommen wird.

11. Die Entwicklung der kindlichen Angst

Diskrepanzwahrnehmung

Angst ist, wie wir sahen, eine Reaktion auf eine „Diskrepanzwahrnehmung". Ein fremdes Gesicht ängstigt das Kind deshalb, weil das Schema Gesicht dem Kind z. B. von der Mutter oder vom Vater her vertraut ist, jedoch das neue Gesicht eine Diskrepanz zum vertrauten Schema aufweist. Entwicklungspsychologisch bedeutet dies: Das Kind muß, bevor es Angst erleben kann, Vertrautheitsschemata ausbilden. Tatsächlich tritt die Angst vor fremden Personen im allgemeinen nicht vor dem 6. Lebensmonat auf. Der Höhepunkt dieser Fremdenangst wird zwischen dem 8. und dem 12. Monat erreicht.

Besonders kritisch ist das Alter zwischen dem 3. und dem 6. Lebensjahr. In dieser Zeit entwickeln die Kinder nicht selten auf der Grundlage anhaltender Angst neurotische Verhaltensweisen. Ein Kind, das in frühem Lebensalter durch eine warme, liebevolle und gleichzeitig freizügige Erziehung emotional stabilisiert wurde, zeigt im Kindergarten im allgemeinen keine Angst.

Emotionale Abhängigkeit in früher Kindheit und Freiheit von Angst im mittleren Kindesalter sind also aufeinander beziehbar.

Durch Erfolgserlebnisse zu Selbstvertrauen

Sarason, der das Problem des ängstlichen Kindes im Kindergarten besonders eingehend untersucht hat, ist überzeugt, daß ein ängstliches Kind immer das Resultat falscher Erziehung in den ersten Lebensjahren ist. Eltern, die ihre Kinder verunsichern, indem sie ständig ihre Initiative hemmen, sie gängeln und bemängeln und bei den Kindern emotionale Konflikte erzeugen, erziehen fast wie nach einem Naturgesetz ängstliche Kinder. Ist aber einmal Angst zentrales Erlebnis bei einem Kind, dann ist meistens der Teufelskreis geschlossen: Aus Angst resultieren Mißerfolge, und diese erzeugen neue Angst. Es gehört dann zu den wichtigsten Aufgaben des Erziehers, diesen Teufelskreis zu durchbrechen und dem Kind durch gezielte Erfolgserlebnisse neues Selbstvertrauen zu verschaffen.

Zusammenfassung

Emotionale Abhängigkeit im Kindesalter ist Voraussetzung für spätere Selbständigkeit. Instrumentelle Abhängigkeit (Verwöhnung) wird gelernt, und zwar um so eher, je geringer die emotionale Abhängigkeit eines Kindes war. Ein kaltes Erziehungsklima und inkonsequente, verunsichernde Erziehung fördern die instrumentelle Abhängigkeit. Ein emotional abhängiges Kind, das plötzlich allein gelassen wird, reagiert mit Angst. Angst beruht aber nicht ausschließlich auf frustrierter Abhängigkeit; Angst signalisiert dem Organismus Gefahr, mobilisiert Kraftreserven oder lähmt. Die kindliche Angst wird oft durch Diskrepanzerlebnisse hervorgerufen. Liebevoll und zur Selbständigkeit erzogene Kinder sind später weniger ängstlich als kalt oder inkonsequent aufgezogene Kinder.

Worterklärungen

Diskrepanz	Unstimmigkeit
Intervall	Zwischenraum, Zeitabstand
labil	leicht störbar
neurotisch	von der Normalität im Erleben und Verhalten abweichend
resistent	widerstandsfähig
Surrogat	Ersatz

12. KAPITEL

Identifikation und Imitation

Erziehung kann aus verschiedener Distanz erfolgen. Gemeint ist allerdings weniger die räumliche als die „personale Distanz". So steht z. B. der Lehrer dem Schüler in größerer personaler Distanz gegenüber als die Mutter ihrem Kind. Die personale Distanz kann unter bestimmten Umständen ganz aufgehoben sein. In diesem Fall kann es zu einer Identifizierung mit einer Person kommen. So kann sich das Kind mit dem Vater oder der Mutter, später auch mit „Idolen", großen Vorbildern, identifizieren. Bei kleinen Kindern können bestimmte Spielsachen zu Identifikationsobjekten werden. Eine abgemilderte Form der Identifikation ist die Imitation, die Nachahmung, die besonders für das soziale Lernen bedeutsam ist.

1. Was ist Identifikation?

Wortbedeutung

Das Wort Identifikation (bzw. Identifizierung) leitet sich aus den beiden lateinischen Wörtern idem = derselbe und facere = machen ab. Es bedeutet also Gleichmachen, Gleischsetzen oder spezieller: sich gleichsetzen mit einer anderen Person.

Definitionsversuche

Der Begriff wird, insgesamt gesehen, in ziemlich unklarer Weise verwendet, und dementsprechend fragwürdig ist sein theoretischer Wert. Definitionsversuche sind rar und logisch wenig befriedigend. Hier zwei Beispiele:

Definition 1
- „Eine Identifikation besteht in dem Glauben, daß bestimmte Eigenschaften eines Vorbildes (Vater, Mutter, Geschwister usw.) auch bei sich selbst angetroffen werden" (Kagan).

Definition 2
- „Die Identifikation erfolgt durch eine bewußte oder unbewußte Hereinnahme von Personen und Motiven in das eigene Ich" (Freud).

Beispiele von Identifikation

In Definition 2 befremdet vor allem der Ausdruck „Hereinnahme". Die Tiefenpsychologie gebraucht ähnliche Begriffe wie „Einverleibung", „Inkorporation", „Introjektion", „Verinnerlichung". Auch ihre Bedeutung bleibt dunkel. Die „Dämmerung" um den Begriff Identifikation können wir vielleicht erhellen, wenn wir einige Beispiele für den Wortgebrauch suchen:

Beispiel 1
Der elfjährige Fritz sieht mit großer Leidenschaft im Fernsehen eine bestimmte Westernserie. Er identifiziert sich mit dem Sheriff, dessen Gehabe und Sprechweise er nachahmt.

Beispiel 2
Die vierzehnjährige Lilo schwärmt für eine Schlagersängerin. Sie kennt deren Lebensweise und Lebensgeschichte und sammelt alles, was diesen Star betrifft: Bilder, Schallplatten, Interviews usw. Lilo kleidet und benimmt sich wie ihr Schwarm. Zur Zeit nimmt Lilo Gesangs- und Tanzunterricht.

Beispiel 3
Die vierjährige Inge ist unglücklich über den Tod ihres Kätzchens. Eines Tages erklärt sie ihren Eltern, sie selbst sei das Kätzchen. Das Kind läuft tagelang auf allen vieren und will nur noch aus dem Napf auf dem Fußboden essen.

Beispiel 4
Nach einem Bericht des Völkerkundlers von den Steinen glauben die Boroso (ein Indianerstamm im Amazonasgebiet), sie seien identisch mit roten Papageien.

2. Der psychologische Sinn der Identifikation

Identifikationsprozesse sind typisch für Entwicklungsverläufe. In der neueren Psychologie wird die Entwicklung des Charakters und der Persönlichkeit unter dem Aspekt der Ich-Bildung und der Ich-Festigung gesehen. Obwohl auch der Begriff des Ich nicht immer eindeutig gebraucht wird, scheint seine Verwendung, besonders bei der Untersuchung der moralischen Entwicklung des Kindes, sinnvoll.

Ich-Begriff

Definition 3
- Unter dem Ich versteht man den Kern der Persönlichkeit, von dem aus das Verhalten, die Einstellungen und die Entscheidungsprozesse des Menschen gesteuert werden.

Ich-Festigung und Realitätsprinzip

Wird im Laufe der Entwicklung die Ich-Bildung und Ich-Festigung gestört, so ist der Mensch, wie ein Blatt im Winde, jedem Einfluß aus der Umwelt hilflos ausgesetzt. Er versucht dann, den bequemsten Weg zu gehen, auf schnellste Weise höchstmögliche Lust zu gewinnen, und erliegt jeder Verführung. Freud sieht diese Problematik unter dem Aspekt der Ablösung des Lustprinzips durch das Realitätsprinzip. Die Ich-Festigung hängt eng mit der Wirksamkeit des Realitätsprinzips zusammen.
Die Ich-Bildung verläuft aber nicht von selbst. Wäre ein Kind in seiner Entwicklung sich selbst überlassen, so könnten sich bei ihm weder eine Moralität noch eine Lebensleitlinie noch ein Gewissen ausbilden. Die Identifikation mit den Eltern ist somit ein außerordentlich wichtiger Vorgang in der psychischen Entwicklung eines Kindes. Identifikation ist aber nur dann möglich, wenn die Beziehungen zwischen Eltern und Kind durch liebevolle Wärme und Zuneigung bestimmt werden.

Identifikation mit den Eltern

Mutter-Imago

Die Identifikation des Knaben mit seiner Mutter verschafft ihm eine Mutter-Imago (Mutterbild), die in seinem späteren Leben viele seiner Entscheidungen beeinflußt. An diesem Bild orientiert sich der junge Mann bei der Wahl seiner Ehefrau, und nicht selten entstehen Ehekrisen, weil es sich herausstellt, daß die junge Ehefrau in wesentlichen Zügen doch nicht mit der Mutter-Imago des jungen Mannes übereinstimmt. Entsprechendes gilt für das Vaterbild, das beim Jüngling für die Übernahme der männlichen Geschlechtsrolle entscheidend ist und bei der Tochter Maßstäbe für ihre Partnerwahl setzt.

Mißlingen der Identifikation

Schwäche der Eltern

In unseren Beispielen ist aber gerade die Identifikation mit den Eltern nicht erwähnt. Fritz (Beispiel 1) identifiziert sich mit einem Westernhelden und Lilo (Beispiel 2) mit einem Schlagerstar. Wir dürfen unterstellen, daß in beiden Fällen die Identifikation mit den Eltern nicht geglückt ist. Dies kann mehrere

Gründe haben. Vielleicht ist der Vater von Fritz ein etwas hilfloser Mann, der seine Geschlechtsrolle nicht gut verkörpert. Lilos Mutter könnte eine kühle und abweisende Frau sein, die ihrer Tochter die Übernahme einer weiblichen Geschlechtsrolle erschwert.

Abkehr von den Eltern

Es wäre jedoch falsch, wollte man immer nur die Eltern für mißglückte Identifikationen verantwortlich machen, wenn sich die Kinder außerhalb der Familie Identifikationsmöglichkeiten suchen. In der Pubertät ist die Wahl eines außerfamiliären Identifikationsobjektes sogar die Regel, denn in dieser Entwicklungsphase erfolgt eine natürliche Abkehr von Vater und Mutter; es beginnt die Lösung bestehender affektiver Bindungen zu den Eltern.

- Identifikation ist also ein Prozeß der Ich-Findung und Ich-Festigung und somit ein normaler Vorgang in der Entwicklung.

Identifikation bei Erwachsenen

Es gibt aber auch Identifikationen im Erwachsenenalter. Sie können besonders dann beobachtet werden, wenn in der Kindheit und Jugendzeit die Möglichkeit einer Ich-Bildung nicht bestanden hat. So zeigen Verwahrloste noch in später Jugendzeit und im Erwachsenenalter nicht selten starke Identifizierungen.

Hörigkeit

Viele Erscheinungen, die man gemeinhin unter die Begriffe des Verfallenseins und des Hörigseins einordnet und die nicht selten fälschlich als Ausdruck einer übersteigerten Sexualität aufgefaßt werden, sind im wesentlichen verspätete Versuche einer Ich-Findung nach mißglückten Ansätzen einer Identifikation mit den Eltern.

Identifikation mit dem Angreifer

Schwächung der Persönlichkeit

Identifikationen kommen aber auch vor, wenn durch äußerst widrige Lebensbedingungen eine Schwächung des Persönlichkeitskernes eingetreten ist. Psychologen, die im Zweiten Weltkrieg in Konzentrationslagern inhaftiert waren, haben dort eine seltsame Beobachtung gemacht.
Manche Gefangene, die bereits lange Zeit die Torturen der Haft ertragen mußten, identifizierten sich allmählich mit ihren Peinigern. Sie übernahmen deren Verhaltensweisen und Einstellungen und zuletzt sogar deren Ideologie; dies hatte zur Folge, daß sie sich in die Rolle der Peiniger versetzten und damit begannen, ihre Mithäftlinge und Leidensgenossen zu quälen. Anna Freud hat ein solches Verhalten „Identifikation mit dem Angreifer" genannt; es wäre falsch, dieses Verhalten einfach als „verwerflich" zu qualifizieren.

Zerstörung des Ichs

Man muß erkennen, daß die lange Haft den Persönlichkeitskern dieser Menschen zu zerstören drohte; eine Bewahrung des Ichs war nur noch über die Identifikation mit einer mächtigen Person möglich. Übrigens sind auch einige Erscheinungsbilder bei Geisteskrankheiten durch besonders ausgeprägte Identifizierung mit Starken und Mächtigen zu erklären: Diese Menschen sind dann überzeugt, sie seien Cäsar oder Napoleon.

Statusneid

Identifizierungen dienen schließlich auch dazu, das Gleichgewicht in den psychischen Beziehungen zwischen Personen wiederherzustellen. Eine Störung des Gleichgewichts wird z. B. durch das Gefühl des Neides hervorgerufen; von besonderer Bedeutung ist hier der sogenannte „Statusneid", d. h. das Neidgefühl, das auf Menschen mit höherem sozialen Prestige gerichtet ist. Der Neid ist vielfach nichts als eine Ich-Schwäche, und dementsprechend versuchen Menschen, die heftigen Statusneid entwickelt haben, sich in der Phantasie mit dem Beneideten zu identifizieren.

Teilzusammenfassung

Der Begriff der Identifikation oder Identizifierung ist vieldeutig. Im normalen Entwicklungsverlauf dient die Identifikation mit den Eltern der

Ausbildung und Festigung des Ich. Bei der Identifizierung mit den Eltern bilden die Kinder sich ein Mutter- bzw. Vater-Bild, das ihr Verhalten im Leben, besonders ihre Lebensentscheidungen (z. B. bei der Partnerwahl), wesentlich beeinflußt.

3. Identifikation und Projektion

Umkehrung der Identifikation

Identifikation besagt soviel wie Gleichsetzung. Das kann bedeuten: Eigenschaften, die ein anderer besitzt, werden übernommen (inkorporiert). Umgekehrt vermutet man aber auch Eigenschaften, die man selbst besitzt, beim anderen. Wenn ich so bin wie der andere, so vermutet der sich Identifizierende, dann ist dieser wahrscheinlich auch so wie ich. Die Mutter, die sich mit ihrem Sohn identifiziert, glaubt in ihm einen Teil ihres eigenen Ich wiederzuerkennen.
Ein aggressiver Mensch unterstellt bei anderen Menschen eine gleiche oder ähnlich ausgeprägte Angriffslust.
In der Psychologie nennt man einen solchen Vorgang Projektion.

Projektion

Definition 4
- Eine Projektion ist das unbewußte Hineinsehen oder Hineinverlagern von eigenen Eigenschaften, z. B. Triebimpulsen, Fehlern, Wünschen, Schuldgefühlen und Affekten in andere Personen, Situationen oder Gegenstände.

Projektionen dienen in erster Linie der eigenen seelischen Entlastung. Schon relativ früh hat man in der Psychologie vermutet, daß die Projektionen, die ein Mensch äußert, einen Hinweis auf seine Persönlichkeitseigenschaften vermitteln können. Wenn es nun gelänge, Projektionen direkt zu provozieren, so ließen sich dadurch Persönlichkeitseigenschaften, Wünsche, Triebimpulse usw. aufdecken. Die psychologische Diagnostik, also die Lehre von den Techniken der Charakteranalyse, hat diese Möglichkeit genutzt und zahlreiche „projektive Testverfahren" entwickelt.

Was Projektionen verraten

Projektive Testverfahren

Im allgemeinen verläuft ein projektiver Test etwa so: Man legt der zu prüfenden Person (dem Probanden) Wahrnehmungsgegebenheiten vor und fordert sie auf, diese Gegebenheiten zu deuten (Frage: „Was könnte dies sein?") oder eine Geschichte dazu zu erfinden. Die Wahrnehmungsgegebenheiten sind entweder unstrukturiert (z. B. Klecksgebilde), oder aber man erkennt zwar Personen und Gegenstände, die Bedeutung der Situation ist aber nicht klar dargestellt. Die Probanden stehen in der Prüfung unter einem Zwang, jetzt deuten und interpretieren zu müssen. Aus dem, was sie sagen, erkennen, hineinsehen usw., wird auf projektive Vorgänge geschlossen und damit auf bestimmte Persönlichkeitszüge, die im Deutungsprozeß zutage treten. Daß sich durch solche Deutungen Persönlichkeitszüge verraten, ist natürlich eine gewagte Annahme, und viele Psychologen fühlen sich bei der Anwendung solcher Techniken nicht recht wohl. Man ist auch vom Wert solcher Verfahren nicht mehr so überzeugt wie noch vor einigen Jahren.

Für Kinder besser geeignet

Bei naiven Erwachsenen und hauptsächlich bei Kindern sind die Verfälschungsmöglichkeiten im projektiven Test geringer als bei intelligenten Erwachsenen, die die Testabsicht möglicherweise durchschauen und ihre Aussagen danach richten. Kinder „verraten" sich über ihre Identifikation und

Projektionen erstaunlich oft. In der Kinderpsychologie spielen demgemäß die projektiven Testverfahren noch immer eine große Rolle. Ihre Anwendung erfordert aber große Erfahrung und vor allem kritische Vorsicht bei der Interpretation der Bildbedeutungen.
In der Abbildung ist ein Vorlagenbild aus einem bekannten projektiven Test von Bellack wiedergegeben.

Projektiver Test von Bellack

Die Szene zeigt zwei Bären beim Tauziehen. Hinter dem einen steht ein Bärenkind. Das Geschlecht der Bären ist nicht erkennbar. Man legt das Bild dem Kind vor und bittet es zu sagen, was darauf zu sehen ist. Dann soll es versuchen, eine kleine Geschichte dazu zu erfinden.

Aufschlüsse über die Familiensituation

Man unterstellt, daß sich das Kind mit dem kleinen Bären identifiziert. Deutet es den vor ihm stehenden Bären als Mutter, dann liegt die Annahme nahe, das Kind stünde auch sonst „hinter seiner Mutter". Faßt das Kind die Szene als harten Kampf auf, dann sind, bei aller Vorsicht, bestimmte Schlüsse auf das Familienklima erlaubt. Aus den Schilderungen des Kindes läßt sich entnehmen, wie in seiner Familie Konflikte bewältigt werden und welche Hoffnungen es auf den Ausgang des Streites setzt.

Besser als direkte Fragen

Würde man das Kind direkt nach seinen Beziehungen zu Vater und Mutter, nach der Familienkonstellation und dem Erziehungsklima fragen, so wäre es wegen seiner geistigen Unreife oder aber wegen emotional bedingter Hemmungen nicht in der Lage, richtig zu antworten.
Aber warum zeigt man dem Kind nicht eine Szene, in der menschliche Personen handeln? Erfahrungsgemäß engt ein zu starkes Festlegen und Individuelles Bestimmen von Bildinhalten die Phantasie ein. Man hat außerdem gefunden, daß sich Kinder erstaunlich gern und leicht mit Tieren, besonders mit Tierkindern, identifizieren.

Teilzusammenfassung

Zwischen dem Begriff der Identifizierung und dem der Projektion bestehen enge Beziehungen. Projektionen dienen der Ich-Entlastung; man erkennt oder vermutet beim anderen gleiche oder ähnliche Eigenschaften, wie man sie selbst besitzt. Die psychologische Diagnostik hat diesen seelischen

Mechanismus zu nutzen versucht und Testverfahren entwickelt, mit deren Hilfe die projizierten Inhalte aufgedeckt werden sollen. Die projektiven Tests sind in ihrem wissenschaftlichen Wert heute umstritten. In der Kinderpsychologie ist die Anwendung projektiver Verfahren bei kritischer Vorsicht jedoch vertretbar.

4. Identifikation und Imitation

Identifikation betrifft die ganze Person

Die Identifikation betrifft den Menschen als ganzen. Fritz, der sich mit einem Westernhelden identifiziert (Beispiel 1), ist mit seiner ganzen Person daran beteiligt. Er liebt seinen Helden und gerät in heftigsten Zorn, wenn jemand abfällige Bemerkungen über das Idol macht. Wird die Fernsehserie beendet, ist Fritz tief deprimiert, und eine Zeitlang gehen seine Schulleistungen deutlich zurück.

Imitation ist oberflächlich

Dagegen ist die Imitation, die Nachahmung, recht oberflächlich. Sie ist eine verdünnte Form der Identifikation. Man kann Bewegungen eines anderen imitieren, ohne daß man sich dessen bewußt wird. In vielen Fällen verläuft eine Imitation ohne starke affektive Beteiligung; deshalb sind Imitationen weitaus häufiger als Identifikationen.

Allerdings gibt es zwischen Identifikationen und Imitationen kontinuierliche Übergänge.

Kinder lernen durch Nachahmen

Die Imitation ist eine fundamentale und stammesgeschichtlich sehr alte Form, in der Lebewesen neue Verhaltensweisen erwerben. Bei der sogenannten Mimikry dient Imitation unmittelbar der Arterhaltung. Während der frühen Kindheit sind Imitationsvorgänge viel häufiger als z. B. Lernen am Erfolg, Lernen durch Konditionieren und Lernen durch Einsicht. Weil Imitation eine sehr ursprüngliche und primitive Verhaltensweise ist, tritt sie auch bei vielen Geisteskrankheiten abnorm gesteigert auf; in extremen Lebenssituationen (z. B. bei Panik) handeln die meisten Menschen nicht mehr nach Einsicht und Erfahrung, sondern imitieren das Verhalten anderer Menschen. Imitatives Verhalten kennzeichnet auch alle Massenphänomene: Das kollektive Schreien, Lachen, Jubeln, Wüten, Trampeln, Zerstören, Singen usw. ist symptomatisch für die Ausschaltung des kontrollierenden und steuernden Ichs. Das gilt erst recht für die Imitation eines einzigen „Prestigemodells" (eines Führers, Aufwieglers, Schlagerstars usw.) durch die Massen. Dabei zeigt sich allerdings wieder die sehr enge Beziehung zwischen Identifikation und Imitation.

Panik

Massenverhalten

Wie schon gesagt: die Übergänge zwischen Identifikation und oberflächlicher Imitation sind fließend.

Teilzusammenfassung

Zwischen Identifikations- und Imitationsvorgängen bestehen fließende Übergänge. Die Identifikationen ergreifen die gesamte Person und sind oft affektgeladen, die Imitationen beziehen sich mehr auf einzelne Verhaltensweisen und sind weniger mit Affekten verbunden.

5. Imitation als Lernprozeß

Anpassung

Die Imitation ist für die Lebewesen eine sehr einfache und ursprüngliche Möglichkeit zur Ausbildung neuer Verhaltensweisen, die der Anpassung an die Welt dienen. Da nun Lernen ganz allgemein soviel bedeutet wie Erwerb neuer Verhaltensweisen, sowie körperlicher und geistiger Fähigkeiten, könnte man die Imitation ohne weiteres den Lernprozessen zuordnen.

Imitation und Lerntheorie

Lernen am Erfolg und durch Konditionieren

Wir haben in früheren Kapiteln bereits einige Lernarten kennengelernt: das Lernen am Erfolg und das Lernen durch Konditionieren. Es ist nun zu fragen, ob das Lernen durch Imitieren eine eigenständige Form des Lernens ist oder ob man es als eine Unterform des Lernens am Erfolg bezeichnen soll. Darüber konnten sich die Psychologen noch nicht einigen. Viele Forscher sind jedenfalls skeptisch, ob man den Erwerb neuer Fähigkeiten ausschließlich als „Lernen am Erfolg" und „Lernen durch Konditionieren" erklären kann. Die klassischen Lerntheorien mit ihrem Begriffsapparat liefern nämlich keine ausreichende Erklärung für die Vorgänge, die beim Erlernen zahlreicher sozialer Fähigkeiten und Verhaltensweisen stattfinden.

Erweiterung der Lerntheorie

In der neueren Psychologie neigt man deshalb zu der Annahme, vielen Lernvorgängen müßten andere theoretische Prinzipien zugrunde liegen; Begriffe wie „Soziales Lernen", „Beobachtungslernen", „Lernen am Modell" und schließlich auch „Imitationslernen" beherrschen immer stärker die lerntheoretischen Diskussionen.
Verdeutlichen wir uns das Beobachtungslernen an einigen Beispielen:

Beispiel 4
Eine Gruppe von Buben schaut gespannt Basketballspielern zu.

Beispiel 5
Ein Mädchen beobachtet genau, wie die Mutter strickt.

Beispiel 6
Der Medizinstudent verfolgt die Handgriffe des Chirurgen.

Fehlende Lernvoraussetzung?

Die Frage, ob allein die Beobachtungen ausreichen, um einen gewissen Lerneffekt zu erwirken, müßte von einem Anhänger der klassischen Lerntheorien eigentlich verneint werden; denn wie sollten sich ohne jede motorische Aktivität Verknüpfungen zwischen Sinnesdaten und motorischen Vorgängen ausbilden können? Was wären bei einem solchen Beobachtungslernen die Bestärkungsfaktoren, die angeblich Voraussetzung für jedes Lernen sind? Viele neuere Untersuchungen haben jedoch den Beweis erbracht, daß Beobachtungslernen tatsächlich möglich ist, obwohl es selbstverständlich das konkrete Üben nicht voll zu ersetzen vermag.

Lernen durch Beobachtung

Aktive Beteiligung

Bedingung für die Wirksamkeit des Beobachtungslernens ist jedoch immer eine starke affektive Beteiligung am beobachteten Vorgang. Das bringt das Beobachtungslernen wieder in eine enge Beziehung zu den Begriffen Einfühlung und Identifizierung.

Einwand der Behavioristen

Die Bedeutung der Gefühle und Interessen für das Lernen ist schon immer erkannt worden; aber gerade in den modernen Lerntheorien vermißt man Begriffe wie Gefühl, Interesse, innere Beteiligung, Engagement usw. Das ist von der Einstellung vieler Lerntheoretiker her zu verstehen. Ihre „behavioristische" Überzeugung (daß man nur beobachtbares Verhalten erforschen kann) verbietet ihnen, „unwissenschaftliche“ und mentalistische Begriffe wie Gefühl, geistige Einstellung usw. zu verwenden. Diese Überzeugung macht jedoch auch blind gegenüber vielen Tatsachen.

Gefühl und Interesse

Auf die Bedeutung der emotionalen Beteiligung am zu lernenden Stoff ist man schon sehr früh aufmerksam geworden. Im Altertum glaubte man, nicht das Gehirn, sondern das Herz sei der Sitz des Gedächtnisses. Viele Wörter, die in Verbindung mit dem Wort Herz stehen, kennzeichnen diese Zusammenhänge: beherzigen, to learn by heart (engl. auswendig lernen). Auch Goethes Ausspruch, das Gedächtnis sei eine Sache des Herzens, belegt die von der wissenschaftlichen Psychologie bislang sehr vernachlässigte Beziehung zwischen affektiver Beteiligung und Lernerfolg. Wenn man von sich behauptet, man habe für dieses oder jenes kein Gedächtnis, so besagt das fast soviel wie: man habe für die betreffenden Gegebenheiten kein Interesse.

Mentale Übung

Aber nicht nur eine unmittelbare konkrete Beobachtung (über die Wahrnehmung) kann zu Lernerfolgen führen, auch bereits die „innere Beschäftigung“ mit einem Vorgang hat eine deutlich erkennbare Wirkung.
Die Amerikaner Vandell, Davis und Clugston haben die Wirkung eines „mentalen Trainings“, so nennt man dieses Lernen, an Schülern untersucht. Dazu bildeten sie drei Gruppen:

Gruppe 1 übte 19 Tage lang täglich Bogenschießen.

Gruppe 2 beschäftigte sich 19 Tage lang täglich 30 Minuten „im Geiste“ mit allen Vorgängen und Teilhandlungen beim Bogenschießen; die Schüler dieser Gruppe rührten aber keinen Bogen an.

Gruppe 3 übte weder konkret noch mental. Sie war Kontrollgruppe.

Innere Bewegungsmuster

Am 20. Tag wurden die Mitglieder aller Gruppen auf ihre Leistungen im Bogenschießen hin untersucht. Erwartungsgemäß zeigte die Kontrollgruppe sehr schlechte Leistungen. Erstaunlich gering waren dagegen die Leistungsunterschiede zwischen den Schülern der konkret und der mental übenden Gruppe.
Auch in diesem Versuch zeigte sich, daß innere Beteiligung (Einfühlung und Identifikation mit den Vorgängen) wesentlich den Erfolg des Lernens bestimmen können.

Wortlose Unterweisung

Nicht zuletzt sei noch erwähnt, daß viele fernöstliche Erziehungstechniken Beobachtungslernen und mentales Training bevorzugen und auf verbale Instruktionen fast ganz verzichten.

Teilzusammenfassung

Imitation ist ein eigenständiger Lernvorgang. In der neueren Psychologie spricht man auch von Beobachtungslernen. Untersuchungen haben ergeben: Bloßes Beobachten von Vorgängen hat deutliche Lerneffekte zur Folge; bis zu einem gewissen Grad kann man sogar Fertigkeiten erlernen, wenn man sich nur in der Vorstellung mit ihnen beschäftigt.

6. Imitation und Modell

Imitationslernen ist, wie gesagt, eine sehr ursprüngliche Art, neue Verhaltensweisen zu erwerben. Das Kind beobachtet bei anderen Personen bestimmte Verhaltensweisen, die es bewußt oder unbewußt nachahmt. Da es aber im allgemeinen sehr viele Verhaltensmuster beobachten kann, stellt sich die Frage, warum es gerade dieses und nicht jenes Verhalten imitiert.

Was wird zum Modell?

Man muß annehmen, daß Eigenschaften, die imitiert werden, für den Imitierenden von Bedeutung sind. Da aber nicht nur menschliche Personen (und ihre Abbilder und Darstellungen), sondern auch Tiere, bizarre Phantasiegestalten und nicht zuletzt Gegenstände (z. B. Autos) imitiert werden, ist es üblich, von Imitationsmodellen zu sprechen.

Imitationsmodelle

Folgende Faktoren sind entscheidend dafür, ob eine Person, ein Tier, eine Sache Imitationsmodell werden kann:

- Das Modell muß Eigenschaften und Verhaltensweisen zeigen, die dem Kind neu sind.
- Das Modell muß dem Kind vertraut sein. Wichtig ist dabei: Mit dem Vertrauten müssen neuartige Eigenschaften verbunden sein.
- Das Modell und seine Verhaltensweisen müssen dem Kind imponieren; vor allem müssen die Verhaltensweisen erfolgreich sein.

Verfremdung

Es ist eine bemerkenswerte Tatsache, daß Kinder sich besonders gern mit „verfremdeten" Gestalten identifizieren und diese nachahmen. Verfremdungen entstehen, wenn ein dem Kind vertrautes Schema mit einer Hülle bizarrer Neuheit umgeben ist. Die Beliebtheit der bekannten Cartoonfiguren von Walt Disney, der Clowns und Masken ist dafür kennzeichnend.

Angst, Neugier, Belustigung

Verfremdete Gestalten lösen nicht selten Angst aus. Gewöhnt sich aber das Kind allmählich an die Gestalten, so entsteht bei ihm eine Gefühlsmischung aus Angst, Neugier und Belustigung. Auch einzelne verfremdete Verhaltensweisen werden vom Kind gern nachgeahmt. Sieht es z. B. einen hinkenden Menschen oder eine Person, die krankhaft grimassiert, so nimmt es nicht selten diese Bewegungen an. Das gleiche gilt für die Nachahmung von Sprachstörungen wie Stottern oder Lispeln.

Bewußtes und unbewußtes Nachahmen

Es hat sich als notwendig erwiesen, grundsätzlich zwei Arten von Imitationslernen zu unterscheiden (diese Unterscheidung gilt übrigens auch für andere Lernarten):
Das Kind imitiert bewußt das Modell. Es weiß, daß es jetzt dieses Modell nachahmt, und kann sein Verhalten steuern. Es kann auch vom Modell direkt zur Nachahmung aufgefordert werden. Wir bezeichnen eine solche Nachahmung als

- beabsichtigtes (intentionales) Nachahmen.

Das Kind ahmt ein Modell nach, ohne es zu wissen; in diesem Fall nennen wir das

- unbeabsichtigtes (inzidentelles) Nachahmen.

Die Unterscheidung intentional und inzidentell ist auch in der Lernforschung üblich. Man kann lernen mit Lernabsicht, also mit dem Vorsatz, sich etwas einzuprägen und zu merken (intentionales Lernen), oder aber man lernt

etwas, ohne es zu bemerken, vielleicht sogar ohne es zu wollen (inzidentelles Lernen).
Beide Imitationsformen sind pädagogisch gleich wichtig, obwohl in den westlichen Kulturen die Imitation nicht die Rolle spielt wie bei Naturvölkern, bei denen fast ausschließlich Lernen über das Imitieren erfolgt. Die Kinder eignen sich nicht das an, was ihnen die Erwachsenen *sagen,* sondern tun das, was sie bei Erwachsenen *sehen.*
Außerordentlich wichtig ist aber das unbeabsichtigte Imitieren. Viele Verhaltensähnlichkeiten zwischen Eltern und Kindern (Impulsivität, Depressivität, Unselbständigkeit, Nervosität, Getriebenheit, Aggressionsbereitschaft, Fleiß, Trägheit usw.) sind auf unbeabsichtigte Imitationen zurückzuführen. In der älteren Pädagogik ist die Bedeutung einzelner Erziehungsakte (Lohn, Strafe, Belehrung, Anweisung, Verbot usw.) gegenüber der stillen, aber um so nachhaltigeren Wirkung unbeabsichtigter Imitationsvorgänge überschätzt worden.

Massenmedien liefern Imitationsmodelle

Die pädagogische Psychologie hat jedoch in den letzten Jahren bei der Erforschung unbeabsichtigter Nachahmung große Fortschritte gemacht. Anlaß, sich verstärkt um solche Forschungen zu bemühen, waren auch die Vermutungen, daß von den Massenmedien viele Imitationsmodelle angeboten werden. In erster Linie interessiert hier eine Verhaltensart, die das Leben in unserer Zeit in immer stärkerem Ausmaß zu bestimmen scheint: die Aggression.

Wird aggressives Verhalten imitiert?

Experimente mit Aggression

Der Psychologe Bandura hat, zusammen mit vielen Mitarbeitern, in zahlreichen Experimenten das Problem der imitativen Übernahme aggressiven Verhaltens von Modellen untersucht. Seine Versuchspersonen waren hauptsächlich Kinder im Vorschulalter. Die Experimente verliefen in folgenden Phasen:

Versuchsabschnitt 1
Dem Kind (oder mehreren Kindern) wurde eine Aggressionshandlung vorgeführt. Die Modelle waren (in je gesonderten Experimenten) entweder reale Personen (Kinder oder Erwachsene), im Film dargestellte Personen oder aber Trickfilmfiguren (mehr oder weniger verfremdet).

Versuchsabschnitt 2
Die Kinder wurden in milder Weise „frustriert“, d. h. man erzeugte bei ihnen leichte Affekte des Ärgers oder Zorns.

Versuchsabschnitt 3
Man setzte in einem besonderen Raum den Kindern verschiedene Spielsachen vor. Besonders bewährt hat sich eine große aufblasbare Puppe, die leicht zu mißhandeln war.

Versuchsergebnis

Aggression wird nachgeahmt

Kinder, die Aggressionsmodelle beobachten konnten, imitierten nach einer kleinen Frustration die wahrgenommene Aggression.
Kinder, die kein Aggressionsmodell gesehen hatten, aber in gleicher Weise frustriert wurden, zeigten entweder kein oder nur ein sehr abgeschwächtes Aggressionsverhalten gegenüber den Puppen.

Diese Untersuchungen haben auch noch zahlreiche interessante Teilergebnisse erbracht. Hier seien nur einige berichtet:

- Jungen zeigen ein stärkeres imitatives Aggressionsverhalten als Mädchen.
- Wird das Modell für eine Aggressionshandlung belohnt (z. B. führt die Aggression zu einem für den Aggressor befriedigenden Erfolg), dann ahmen die Kinder ein solches Modell leichter nach als einen Aggressor, der für sein Verhalten (z. B. durch Mißerfolg) bestraft wird.
- Werden die Kinder selbst für das imitierte Aggressionsverhalten belohnt, so imitieren sie häufiger und intensiver Aggressionsverhalten, und zwar auch dann, wenn das Modell für seine Aggression bestraft wurde.

Wirkung des Trickfilms

Ein wichtiges Ergebnis ist noch folgendes: Es ist nicht ohne Belang, in welcher Form die Aggressionshandlung den Kindern vorgeführt wurde. Es wäre zu erwarten gewesen, eine reale Aggressionsszene hätte eine stärkere Modellwirkung als eine nur im Film oder sogar nur als Trickfilm demonstrierte Szene. Überrascht hat deshalb der Befund, daß Cartoonfiguren in ihrem Aggressionsverhalten von den Kindern besonders intensiv nachgeahmt wurden.

Zusammenfassung

Die Identifikation, das Sich-Gleichsetzen mit anderen Personen, dient in früher Kindheit der Ausbildung und Festigung des Ich; Erwachsene versuchen durch Identifikation mit stärkeren, beneideten Personen ihre Ich-Schwäche auszugleichen. Projektionen dienen der Ich-Entlastung: Wünsche und Eigenschaften, die man selbst hat, werden in andere hineingesehen.
Imitation ist eine stammesgeschichtlich alte Form des Lernens. Kinder lernen viel durch absichtliche oder unbewußte Nachahmung von Imitationsmodellen. Modelle können Personen, Tiere und Phantasiegestalten sein, die vertraute und fremde Züge in sich vereinen, deren Aktionen interessant und vor allem erfolgreich sind. Auch Aggressionsverhalten kann an Imitationsmodellen gelernt werden. Als besonders wirkungsvoll haben sich Zeichentrickfiguren in den Darbietungen der Massenmedien erwiesen.

Worterklärungen

Behaviorismus	psychologische Schule, die nur vom beobachtbaren Verhalten ausgeht
Imago	Bild; hier: Urbild
mental	geistig
Mimikry	angleichende Nachahmung; Verstellung, Tarnung
symptomatisch	hinweisend auf, kennzeichnend für

13. KAPITEL

Das Denken und seine Entwicklung

Das Denken ist die differenzierteste Form des Verhaltens, die komplizierteste, aber gleichzeitig auch die ökonomischste Art der Auseinandersetzung eines Lebewesens mit seiner Umwelt. Dementsprechend gelten Denkvermögen, Weisheit, Klugheit, Intelligenz bei allen Völkern als höchste Werte. Jedermann weiß, was gemeint ist, wenn man von Denken spricht. Niemand jedoch wäre in der Lage, es kurz und bündig zu erklären oder den Begriff Denken prägnant zu definieren. Das ist schon deshalb sehr schwierig, weil man, um an das Problem des Denkens heranzukommen, das Denken selbst als Instrument benötigt: Man muß über das Denken nachdenken.

Die Philosophen haben sich seit Jahrhunderten mit dem Wesen des Denkens auseinandergesetzt; die Bücher, die über diesen Gegenstand geschrieben wurden, füllen ganze Bibliotheken. Was aber ist Denken eigentlich?

Entwicklungspsychologische Betrachtungsweise

Wie so oft in der Wissenschaft nähert man sich auch diesem komplexen Sachverhalt am besten von seinen Ursprüngen her, d. h. man geht zu den einfachsten Formen zurück und studiert dann Stufe um Stufe die Entwicklung des Sachverhalts. Das Verfahren hat sich besonders beim Studium der Denkprozesse bewährt; in diesem Zusammenhang ist die entwicklungspsychologische Betrachtungsweise zum Verständnis der Denkvorgänge der wichtigste Zugang.

Für den Erzieher ist die Entwicklungspsychologie des Denkens von großem praktischem Wert: Der Pädagoge muß wissen, welche Denkleistungen er vom Kind auf den einzelnen Altersstufen erwarten kann, und wenn er zu besserem Denken erziehen und die geistige Leistungsfähigkeit fördern will, kann er das nicht ohne Kenntnisse auf dem Gebiet der Denkpsychologie.

1. Biologische Grundlagen der Denkvorgänge

Denken als Verhaltensweise

Denken ist eine Verhaltensweise, eine Form der Auseinandersetzung mit der Umwelt, die in enger Verbindung zu anderen Verhaltensweisen steht. Denken ist aber keine spezifisch menschliche Leistung; denn Denkvorgänge können auch bei Tieren nachgewiesen werden. Die Wurzeln des Denkens reichen weit hinab in die Stammesgeschichte. Primitiv organisierte Lebewesen sind in ihre Umwelt eingepaßt. Sie bewältigen Einwirkungen und Veränderungen durch einfache Reflexe, automatisiertes Verhalten oder auch mit Hilfe von Instinkten. Mit zunehmender Entwicklungshöhe wird das Lernen durch Konditionieren und das Lernen am Erfolg bedeutsam.

Denkhandlungen

Bei höher organisierten Tieren sind schließlich Verhaltensweisen zu beobachten, die man am besten als Denkhandlungen bezeichnet und die als Ursprünge des eigentlichen Denkens gelten können.

Handeln und Wahrnehmen

Die Wurzeln des Denkens liegen aber nicht nur im Handeln. Wesentliche Teilfunktionen des Denkens, wie Abstraktion und Begriffsbildung, sind eher auf Wahrnehmungsleistungen zurückzuführen.

2. Handeln und Denken

Behindertes Handeln

Die meisten Psychologen sind der Ansicht, Denken entstehe aus verhindertem oder behindertem Handeln. Diese Auffassung vertritt auch Freud:

> „Die notwendig gewordene Aufhaltung des Handelns wurde durch den Denkprozeß besorgt. Das Denken wurde mit Eigenschaften ausgestattet, welche dem seelischen Apparat das Ertragen der erhöhten Reizspannung während des Aufschubs der Abfuhr ermöglichten. Denken ist im wesentlichen ein Probehandeln ..."

Versuch und Irrtum

Dieser Sachverhalt läßt sich auch so darstellen: Das Verhalten (Handeln) eines Tieres wird durch Triebe (Hunger, Geschlechtstrieb usw.) in Gang gebracht und vom Wahrnehmungssystem (Sehen, Hören, Riechen) gesteuert. Wird nun ein zielgerichtetes Verhalten „blockiert" oder irgendwie sonst behindert, so wendet das Tier – vorausgesetzt, es hat solche Zielblockierungen schon öfter erlebt – zunächst sein erlerntes Verhaltensrepertoire an, also seine Erfahrung, oder aber es beginnt mit einem sogenannten Versuch-und-Irrtum-Verhalten, d. h. es probiert (relativ ziel- und wahllos) so lange, bis der Weg zum Ziel wieder frei ist.

Probehandlungen in Gedanken

Verinnerlichung

An höher organisierten Tieren kann man bei ungewohnten Blockierungen nicht selten einen anderen Verhaltenstypus beobachten: Das Tier läuft nicht mehr ungerichtet so lange hin und her, bis es einen freien Weg gefunden hat, sondern es verhält sich ruhig und versucht, die Situation zu überschauen. Anscheinend nimmt es mögliche Umwege „in Gedanken" oder „im Geiste" vorweg. Man nennt dieses Verhalten nicht ganz zweckmäßig Verinnerlichung (Introjektion) von Handlungen; Freud spricht von Probehandlungen. Es leuchtet ein, daß ein solches Verhalten dem Prinzip des geringstmöglichen Energieaufwandes entspricht; denn Probehandlungen in der Vorstellung oder „in Gedanken" sind weniger energieverzehrend als tatsächliche und konkrete motorische Handlungen. Verdeutlichen wir uns diesen Übergang vom konkreten Handeln zum Denken an einem Beispiel.

> Beispiel 1
> Herr X kommt spät abends nach Hause und möchte die Tür öffnen. Als er feststellt, daß er seine Schlüssel vergessen hat, rüttelt er mächtig an der Tür, klopft heftig und beginnt schließlich zu schimpfen und zu fluchen (damit wird bereits Triebenergie, wie Freud sagen würde, verschoben oder abgeführt). Schließlich geht Herr X zum Probehandeln in Gedanken über: Er sucht andere Zugangsmöglichkeiten zu seiner Wohnung, indem er nacheinander in der Vorstellung Wege erkundet: durchs Fenster? durch eine andere Tür? durch den Keller? über das Dach? Am Ende wird Herrn X wohl eine sinnvollere Handlung, als an der Tür zu rütteln, einfallen.

Von der konkreten Zielhandlung besteht also ein gleitender Übergang über die Probe-Denkhandlung bis hin zum Denken im engeren Sinn.

3. Wahrnehmung und Denken

Wahrnehmung von Beziehungen

Eine andere Wurzel des Denkens ist die Wahrnehmung. Das Tier, dem eine Zielhandlung blockiert wurde, muß die Art der Blockierung erkennen. Z. B. will ein hungriger Schimpanse eine an der Decke des Raumes befestigte

Banane herunterholen. Die direkte Zielhandlung ist durch die Höhe der Decke blockiert; das Tier kann die Banane im Sprung nicht erreichen. Es sieht aber eine Kiste und erkennt an ihr eine wichtige Eigenschaft: ihre Vertikalität und Gerichtetheit auf das Ziel hin. Die Beziehung Kiste-Banane ist also zunächst eine unmittelbar mit den Augen wahrgenommene Relation, andererseits aber bereits mehr als eine reine Wahrnehmung, denn die übrigen Tiere im Raum sehen sowohl die Kiste als auch die Banane, nehmen jedoch keine Beziehung zwischen den beiden Dingen wahr.

Was sind Vorstellungen?

Verinnerlichte Wahrnehmung

Die Verbindung zwischen der konkreten Wahrnehmung (Sehen, Hören, Riechen, Schmecken) und den eigentlichen Denkvorgängen bilden die Vorstellungen. Vorstellen ist „verinnerlichtes" Wahrnehmen. Wenn man einen Gegenstand unmittelbar sieht und sich dann von ihm abwendet oder die Augen schließt, kann man ihn sich innerlich vor Augen führen, ihn sich vor-stellen. Die Deutlichkeit und Bildhaftigkeit (die Nähe zur konkreten Wahrnehmung) ist von Mensch zu Mensch und bei der gleichen Person von Situation zu Situation recht verschieden.

Eidetik

Besonders Kinder haben bis zur Pubertät nicht selten sehr bildhafte Vorstellungen. Sie können sogar glauben, etwas tatsächlich gesehen zu haben, was sie sich nur vorgestellt hatten.
Man nennt diese Erscheinung der relativen Ungeschiedenheit von Wahrnehmung und Vorstellung Eidetik.

Bildhaftes und bildfreies Denken

Anschauliche bzw. eidetische Vorstellungen spielen im kindlichen Denken eine große Rolle. Im Laufe der Entwicklung werden jedoch die Vorstellungen immer „blasser", d. h. sie verlieren ihren bildhaften Charakter. Viele denkpsychologische Untersuchungen kamen zu dem Ergebnis, das eigentliche Denken Erwachsener sei weitgehend frei von bildhaft-anschaulichen Bestandteilen. Eine sinnvolle Erziehung zum Denken muß diesen Sachverhalt berücksichtigen. Das kleine Kind bedarf sehr vieler anschaulicher Hilfen. Es wäre jedoch falsch, das pädagogische Prinzip der Anschaulichkeit auch beim älteren Kind und Jugendlichen unkritisch anzuwenden. Bildhaftes und anschauliches Denken ist schwerfälliger und verläuft insgesamt langsamer. Denken gewinnt erst Elastizität, wenn es sich vom Ballast der Bilder befreit hat.

Teilzusammenfassung

Die Übergänge von der konkreten Wahrnehmung zum Denken sind fließend. Bindeglied ist die Beziehungswahrnehmung und die Beziehungsvorstellung. Vorstellungen sind „verinnerlichte" Wahrnehmungen. Man kann in der Vorstellung auch Probehandlungen vornehmen. Bei Kindern sind die Vorstellungen noch wahrnehmungsähnlicher als bei Erwachsenen (Eidetik). Die Entwicklung vom kindlichen Denken zum Denken des Erwachsenen ist durch zunehmende Entbildlichung, durch Verblassen der Vorstellungsinhalte gekennzeichnet. Die geringere Anschaulichkeit ermöglicht einen Gewinn an Elastizität.

4. Abstraktion und kategoriales Verhalten

Nicht selten wird die Auffassung vertreten, die Abstraktionsfähigkeit gehöre zu den höchsten und kompliziertesten Denkleistungen. Das ist falsch. Abstraktion ist vielmehr ein sehr einfacher, weil biologisch notwendiger Lebensvorgang.

Was versteht man unter Abstraktion?

Würde man alle Bedeutungen des Begriffs Abstraktion und alle Spekulationen der Philosophen über ihn berücksichtigen, dann gäbe es kaum ein Ende. In einem Wörterbuch der Philosophie wird „Abstraktion" auf insgesamt 17 Seiten behandelt. Hier genügt jedoch eine einfache Worterklärung:

Definition 1

- Abstraktion ist eine Leistung des Organismus, durch welche aus mehreren Eindrücken (Wahrnehmungen) das Übereinstimmende herausgehoben und das Nichtübereinstimmende vernachlässigt wird.

Wahrnehmung gleicher Eigenschaften

Man muß jedoch nicht immer von einer Leistung des Organismus sprechen. Nicht selten ist das Lebewesen bei Abstraktionen gar nicht sehr aktiv; es sieht unmittelbar, daß in seiner Wahrnehmungswelt bestimmte Dinge gleich sind und sich von anderen unterscheiden. In der Umwelt „gruppieren" sich die Gegebenheiten nach ganz bestimmten, für das Lebewesen wichtigen Eigenschaften. Es bilden sich Klassen bzw. Kategorien. Dinge, die das Tier immer wieder sieht, hört, schmeckt usw. schließen sich zu der Fundamentalkategorie der „Vertrautheit" zusammen. Zu dieser Klasse gehören dann alle Dinge und Sachverhalte, auf die sich das Tier nicht mehr jeweils neu einzustellen braucht, die für das Tier selbstverständlich geworden sind.

Fundamentalkategorien

Abstraktion und Kategorisierung setzen Gedächtnis voraus

Speicherung zusammengehörender Sachverhalte

Um abstrahieren bzw. Kategorien bilden zu können, muß das Lebewesen ein Gedächtnis besitzen. Es speichert die zusammengehörenden Sachverhalte im Gedächtnis und reagiert dann nicht mehr auf die einzelnen Gegebenheiten in seiner Umwelt, sondern „verhält sich kategorial". Begegnet das Tier einem bestimmten Sachverhalt, einem Ding, so verhält es sich ihm gegenüber nicht wie zu einem einzigartigen und individuellen Ding, sondern es erblickt in ihm das „Element" einer Klasse, einer Kategorie: einen Feind, einen Freund, einen Artgenossen, etwas, vor dem man fliehen, das man meiden muß, das man fressen kann usw.

Biologische Grundfunktionen

Abstraktion und kategoriales Verhalten sind also biologische Grundfunktionen, die unmittelbar im Dienste der Umweltbewältigung stehen und dem Prinzip des geringstmöglichen Energieaufwandes gerecht werden.

Abstraktion und Kategorienbildung erfolgen nicht selten spontan. Im Wahrnehmungsfeld eines Lebewesens schließen sich Dinge aufgrund gleicher oder ähnlicher Eigenschaften zusammen, ohne daß eine besondere Aktivität, Zuwendung oder Aufmerksamkeit nötig wäre.

Erlernte Abstraktion

Tierversuche mit der Kategorie „dreieckig"

Sehr oft sind für die Bildung von Kategorien Lernprozesse notwendig. Man hat das Abstraktionslernen eingehend bei Tieren untersucht: Ratten oder Affen wurden auf geometrische Figuren dressiert: Sie wurden mit Futter belohnt, wenn sie eine bestimmte Figur, z. B. ein Dreieck wählten; sie wurden bestraft, wenn sie eine andere Figur bevorzugten. Auch wenn das Dreieck in vielen Eigenschaften (Größe, Farbe, Beschaffenheit des Randes usw.) verändert wurde, griffen die Tiere nach dieser Figur, solange das „Wesentliche", die Dreieckigkeit, noch erkennbar blieb. Sie reagierten also nicht auf eine Vielzahl von Teileigenschaften, sondern auf eine Kategorie, auf Dreieckigkeit. Beim Lernen hatten sie die für Dreieckigkeit unwesentlichen Eigenschaften (Farben, Größe usw.) „zurückgedrängt" und das Wesentliche „herausgehoben".

Kategoriale Angst

Angst der Kinder

Kategoriales Verhalten ist bei Mensch und Tier fast die Regel. Kleine Kinder z. B. haben nur selten vor bestimmten Gegenständen Angst, meist „fremdeln" sie vor Kategorien von Umweltgegebenheiten, etwa vor solchen, die nicht zur Fundamentalkategorie des Vertrauten gehören. Bereits im 8. Kapitel ist das bekannte Experiment Watsons erwähnt: Ein kleines Kind, das zuerst keine Angt vor einer weißen Ratte hatte, wurde jedesmal durch ein lautes Geräusch erschreckt, wenn es die Ratte erblickte. Allmählich begann das Kind, sich vor dem Tier zu fürchten. Das Kind bekam bald auch beim Anblick von Gegenständen Angst, die bestimmte Merkmale mit der Ratte gemeinsam hatten: Pelze, weiße Flauschmäntel usw. Die Angst des Kindes war also „kategoriale Angst". So verstehen wir auch, warum Kinder sich meist um so leichter ängstigen, je intelligenter sie sind.

Watsons Experiment

Abstraktionsleistungen und Kategorienbildungen verlaufen auch um so schneller, je weiter die sprachliche Entwicklung des Kindes fortgeschritten ist. Ein zweijähriges Kind kann die Kategorie „dreieckig" bereits schneller lernen als ein erwachsener Schimpanse.

Teilzusammenfassung

Abstraktion und Kategorienbildung sind biologisch wichtige Grundfunktionen des Verhaltens. Ohne Abstraktion müßte das Lebewesen ständig neue Anpassungsleistungen vollbringen; ökonomischer und zweckmäßiger ist dagegen ein einheitliches Reagieren auf Gruppen, Klassen oder, wie wir sagen, auf Kategorien. Bereits bei kleinen Kindern können viele Verhaltensweisen als „kategoriales Verhalten" verstanden werden.

5. Sprache und kategoriales Verhalten

Erste Kategorien des Kindes

Schon am Ende ihres ersten Lebensjahres verfügen Kinder über eine Anzahl von Kategorien. Die früheste und ursprünglichste ist wahrscheinlich die Kategorie „Vertrautheit". Der Beginn der Sprachentwicklung läßt erkennen, daß das Kind noch andere „Primitivkategorien" besitzt. Z. B. werden alle Wesen mit tiefer Stimme, Hosen, kürzeren Haaren kategorial erfaßt und mit einem Namen versehen, der zunächst für ein Individuum gelernt worden war: Papa, Onkel. Vierbeinige, sich schnell bewegende Wesen werden unter eine Kategorie zusammengefaßt und mit „Wauwau" bezeichnet. Diese Primitivkategorien – man spricht auch von Schemata oder Schematismen – sind keine Endprodukte einer längeren Entwicklung oder eines komplizierteren Lernprozesses; das Kind hat sie schon sehr früh über einfache Wahrnehmungsabstraktionen erworben. Allerdings sind diese Primitivkategorien zunächst sehr grob strukturiert, werden aber im Laufe des zweiten Lebensjahres immer stärker differenziert. Verdeutlichen wir uns dies an Zitaten aus den Tagebüchern W. Sterns über seine Kinder:

Differenzierung der Primitivkategorien

„Anstelle des Wortes Papa, das meine Tochter zuerst noch ungeschieden für den Vater und andere Männer gebraucht hatte, trat im Alter von 19 Monaten eine Zweiteilung derart ein, daß Papa nur für den Vater reserviert wurde, hingegen alle anderen Männer auf Bildern und in Wirklichkeit Onkel hießen."

Den Vorgang einer Kategorienbildung beobachtete Stern bei seinem Sohn im gleichen Alter.

„Auf eine Tür zeigend, fragte er ‚das?'; wir sagten Tür, und wie um sich zu überzeugen, lief er zur zweiten und dritten Tür des Zimmers, seine Frage wiederholend. Ebenso machte er es mit den Stühlen im Zimmer."

Die Entwicklung des Denkens und auch der Sprache verläuft demnach in einem ständigen Wechsel zwischen Abstraktion und Konkretion, zwischen Verallgemeinerung und Individualisierung.

6. Wieviel Abwechslung braucht ein Kind?

Körperempfindungen

Nehmen wir an, ein neugeborenes Lebewesen würde in einen innen völlig homogen gefärbten Kasten gesperrt. Natürlich hat ein solches Tier immer noch eine Vielzahl von Empfindungen: Neben der optischen Empfindung „weiß" oder „grau" der Umgebung sieht es auch seinen eigenen Körper; es hat ferner Körpergefühle wie Hunger, Durst und Müdigkeit. Die Zahl seiner Körperempfindungen ist aber deutlich größer als die seiner Eindrücke aus der Umwelt.

Isolation verhindert kategoriales Verhalten

Welche Folgen hat die Isolation für die geistige Entwicklung? Das Tier wird kein kategoriales Verhalten zeigen, wenn man es plötzlich aus seinem Gefängnis entläßt und mit Artgenossen in Berührung bringt. Tiere, mit denen man Isolationsexperimente durchgeführt hat, erwiesen sich später als völlig unangepaßt. Da ihnen nur ihre eigenen Körpergefühle vertraut sind, beschränkt sich ihr Verhalten vorwiegend auf „Umgang mit dem eigenen Körper". Gegenüber ihrer Umwelt reagieren sie dagegen undifferenziert mit Angst. Das Mißverhältnis zwischen der Zahl der Körpergefühle und der Umwelteindrücke bei isolierten Tieren behindert aber auch die Entwicklung einer zentralen Steuerungsinstanz, die man gemeinhin als das „Ich" bezeichnet. Die Gesamtheit aller Körperempfindungen wird nämlich ebenfalls im Zuge ursprünglicher Abstraktion zu einer Kategorie bzw. einem Schema zusammengeschlossen, das man auch bei Tieren als Ich-Schema oder Ich-Instanz bezeichnen kann. Die Kategorie „Ich" ist aber abstraktiv nur zu gewinnen, wenn den Körperempfindungen eine genügend große, vor allem eine hinreichend variable Menge von Umwelteindrücken gegenübersteht; dann erst bilden die Körperempfindungen eine kategoriale Ganzheit.

Ich-Schema

Isolation bei Heimkindern

Mängel der Sprachentwicklung

Totale Isolation und völlige Homogenität der Umwelt kann nur im Tierexperiment erreicht werden. In abgeschwächter Form sind diese Bedingungen aber auch in der Umwelt vieler Kinder verwirklicht. Der Kategorienmangel durch unzureichende Umweltvariabilität zeigt sich z. B. bei einer großen Zahl von Heimkindern in Mängeln der Sprachentwicklung. Die übermäßige Zuwendung zum eigenen Körper, die manche Psychologen als „autoerotisches

Verhalten" verstehen, hat ihren Ursprung in der zu geringen Anregung durch die Umwelt. Die häufig beobachteten Störungen der Ich-Entwicklung und der Ich-Stabilisierung lassen sich als Folgen unzureichender Abstraktion von Körperempfindungen aus der Menge der Gesamterlebnisse (Körperempfindungen + Umwelteindrücke) erklären. Solche Fehlentwicklungen der Ich-Bildung sind sehr zahlreich; sie wirken sich auf Denkvorgänge wie auch auf Charaktereigenschaften aus.

Übermäßige Veränderlichkeit der Umwelt

Fehlen von Konstanz

Zu den gleichen Fehlentwicklungen kann aber auch eine Übervariabilisierung der Umwelt führen. Nehmen wir an, ein Tier werde nicht in einen homogen gefärbten Kasten gesperrt, sondern ständig wechselnden Sinneseindrücken ausgesetzt. Nehmen wir weiter an, kein Eindruck, den das Tier erhält, sei einem anderen gleich. Auch dieses Experiment würde die Ausbildung von Kategorien oder Schemata verhindern; denn jede Abstraktion setzt notwendig ein Mindestmaß von Konstanz und Gleichförmigkeit voraus.
Natürlich gibt es so etwas in der Natur nicht; in abgeschwächter Form jedoch ist übermäßige Variabilität der Umwelt gar nicht so selten; man könnte sogar sagen, unsere Umwelt sei durch eine zunehmende Variabilität gekennzeichnet.

Weder zuwenig noch zuviel

Behinderte Kategorienbildung

Während z. B. die älteren Kindergärten den Kindern ein zu hohes Maß an Konstanz und Homogenität boten, wird heute in vielen Kindergärten zu viel und zu vielgestaltiges Material vorgesetzt. Man macht auf diese Weise den Kindern die Ausbildung stabiler und gleichzeitig differenzierter Kategorien und Schemata sehr schwierig.
Es wäre auch falsch, mit einem zwei- bis dreijährigen Kind den gesamten zoologischen Garten zu durchlaufen. Die Übervariabilität an Formen, die das Kind antrifft, hindert es daran, seine Primitivkategorien („Wauwau" usw.) allmählich zu differenzieren. Des öfteren sind Verzögerungen in der Sprachentwicklung eines Kindes auf ein Zuwenig oder auf ein Zuviel an Umweltvariabilität zurückzuführen. Ein Kind, das von einer Reise mit den Eltern zurückkommt und viele neue Eindrücke gewonnen hat, zeigt plötzlich überraschende Fortschritte in seinem Wortschatz, aber nur dann, wenn dem Kind schon genügend und ausreichend stabile Kategorien zur Verfügung stehen. Die Erziehung des Kindes muß von diesen Tatsachen ausgehen, denn eine optimale geistige Entwicklung ist nur in einer Umgebung möglich, in der Konstanz und Gleichförmigkeit im richtigen Verhältnis zur Variabilität stehen.

Teilzusammenfassung

Das Kind bildet bereits sehr früh Primitivkategorien, die mit einsetzender Sprachentwicklung durch Lautzeichen benannt werden. Differenzierungsprozesse lösen die Abstraktionsvorgänge ab. Die geistige und sprachliche Entwicklung des Kindes wird wesentlich dadurch bestimmt, wie homogen bzw. konstant und wie variabel seine Umwelt ist. Überwiegt eine dieser Bedingungen deutlich, so stört das die Ausbildung von Kategorien und Schemata.

7. Der Bildgehalt der Kategorien

Unvollkommene Abstraktion bei Kindern

Kategorien und Schemata – man könnte auch von Begriffen sprechen – sind durch abstraktive Prozesse entstanden. In der Abstraktion werden wesentliche Eigenschaften eines Sachverhaltes hervorgehoben und sehr viele, unwesentliche Eigenschaften zurückgedrängt. Bei Kindern sind jedoch die meisten Abstraktionen unvollständig, d. h. die Kategorien enthalten noch zahlreiche unwesentliche Bestandteile. Die Abstraktionen bei kleinen Kindern bilden sich auch hauptsächlich aufgrund von sehr auffallenden Merkmalen; so wird z. B. die Farbe der Gegenstände lange Zeit als wichtiges Kriterium für eine Kategorisierung verwendet.

Abstraktionsexperimente mit Zwei- bis Fünfjährigen

Kriterien frühkindlicher Abstraktion

David Katz hat mit kleinen Kindern Abstraktionsexperimente durchgeführt. Er legte Kindern von zwei bis fünf Jahren Figuren vor, die sich durch Form und Farbe voneinander unterschieden, z. B. drei rote Dreiecke und drei grüne Kreisscheiben. Diese Figuren nannte er Nebenfiguren. Als Hauptfigur gab er den Kindern dann eine rote Kreisscheibe und forderte sie auf, eine Nebenfigur zu wählen, die der Hauptfigur gleiche. Im Alter zwischen 2½ und 4¾ Jahren bevorzugten fast alle Kinder die Farbe als Zuordnungskriterium. Kinderpsychologen haben jedoch nachgewiesen, daß dort, wo die Form die Kinder besonders interessiert (bei Spielsachen oder Eßgeräten), auch die Form als Abstraktionskriterium verwendet wird.

Egozentrische Abstraktion

Auffallende Interessen, Wünsche und Begierden weckende Eigenschaften werden bevorzugt als Abstraktionskriterien für die Kategorienbildung gewählt. Das gilt aber nicht nur für Kinder; man findet solche Abstraktionen – „egozentrische Abstraktionen" – im Denken vieler Naturvölker und nicht selten auch bei Erwachsenen unseres Kulturkreises.

Konkretismus bei Kindern und Naturvölkern

Äpfel und Birnen zusammenzählen

Die Unfähigkeit, von der konkreten Erscheinung der Dinge teilweise abzugehen, erschwert u. a. die Bildung von Zahl- und Mengenbegriffen. Kleine Kinder haben oft Schwierigkeiten, Äpfel und Birnen zusammenzuzählen und die Gesamtmenge mit einem Zahlwort zu benennen; denn Äpfel und Birnen besitzen nicht nur verschiedenes Aussehen, sondern auch verschiedenen Geschmack.

Noch schwieriger ist die Aufgabe, Äpfel und Flugzeuge zu addieren; dazu wären Vorstellungsoperationen notwendig, bei denen das Kind sehr viele und vor allen Dingen sehr interessante Eigenschaften von Äpfeln und Flugzeugen zurückdrängen und unberücksichtigt lassen müßte.

Eigene und feindliche Boote zusammenzählen

Den Angehörigen primitiver Stämme auf Neuguinea ist es unmöglich, die Boote ihres eigenen Stammes mit den Booten eines ihnen feindlichen Volkes zusammenzuzählen. Sie sind nicht in der Lage, die Eigenschaften feindlich und freundlich bei der Abstraktion zurückzudrängen und allein die Gleichheit der Kategorie „Boot" bei der Bildung der Gesamtmenge zu benutzen.

Max Wertheimer, der Begründer der Gestaltpsychologie, hat in zahlreichen Beispielen auf die Bedeutung konkretistischer Begriffe und Kategorien für das Denken von Kindern, Naturvölkern und nicht zuletzt auch von geistig kranken Menschen hingewiesen.

Fremde Abstraktionskriterien erschweren Verständnis

Es fällt uns schwer, von unserer festgefügten, tradierten und kategorial geordneten Welt einmal abzusehen und in das Denken von Kindern, Geisteskranken oder Naturvölkern einzudringen. Sie haben ihre Kategorien und Begriffe mit anderen Abstraktionskriterien erworben. Ebenso ist uns die Gedankenwelt der Schizophrenen meist unverständlich, während wir bei bestimmten Formen von Hirnverletzungen zumindest erkennen können, warum der Kranke so und nicht anders denkt.

Fehlende Farbkategorien bei Hirnverletzten

Manche Hirnverletzte sind z. B. nicht in der Lage, eine größere Anzahl von Farbplättchen zu ordnen. Sie verfügen über keine Farbkategorien und selten über die richtigen Farbnamen. Man kann diese Unfähigkeit bis zu einem gewissen Grad nachfühlen, denn auch dem gesunden Menschen fällt es manchmal schwer, ausgefallene Farbtöne (z. B. ein rötliches Violett) einer bestimmten Kategorie zuzuordnen und zu benennen. Die ungeheuer große Zahl möglicher Farbnuancen – ein typisches Beispiel für Übervariabilität – und vor allem die Kontinuität der Farbübergänge verhindern die Bildung klar abgegrenzter Farbkategorien. Immerhin wüßte ein gesunder Erwachsener sofort, wohin ein tiefes Rot, ein helles Gelb oder ein sattes Grün gehören; der Hirnverletzte dagegen versucht, durch mühsames Vergleichen jeder Farbe mit allen anderen eine gewisse Ordnung herzustellen.

Teilzusammenfassung

Kinder verfügen über Kategorien und Begriffe, in denen noch viele irrelevante, jedoch konkret-anschauliche Eigenschaften enthalten sind. Dadurch werden bestimmte Denkoperationen, z. B. die Addition, behindert. Vergleiche mit dem Denken der Naturvölker zeigen: das Beharren auf unmittelbar sinnlichen Abstraktionskriterien ist typisch für das Denken in einem primitiven Entwicklungsstadium. Im Erziehungsprozeß müssen die nebensächlichen sinnlichen Bestandteile der Kategorien allmählich ausgesondert werden.

8. Vorstellungsschemata und abstraktives Verhalten bei Kindern

Die Kategorien und Begriffe kleiner Kinder sind noch stark von sinnlicher Wahrnehmung und konkreter Anschauung geprägt. Bald jedoch erhalten die Kategorien auch Eigenschaften, die nicht mehr der Wahrnehmung, sondern dem Wissen entstammen. So wird das Spielverhalten eines fünfjährigen Kindes schon weitgehend durch Kategorien bestimmt, die nicht mehr allein über abstrahierende Wahrnehmungsprozesse zustande gekommen sind. Das zeigt sich in erster Linie beim Malen und Zeichnen.

Was an Kinderzeichnungen zu sehen ist

Anschauung und Wissen

Ein Kind, das etwas darstellen soll, ist kaum in der Lage, sich am konkreten Sinneseindruck zu orientieren und etwa ganz naiv und unbefangen ein bestimmtes Haus oder einen bestimmten Baum zu malen. Wenn ein Kind zwischen sechs und acht Jahren eine Vase oder einen blühenden Zweig unmittelbar abzeichnen soll, dann wird es das Modell kaum anblicken. Das Kind denkt nicht: „Ich soll *diese* Vase, *diesen* Zweig zeichnen“; es denkt: „Ich soll *eine* Vase, *einen* Zweig zeichnen.“ Das Kind weiß natürlich, wie eine Vase oder ein Zweig aussieht; und so zeichnet es weniger nach seiner Wahrnehmung, sondern vorwiegend nach seiner Vorstellung oder, wie W. Stern sagt, nach Vorstellungsschemata, in denen sowohl Wahrnehmungsinhalte als auch, und dies ist wichtig, Wissenskomplexe vertreten sind.

Vorstellungsschemata

Formalistische Wiedergabe

Die Abbildungen konkreter Objekte sind in vielen Kinderzeichnungen ohne Leben, starr und nach einem fixen Schema gezeichnet: Ein Baum hat einen

Kinderzeichnungen sind oft formalistisch und stellen mehr dar, was ein Kind weiß, weniger, was es im konkreten Fall sieht oder gesehen hat.

Stamm und Äste mit Blättern; das alles wird stark formalisiert wiedergegeben. So kennt das Schulkind eine größere Anzahl solcher Schemata: Das Menschenschema, das Hausschema, das Baumschema usw.

Gewußtes wird mitgezeichnet

Natürlich kommt diese anti-naturalistische Darstellungsweise oft zu originellen Ergebnissen; das Kind weiß: in Häusern sind Wohnungen, und in den Wohnungen leben Menschen. Darum zeichnet es nicht selten das Innere des Hauses und seine Bewohner gleich mit hinein. Das Kind weiß auch: Häuser ragen senkrecht am Straßenrand auf. Und dieses Wissen realisiert es unmittelbar in der Zeichnung: die Häuserkonturen stehen rechtwinklig von den Straßenrändern ab.

Vorstellungsschemata Erwachsener können kindlich starr bleiben

Zur Naivität erziehen

Eine naive und unbefangene Wahrnehmung kann nur durch einen besonderen Erziehungsprozeß eingeleitet werden. Das ist um so wichtiger, als die Vorstellungsschemata, mit denen das Kind an seine Umwelt herangeht und mit denen es seine Welt fast wie durch eine Zerrbrille sieht, überaus stabil sind und in den meisten Fällen bis in das Erwachsenenalter bestehen bleiben.

Zeichnungen von Erwachsenen

Man erkennt dies daran, daß die Zeichnungen vieler Erwachsener kaum über das Niveau zwölfjähriger Schüler hinausragen. Sie bilden die Umwelt starr, leblos und ebenso schematisiert ab wie die Zeichnungen der meisten Kinder. Die Vorstellungsschemata dieser Erwachsenen, so können wir daraus schließen, sind kaum differenzierter als die von Kindern. Sie sehen ihre Umwelt und ihre Mitmenschen schematisiert, in einfachen, engen Kategorien.
Kategoriales Verhalten ist also einerseits lebensnotwendig, denn es dient der Verhaltensökonomie und erhöht die Anpassungsfähigkeit des Lebewesens; andererseits können Kategorien aber auch den Blick auf die unmittelbaren Realitäten der Umwelt verstellen. Es ist Aufgabe der Erziehung, durch eine angemessene Anleitung zur Wahrnehmung und zum Denken dem Menschen einen Weg aus diesem Dilemma zu weisen.

Zusammenfassung

Denken ist die differenzierteste Form der Auseinandersetzung mit der Umwelt. Es ist keine spezifische Errungenschaft des Menschen, sondern schon an Tieren zu beobachten. Eine Wurzel des Denkens sind die Probehandlungen, die man nicht ausführt, sondern sich nur vorstellt; eine zweite Wurzel die Wahrnehmung möglicher Beziehungen zwischen verschiedenen Gegenständen, Lebewesen und Ereignissen. Probehandlungen und Beziehungswahrnehmung gehorchen dem Prinzip des geringstmöglichen Energieaufwandes. Die gleiche Funktion haben auch Abstraktion und Kategorienbildung, zwei besondere Formen der Beziehungswahrnehmung. Sie ermöglichen das Reagieren auf Gruppen, Klassen oder Kategorien von Wahrnehmungen. Kategoriales Verhalten kann schon bei kleinen Kindern beobachtet werden. Die Kategorien der Kinder sind stark von der Anschauung und sinnlichen Wahrnehmung geprägt. Im Laufe der Entwicklung nehmen die anschaulichen Elemente ab, das Denken wird flexibler, weil es nicht mehr an Bildinhalte gebunden ist. Kindliche Kategorien sind einfach; sie enthalten auch Elemente, die dem Wissen entstammen. Ein Zuviel oder ein Zuwenig an Konstanz der Umwelt kann ihre Differenzierung verhindern.

Worterklärungen

autoerotisch, Autoerotik	Tendenz, Lust am eigenen Körper zu suchen
Dilemma	Zwangsentscheidung
egozentrisch	bezogen auf den eigenen Körper, auf die eigene Person
homogen	gleichartig
Introjektion	Verlegung nach innen
Konkretismus	Verharren im konkreten und anschaulichen Denken
Relation	Beziehung
Vertikalität	Ausgerichtetsein in der Senkrechten

14. Kapitel

Die geistige Entwicklung des Kindes in der Lehre Jean Piagets

Im Jahre 1923 legte ein junger Biologe und Psychologe aus Genf, Jean Piaget, der Fachwelt seine erste Untersuchung über die Beziehung zwischen Denken und Sprache vor. Seitdem werden die Entwicklungspsychologie und die Pädagogik in erstaunlicher Weise von den Ideen dieses Forschers befruchtet. Oft hat er Kritik herausgefordert, Widerspruch und Ablehnung erfahren; kein Kinderpsychologe oder Pädagoge kommt aber heute an Piagets Werk vorbei. Viele Reformbemühungen der Didaktik im Elementar- und Primarbereich gründen sich auf das System Piagets. In diesem Kapitel soll ein Überblick über seine Lehre vermittelt werden.

1. Denken als Anpassungsleistung

Piaget kommt von der Biologie her; das zeigt sich in seiner ganzen Denkweise, in seinen Methoden und vor allem in seinen Begriffen. Man kann sogar Piagets Lehre als ein naturphilosophisches System verstehen.

Umweltveränderung bewirkt Ungleichgewicht

Neue Strukturen und Funktionen

- Die Entwicklung der Organismen ist zu begreifen als beständiger Wechsel zwischen Umweltveränderungen und Anpassungsleistungen der Lebewesen an die veränderte Umwelt. Jede Umweltveränderung bewirkt im Organismus einen Zustand des Ungleichgewichtes, der durch das Ausbilden neuer anatomischer Strukturen oder neuer physiologischer Funktionen wieder ausgeglichen werden muß.

Beginn des Denkens

Dieser Vorgang, der sich in der Stammesgeschichte der Menschheit unzählige Male wiederholt hat, spiegelt sich auch in der Entwicklung des einzelnen Menschen wider. Das Kind muß seine Wahrnehmung, sein Verhalten immer neuen Bedingungen anpassen, um seine Umwelt zu bewältigen. Beim Kleinkind erfolgt die Wiederherstellung eines Gleichgewichtszustandes zunächst über das sensumotorische Verhalten (Saugen, Laufen, Spielen usw.), bald jedoch reicht dieses Verhalten nicht mehr aus. Es muß durch Denkoperationen ergänzt oder sogar ersetzt werden. Sie dienen wie alle anderen organismischen Prozesse dazu, einen Gleichgewichtszustand zwischen dem Organismus und seiner Umwelt zu bewahren oder wiederherzustellen. Die Intelligenz, so sagt Piaget, ist ein Sonderfall der biologischen Anpassung.

2. Erster Grundbegriff: Das Schema

Schema

Im 13. Kapitel haben wir über Abstraktion und Kategorienbildung gesprochen. Den Begriff „Kategorien“ können wir dem Piagetschen Begriff des Schemas gleichsetzen – wenn auch nur ungefähr. Den wichtigen Begriff

„Schema" hat Piaget in seinem gesamten Werk nirgends eindeutig definiert. Nicht selten spricht er auch von Ordnungsstruktur anstelle von Schema. Die Beispiele 1 bis 3 sollen verdeutlichen, was mit Schema gemeint ist.

Sensumotorisches Schema

Beispiel 1
Das Kind (Alter etwa 1 Jahr) hält einen Löffel in der Hand, läßt ihn versehentlich fallen. Die Mutter gibt ihn dem Kind zurück; es läßt ihn aber sofort wieder fallen und schaut ihm vergnügt nach. Die Mutter gibt noch einmal den Löffel zurück, und wieder läßt das Kind ihn fallen. Das Spiel wiederholt sich so lange, bis die Mutter die Geduld verliert.

Aus einem zufälligen Ereignis (ungeschickte Handhabung des Löffels) entsteht ein einfaches *sensu-motorisches Schema:* Festhalten, Loslassen, Nachschauen – Festhalten, Loslassen, Nachschauen usw.

Kognitives Schema

Beispiel 2
Das Kind sieht in seiner Umgebung kleine, wuschelige, vierbeinige Lebewesen, die bestimmte Laute von sich geben. Beim Anblick dieser Lebewesen sagt die Mutter jedesmal „wau-wau".

Das Kind bildet ein *kognitives Schema* (eine Primitivkategorie), in das alle vierbeinigen, sich bewegenden Wesen eingeordnet werden: das Wauwau-Schema.

Schema „Bruch"

Beispiel 3
Ein Kind (5½ Jahre alt) soll einen kreisrunden, scheibenförmigen Kuchen gleichmäßig unter seine Geschwister aufteilen. Es gelingt dem Kind nicht, diese Aufgabe zu lösen. Es bricht aus dem Kuchen kleine Stücke heraus und gibt sie den Geschwistern; ein großer Rest bleibt übrig.

Die Aufgabe einer Dreiteilung des Kreises wird erst mit etwa sieben Jahren gelöst. Das heißt, das Schema „Bruch" (= gleichmäßige Unterteilung eines Ganzen) ist frühestens in diesem Alter gegeben.

3. Veränderungen des Schemas

Sprunghafte Veränderung

Geistige Entwicklung bedeutet Veränderung der bestehenden Ordnungsstrukturen, der Schemata. Diese Veränderung geht nicht kontinuierlich, sondern eher sprunghaft vor sich; sie erfolgt auf zwei Weisen:

- durch Assimilation und
- durch Akkommodation.

Das sind Begriffe, die Piaget aus der Biologie übernommen hat; dort haben sie allerdings einen etwas anderen Sinn.

Assimilation

Unter Assimilation versteht Piaget die Angleichung neuer Wahrnehmungen, Informationen und Erfahrungen an ein bestehendes Schema. Man könnte auch sagen: Assimilation ist Einpassung von Neuem in eine vorhandene Ordnungsstruktur.
Verdeutlichen wir uns dies am Beispiel 2: Das Kleinkind verfügt über das Wauwau-Schema. Eines Tages kommt es an einer Wiese vorbei, zeigt auf

eine Kuh und sagt: „Wauwau". Das Kind hat also den neuen Eindruck seinem Wauwau-Schema assimiliert, das Erlebnis „Kuh" wurde dem alten Schema „Wauwau" eingepaßt.

Akkommodation

Wenn Eindrücke nicht ins Schema passen

Später geht das Kind durch den zoologischen Garten und sieht dort eine Menge neuer Tierformen; es lernt Lebewesen kennen, die lange Hälse, die keine Beine, zwei Beine oder vier Beine haben, die brüllen, pfeifen, klettern oder fliegen. Das bestehende Wauwau-Schema kann diese neuen Formen nicht mehr „verdauen", nicht mehr assimilieren. Es muß sich selbst den neuen Eindrücken angleichen, muß sich akkommodieren. Die Bezeichnung Akkommodation ist der Optik entnommen: dort versteht man unter Akkommodation die Anpassung der Linse des Auges an die Entfernung, damit die Gegenstände auf der Netzhaut scharf abgebildet werden.

Intelligenz führt über biologische Funktionen hinaus

Gegenläufige Prozesse

Die Veränderung der Ordnungsstrukturen durch Assimilation und Akkommodation – beide sind gegenläufige Prozesse – ist die Grundlage der geistigen Entwicklung. Die Intelligenz, so behauptet Piaget, führt die Funktion der biologischen Organisation weiter und geht zugleich über sie hinaus, weil sie neue und höhere Strukturen (Schemata) erarbeitet. Die Entwicklung der Intelligenz besteht in einer fortdauernden Anpassung an neue Situationen. Wie wir noch sehen werden, durchlaufen diese Anpassungsprozesse ganz bestimmte Entwicklungsstufen.

Teilzusammenfassung

Intelligenz ist eine höhere Stufe der Anpassungsleistungen des Organismus. Im Laufe der Entwicklung werden Ordnungsstrukturen (Schemata) des Verhaltens, der Wahrnehmung und des Denkens ausgebildet, die sich durch Assimilations- und Akkommodationsvorgänge verändern. Assimilation ist die Einpassung neuer Eindrücke und Informationen in ein bestehendes Schema; Akkommodation ist der Vorgang der Umstrukturierung des Schemas, wenn Assimilationen nicht mehr möglich sind. Assimilation und Akkommodation sind gegenläufige, aber sich ergänzende Lebensprozesse.

4. Zweiter Grundbegriff: Die Operationen

Für Piaget ist das Denken unmittelbar dem Handeln, dem konkreten Manipulieren entwachsen. Denken ist, wie bereits im 13. Kapitel gezeigt wurde, zumindest teilweise verinnerlichtes Handeln.

Reversibilität des Denkens

Denken und Handeln

Dem Handeln gegenüber hat das Denken jedoch den Vorteil, elastischer, anpassungsfähiger und schneller zu sein. Vor allem aber: Denken ist *reversibel,* seine Operationen sind umkehrbar. Das konkrete Handeln ist dagegen immer auf ein bestimmtes Ziel gerichtet. Was sollen wir uns unter „Reversibilität" vorstellen?

Beispiel 4
Für ein vierjähriges Kind sind die Begriffe „Rose" und „Blume" gleichbedeutend; es sind austauschbare Namen für die gleiche Gegebenheit; allmählich gewinnt das Kind jedoch ein neues Schema: „Blume" wird Name einer Klasse, in der „Rose" eingeordnet, assimiliert werden kann.

Die Schemabildung in diesem Beispiel erfolgt dynamisch durch zwei Denkoperationen:

$$\text{Rosen} + \text{Nichtrosen} = \text{Blumen}$$
$$\text{Blumen} - \text{Nichtrosen} = \text{Rosen.}$$

Dynamische Veränderung

Piagets Theorie der Intelligenz ist eine Theorie der dynamischen Veränderungen bestehender Ordnungsstrukturen durch bestimmte reversible Operationen. Die Elastizität, mit der solche Umkehrungen vorgenommen werden können, kennzeichnet den Grad der Intelligenz eines Kindes.

Denkstrukturen durch sinnvolles Operieren

Operation

Was bedeutet hier „Operation?" Machen wir uns zunächst klar, was mit diesem Begriff *nicht* gemeint ist: Ein Kind weiß, wenn es seine Schwester schlägt, wird es bestraft. Deshalb schlägt es seine Schwester nicht. Nach Piagets Auffassung ist ein solches Befolgen von Regeln keine Operation. Eine Operation setzt Einsicht voraus, selbständigen Umgang mit einer formalen Struktur.

Konkrete und verinnerlichte Operation

Ein Kind, das etwa einen geometrischen Lehrsatz auswendig lernt und mechanisch anwendet, hat damit noch keine Einsicht in die Gesetzmäßigkeit, die der Lehrsatz ausdrückt. Wie könnte es zu echtem Verständnis kommen? Durch Lernen am Erfolg? Durch Konditionieren? Durch Imitation? Wohl kaum. Das Kind lernt erst wirklich, wenn es durch beständiges sinnvolles Operieren an geometrischen Figuren das Schema des Lehrsatzes selbst bilden kann. Die konkreten Operationen an Spielelementen und Zeichnungen werden dann immer stärker durch „verinnerlichte" Operationen abgelöst.

Piagets Theorie der Intelligenz ist eine dynamische Theorie. Sie besagt, daß Denken immer operatorisches Denken ist. Die Denkoperationen unterscheiden sich von den konkreten Handlungen durch größere Elastizität, vor allem aber durch die Eigenschaft der Umkehrbarkeit, der Reversibilität. Verständnis eines Sachverhaltes erhält das Kind zunächst durch das konkrete, später auch durch das verinnerlichte Operieren.

5. Dritter Grundbegriff: Der Egozentrismus des Kindes

Autistisches Denken

Bis zu seinem siebenten Lebensjahr verlaufen die Denkoperationen des Kindes vorwiegend egozentrisch, d. h. sie sind ichbezogen. Dem Stadium der Egozentrizität geht das Stadium des autistischen Denkens voraus. Obwohl Piaget Autismus und Egozentrismus unterscheidet, soll hier die allgemeine Problematik ausschließlich vom Begriff der Egozentrizität her behandelt werden. Egozentrisches Denken ist vor allem von den eigenen Wünschen, Antrieben, Bedürfnissen und Gefühlen bestimmt; es kennt nur einen einzigen Standpunkt: den des denkenden Ich. Man kann sich das egozentrische Denken leicht mit folgendem Experiment verdeutlichen: Man fordert vier- bis fünfjährige Kinder auf, den Nikolaus oder den Osterhasen zu zeichnen. Malen

Ich: Mittelpunkt der Welt

die Kinder das geforderte Objekt lange vor dem Nikolaustag, bzw. vor Ostern, dann sind alle Darstellungen relativ klein und recht oberflächlich. Je näher aber der Nikolaustag oder Ostern rücken, um so größer und um so ausführlicher werden die Figuren.

Nahe Berge sind am höchsten

Piaget hat das egozentrische Denken bei Kindern in zahlreichen Experimenten nachgewiesen.

Beispiel 5
Piaget stellte die Kinder vor einen Sandkasten, in dem eine Berglandschaft plastisch dargestellt war. Das Relief enthielt Berge unterschiedlicher Höhe, die sich, vom Standort des Kindes aus gesehen, gegenseitig teilweise verdeckten. Die Kinder sollten die relative Höhe der einzelnen Berge schätzen. Diese Aufgabe ist nur dann zu lösen, wenn der Betrachter der Landschaft von seinem eigenen Standort absieht. Kleinere Kinder sind nicht in der Lage, sich „in Gedanken" an einen anderen Ort zu versetzen. Eine objektiv richtige Höhenschätzung ist unter diesen Versuchsbedingungen erst nach dem siebten Lebensjahr möglich.

Beispiel 6
Einem vier- bis fünfjährigen Kind wird die Aufgabe gestellt, die Länge zweier Stäbe zu schätzen. Beide Stäbe sind gleichlang, werden aber in Richtung auf den Standort des Kindes so gelegt, daß ein Stab mit seinem oberen Ende weiter vom Standort des Kindes entfernt ist. Nicht selten bezeichnet ein Kind dieses Alters den Stab als den längeren, dessen Ende weiter von seinem Standpunkt entfernt ist.

Beziehungswahrnehmung

Bis zum siebten Lebensjahr fällt es allen Kindern schwer, Beziehungen wahrzunehmen und zu beurteilen, wenn die eigene Person nicht miteinbezogen ist. Das Kind kann z. B. nur mit Mühe begreifen, was „Bruder" eigentlich bedeutet. Es erkennt nicht, daß das „Brudersein" eine symmetrische Relation ist und daß es selbst der Bruder seines Bruders ist.
Beim Fortschreiten der geistigen Entwicklung wird das egozentrische Denken immer mehr durch sachbezogene Operationen ersetzt. Bei vielen Erwachsenen sind aber noch deutliche Spuren egozentrischer Denkhaltungen zu erkennen.

Teilzusammenfassung

In früher Kindheit sind die Operationen egozentrisch: Das Kind läßt sich in seinem Denken weitgehend von seinen Wünschen, Bedürfnissen und Gefühlen bestimmen. Es ist nicht in der Lage, von seinem eigenen Standort abzusehen und die Dinge seiner Umwelt einmal von einer anderen Seite her zu betrachten.

6. Die Beziehungen zwischen Denken und Sprache

Allgemein gilt die Sprache als die höchste „Errungenschaft" des Menschen und als Endprodukt einer langen geistigen Entwicklung. Zwischen der Sprach- und der Intelligenzentwicklung bestehen enge Beziehungen. Das wird niemand leugnen. Piaget geht noch weiter; er setzt die Sprache mit dem Denken gleich. Für ihn ist Sprache lautes Denken und Denken verinnerlichte, stille Sprache. Diese Auffassung führt ihn jedoch zu nicht unbedenklichen Folgerungen.

Denken = verinnerlichte Sprache

Welche Aufgabe hat Sprache?

Wenn Sprache und Denken identische Funktionen sind, dann müssen sie auch biologisch gleiche Aufgaben erfüllen. Würde man einen unbefangenen

Menschen fragen, welche Aufgabe die Sprache habe, dann würde er wahrscheinlich antworten, die Sprache habe in erster Linie der Kommunikation zwischen Menschen zu dienen, sie habe also eine soziale Aufgabe.

Sprache ohne soziale Funktion?

Piaget ist hier ganz anderer Meinung; er argumentiert etwa so: das frühe Denken des Kindes ist egozentrisch. Sprache und Denken sind weitgehend gleich. Die Sprache kann also zuerst keine soziale Funktion haben, denn sie ist selbst egozentrisch.

Piaget glaubte, den Nachweis für diese Behauptung mit den Ergebnissen aus Untersuchungen in mehreren Genfer Kindergärten erbracht zu haben. Dort wurden Kinder beobachtet und deren Sprachverhalten registriert; dabei habe man festgestellt, daß die meisten sprachlichen Äußerungen der Kinder den Charakter von Monologen besitzen. Die Kindergartenkinder wollten also gar nicht durch ihre Sprache mit anderen in Verbindung treten, sie sprachen vielmehr „vor sich hin".

Sprachverhalten der Kinder

Denken und Sprechen nicht identisch

Monologisches Sprechen

Wir können das „monologische" Sprechen gut verstehen; allerdings tritt es nur in ganz bestimmten Situationen auf, nämlich dann, wenn ein Problem nicht sofort zu bewältigen ist und alle Aufmerksamkeit sich darauf konzentriert. Solch ein Monolog könnte sich ungefähr so anhören: „Halt, was ist das? Was jetzt? Jetzt diese Schraube her! Langsam festziehen! Nanu, warum geht das nicht? Ah, jetzt endlich . . ."

Einwände gegen Piaget

Man hat Piaget vorgeworfen, die von ihm beobachteten Kinder seien in typischen Aufgabensituationen befangen gewesen, wo monologisches Sprechen direkt als Spannungslösung notwendig ist; überdies habe man in den betreffenden Kindergärten soziales Verhalten und Kommunikation nicht gerade gepflegt.

Piagets These, die Sprache habe primär egozentrischen Charakter, wird von den meisten Psychologen und Linguisten nicht geteilt. Man nimmt zwar mit Piaget eine enge Beziehung zwischen Denk- und Sprachentwicklung an, ist im übrigen aber der Meinung, daß Denken und Sprache verschiedene Wurzeln haben. Dafür werden etwa folgende Gründe angeführt: Auch bei Tieren lassen sich deutliche Zeichen einer Intelligenz finden (z. B. bei den im 13. Kapitel erwähnten Intelligenzprüfungen mit Schimpansen), ohne daß beim Denken der Tiere Sprache nachweisbar wäre. Viele Kinder zeigen eine gute geistige Entwicklung trotz einer relativ starken sprachlichen Retardierung. Nicht zuletzt bleibt bei manchen krankhaften Sprachstörungen (etwa bei bestimmten Hirnverletzungen) die geistige Leistungsfähigkeit voll erhalten.

Ursprung von Denken und Sprache verschieden

Teilzusammenfassung

Sprache und Denken sind nach Piagets Auffassung zwei Seiten einer einzigen Entwicklung. Da aber Denken in seiner frühen Ausprägung egozentrisch sei, müsse notwendig auch die Sprache primär eine egozentrische Sprache sein. Dieser Auffassung wird allgemein widersprochen. Die Sprache hat in erster Linie die soziale Aufgabe der Kommunikation; egozentrisches (monologisches) Sprechen tritt bei Erwachsenen wie bei Kindern nur in bestimmten Aufgabensituationen auf. Es bestehen zwar enge Beziehungen zwischen Sprache und Denken, man muß aber annehmen, daß beide Funktionen auf verschiedene Wurzeln zurückgehen.

7. Piagets Methode

In den 60 Jahren seines Schaffens hat Piaget der Fachwelt ein erstaunlich umfangreiches Werk vorgelegt. Nichtsdestoweniger war er lange Zeit, besonders in den USA, nicht recht anerkannt. Das hat folgende Gründe: Die Psychologie hat sich zu einer Wissenschaft entwickelt, in der dem Experiment und seiner mathematisch-statistischen Auswertung eine zentrale Bedeutung zukommt.

Piagets Experimente nicht zuverlässig?

Kritik an Piagets Experimenten

Piaget hat zwar experimentiert, ja das Experimentieren ist für ihn eigentlich die Methode schlechthin, man war jedoch vielfach der Ansicht, seine Experimente hätten die Kriterien für Zuverlässigkeit und Gültigkeit nicht erfüllt. Deshalb müsse angenommen werden, daß die Ergebnisse seiner Forschungen nicht übertragbar und nicht zu verallgemeinern seien.
Diese Einstellung gegenüber Piaget hat sich geändert. Man ist einerseits toleranter gegenüber Methoden geworden; andererseits konnten viele Untersuchungsergebnisse Piagets auch von anderen Forschern mit den geforderten strengen Methoden bestätigt werden.

Klinische Methode

Piaget benutzt die „klinische Methode", wie er sie nennt. Diese Bezeichnung ist zunächst etwas verwirrend, denn „klinisch" hat in der Fachsprache einen anderen Sinn. Piaget meint mit „klinisch" die Methode der genauen Untersuchung eines einzigen Falles. Er analysiert die Denkoperationen eines bestimmten Kindes in einer bestimmten Situation, so wie etwa ein Arzt bei einem bestimmten Patienten die Diagnose einer bestimmten Krankheit zu stellen hat.

Gründliche Analyse

Piaget ist der Überzeugung – sie wird übrigens auch von anderen Forschern, z. B. von Lewin geteilt –, die gründliche Analyse eines einzigen oder nur weniger Fälle sei der Erkenntnis oft förderlicher als eine notwendig oberflächliche massenstatistische Untersuchung.

Fehlerquelle sprachliche Mehrdeutigkeit

Ein Beispiel soll die Methode Piagets verdeutlichen: Untersucht wird, wie sich bei Kindern die Begriffe der Dichte und des spezifischen Gewichtes ausbilden. Dazu liegt folgendes Protokoll vor:

> Beispiel 7
> Name des Kindes: Duf (7½ Jahre alt)
> Frage: Geht diese Kugel unter?
> Antwort: Die bleibt auf dem Wasser, das ist Holz, das ist leicht.
> Frage: Und dieser Schlüssel?
> Antwort: Der sinkt, das ist Eisen, das ist schwer.
> Frage: Was ist schwerer, der Schlüssel oder die Kugel?
> Antwort: Die Kugel.
> Frage: Warum sinkt denn der Schlüssel?
> Antwort: Weil er schwer ist.
> Frage: Und dieser Nagel?
> Antwort: Der ist leicht, aber er sinkt trotzdem. Er ist aus Eisen, und Eisen geht immer unter.
> Frage: Schiffe sind doch auch aus Eisen?
> Antwort: Ja.
> Frage: Warum schwimmen Schiffe?
> Antwort: ...

Eingehen auf das Kind

Die Fragen sind also nicht, wie bei einem echten Prüfexperiment, einem Test, für alle Kinder gleich, sondern richten sich nach den Antworten des Kindes;

sie gehen auf das Denken des Kindes unmittelbar ein. Diese Methode hat zweifellos Vorteile, man darf aber auch die Fehlermöglichkeiten nicht übersehen: Nicht selten entsteht der Eindruck, den Kindern werde durch die Frage eine ganz bestimmte Denkoperation nahegelegt oder eine bestimmte Antwort suggeriert. Schließlich spielt die sprachliche Ausdrucksfähigkeit des Kindes eine Rolle, und nicht zuletzt kann auch die Mehrdeutigkeit der vom Kind verwendeten Wörter zu Fehleinschätzungen führen. Wird z. B. untersucht, wie sich beim Kind die Begriffe Masse, Gewicht, Volumen entwickeln, und das Kind sagt: „Das da ist größer", dann ist nicht immer klar, was das Kind unter „größer" versteht. „Groß" kann sich auf die Ausdehnung, die Masse und auch auf das Gewicht beziehen.

Mehrdeutigkeit

Teilzusammenfassung

Piaget arbeitet experimentell; jedoch erfüllen seine Experimente nicht die Kriterien, die an ein strenges Experiment gestellt werden. Er fragt die Kinder gezielt und versucht, aus ihren Antworten Hinweise auf die Denkoperationen zu erlangen. Diese Methode hat neben dem Vorteil einer genaueren Durchdringung des Gedankengefüges eines Kindes alle Nachteile, die mit den Unzulänglichkeiten der Sprache verbunden sind.

8. Piagets Stufenlehre

Sprunghafte Entwicklung

Die geistige Entwicklung des Kindes verläuft nach Piaget nicht stetig, sondern sprunghaft von einer Stufe zur anderen aufsteigend. Wichtig ist, daß jede Stufe auf der vorhergehenden aufbaut. Keine kann übersprungen werden. Wir haben im 5. Kapitel Einwände gegenüber allen Phasen- und Stufentheorien vorgebracht; sie gelten auch für Piagets Stufenlehre.

Vier Stufen

Die Entwicklung der Intelligenz verläuft nach Piaget von der Geburt bis zum Erwachsenenalter in vier größeren Stufen, die jeweils in mehrere Phasen untergliedert werden können:

- Die Stufe der sensumotorischen Intelligenz; von der Geburt bis zum 18. Monat.
- Die Stufe der voroperationalen Intelligenz; vom 18. Monat bis zum 7. Lebensjahr.
- Die Stufe der konkreten Denkoperationen; vom 7. bis zum 12. Lebensjahr.
- Die Stufe der formalen Denkoperationen; ab dem 12. Lebensjahr

Stufe der sensumotorischen Intelligenz

Einfache Schemata

Die Stufe der sensumotorischen Intelligenz umfaßt den Zeitraum der vorsprachlichen Entwicklung. Das Kind bildet aus Verknüpfungen zwischen Wahrnehmungsgegebenheiten und motorischen Handlungen einfache Schemata, wie z. B. Saugen, Anfassen-Loslassen, Heranziehen, Schlagen, Werfen. Diese primitiven sensumotorischen Schemata werden durch Assimilationen neuer Handlungsteile erweitert, bis die Schemata sich ihrerseits an die neuen Verhältnisse akkommodieren. Auf diese Weise entstehen Handlungsweisen, die von einem bestimmten Alter an als einsichtiges Verhalten interpretiert werden können.

Beispiel 8
Das Kind (1 Jahr alt) sieht in geringer Entfernung ein Püppchen. Es versucht zuzugreifen, die Entfernung ist jedoch zu groß. Das Kind bemerkt: Das Püppchen liegt auf einer Decke, deren Zipfel sich in unmittelbarer Greifnähe befindet. Das Kind zieht langsam an der Decke und entdeckt: Das Püppchen kommt immer näher. Lachend zieht das Kind nun sehr schnell das gewünschte Spielzeug zu sich heran.

Piaget unterteilt diese erste Stufe der sensumotorischen Intelligenz in sechs Phasen. Sie können hier nicht weiter behandelt werden.

Stufe der voroperationalen Intelligenz

Symbolisches Denken

Für den Erzieher ist die zweite große Stufe, die Stufe der voroperationalen Intelligenz, von Bedeutung. Das Denken auf dieser Stufe ist stark vom Konkret-Anschaulichen bestimmt. Gleichzeitig jedoch entwickelt sich eine sehr wichtige Funktion: Das symbolische Denken, bei dem die Gegenstände nicht mehr als das, was sie sind, erfahren und behandelt werden, sondern eine übertragene Bedeutung bekommen. Das Spielverhalten des Kindes ist unmittelbar Ausdruck für diese Phase der geistigen Entwicklung. Den Gegenständen wird eine bestimmte Bedeutung unterschoben. Ein Holzklotz wird Auto oder Haus, wird Baustein oder Wurfgegenstand, je nach der Gesamtintention und der Stimmungslage des Kindes. Der Symbolcharakter kann aber auch sehr schnell wieder verlorengehen. Der Holzkeil, der eben noch Puppe war, wird im nächsten Augenblick bereits als Schlagwerkzeug benutzt. Das Hin- und Herschieben von Bedeutungen und Sinngebungen ist die Vorübung der eigentlichen Begriffsbildung; die Begriffsbildung bleibt auch noch lange Zeit dem unmittelbar Sichtbaren verhaftet. Das Kind ist auf dieser Stufe der geistigen Entwicklung noch nicht in der Lage, zu verallgemeinern und Oberbegriffe zu bilden.

Vorübung zur Begriffsbildung

Beispiel 9
Das Kind (4 Jahre) blättert im Bilderbuch, in dem viele Vögel zu sehen sind. Es fragt: Legt dieser Vogel Eier?
Antwort: „Ja, *alle* Vögel legen Eier."
Das Kind blättert weiter und fragt: Legt dieser Vogel hier auch Eier?

Beispiel 10
Der Vater fragt das Kind (etwa 4 Jahre): Wie viele Finger hast du?
Kind: Zehn Finger.
Frage: Wie viele Finger hat Mutti?
Kind: Zehn Finger.
Frage: Wie viele Finger hat Peter?
Kind: Zehn Finger.
Frage: Haben alle Menschen zehn Finger?
Antwort des Kindes: Das weiß ich nicht.

Begriff der Identität fehlt

Auf dieser Stufe fehlt noch weitgehend die Kategorie der Identität: die Wahrnehmung des gleichen Dinges, z. B. des Mondes, zu verschiedenen Zeiten erweckt beim Kind den Eindruck, das Wahrgenommene sei in vielen Ausführungen vorhanden. Das Kind spricht von den Monden, es sagt: Ich habe *einen* Mond gesehen. Andererseits ist das Kind, das auf einem Spaziergang mehrere Schnecken nacheinander sieht, überzeugt, immer derselben Schnecke begegnet zu sein.

Oberbegriffe

Die Ausbildung der Oberbegriffe zeigt vom fünften Lebensjahr an deutliche Fortschritte. Auf die Frage: „Was sind Auge und Ohr?" antwortet das Kind:

„Das sind Sachen vom Gesicht." Der Ausdruck „Sachen" ist eine Wortbildung, die bereits den Charakter eines Oberbegriffes besitzt. Ein siebenjähriges Kind antwortet auf die Frage: „Was sind Tischtuch und Serviette?" spontan: „Das sind zwei Tücher."

Intelligenzförderung

Die Stufe des voroperationalen Denkens ist in neuerer Zeit von zahlreichen Forschern gründlich untersucht worden, denn für die Intelligenzförderung in Kindergarten und Vorschule ist diese Entwicklungsstufe von besonderer Bedeutung. Viele Vorschulcurricula verwenden unmittelbar die Erkenntnisse Piagets. Das gilt z. B. für die Einführung der naiven Physik und der Mengenlehre im Elementar- und im Primarbereich unseres Erziehungssystems.

Mengen und Teilmengen

Die Ausgliederung von Teilmengen aus Gesamtmengen kennzeichnet wichtige Teilstufen innerhalb der Stufe des voroperationalen Denkens. Ein sechsjähriges Kind beginnt gerade die Problematik der Mengenzugehörigkeit und der Teilmengenbildung zu begreifen.

Beispiel 11

Gegeben sind 20 Perlen aus Holz; 17 davon sind braun und drei sind weiß.
Frage an das Kind (6 Jahre): Wenn du eine Kette aus den braunen Perlen machst und wenn du eine aus den Holzperlen machst, welche der Ketten ist dann länger?
Kind: Die aus den braunen Perlen wird länger.
Frage: Warum?
Kind: Weil es mehr braune Perlen gibt.
Frage: Gibt es mehr braune Perlen als Holzperlen?
Kind (unsicher): Mehr braune Perlen – nein – mehr Holzperlen –, nein, es sind gleich viel.

Das Beispiel, das übrigens auch die Problematik der Ausfragetechnik erkennen läßt, zeigt: das Kind beginnt langsam zu begreifen, daß die braunen Perlen in ihrer Gesamtheit nur eine Teilmenge der Gesamtmenge Holzperlen bilden.

Stufe der konkreten Denkoperationen

Anschaulichkeit

Auf der nächsten Stufe, der Stufe der konkreten Operationen (7. bis 12. Lebensjahr) verfügt das Kind über die wichtigsten Denkoperationen wie Klassenbildung, Teilmengenbildung, Addition und Subtraktion von Mengen. Es operiert allerdings immer nur im Bereich des Konkreten und Anschaulichen, ein formal-repräsentationales Denken ist dem Kind dieser Altersstufe noch nicht möglich. Was heißt das? Ein Kind in diesem Alter kennt z. B. genau seinen Schulweg und kann sich auch unmittelbar in seiner Stadt zurechtfinden. Bei der Orientierung benutzt es konkrete Anhaltspunkte: Auffallende Häuser, Denkmäler, Parks usw. Das Kind wäre jedoch kaum in der Lage, den Schulweg aufzuzeichnen oder einen Plan seiner Stadt anzufertigen. Das Kind hat sich jedoch von der Vorherrschaft des unmittelbar Anschaulichen schon weitgehend befreit: Es begreift, daß Länge, Masse, Gewicht, Volumen von Gegenständen auch dann konstant bleiben, wenn sich das äußere Erscheinungsbild ändert. Ein vier- bis fünfjähriges Kind läßt sich beim Schätzen von Mengen, Massen und Gewichten noch vom äußeren Eindruck bestimmen. Wird z. B. vor den Augen des Kindes eine konstante Menge von Perlen in verschieden geformte Gefäße gefüllt und umgefüllt, dann glauben kleinere Kinder, ein schmales, aber hohes Gefäß enthalte mehr Perlen als eine breite und flache Schale. Verformt man eine Plastilinkugel, ohne ihre Masse zu verändern, so sind kleinere Kinder überzeugt, mit der Verformung haben sich auch Gewicht und Volumen des Plastilins verändert.

Schätzen von Menge und Gewicht

Erfassen des Unveränderlichen

Auf der Stufe der konkreten Operationen erfassen die Kinder dagegen die Unveränderlichkeit wesentlicher Eigenschaften der Dinge in ihrer Umwelt. Damit werden sie aber in die Lage versetzt, an den Dingen bestimmte Teileigenschaften zu erkennen und sie in Beziehung zueinander zu setzen. Während es Sechsjährigen noch schwerfällt, Gegenstände nach bestimmten Merkmalen (Größe, Gewicht usw.) in eine Reihe zu ordnen, gelingt den meisten Siebenjährigen eine solche Reihenordnung ohne weiteres, vorausgesetzt es handelt sich um konkrete Materialien. Reihenbildung in der Vorstellung ist jedoch für Schulkinder, wie übrigens auch für viele Erwachsene, recht schwierig.

Beispiel 12
Folgende Aufgabe wird spontan nur von etwa 50 Prozent der Neunjährigen gelöst: Drei Jungen sitzen in einer Reihe. Heinz sitzt links von Willi, und Karl sitzt links von Heinz. Welcher Junge sitzt in der Mitte?

Stufe der formalen Denkoperationen

Lösen vom Anschaulichen

Die höchste Stufe der Intelligenzentwicklung wird nicht von allen Kindern erreicht: die Stufe der formalen Denkoperationen. Etwa mit zwölf Jahren beginnt das Kind, sich von der Vorherrschaft des Konkret-Anschaulichen zu lösen. Wenn es addiert und subtrahiert, muß es nicht mehr an Äpfel, Eier oder Personen denken. Das Kind und der Jugendliche sind in der Lage, Annahmen zu machen und hypothetisch zu denken: Was wäre, wenn . . .? Vorausgesetzt, man hätte . . . Dieses Denken in der Möglichkeitsform ist Voraussetzung für eine theoretisch-kritische Grundeinstellung des Jugendlichen zu sich selbst und zu seiner Umwelt.

Hypothesen

Was sagt Piaget dem Erzieher?

Piaget hat die Entwicklung von Ordnungsstrukturen des Denkens oft mit dem Bild eines Stammbaumes beschrieben. Seiner Verzweigung entsprechen die Differenzierungen der Ordnungsstrukturen und Schemata, die auseinander hervorgehen, aber dann voneinander unabhängig und vor allem gegenüber Einwirkungen aus der Umwelt beständig bleiben.

Ursachen der Entwicklung

Dabei ist zu fragen, welche Vorstellung sich Piaget von den Ursachen der Verzweigungs- und Differenzierungsprozesse macht. Piaget ist dem biologischen Denken stark verhaftet. Er ist überzeugt, daß die geistige Entwicklung weitgehend durch organismische Reifungsprozesse bestimmt wird. Damit gewinnt seine Theorie aber einen stark präformistischen Akzent. In der Tat spielen bei Piaget Lernen, Belehrung, Unterricht usw. eine bemerkenswert geringe Rolle. Piaget glaubt, aus seinen Experimenten gehe hervor, daß Kinder, deren Denken eine bestimmte Stufe von Ordnungsstrukturen noch nicht erreicht hat, einer Belehrung widerstehen. Ordnungsstrukturen differenzieren sich seiner Meinung nach ausschließlich aus dem Zusammenwirken von Reifungsprozessen und spontanen Betätigungen des Kindes.

Präformismus

Sokratische Methode

Piaget weist dem Pädagogen demnach eine Rolle zu, nicht sehr verschieden von der, die einst Sokrates dem Erzieher empfohlen hat; und in der Tat erinnern die Ausfrageexperimente Piagets oft an die Methode des „Herausfragens" bei Sokrates. Dieser war, wie auch sein Schüler Plato, der Überzeugung, von außen könne nichts an den Menschen herangetragen werden; der Erzieher müsse vielmehr die im Menschen schlummernden Fähigkeiten hervorholen.

Bei aller Achtung vor den alten Philosophen ist diese Auffassung doch etwas naiv; jeder Pädagoge würde schon bald die Grenzen der sokratischen Methode erkennen, z. B. wenn er aus einem zwölfjährigen Schüler den Lehrsatz des Pythagoras herausfragen wollte.

Lernprozesse zu wenig berücksichtigt

Nur wenig verschieden wären die Erfahrungen eines Erziehers, der starr nach der Theorie Piagets handeln wollte. Es ist kaum vorstellbar, daß Lernprozesse bei der Ausbildung formaler Denkstrukturen so wenig Bedeutung haben sollten. Das hat Piaget allerdings auch nie so direkt behauptet; trotzdem lassen sich die stark deterministischen Tendenzen in seiner Lehre nicht übersehen. Die moderne Pädagogik hat den präformistischen Grundzug in Piagets Theorie weitgehend außer acht gelassen und von Piaget übernommen, was in der Praxis pädagogisch brauchbar schien; und das ist erstaunlich viel.

Zusammenfassung

Das Kind bildet im Laufe seiner Entwicklung Ordnungsstrukturen des Verhaltens, der Wahrnehmung und des Denkens aus, erweitert und verändert sie schrittweise durch Assimilation und Akkommodation. Denken ist, nach Piagets Auffassung, unmittelbar dem Handeln entwachsen. Denkoperationen unterscheiden sich von konkreten Handlungen durch größere Elastizität, vor allem aber durch ihre Umkehrbarkeit. Die Denkoperationen des Kindes sind egozentrisch: das Kind kann von seinem eigenen Standpunkt nicht absehen. Die Entwicklung des Denkens und der Intelligenz verläuft nach Piaget in relativ klar abgrenzbaren Stufen. Von einfachsten sensumotorischen Schemata über die voroperatorischen Denkhandlungen und die konkreten Denkoperationen bis hin zur höchsten Stufe der formalen Denkoperationen ist ein Überspringen von Stufen, Teilstufen und Ordnungsstrukturen nicht möglich. Das Denken selbst wird, ausgehend von den egozentrischen Denkhandlungen, im Laufe der Entwicklung immer stärker versachlicht.

Worterklärungen

Akkommodation	(aktive) Anpassung
Assimilation	(mehr passive) Anpassung, Angleichung
autistisch	auf das eigene Ich (Selbst) bezogen; Denken und Handeln, das durch Triebe, Gefühle, Wünsche und Interessen bestimmt wird
Curricula (Einzahl: Curriculum)	zeitlich geordneter Erziehungsplan
deterministisch	eindeutig bestimmt und unbeeinflußt
egozentrisch	ichbezogen, ichhaft
naive Physik	Physikunterricht, in dem das Kind ohne Theorie unmittelbar die Wirkung physikalischer Vorgänge erfährt
präformistisch	Annahme, daß alle Eigenschaften bei der Geburt bereits vorgeformt sind
Reversibilität	Umkehrbarkeit
Sokratische Methode	Infragestellen des Herkömmlichen und beständiges Herausfragen eines bereits vorgeformten (aber unbewußten, vergessenen) Wissens

15. KAPITEL

Die Entwicklung der Sprache beim Kinde

In diesem Kapitel besprechen wir die Entwicklung des sprachlichen Verhaltens beim einzelnen Kind. Sie durchläuft verschiedene Phasen und ist von einer Reihe von Faktoren abhängig, z. B. von mütterlicher Zuwendung und sozialer Umwelt. Der Erzieher sollte diese Entwicklung wenigstens in den Grundzügen kennen; andernfalls kann er eventuelle Sprachrückstände einzelner Kinder nicht sicher beurteilen.

1. Themen der psychologischen Sprachforschung

Die auf den Menschen gerichtete sprachpsychologische (psycholinguistische) Forschung läßt sich nach verschiedenen thematischen Gesichtspunkten ordnen.

Wortschatz und Alter

Eine besonders wichtige Rolle spielen Untersuchungen, die sich auf die Beschreibung der Sprachentwicklung in Abhängigkeit vom Alter des Kindes richten, z. B. wie sich der Wortschatz mit dem Alter des Kindes verändert.

Wovon hängt Sprachentwicklung ab?

Intelligenz, Geschlecht, Erziehung

Da aber die Sprache nicht nur vom Alter, sondern auch von anderen Faktoren, beispielsweise der Situation, in der ein Kind spricht, abhängig sein kann, war es nötig, den ersten Forschungsansatz zu erweitern und Sprache nicht ausschließlich als ein altersabhängiges Phänomen zu sehen, sondern zunehmend auch andere Faktoren zu berücksichtigen, die beim Spracherwerb mitwirken: Intelligenz, Geschlecht des Kindes, Erziehungstechniken, sozio-kulturelle Einflüsse. Diese Faktoren treten mit der Sprachentwicklung in eine komplizierte Wechselwirkung, sie können die Sprachentwicklung in manchen Fällen so stark beeinflussen, daß es sinnvoll wird, die Sprache als von diesen Faktoren „abhängige" Verhaltensweise zu untersuchen.

Beobachtungen des Sprachgebrauchs

Soziale Dialekte

Die Sprache ist auch Gegenstand von sozialpsychologischen Untersuchungen. Die Beobachtung und Beschreibung sogenannter sozialer Dialekte oder Partialsprachen in sozialen Gruppen, etwa in einzelnen Berufen, jugendlichen Banden oder politischen Vereinigungen, führt zu interessanten Aufschlüssen über die Motive und Einstellungen dieser Gruppen. Eine besondere Bedeutung hat die Untersuchung des Sprachgebrauchs in den Massenmedien.

Sprache und seelische Erkrankungen

Sprachliche Veränderungen bei seelischen Krankheiten

Die Analyse der Sprache ist ferner für die Lehre vom kranken Seelenleben wichtig. Sprachliche Auffälligkeiten können für bestimmte psychische Erkrankungen kennzeichnend sein, beispielsweise der sogenannte Mutismus, das Nichtsprechen im Kindesalter, oder die sogenannte Echolalie, das stereotype Wiederholen von Äußerungen des Arztes oder der Krankenschwester bei schweren seelischen Erkrankungen. In solchen Fällen zieht man sprachliche Symptome zur Abgrenzung von Krankheitsgruppen heran. Veränderungen des sprachlichen Verhaltens wurden in neuerer Zeit auch bei der systematischen Kontrolle von therapeutischen Erfolgen beachtet. So kann man messen, ob ein gehemmter Patient, dessen Lebensschwierigkeiten mit fehlendem Selbstvertrauen und Mangel an Initiative zusammenhängen, im Verlauf einer Therapie häufiger sagen lernt „ich möchte...", „ich denke...", „ich will..." und mit diesem veränderten Sprechen auf sein Handeln Einfluß zu nehmen beginnt.

Kontrolle von Therapieerfolgen

Das Problem der Mehrsprachigkeit

Ein letzter Themenbereich der Psycholinguistik, der hier erwähnt werden soll, umfaßt Untersuchungen zur Zwei- und Mehrsprachigkeit, zum sogenannten Bilingualismus und Multilingualismus. Diese Untersuchungen überschreiten den muttersprachlichen Raum und komplizieren sich in dem Maße, als sie ein weiteres sprachliches System, ferner die Motive und Einstellungen einer weiteren Sprachgemeinschaft einbeziehen müssen. Aus solchen Gründen sowie aufgrund der Schwierigkeit, den muttersprachlichen Horizont überhaupt zu überschreiten, stecken Untersuchungen zur Zwei- und Mehrsprachigkeit noch in den Anfängen.

Noch wenig erforscht

2. Gliederung der psychologischen Sprachforschung

Nach diesem Überblick wollen wir uns der psychologischen Sprachforschung zuwenden, die sich mit dem Spracherwerb des Kindes in seiner persönlichen Entwicklung (Ontogenese) befaßt, der Entwicklungspsycholinguistik.

Systematische Einteilung

Die entwicklungspsychologische Sprachforschung kann bei der Frage, wie ein Kind seine Muttersprache erwirbt, verschiedene Aspekte ins Auge fassen:

- den Erwerb des Lautsystems (des phonologischen Systems),
- den Erwerb des Wortschatzes (des lexikalischen Systems),
- den Erwerb der Grammatik und des Satzbaus (des syntaktischen oder strukturellen Systems) und
- den Erwerb der Zeichenbedeutungen (des semantischen Systems).

Einteilung in Forschungsphasen

Historisch gesehen hat die entwicklungspsychologische Sprachforschung mehrere Phasen durchlaufen, die sich durch Zielsetzungen und methodische Schwerpunkte voneinander unterscheiden.

a) Suche nach Gesetzmäßigkeiten in Einzelfällen

Die erste Phase war die frühe entwicklungspsychologische Sprachforschung, die mit Tagebuchaufzeichnungen und Kinderbiographien ein umfangreiches kasuistisches, d.h. am Einzelfall beobachtetes Quellenmaterial hinterließ. Das berühmteste Werk dieser Phase ist Clara und William Sterns „Psychologie

Kindersprache

der Kindersprache", die 1907 erschien. Das Forscherpaar Stern wertete erstmals die Kindersprache als eigenständige Erscheinungsform von Sprache und nicht nur als verstümmeltes und unvollkommenes Durchgangsstadium. Dieser Versuch, Regelmäßigkeiten und Gesetzmäßigkeiten der Sprachentwicklung aufzuzeigen, wurde in der folgenden Zeit das Hauptanliegen der entwicklungspsychologischen Sprachforschung.

Verallgemeinerung nicht möglich

Ein Nachteil der an der Kinderbiographie orientierten Sprachentwicklungsforschung liegt darin, daß sie sich nur auf wenige, und zudem eher auf akzelerierte, d. h. besonders früh entwickelte und sprachlich besonders geförderte Kinder aus einer sozial gehobenen Bildungsschicht bezog. Eine Verallgemeinerung dieser Befunde ist daher nicht möglich. Außerdem wurden die situativen Bedingungen, die ja sehr entscheidend auf die Sprache und das Sprechen einwirken können, kaum systematisch kontrolliert (siehe 4. Kapitel).

b) Untersuchungen durchschnittlichen Sprachverhaltens

Behaviorismus

In einer zweiten Phase der entwicklungspsychologischen Sprachforschung wurden eben diese Einwände zum Ausgangspunkt der Untersuchung. Man bemühte sich, besonders in den USA etwa seit den dreißiger Jahren, die methodischen Mängel der ersten Phase auszugleichen. Die Sprachforschung geriet so unter den Einfluß des Behaviorismus, einer streng auf objektive Beobachtung und Beschreibung zielenden Verhaltenslehre. Die amerikanische Autorin Dorothy McCarthy faßte 1954 in einem Sammelreferat die Schwerpunkte dieser zweiten Untersuchungsphase zusammen. Im Vordergrund standen objektive, d. h. in Testsituationen, die bei allen untersuchten Kindern vergleichbar waren, erhobene Wortschatzuntersuchungen, sodann Untersuchungen über die Aussprache (Artikulation), die Satzlänge bei Kindern verschiedenen Alters, das Sprach- und Wortverständnis und die Verwendung von Wortarten, z. B. von Hauptwörtern, Zeitwörtern und Eigenschaftswörtern in der Sprache des Vorschulkindes.

Sprachnormen

Auch diese zweite Forschungsperiode hatte ihre Vorteile und Nachteile. Ein Vorteil war, daß erstmals Sprach*normen,* d. h. die im Durchschnitt zu erwartenden sprachlichen Äußerungen, bei Kindern verschiedenen Alters erarbeitet wurden. Solche Sprachnormen sind nötig, wenn man beispielsweise einen sprachlichen Rückstand (Sprachretardierung) genau beschreiben will. Der Nachteil war, daß normatives Beschreiben der einzelnen Sprachleistungen leicht zu einem beziehungslosen Nebeneinander von quantifizierten Daten wird, deren Bedeutung für die gesamte Sprachentwicklung nicht leicht ersichtlich ist. Ein weiterer Nachteil dieser normativen Untersuchungen ist darin zu erblicken, daß sie auf ein Durchschnittskind Bezug nahmen, dessen soziale Herkunft in der Regel nicht ausreichend kontrolliert war.

c) Experimentelle Sprachpsychologie

Verbotene Experimente

Zeitlich parallel zur zweiten Phase, und zunächst nur vereinzelt, setzte auch die Verwendung des Experiments ein, das in der neueren Sprachpsychologie besonders wichtig geworden ist. Im Vorschulalter steht das sprachpsychologische Experiment allerdings unter besonderen Vorzeichen. Das willkürliche Herbeiführen oder Abändern von Reizen zum Zweck des Studiums sprachlicher Reaktionen verbietet sich beim Kind ja dort, wo es um den *Entzug* von sprachlichen (und sozialen) Reizen geht.

Wolfskinder

So wäre es unverantwortlich, mit einem Kleinkind nicht zu sprechen, um beobachten zu können, ob es ohne sprachliche Reize überhaupt sprechen wird und welche Sprache es unter diesen Bedingungen erwirbt. Derart „unmenschliche" Experimente können allenfalls auf Zufall beruhen oder gehen auf nicht ausreichend geprüfte Berichte aus der Vergangenheit zurück. In diesem Zusammenhang sind die Berichte über Wolfskinder (siehe 5. Kapitel) zu nennen, die in der Wildnis aufwuchsen; in ihnen ist allerdings der Hinweis enthalten, daß solche Kinder im späteren Alter nur noch sehr unvollkommen sprechen lernten oder frühzeitig den Tod fanden.

Nur fördernde Experimente zulässig

Man wird also nur solche Experimente verantworten können, die für das Kind ein Mehr an Sprachanregung vorsehen, verglichen mit anderen Kindern, die ohne besondere sprachliche Förderung bleiben. Ein häufiger Typ des Experimentes beruht dementsprechend auf dem Verfahren, einzelne Versuchskinder durch besondere sprachpädagogische und sprachtherapeutische Zusatzreize künstlich zu privilegieren. Eine andere Form des Experimentes untersucht die Wirkungen von Faktoren, die man bereits vorfindet, auf die Sprache des Kindes. Hierzu gehören Untersuchungen, die sich mit den sozio-kulturellen Bedingungen der Sprachentwicklung befassen.

d) Forschungen über kindliche Grammatiken

Beschreibung mit linguistischen Begriffen

Neben den normativen und experimentellen Untersuchungen befindet sich eine vierte Phase der entwicklungspsychologischen Sprachforschung noch im Erkundungsstadium. Sie richtet ihr Augenmerk stärker auf die Entwicklung der kindlichen Grammatik. Die Kindersprache wird dabei mit den Begriffen der modernen Linguistik beschrieben. Besondere Bedeutung haben in diesem Zusammenhang die von dem Linguisten Noam Chomsky beeinflußten Beschreibungen der Sprachregeln. Die Sprache des Kindes, so glauben diese Autoren, läßt sich nur erklären, wenn man die Regeln der verschiedenen kindlichen Grammatiken analysiert.

Forschungsansätze ergänzen sich

Jeder der vier Forschungsansätze, der biographische, der normative, der experimentalpsychologische und die Analyse grammatischer Strukturen und Regeln, hat seine eigenen Vorzüge. Man sollte sie nicht als sich ausschließende oder überholte bzw. besonders fortschrittliche wissenschaftliche Ansätze gegeneinander ausspielen. Eher sind sie als sich ergänzende und ineinander übergehende Versuche zu werten, die Sprachentwicklung des Kindes zu beschreiben und zu erklären.

Teilzusammenfassung

Ausgangspunkt der entwicklungspsychologischen Sprachuntersuchungen ist die Abhängigkeit des Spracherwerbs vom Alter des Kindes. Dieser Forschungsansatz wird erweitert durch das Einbeziehen anderer Faktoren wie Intelligenz, Geschlecht des Kindes, Erziehungstechniken und soziokulturelle Einflüsse. In der entwicklungspsychologischen Sprachforschung sind vier Phasen zu unterscheiden: die Phase der Beschreibung einzelner Kinder (Kindertagebücher), die Phase der behavioristischen Untersuchungen durchschnittlichen Sprachverhaltens, die Phasen des Experiments und der Erforschung grammatischer Strukturen.

3. Die Anfänge der individuellen Sprachentwicklung

Geburtsschrei

Jedes Verständnis der Sprachentwicklung beginnt mit dem Beschreiben der „Sprache" beim Säugling, des sogenannten vorsprachlichen Stadiums. Der erste Laut jedes Kindes ist der Geburtsschrei (siehe 8. Kapitel). Wenn die

Nabelschnur durchtrennt wird, ist die Sauerstoffzufuhr zunächst unterbrochen, und der Kohlendioxydgehalt im Blut steigt an. Diese plötzliche chemische Veränderung des Blutes reizt die Muskulatur zur Ausdehnung der Lunge; die nach dem ersten Atemzug austretende Luft bewegt die Stimmbänder.

Schon Säuglinge lassen Sprachdisposition erkennen

Schreiketten

In den ersten Lebenswochen macht sich der Säugling, vor allem wenn er Unlust verspürt, z. B. durch Hunger und Schmerz, mit einzelnen Schreilauten und mit Schreiketten bemerkbar. Bei etwa zehn Tage alten Säuglingen sind bereits einige der einfachsten Sprachelemente, die „Phoneme", herauszuhören: so die Vokale a und e, bevorzugt aber ä, sowie einige Konsonanten und Hauchlaute. Untersuchungen des amerikanischen Psychologen M. M. Lewis haben 1951 ergeben, daß beim Baby die Kehllaute g, x, r, k die frühesten konsonantischen Phoneme sind, während die frontal gebildeten (Labial- und Dental-Laute) m, p, b etwas später, etwa mit fünf Monaten auftreten. In diesen frühen Sprachäußerungen gleichen sich Säuglinge aller Sprachgemeinschaften.

Erste Vokale

Frühe Kehllaute

Auf Sprachlaute programmiert

Das menschliche Kind ist auf die Sprachlaute aus seiner Umwelt sozusagen programmiert; dies jedenfalls zeigen Experimente, bei denen akustische Reize isoliert dargeboten wurden. Bereits im Alter von vier Wochen bevorzugt der Säugling die menschliche Stimme eindeutig aus einem Angebot von Tönen und Geräuschen, etwa Rasseln und Knarren, durch seine aufmerksame Zuwendung. Eine solche Disposition muß als eine wichtige Voraussetzung für das Erlernen von Sprache bezeichnet werden.

Lautäußerungen verstärken

Belohnung durch Anlächeln

Welche Bedeutung die sprachliche Anregung durch Reaktionen der Erwachsenen hat, haben weitere Experimente nachgewiesen. So spielt die Belohnung als Verstärker von Lautäußerungen bereits in den ersten Lebensmonaten eine wichtige Rolle. Ein Säugling, den man für seine spontanen Lautäußerungen mit Anlächeln und Streicheln belohnt, kann durch diese Zuwendung dazu gebracht werden, daß er die Häufigkeit seiner Lautäußerungen steigert.

Sehen und hören

Die Psychologen Todd und Palmer ließen in einem Experiment drei Monate alte Säuglinge, wenn sie Laute von sich gaben, durch menschliche Stimmen belohnen. Die eine Gruppe konnte den Erwachsenen, der ihr antwortete, auch sehen, die andere hörte nur seine Stimme. In beiden Fällen nahm die Häufigkeit der Lautäußerungen zu, jedoch in größerem Maß dann, wenn die Säuglinge nicht nur die Stimme hörten, sondern den Erwachsenen auch sehen konnten.

Benachteiligung von Heimkindern ab dem Säuglingsalter

Weniger Lautäußerungen

Die Ergebnisse dieses Experiments stützen Beobachtungen, die häufig an Waisenhauskindern gemacht wurden. Schon mit zwei Monaten unterscheiden sie sich von Kindern, die in einer Familie aufwachsen und liebevoll umsorgt sind, durch eine geringere Häufigkeit ihrer Lautäußerungen. Falls die durch die Umwelt zugefügten Schäden einschneidend sind, setzt die sprachliche Benachteiligung von Kindern also bereits im Säuglingsalter ein und läßt sich zunächst im Bereich der Lautäußerungen nachweisen. Es gibt allerdings auch Untersuchungen, in denen eine Auswirkung sozialer Benachteiligung erst später, etwa vom 16. Lebensmonat an, beobachtet wurde. Beide

Weniger Wörter

Befunde widersprechen sich nicht unbedingt; sie hatten notwendigerweise verschiedene sprachliche Äußerungen, im einen Fall die Lautäußerungen und im anderen Fall die Äußerungen von Wörtern, zum Gegenstand.

Sich selbst zuhören bei Lallmonologen

Gurr-, Glucks- und Schnalzlaute

Ganze Wörter treten im Durchschnitt erst um die Vollendung des ersten Lebensjahres auf. Die Entwicklung verläuft bis zu diesem Zeitpunkt etwa so: Vom dritten Monat an werden Lautäußerungen im Zustand des Wohlbehagens und der Entspannung häufiger. Das Kind beginnt, seine Atmungs- und Artikulationsorgane spielerisch zu üben, und produziert dabei eine große Zahl von Gurr-, Glucks- und Schnalzlauten, die bei den Säuglingen aller Sprachgemeinschaften völlig gleich sind: erre-erre — chchch — ähähähäh — mgngngngn — bmbmbmbmb usw. Der Erwachsene kann sie nur sehr schwer nachahmen. Man nennt diese kindlichen Urlaute auch „Lallsilben" bzw. „Lall-Monologe", weil ihre Eintönigkeit auffiel und der Umstand, daß sich viele Kinder dabei mit sich selbst unterhalten. Die Kinder lauschen ihrer eigenen Stimme, sie scheinen sich selbst zu imitieren und zu stimulieren. Taubgeborene Kinder, die sich selbst nicht hören können, verstummen in diesem Lallstadium nach anfänglichen Lautübungen, die sich zunächst nicht von den Lautübungen gesunder Kinder unterscheiden.

Lallen

Taubgeborene verstummen

Stimulation durch Pflege und Zuwendung

Wie wichtig eine beruhigende Umgebung und die Geborgenheit des Säuglings sind, zeigt die Tatsache, daß Lallen bevorzugt in Zuständen der Behaglichkeit und der Lust auftritt. Ungeliebte, daher ungepflegte und vernachlässigte Kinder finden im Lallstadium mehr Grund zu Unlustäußerungen und zum Schreien als zur spielerischen Übung ihres Sprech- und Hörapparates.

Einmischung von Erwachsenen

Lautmuster nachahmen

Erwachsene haben nur einen begrenzten Einfluß auf die Lallsprache. So läßt sich die Lallhäufigkeit steigern, wenn der Erwachsene die Lautmuster des Kindes nachahmt und sich in die Selbstimitation des Kindes einzureihen versucht. Falls er aber deutlich abweichende Silben vorspricht, verstummt das Kind. Die sprachlichen Reize der Umwelt werden vom Kind also „gefiltert" und seinen Entwicklungsvoraussetzungen entsprechend ausgewählt.

Nicht beliebig manipulierbar

Wenn man zeigen konnte, daß sich die Häufigkeit der Lautäußerungen durch die menschliche Stimme und durch vermehrte Zuwendung steigern läßt, so ist die Sprache des Kindes doch nicht beliebig manipulierbar, sondern sie folgt auch ihrem eigenen Entwicklungsprogramm. Im ersten Lebenshalbjahr spielt dabei das Ausreifen der Nervenbahnen der neuromuskulären Apparatur und der sie steuernden Zentren im Gehirn eine grundlegende Rolle. Das Kind gewinnt dadurch eine zunehmende Kontrolle über die Koordination des Sprachapparates, die in der Lallperiode beobachtbar ist.

Erste Sozialkontakte des Kindes

Imitation von Mimik und Lauten

Bereits im zweiten Lebenshalbjahr tritt die Bedeutung der neurophysiologischen Reifung deutlich zurück zugunsten der Wirkung sozialer Faktoren. Schon vor dem 6. Monat können mimische Imitationen, z. B. der Mundstellung des Erwachsenen beobachtet werden. Etwa mit sieben Monaten beginnt das Kind, die Laute von Personen seiner Umgebung nachzuahmen. Vokale und Konsonanten der Lallsprache, die es in seiner Sprachumgebung nicht vorfindet, werden allmählich ausgesondert; zugleich beginnt eine zunehmende

Muttersprachliche Laute werden verstärkt

Annäherung an den Lautbestand der Muttersprache. Die Mutter oder die Pflegeperson des Kindes unterstützt diesen Vorgang der Aussonderung „falscher", d. h. nicht-muttersprachlicher Laute gewöhnlich durch Verstärkungen und durch die Wirkung ihres Vorbildes. Die Mutter wird, mehr unbewußt als bewußt, die „richtigen" muttersprachlichen Laute mit Freude und spontanem Lob beantworten; sie wird das Kind bei seiner muttersprachlichen Silbenproduktion unterstützen, indem sie beispielsweise die Silben „maem-mem-mem-mam" aufgreift und absichtlich deutlich artikulierend vorspricht: „Mama", „jetzt kommt die Mama" usw. Die Mutter formt somit die sprachlichen Äußerungen des Kindes und nähert sie zunehmend an ihr eigenes lautliches Vorbild an. In dieses mehr oder weniger intensive Interaktionsgeschehen gehen von seiten der Mutter oder der Pflegeperson kontrollierte wie unkontrollierte sprachliche Reize ein.

Lautformung

Imitation und Verstärkung entscheidende Faktoren?

Die Bedeutung von Belohnung und Nachahmung während der Interaktion zwischen Mutter und Kind hat einige Psychologen zu der Annahme geführt, die Belohnung (Verstärkung) und die Nachahmung (Imitation) seien die entscheidenden Faktoren des Spracherwerbs. Belohnung und Nachahmung können durchaus zusammenwirken; es gibt aber auch sprachliche Situationen, bei denen man den Eindruck gewinnt, das Kind lerne nur durch Imitation die Sprache. Belohnung und Nachahmung reichen jedoch nicht aus, um alle sprachlichen Neuerwerbungen des Kindes, insbesondere die komplizierten, zu erklären.

Passives Sprachverständnis

Schon das erwachende „passive" Sprachverständnis des Kindes, das sich etwa gegen Ende des ersten Lebensjahres beobachten läßt, ist aus den Verhaltensweisen der Personen in der Umgebung des Kindes nicht hinreichend abzuleiten. Dieses passive Sprachverständnis geht dem aktiven Sprechen voraus und wird auch während des späteren Lebens stets umfassender bleiben als das aktive Sprechenkönnen.

Zunächst schulen andere Signale des Erwachsenen das passive Sprachverständnis, besonders Signale der optisch wahrnehmbaren Mimik (des Gesichtsausdruckes) und der Gestik (des Ausdrucks von Händen, Armen usw.). Wenn beispielsweise ein zehn Monate altes Kind gefragt wird: „Wo ist das Licht?" und richtig auf den Beleuchtungskörper zeigen kann, so hat es diese Reaktion schon nachgemacht und eingeübt. Das lautliche Symbol „Licht" löst sich erst allmählich als selbständiger Bedeutungsträger aus der Gesamtsituation heraus.

Teilzusammenfassung

Das sprachliche Verhalten des Kindes beginnt mit dem Geburtsschrei. In den ersten Monaten entwickelt sich aus einfachen Phonemen die Lallsprache. Sie hat meist monologischen Charakter. Erwachsene beeinflussen die sprachliche Entwicklung des Kindes vom ersten Tage an. Eine Manipulation der Lallsprache ist aber nur in geringem Umfang möglich. Erst wenn die zum Sprechapparat führenden Nervenbahnen gereift sind und das Kind die betreffende Muskulatur kontrollieren kann, beginnt es, Laute, Wortgebilde und Sprachgesten nachzuahmen. Die Verstärkung spielt dabei eine große Rolle. Von Anfang an ist das passive Sprachverständnis größer als das aktive Sprechenkönnen. Das ändert sich ein Leben lang nicht.

4. Nennfunktion der Sprache und Einwortsatz

Lautäußerung und Sprachbedeutung

Das eigentliche Sprechen setzt nach übereinstimmender Meinung vieler Psychologen zu dem Zeitpunkt ein, da das Kind eigene Lautäußerungen mit einem Verständnis der Sprach*bedeutungen* verbindet. Die ersten selbständigen Wörter bezeichnen Objekte, die für das Kind Gefühlsbedeutung besitzen oder sein Interesse in besonderer Weise in Anspruch nehmen: Mama, Papa, Auto usw. Grammatikalisch gesehen sind diese Wörter nicht wie in der Sprache des Erwachsenen Hauptwörter, sondern sie bekommen je nach Situation einen besonderen Sinn, den sich der Erwachsene in Sätze übersetzen muß. So kann „Mama" bedeuten: „Mama, komm!", „Mama, schau . . .!" „Mama, ich habe Hunger!" usw. Da das Kind sich hierbei eines einzigen Wortes bedient, um ganze Sätze auszudrücken, hat man auch vom „Einwortsatz-Stadium" gesprochen.

Kindliche Logik für Erwachsene kaum nachvollziehbar

Kindliche Begriffe

Wenn sich Erwachsene in die Affekttönung solcher Einwortsätze einzufühlen versuchen, so können sie darin Freude, Überraschung, Enttäuschung, Angst, Staunen, Ärger, Begehren sehen. Die Logik der ersten kindlichen Begriffsbildung ist allerdings schwer mit der Logik der Begriffsbildung von Erwachsenen vergleichbar. Das Kind verwendet das Wort „Wauwau" für alle Hunde, Katzen und leblosen Stofftiere. Es geht dabei aus von einem einzelnen Objekt seiner Erfahrung, etwa dem Hund in der Nachbarschaft. Mit „lala" kann es viele äußerlich sehr verschiedene, aber funktional ähnliche Objekte bezeichnen: Radio, Mundharmonika, Klingel usw. Solche Individualbegriffe werden mehr oder weniger subjektiv generalisiert (verallgemeinert).

Beginnendes Symbolbewußtsein

Sicherung des Selbstwertgefühls

Nennfunktion

Nach C. und W. Stern wird das Einwortsatzstadium getragen und dann deutlich abgelöst vom sogenannten Symbolbewußtsein des Kindes, das immer häufiger danach verlangt, den Namen der Dinge seiner Umgebung zu erfahren. Diese im zweiten Lebensjahr zunehmende Frageaktivität kann von Erziehern mehr oder weniger unterstützt und verstärkt werden. Kinder, deren Wissensverlangen man hierbei stetig und zuverlässig befriedigt, erfahren nicht etwa nur kognitiv und intellektuell Anregung, sondern vermutlich auch eine fundamentale Sicherung ihres Selbstwertgefühls. Das Selbstwertgefühl wird nicht allein durch eine vorsprachliche Gefühlszuwendung, sondern immer entscheidender durch sprachliche Kommunikation vermittelt. Die „Nennfunktion" der Sprache, d. h. die Entdeckung, daß jedes Ding seinen Namen hat, ist somit im Zusammenhang mit dem grundlegenden Bedürfnis des Kindes nach emotionaler Sicherung und Resonanz zu sehen. Kinder, die durch häufiges Fragen auffallen, müssen deshalb auch unter dem Aspekt ihrer Bedürftigkeit, besonders ihres möglichen Defizits an emotionaler Zuwendung, verstanden und gefördert werden.

Teilzusammenfassung

Sprechen im eigentlichen Sinn beginnt mit einem Verständnis der Sprachbedeutungen. Die ersten Sätze sind Einwortsätze. Das Stadium der Einwortsätze wird abgelöst, wenn sich das Symbolbewußtsein des Kindes entwickelt. Im zweiten Lebensjahr entdeckt das Kind die Nennfunktion der Wörter und fragt immer wieder nach den Namen der Dinge. Dieses Wissensverlangen muß befriedigt werden; andernfalls können die Kinder ihr Selbstwertgefühl nicht genügend sichern.

5. Die Sprachentwicklung im Vorschulalter

Mit Ausführungen über die Nennfunktionen der Sprache und über den Einwortsatz haben wir unseren Blick von der phonetischen auf die lexikalische (d. h. Wortschatz-), syntaktische (d. h. Satz-) und semantische (d. h. Bedeutungs-) Dimension der Sprachentwicklung ausgeweitet.

Vokale werden früher beherrscht als Konsonanten

Wortschatz und Artikulation

Das Kind richtet sich, wenn es erst einmal laufen kann, immer aktiver auf seine Umwelt. Der Umfang seines Wortschatzes nimmt zu; gleichzeitig muß es auch in seiner Artikulation, d. h. in seiner Aussprache, noch Fortschritte machen. Im Alter von zweieinhalb Jahren verwendet es bereits alle Vokale seiner Muttersprache und etwa zwei Drittel der Konsonanten.

Schwierige Konsonanten

Konsonanten sind für das Kind teilweise recht schwierig zu lernen. An sprachgehemmten Kindern läßt sich beobachten, welche Konsonanten besonders schwer erworben werden: So z. B. das „s" und Verbindungen von Konsonanten wie „st", „sch", „tr", „gr".

Stammeln

Wenn sich das Kind solche Konsonantenverbindungen nicht rechtzeitig aneignet, entsteht das sogenannte „Stammeln", das vom Stottern zu unterscheiden ist und eine Form der Sprachretardierung darstellt. Was gut sprachentwickelte Kinder schon mit drei Jahren korrekt sagen: „Dann spielen die Kinder draußen", kann ein stammelndes Kind nur mit einem geringeren Umfang an konsonantischen Lauten aussprechen: „Dann pielen die Dinder daußen."

Störungen der Sprachentwicklung

Entwicklungsstottern

Werden bei einem vierjährigen Kind noch derartige Sprachstörungen beobachtet, so empfiehlt sich eine Sprachtherapie (Logotherapie). Andere Störungen des Sprechens, etwa das Stottern, sind bei dreijährigen Kindern meist vorübergehender Natur, man spricht deshalb auch von Entwicklungsstottern. Es beruht vor allem darauf, daß das Kind im Alter seines raschesten und umfangreichsten Spracherwerbs eine Zeitlang noch nicht in der Lage ist, all das zu sagen, was es gern mitteilen möchte. Wenn solche Störungen, z. B. das Stottern oder der Mutismus (Wortstummheit), über dieses Alter hinaus anhalten, kann es sich um neurotische Störungen handeln. Sie sollten nur vom Kindertherapeuten behandelt werden.

Entwicklung mit drei Jahren vorläufig abgeschlossen?

Vollkommenheitsgrad der Sprache

Viele Sprachentwicklungspsychologen haben behauptet, die Sprachentwicklung des Kindes finde im Alter von drei Jahren ihren ersten vorläufigen Abschluß. Ein solcher Abschluß hängt jedoch vom Vollkommenheitsgrad der Sprache ab, den man für das Entwicklungsziel hält. Ein dreijähriges Kind hat zwar die syntaktischen Grundmuster, den einfachen Hauptsatz mit einfachen Satzergänzungen erworben. Es kann etwa sagen: „Die Mami ist bei der Oma", „Der Papa ist beim Arbeiten" oder „Muß der Papa jetzt arbeiten?" Jedoch beherrscht es schwierigere grammatische Formen wie die Passivkonstruktion oder den richtigen Nebensatz noch nicht.

Tiefendimension

Die Tiefendimension unserer Sprache, vor allem Metaphern und übertragene Bedeutungen, wird es noch auf Jahre hinaus zu erlernen haben. Nur wenn man die Sprachentwicklung rein quantitativ betrachtet, läßt sich sagen, daß das Kind später nie mehr so erstaunliche Sprachlernleistungen zeigen wird wie in den ersten Lebensjahren.

Akzeleration und Stillstand

In den ersten Lebensjahren steigt der Wortschatz bei Kindern aller Sprachgemeinschaften und auch bei den Kindern aller sozialen Gruppen, verglichen mit späteren Lebensjahren, stark an, während er beim Erwachsenen meist zum Stillstand kommt. Ob dies geschieht, hängt allerdings von der beruflichen Spezialisierung des Erwachsenen ab und von anderen Faktoren der soziokulturellen Umwelt.

Sprachentwicklung sozial benachteiligter Kinder

Universalität des Spracherwerbs

Wenn soziale Faktoren in Betracht gezogen werden, sollte man mit allen Aussagen über Gesetze der Sprachentwicklung zurückhaltend sein. Eine große Zahl von Sprachentwicklungspsychologen verweist immer wieder auf die erstaunliche Universalität des Spracherwerbs bei durchschnittlich begabten Kindern aller Nationen und sozialen Gruppen. Davon sind nur unterprivilegierte Kinder ausgenommen, deren Entwicklungsbedingungen an der unteren Grenze der sozialen und sprachlichen Anregung und Förderung stehen.

Obere Grenze des Spracherwerbs

Während es normalerweise bei allen Kindern eine obere Grenze der sprachpädagogischen Einflußmöglichkeiten gibt, kann die Sprachentwicklung unterprivilegierter Kinder sozusagen vollständig verdorben werden. Was die obere Grenze der sprachpädagogischen Einwirkung betrifft, so wiesen amerikanische Sprachentwicklungspsychologen anhand von Experimenten nach, daß die Satzmuster, die zwei- und dreijährige Kinder beherrschen, nicht beliebig veränderbar sind. Wenn man Kindern in diesem Alter zu komplizierte Sätze vorsagt, fallen ihre Nachahmungen nicht komplexer aus als die spontane Satzbildung. Es kommt zu einer systematischen Verkürzung und Entkomplizierung solcher Sätze in Übereinstimmung mit denjenigen Sätzen, die das Kind von sich aus sprechen kann. Auch bei vier- und fünfjährigen Kindern läßt sich das noch gut beobachten.

Die Schlußfolgerung, daß die obere Grenze der Sprachentwicklung auf Reifung beruhe, d. h. auf einem biologisch begründbaren Geschehen, kann dann allenfalls für Kinder gelten, die in ihren frühen Lebensperioden ein Maximum an sprachpädagogischen Anregungen in einem affektiv günstigen, d. h. liebevollen Lernklima erhielten. Ferner läßt sich die Behauptung, bei solchen Sprachunterschieden handle es sich um Unterschiede der Intelligenz, nach dem heutigen Stand der Erkenntnis nicht mehr rechtfertigen, seit man auch über andere Kriterien für intelligentes Verhalten verfügt. Die Intelligenz eines Kindes muß sich nämlich nicht notwendig in der Sprachbeherrschung zeigen.

6. Milieutheoretische Sprachforschung

Sprachgebrauch von sozialer Herkunft abhängig

Solche Überlegungen haben zu einem weiteren wissenschaftlichen Ansatz, zu der milieutheoretischen Sprachforschung, geführt. Die milieutheoretische Sprachforschung (Soziolinguistik) untersucht die Wirkung der sozialen Faktoren auf den Sprachgebrauch. Ihr Forschungsgebiet sind Untergruppen von Kindern und Jugendlichen, die sich durch ihre soziale Herkunft unterscheiden. In den sechziger und siebziger Jahren war es besonders der englische Soziologe Basil Bernstein, der auf die sozialen Ursachen unterschiedlicher Sprachentwicklung und damit auch auf die sozialen Ursachen unterschiedlicher Schulleistungen aufmerksam machte.

Sprache bestimmt soziales Schicksal

Bernstein geht davon aus, daß der Sprachgebrauch von Personen durch ihre Zugehörigkeit zu einer sozialen „Schicht" bestimmt ist. Da nun Sprechen aber auch mit Fühlen und Handeln verbunden ist – man spricht aus, was man fühlt und denkt, man plant mittels Sprache sein Handeln –, sind Personen durch ihre Schichtzugehörigkeit weitgehend festgelegt und, so meint Bernstein, auf schulischen Erfolg oder Mißerfolg frühzeitig programmiert. Kinder der Unterschicht haben, verglichen mit Kindern der Mittelschicht, sehr viel geringere Chancen, die sprachlichen Anforderungen von Institutionen zu erfüllen, deren Leistungsverlangen sich an „Mittelschichtnormen" ausrichtet. Mittelschichtkinder erlernen frühzeitig einen differenzierten Sprachgebrauch, der in Wortschatz und Satzbau reicher ist und die in den höheren Schulen geforderten Leistungen der Abstraktion erleichtert. Demgegenüber sind Unterschichtkinder dadurch benachteiligt, daß ihr Wortschatz ärmer, ihr Satzbau einfacher und unsicherer ist. Ihr Sprechen bleibt stark an die eigene soziale Gruppe gebunden und kann nicht so gut anderen Situationen angepaßt werden. Die Bestrebungen, in unseren Schulen „Chancengleichheit" herzustellen, sind also auch (aber nicht ausschließlich) durch solche „Sprachbarrieren" erschwert.

Zusammenfassung

Die entwicklungspsychologische Sprachforschung untersucht das sprachliche Verhalten des Kindes vom ersten Schrei an. Sie beschreibt zunächst das Lautrepertoire auf den einzelnen Entwicklungsstufen und fragt dann nach den Ursachen dieser Entwicklung. Nach dem heutigen Stand der Forschung läßt sich folgendes sagen: Das Kind bringt eine ererbte Anlage zum Sprechen mit auf die Welt. Sie äußert sich in spontaner Lautbildung, dem Lallen. Mit Hilfe von Anregungen durch sprachliche und soziale Reize der Umwelt entwickelt sich daraus die Beherrschung der Muttersprache. Solche Umweltfaktoren sind: Zuwendung der Mutter, Familienklima, soziale Umwelt, Sprachgemeinschaft. Frühe Mängel des Spracherwerbs, z. B. infolge zu geringer Anregung, können später nur noch mit Mühe ausgeglichen werden.

Worterklärungen

Behaviorismus	Lehre vom tierischen und menschlichen Verhalten, die methodisch besonders streng auf exakte Beobachtung und Beschreibung ausgerichtet ist
Echolalie	Stereotypes, papageienhaftes Wiederholen von Fragen, Aussagen
humanpsychologisch	die Psychologie des Menschen betreffend
Linguistik	Sprachforschung
Metapher	bildhafter Ausdruck mit übertragener Bedeutung
Mutismus	Sprech-Wortstummheit
Partial-Sprachen	Teil-Sprachen, Subsprachen innerhalb einer Sprachgemeinschaft
Phonem	Laut, z. B. „a", „b", d. h. Vokale und Konsonanten
Psycholinguistik	Psychologische Disziplin, die sich mit den Erlebnis- und Verhaltensaspekten der Sprache befaßt
Sozialpsychologie	Disziplin der Psychologie, die sich mit sozial bedingtem Erleben und Verhalten befaßt

16. KAPITEL

Die moralische Entwicklung des Kindes und des Jugendlichen

Der Erzieher weiß recht gut, wie er einem Kind Lesen und Rechnen beibringen kann; er fühlt sich jedoch unsicher, wenn man von ihm verlangt, er solle das Kind zur „moralischen Persönlichkeit" erziehen oder zur „sittlichen Reife" führen. Was ist moralisch? Was ist sittlich? Und wie kommt ein Mensch zu den Eigenschaften und Verhaltensweisen, die sich mit diesen Begriffen dekken? Warum entwickelt sich dieses Kind zum unerschütterlichen Charakter mit festen Lebensprinzipien, jenes dagegen zum haltlosen Menschen, der jeder Verführung zugänglich ist? Darauf ist heute noch keine klare Antwort möglich. Es gibt aber Forschungsansätze, aus denen sich einige Aufschlüsse gewinnen lassen. Über sie berichtet dieses Kapitel.

1. Fünf Thesen über das Wesen der Moralität

Seit dem frühen Altertum ist über das Wesen der Tugend und der Sittlichkeit, über den Unterschied von Gut und Böse viel nachgedacht worden. Die Überlegungen haben zu einer großen Zahl von widersprüchlichen Aussagen geführt. Wir wollen sie hier einmal grob in fünf Gruppen einteilen, denen fünf Grundthesen über das Wesen der Moral entsprechen.

Erste These: Der Mensch ist von Natur gut

Rousseau

Am deutlichsten wird diese optimistische Auffassung des Menschen von J. J. Rousseau vertreten: „Alles ist gut, wie es hervorgeht aus den Händen des Urhebers der Dinge; alles entartet unter den Händen des Menschen...; er liebt das Mißgestaltete, das Ungeheuerliche; nichts will er so haben, wie es die Natur gemacht hat, nicht einmal den Menschen; er will ihn zugerichtet haben wie ein Reitpferd, zugestutzt nach der Mode wie ein Baum in seinem Garten." Von solchen Gedanken haben sich in der Romantik viele Pädagogen leiten lassen, so Pestalozzi und Fröbel.

Zweite These: Der Mensch ist von Natur schlecht

Hobbes

Die pessimistische Auffassung über das Wesen des Menschen hat eine lange Tradition. Die Natur selbst, so argumentieren besonders die Materialisten unter den Philosophen, kennt keine moralische Wertbestimmungen. Wie jedes Lebewesen sei auch der Mensch von Naturtrieben beherrscht, die ausschließlich der Erhaltung der Art und des Individuums dienen. Der englische Philosoph Hobbes z. B. behauptet, der Egoismus sei der einzige natürliche Grundzug des Menschen. Erziehung wäre demnach nicht, wie Rousseau meint, Befreiung einer natürlichen Moralität, sondern Bändigung egoistischer Triebe.

Dritte These: Tugend beruht auf Einsicht

„Wer nach Gefühlen, nach unklaren Voraussetzungen, nach hergebrachten Gewohnheiten handelt, der mag wohl gelegentlich das Rechte treffen... nur

Sokrates, Plato

der wird aber recht handeln können, der die richtige Einsicht in die Dinge und zu sich selbst hat." Diese Ansicht ist zuerst von dem griechischen Philosophen Sokrates und seinem Schüler Plato formuliert worden. Ihre Wirkung ist noch in manchen neueren psychologischen Theorien über die moralische Entwicklung des Kindes nachzuweisen. Da moralisches Handeln auf Einsicht, also auch auf Intelligenz beruht, muß nach dieser Theorie moralische Erziehung auf geistiger Erziehung aufbauen; denn ein Mensch, der seine Sache versteht und sich im bürgerlichen wie im politischen Leben einsichtig und umsichtig verhält, wäre ein tugendhafter Mensch. Sünde und Verbrechen hätte man gleichzusetzen mit Irrtum, Einsichtslosigkeit und Dummheit.

Vierte These: Moralisches und amoralisches Verhalten sind angeboren

Voltaire

Voltaire, der große französische Moralist, hat behauptet, die sittlichen Grundsätze seien dem Menschen angeboren wie seine Glieder; jedoch müsse er beide durch die Erfahrung gebrauchen lernen. Der italienische Arzt

Lombroso

Lombroso vertrat sogar die Auffassung, amoralisches Verhalten und Kriminalität seien erblich; er prägte den Begriff vom „geborenen Verbrecher".
Diese Thesen besagen insofern etwas anderes als die Behauptungen, der Mensch sei „von Natur aus" gut oder schlecht, als mit „angeboren" eine Anlage gemeint ist, die sich mehr oder weniger zwangsläufig verwirklicht und auch durch Erziehung kaum geändert werden kann. Was hingegen von Natur aus so oder so ist, läßt sich auch wider die Natur, also durch Erziehung, ändern.

Fünfte These: Die Gesellschaft bestimmt, was gut und böse ist

Archelaos, ein griechischer Philosoph, hat wohl als erster erklärt, Werturteile wie „gut", „böse", „recht" und „schimpflich" seien nicht der Natur, sondern „der Satzung entsprungen", also Ergebnisse gesellschaftlicher Konventionen oder auf den Willen eines Herrschers zurückzuführen. Der Bogen dieses Gedankens spannt sich vom Altertum bis zur marxistischen Gesellschaftslehre unserer Zeit. Wenn z. B. Lenin sagt: Sittlich ist nur das, was der Zerstörung der alten Ausbeutergesellschaft dient – so will er damit bewußt ein neues Bezugssystem moralischer Werte setzen. Nach marxistischer Auffassung ist jede amoralische Handlung durch gesellschaftliche Verhältnisse (Entfremdung) bedingt; allein die Veränderung dieser Verhältnisse könnte den Menschen zu einem moralischen Wesen machen, d. h. zu einem Wesen, das in einer Art neuem Urzustand in Einklang mit sich selbst lebt.

Teilzusammenfassung

Die Geschichte der Morallehren und der Ethik zeigen einen ständigen Wechsel der Auffassungen über das Wesen und die Herkunft der Moralität. Die verschiedenen Theorien spiegeln jeweils das Bild wider, das sich der Mensch von sich selbst macht. Während Rousseau glaubte, der Mensch sei von Natur aus gut, war Hobbes der Überzeugung, das Verhalten des Menschen werde von Egoismus und Machtstreben bestimmt. Lombroso lehrte, amoralisches Verhalten und der verbrecherische Charakter seien angeboren; demgegenüber gewinnt die Auffassung heute immer mehr an Bedeutung, daß die sittlichen und moralischen Werte gesellschafts- und kulturbedingt sind. Aber auch diese Ansicht ist problematisch.

2. Methodische Schwierigkeiten bei der Erforschung der moralischen Entwicklung

Die Unbestimmtheit des Moralbegriffs und die Komplexität des moralischen Verhaltens machen das Problem der moralischen Entwicklung des Kindes zu einem der methodisch schwierigsten Forschungsgebiete der Psychologie. Die empirische Psychologie hat in den letzten Jahren vor allem folgende Methoden angewandt:

Vergleich gefährdeter und nicht auffälliger Kinder

Rolle der Erziehungsbedingungen

Man untersucht moralisch gefährdete oder schon kriminelle Kinder und Jugendliche und vergleicht die Ergebnisse mit denen, die man bei nicht auffälligen Kindern erzielt. Neben der Intelligenz und bestimmten Charaktereigenschaften stehen dabei die Umwelt und die Erziehungsbedingungen, unter denen die Kinder aufwachsen, im Mittelpunkt der Forschung.

Verführung und Bewährung

Untersuchungen über Ehrlichkeit

Man bringt Kinder in bestimmte Verführungs- und Bewährungssituationen; man prüft, wie sich Kinder bestimmter Altersgruppen, sozialer Herkunft, Erziehung und Intelligenz verhalten. So haben die Amerikaner Hartshorne und May bereits 1929 umfangreiche Untersuchungen über die Ehrlichkeit von Kindern durchgeführt. Die Kinder hatten genau festgelegte Leistungen zu vollbringen (z. B. im Rechnen, im Weitsprung). Sie bekamen jedoch die Gelegenheit, ihre Ergebnisse „heimlich" zu verbessern. Art und Umfang solcher Korrekturen konnten unmittelbar (durch unbemerkte Beobachtung der Kinder) oder nachträglich registriert werden.

Prüfung der moralischen Urteilsfähigkeit

Handlungen bewerten

Die Kinder werden veranlaßt, bestimmte Handlungen zu beurteilen. Piaget, der diese Methode ausgiebig anwendete, ließ die Kinder Verhaltensweisen bewerten, die zu irgendeiner Art von Schaden führten. Z. B. erzählte er den Kindern zwei Geschichten.

> Geschichte 1
> Es war einmal ein kleiner Junge, Julius. Sein Papa war fortgegangen. Da hatte Julius den Einfall, mit dem Tintenfaß des Vaters zu spielen. Er spielte einen Augenblick und machte plötzlich einen kleinen Fleck auf das Tischtuch.
>
> Geschichte 2
> Es war einmal ein kleiner Junge, Hans. Sein Vater war fortgegangen. Da kam Hans auf den Einfall, seinem Vater einen Gefallen zu tun, und wollte ihm das leere Tintenfaß füllen. Nun machte er aber beim Öffnen der Tintenflasche einen großen Klecks.

In Geschichte 1 ist der Schaden nicht sehr groß, das Verhaltensmotiv jedoch ein egoistisches (Spielen). In Geschichte 2 ist der Schaden groß, das Tatmotiv jedoch anerkennenswert.
Piaget konnte zeigen, daß bis zum Alter von zehn Jahren die Kinder kaum in der Lage sind, eine Handlung nach ihrem Motiv zu beurteilen. Das erstaunt durchaus nicht; auch viele Erwachsene bewerten das Verhalten der Mitmenschen ausschließlich nach den Folgen ihres Tuns. Die Geschichte unserer Rechtsprechung spiegelt dieses Unvermögen wider, den Menschen nach seinen Motiven zu beurteilen.

Teilzusammenfassung

Bisher hat die empirische Psychologie hauptsächlich drei Wege beschritten, um die moralische Entwicklung des Kindes zu erforschen: Man untersucht Kinder, die moralisch gefährdet oder schon kriminell sind, und vergleicht sie mit nicht auffälligen Kindern; man bringt Kinder experimentell in Verführungs- und Bewährungssituationen und beobachtet ihr Verhalten; man stellt Kinder vor bestimmte Entscheidungssituationen und prüft ihr Urteil.

3. Untersuchung moralisch gefährdeter Kinder

Über moralisch anfällige und kriminelle Kinder und Jugendliche soll später ausführlich berichtet werden. Hier wollen wir nur einen allgemeinen Aspekt herausgreifen, der für die moralische Entwicklung des Kindes von Bedeutung ist.

Ordnungserfahrung und moralische Entwicklung

Ohne Ordnung keine Maßstäbe

Das Kind kann nur dann zu einer moralisch stabilen Persönlichkeit heranwachsen, wenn es die Ordnung seiner Umwelt erkennt und ihre Notwendigkeit begreifen lernt. Ein junger Mensch, der in einer chaotischen Umwelt heranwächst, der nur Willkür und Regellosigkeit erlebt, findet keine verläßlichen Maßstäbe für sein Verhalten. Das Kind muß lernen, den Forderungen seiner Umwelt zu gehorchen; es muß aber zugleich lernen, diese Forderungen zu verstehen.

Was ist Ordnung nicht?

Solche Sätze, in denen von Ordnung und Gehorsam die Rede ist, können leicht mißverstanden werden. Machen wir uns an einem Beispiel aus der Literatur deutlich, wie sie *nicht* gemeint sind.

> „Der Vater stellte ein Gläslein voll Arznei in die Schublade, weil er glaubte, es sei nirgends besser verwahrt. Als aber der Sohn nach Hause kam und die Schublade schnell aufziehen wollte, fiel das Gläslein um und zerbrach. Da gab ihm der Vater eine zornige Ohrfeige und sagte: ‚Kannst du nicht zuerst schauen, was in der Tischlade ist, eh du sie auftust.' Der Sohn erwiderte zwar, nein, das könne niemand. Aber der Vater sagte: ‚Den Augenblick sei still oder du bekommst noch eine.'" (J. P. Hebel)

Regellosigkeit und Willkür

Das ist ein Beispiel für Regellosigkeit und Willkür. Strenge Erzieher, die mit unbegründeten Befehlen regieren, die Forderungen erheben, an die sie sich selbst nicht halten, Eltern, die heute etwas verbieten, was sie morgen erlauben, aber auch Eltern, die „alles erlauben", verwehren dem Kind jene Ordnungserfahrung, die für seine innere Sicherheit so notwendig ist. Mit Ordnung ist hier im Grunde nichts anderes gemeint als die Spielregel des Zusammenlebens.

Spiel als Modell von Ordnung

Ein Modell dieser Ordnung finden wir im Spiel der Kinder. Es fördert nicht nur, wie man lange geglaubt hat, die Phantasie, sondern vermittelt, wie Piaget sagt, auch Ordnungserfahrungen.

> „Die Kinderspiele sind bewundernswerte soziale Einrichtungen. Das Murmelspiel z. B. enthält ein System mannigfacher Spielregeln; ein vollständiges Gesetzbuch und eine ganze Rechtsprechung. Im Spiel lernt das Kind zum erstenmal moralisch denken und handeln" (Piaget).

Piaget hat der Frage, wie sich beim Spiel das Regelbewußtsein der Kinder entwickelt, genaue Studien gewidmet und ist dabei zu folgender Einteilung gekommen:

a) Das Stadium des motorischen und individuellen Spiels

Das Kind spielt nach eigenen Wünschen und Gewohnheiten; jedoch bilden sich in den ersten beiden Lebensjahren bereits einfache ritualisierte Schemata aus, d. h. das Kind setzt sich selbst gewisse Regeln; es beansprucht aber nicht, daß diese von anderen befolgt werden. *1. bis 2. Lebensjahr*

b) Das Stadium des egozentrischen Spiels

Das Kind spielt auch mit anderen Kindern, es kümmert sich jedoch nicht um sozial verbindliche Spielregeln. Zwar ahmt es das Verhalten anderer Kinder nach, spielt aber in Wirklichkeit für sich. *2. bis 5. Lebensjahr*

c) Das Stadium beginnender Zusammenarbeit

Das Kind sucht den Wettbewerb mit anderen Kindern; dazu sind jedoch Übereinkünfte notwendig. Die Spielregeln sind allerdings sehr locker, und die Kinder können keine verbindlichen Auskünfte über die Herkunft der Spielregeln geben. *5. bis 8. Lebensjahr*

d) Das Stadium der Regelkodifizierung

Dieses Stadium beginnt nach Piaget eigentlich erst im Alter von etwa elf Jahren. Die Kinder dieser Altersstufe geben meistens widerspruchsfreie Auskünfte über die Regeln ihrer Spiele und bestehen vor allem darauf, daß diese auch peinlichst beachtet werden. Abweichler gelten als Spielverderber oder Betrüger und werden nicht selten aus der Gemeinschaft ausgestoßen. Die Kinder begreifen auch allmählich, daß die Spielregeln keine absoluten Forderungen darstellen, sondern auf freien Übereinkünften beruhen. *Ab dem 11. Lebensjahr*

Ordnungserfahrungen sind wesentliche Voraussetzungen für die moralische Entwicklung des Kindes. Es muß lernen, die sachlich berechtigten Forderungen seiner Umwelt zu erfüllen, die Spielregeln des Zusammenlebens zu verstehen und sie zu akzeptieren. Eine wichtige Funktion in diesem Lernprozeß bilden die Regelspiele, die besonders von Piaget genau untersucht wurden. Piaget unterscheidet vier Stadien in der Entwicklung des Regelbewußtseins; er konnte zeigen, daß sich Kinder relativ spät an Vereinbarungen gebunden fühlen, die sie selbst getroffen haben. **Teilzusammenfassung**

4. Verführung und Bewährung

Hartshorne und May haben, wie gesagt, Kinder in Wettbewerbssituationen gebracht und ihnen die Möglichkeit verschafft, eine höhere Leistungsfähigkeit als ihre tatsächliche vorzutäuschen. Die Forscher sind dabei zu einer Reihe von Ergebnissen gekommen, die mit anderen Untersuchungen gut übereinstimmen.

Untersuchungsgegenstand Ehrlichkeit

Ehrlichkeit in Wettbewerbssituationen ist bis zum Alter von zehn Jahren eine recht instabile Eigenschaft, d. h. Kinder, die in einer Situation (bzw. zu einem Zeitpunkt) mogelten, waren in einer anderen Situation ehrlich. Es erwies sich als unmöglich, die Kinder klar abgrenzbaren Gruppen der Ehrlichen und der Unehrlichen zuzuordnen. Die Kinder ließen sich weniger von allgemeinen Verhaltensprinzipien (z. B. „Du darfst nicht lügen“) leiten als von äußeren Bedingungen der Situation. Erstaunlich wichtig scheint dabei der soziale Faktor zu sein: Es gab Schulklassen mit vielen unehrlichen Kindern und *Unter zehn Jahren instabil* *Situationsbedingt*

Klassen derselben Schule, in denen die Kinder erheblich weniger schwindelten. Der Besuch des Religionsunterrichts hatte keine nachweisbare Wirkung auf das Verhalten des Kindes in Verführungssituationen.

Ähnliche Ergebnisse bei anderen moralischen Eigenschaften

Ähnliche Ergebnisse erhielt man auch bei der Untersuchung von Eigenschaften wie Gehorsam, Verantwortungsbewußtsein, Mut, Freundlichkeit. Erst vom 10. Lebensjahr an beginnen sich anscheinend die meisten moralischen Qualitäten langsam zu stabilisieren.

Methodisch gesichert?

Das sind eigentlich recht erstaunliche Ergebnisse. Ganz vertrauen kann man ihnen allerdings nicht, denn sie sind mit Methoden gewonnen worden, gegen die manche Einwände möglich sind. Soviel kann jedoch gesagt werden: Mit dem Urteil, dieses Kind sei unehrlich und jenes Kind ehrlich, sollte man sehr vorsichtig sein.

Teilzusammenfassung

Viele moralische Eigenschaften, wie Ehrlichkeit oder Verantwortungsbewußtsein, sind in den ersten zehn Lebensjahren weder zeit- noch situationsstabil. Erziehungsmethoden haben offensichtlich weitaus weniger Wirkung auf die moralische Einstellung, als man bisher glaubte; dagegen scheinen umfassendere soziale Faktoren bereits in der Kindheit die moralische Entwicklung relativ stark zu beeinflussen.

5. Prüfung der moralischen Urteilsfähigkeit

Moralische Begriffe

Bei Forschungen über die moralische Entwicklung des Kindes wird eigentlich meist die Entwicklung moralischer Begriffe und des moralischen Urteilsvermögens untersucht. Das gilt für die Arbeiten Piagets gleichermaßen wie für die Experimente, die Kohlberg angestellt hat. Auch dieser amerikanische Forscher benutzte die Methode der Entscheidungsurteile, d. h. er stellte den Kindern und Jugendlichen die Aufgabe, eine moralische Frage zu entscheiden, etwa eine Geschichte zu beurteilen und zu bewerten.

Geschichte 3

Ein armer Mann hatte eine sehr kranke Frau, für die er ein wichtiges Medikament benötigte. Er ging zum Apotheker, und da er kein Geld hatte, bat er ihn, ihm das Medikament ohne Bezahlung zu überlassen oder ihm wenigstens den Geldbetrag zu stunden. Der Apotheker weigerte sich, und in der folgenden Nacht brach der arme Mann in der Apotheke ein und stahl das Medikament.

Moralisches Urteilsvermögen und Intelligenz

Kohlberg hat Untersuchungen in mehreren Ländern (z. B. in der Türkei, auf Taiwan, in Mexiko, in den USA) durchgeführt und kam zu erstaunlichen Übereinstimmungen in den Ergebnissen. Offensichtlich ist es nötig, zwischen der Entwicklung des moralischen Verhaltens und der Entwicklung moralischer Urteilsfähigkeit zu unterscheiden. Während soziale Faktoren das moralische Verhalten stark beeinflussen, scheint die Entwicklung der moralischen Urteilsfähigkeit in weit geringerem Ausmaß von den gesellschaftlichen und kulturellen Bedingungen abhängig, als man dies bisher geglaubt hat. Jedoch:

- Überall bestehen sehr enge Beziehungen zwischen der geistigen Entwicklung des Kindes (seiner Intelligenz) und der moralischen Urteilsfähigkeit.

Kohlberg ist es gelungen, unmittelbare Parallelen zwischen den Stufen moralischer Urteilsfähigkeit und Piagets Stufen der geistigen Entwicklung herzustellen.

Kohlbergs Stufentheorie der moralischen Entwicklung

Kohlberg unterscheidet folgende Stufen der moralischen Urteilsfähigkeit:

Stufe 0
Orientierung des Urteils am Lustgewinn. Prinzip: „Gut ist das, was mir Befriedigung verschafft."

Stufe 1
Orientierung des Urteils an Lohn und Strafe. Prinzip: „Gut ist das, was belohnt wird."

Stufe 2
Orientierung des Urteils am Nutzen der Handlung. Prinzip: „Gut ist das, was etwas einbringt."

Stufe 3
Orientierung des Urteils am Wohlwollen oder Mißfallen der Eltern oder Lehrer. Prinzip: „Ich verhalte mich so, daß ich für Mama immer ein braver Bub bin."

Stufe 4
Orientierung des Urteils an Autoritätspersonen. Prinzip: „Was der Vater (bzw. die Mutter, der Lehrer, der Pfarrer usw.) sagt, ist immer richtig."

Stufe 5
Orientierung des Urteils an Gesetzen, Satzungen, Übereinkünften usw., die jedoch als freie Konventionen verstanden werden. Prinzip: „Ich persönlich bin von der Richtigkeit dieser Handlung überzeugt." (Allerdings kann der Jugendliche eine Begründung für sein Urteil noch nicht geben).

Stufe 6
Orientierung des Urteils an abstrakten ethischen Prinzipien, z. B. antwortet ein 16jähriger auf Geschichte 3: „Nach dem Gesetz der Menschen ist der arme Mann schuldig, nach dem natürlichen Recht jedoch und nach dem göttlichen Gesetz ist er unschuldig; denn menschliches Leben geht über finanziellen Gewinn. Der Mann hatte sogar die Verpflichtung, seine Frau um jeden Preis zu retten."

Urteilsstufen und Stufen geistiger Entwicklung

Altersgrenzen unbestimmt

Kohlberg gibt für seine Stufen keine scharfen Altersgrenzen an. Selbstverständlich erreichen bei weitem nicht alle Jugendlichen die höchste Stufe. Wie Piaget ist er überzeugt, daß diese Stufen mit den Stufen der allgemeinen geistigen Entwicklung übereinstimmen. Man könnte natürlich einwenden, das moralische Urteil sage noch gar nichts über die Lebensführung des Urteilenden aus. In mehreren Untersuchungen ist jedoch eine nicht unbeachtliche Beziehung (Korrelation) zwischen den Urteilsstufen und dem tatsächlichen moralischen Verhalten nachgewiesen worden, wie es etwa Lehrer, Meister oder Bekannte des Jugendlichen bewertet haben. Vor allem besteht zwischen Urteilsstufen und verschiedenen Bedingungen, von denen die sogenannte Ich-Stärke abhängig ist, ein relativ enger Zusammenhang.

Lebensführung

Die von Piaget begonnene und von Kohlberg weitergeführte Forschung hat in den letzten 20 Jahren eine außergewöhnliche internationale Resonanz unter Psychologen, Soziologen und Moralphilosophen gefunden. Die Zahl einschlägiger wissenschaftlicher Untersuchungen besonders über die als problematisch empfundene Stufe 6 wächst beständig. Eine Theorie pädagogischer Ethik wird auf der Piaget-Kohlbergschen Forschung aufzubauen haben.

Teilzusammenfassung

Kohlbergs Theorie der Entwicklung moralischer Urteilsfähigkeit entspricht weitgehend Piagets Stufentheorie der allgemeinen geistigen Entwicklung. Kohlberg ist wie Piaget überzeugt, daß die Entwicklungsstufen reifungsbedingt und relativ unabhängig von kulturellen Einflüssen sind.

6. Das moralische Verhalten und die Ich-Stärke

Wille

In der älteren Psychologie spielte der Begriff des Willens eine große Rolle, und moralisches Verhalten wurde allgemein mit Willensstärke in Verbindung gebracht. Wegen seiner vielen Nebenbedeutungen ist der Begriff Wille jedoch aus dem Wortschatz der Psychologie verschwunden. Andere Begriffe, allerdings nicht immer bessere, sind an seine Stelle getreten; der Begriff der Motivation ist einer, der der Ich-Stärke ein anderer.

Ich-Stärke

Definition 1

- Unter dem „Ich" versteht man allgemein das Subjekt aller Wahrnehmungen, Vorstellungen, Gedanken, Gefühle, Strebungen und Handlungen. Im Ich sind alle psychischen Funktionen integriert; vom Ich aus wird das Handeln zielgerichtet gesteuert.

Es ist jedoch zu beachten, daß dieser allgemeine Begriff des Ich mit Freuds Begriff des Ich keine unmittelbaren Beziehungen hat.

Definition 2

- Die „Ich-Stärke" bestimmt sich aus Eigenschaften wie Selbstbeherrschung, Selbstkontrolle, Ausdauer, Konzentrationsfähigkeit, Kontrolle der Phantasie, Weite der Zeitperspektive, Selbstachtung und nicht zuletzt auch Intelligenz.

Viele dieser Eigenschaften sind auf ihre Beziehungen zum moralischen Verhalten untersucht worden, z. T. aufgrund von Lehrerurteilen, aber auch durch Experimente nach der Art, wie sie Hartshorne und May durchgeführt haben.

Sind Straftäter dumm?

Weniger intelligent als der Durchschnitt

Sehr oft hat man sich gefragt, wieweit Intelligenz mit moralischem Verhalten verknüpft ist. Alle einschlägigen Untersuchungen kommen zu dem Ergebnis, daß Kinder mit amoralischen Verhaltenstendenzen in den weitaus meisten Fällen weniger intelligent sind als der Durchschnitt. Das gilt übrigens auch für Erwachsene: Von wenigen, allerdings wichtigen Fällen abgesehen, sind Straftäter weniger intelligent als der Durchschnitt der Bevölkerung. Dies besagt aber nicht, Straffälligkeit beruhe auf einem Mangel an Intelligenz. Vielfach werden die Umstände, die den Betreffenden daran gehindert haben, seine Intelligenz zu entfalten, ihm auch wenig Maßstäbe für moralisches Verhalten gegeben haben.

Sind Kriminelle „kurzsichtig"?

Kurze Zeitperspektive

Eine zweite wichtige Eigenschaft ist die Weite der Zeitperspektive. Es ist immer wieder aufgefallen, daß viele delinquente oder kriminelle Kinder, Jugendliche und Erwachsene nur über sehr kurze Zeit hinweg planen können. Sie lassen sich von einem kleinen, sofort erreichbaren Vorteil stärker in ihrem Verhalten bestimmen als von einem größeren Gewinn, der in einer ferneren Zukunft liegt. Für die meisten der verwahrlosten Jugendlichen ist das Streben nach sofortigem oder schnellem Lustgewinn sehr kennzeichnend; sie sind nicht in der Lage, sich etwas zu versagen oder ihre Triebwünsche aufzuschieben.

Zusammenhänge zwischen Amoralität und mangelnder Kontrolle

Extreme Unkonzentriertheit

Andere Faktoren der Ich-Stärke sind die Konzentrationsfähigkeit und die Ausdauer. Kinder, die lügen oder stehlen, fallen im Zeitraum ihrer Delikte oft durch extreme Unkonzentriertheit, geringe Selbstbeherrschung und mangelhafte Ausdauer auf. Es scheinen auch Beziehungen zwischen amoralischem Verhalten und bestimmten körperlichen Störungen (Blutdruckschwankungen, vasomotorische Störungen usw.) zu bestehen. Manchmal sind Konzentrationsunfähigkeit, körperliche Störungen und amoralisches Verhalten auch durch hirnorganische Verletzungen bedingt.

Exzessive Phantasie

Schließlich ist die Kontrolle der Phantasie zum Komplex Ich-Stärke zu rechnen. Amoralisches Verhalten steht oft in direktem Zusammenhang mit exzessiver und unkontrollierter Phantasietätigkeit, die sich mit Hilfe projektiver Testverfahren registrieren läßt. Verwahrloste Kinder und Jugendliche, die durch amoralische Handlungen auffällig wurden, produzieren besonders häufig aggressive Phantasien.

Mangelnde Selbstachtung Ursache oder Folge von Amoralität?

Wenig Widerstand gegen Verführung

Nicht zuletzt ist auch die Selbstachtung ein wichtiger Bestandteil der Ich-Stärke. In mehreren Untersuchungen wurde eine verhältnismäßig enge Beziehung zwischen dem Grad der Selbstachtung – man kann sie u. a. mit Hilfe von Persönlichkeitsfragebogen registrieren – und dem Widerstand gegenüber Verführung festgestellt. Allerdings läßt sich nicht immer eindeutig sagen, was Ursache und was Wirkung ist; es ist immerhin denkbar, daß geringe Selbstachtung die Folge amoralischen Verhaltens und der darauf gegründeten Mißachtung durch die Mitmenschen ist.

Teilzusammenfassung

In neueren Untersuchungen über die Entwicklung des moralischen Verhaltens spielt der Begriff der Ich-Stärke eine große Rolle. Ich-Stärke bestimmt sich aus mehreren Teileigenschaften, die jeweils mit amoralischem Verhalten in Verbindung gebracht werden können. Die wichtigsten sind: Intelligenz, Weite der Zeitperspektive, Konzentrationsfähigkeit und Ausdauer, Phantasiekontrolle, Selbstachtung.

7. Tiefenpsychologie und Moral

Kritik an Hartshorne und May

Die bisher zitierten Untersuchungen und Aussagen beantworten nur einen Teil der Fragen, die wir am Anfang dieses Kapitels gestellt haben. Keine der Methoden läßt einwandfrei erkennen, welche Bedingungen die moralische Entwicklung des Kindes bestimmen. Die Untersuchungen von Hartshorne und May etwa sagen lediglich aus, die Eigenschaft „Ehrlichkeit" stabilisiere sich erst ab einem gewissen Lebensalter. Was aber Ehrlichkeit ist, welche Funktion sie erfüllt und auf welche Weise das Kind zu dieser Eigenschaft

Kritik an Kohlberg

kommt, bleibt unklar. Kohlbergs Stufentheorie bleibt an der Oberfläche der Erscheinungen: Sie prüft nur das moralische Urteilsvermögen von Kindern und Jugendlichen; zwischen Urteilen und Handeln klafft aber häufig eine breite Kluft: Selbst Schwerverbrecher können ja „moralisch korrekte" Urteile abgeben. Auch der Zusammenhang zwischen moralischem Verhalten und Ich-Stärke ist zunächst nur als Symptom, nicht als Ursache der Moralität zu werten.

Sigmund Freud

Einen wichtigen Beitrag zum Problem Moralität hat Sigmund Freud geliefert. Man könnte Freuds Lehre in ihrer Gesamtheit auch als eine großangelegte Theorie der Moral verstehen.

Freuds Instanzenmodell

Drei Instanzen

Das Kind, so lehrt Freud, kommt als amoralisches Wesen auf die Welt, beherrscht allein von seinen Triebwünschen, die es nach dem Lustprinzip zu erfüllen sucht. Im Laufe seiner Entwicklung bilden sich drei psychische Instanzen heraus, deren Wechselverhältnis das seelische Geschehen bestimmt. Freud nannte diese Instanzen das „Es", das „Ich" und das „Über-Ich".

Das Es

Das Es ist der Sammelbegriff der primitiven Motive und Triebe, vor allem der sexuellen und aggressiven Kräfte. Es steht unter der Herrschaft des Lustprinzips; es will sofortige, dauernde und vollständige Triebbefriedigung – ohne Rücksicht auf die Realität.

Das Ich

Zwischen den Forderungen des Es und denen der Wirklichkeit vermittelt das Ich. Das Ich ist der eigentliche Träger der personalen Entscheidungen.

Das Über-Ich

Das Über-Ich enthält die Verhaltensnormen, die moralischen Verbote und Gebote, die das Kind entweder aus den Konflikten mit seiner Umwelt ableitet oder von seinen Erziehern direkt übernimmt. Freud hat das Über-Ich mit dem Gewissen gleichgesetzt. Es wäre also die moralische Instanz, von der die Entscheidungen des Ich kontrolliert werden.

Ich-Ideal

Während das Über-Ich im engeren Sinn mehr die negativen Motive – Verbote, Gebote, Angst vor Strafe – umfaßt, bezeichnet Freud die positiven Motive, wie etwa Leitbilder und Lebensziele, mit dem Begriff „Ich-Ideal". Das Ich-Ideal wird durch Identifikation mit den Eltern und anderen Erziehern gebildet.

Das Ich zwischen Es und Über-Ich

Gewissen

Was leistet nun Freuds Modell zur Erklärung der Moralität? Zunächst gibt es Auskunft über die Entstehung der moralischen Instanz „Gewissen". Diese Instanz ist kein fester, unwandelbarer Erbteil des Menschen; sie bildet sich in jedem Menschen neu und kann sich an sehr unterschiedlichen Normen ausrichten. Das moralische Verhalten eines Menschen ist aber nicht allein aus der Beschaffenheit dieser einen Instanz, des Über-Ich, abzuleiten; es muß vielmehr aus dem Zusammenspiel aller seelischen Kräfte erklärt werden. Was folgt für die moralische Anfälligkeit und Kriminalität von Jugendlichen aus dem Freudschen Modell? Wir können hier nur sehr vereinfacht zwei gegensätzliche Möglichkeiten andeuten, zwischen denen beliebig viele Übergänge denkbar sind:

Ich und Über-Ich

- *Fehlende oder mangelhafte Über-Ich-Bildung:* Den Forderungen des Es stehen nicht genügend einschränkende Gebote des Über-Ich entgegen. Das Ich versucht, die Forderungen zu erfüllen und gerät dabei in Konflikt mit der Umwelt.

- *Zu strenge Über-Ich-Bildung.* Den Forderungen des Es stehen übermäßige Moralgebote entgegen. Das Ich ist unfähig, den Widerstreit zwischen diesen beiden Instanzen auszutragen und in sinnvolles Handeln umzusetzen. Die verbotenen Triebwünsche suchen sich ein Ventil.

Minderwertigkeitsgefühle Ursache gemeinschaftsfeindlicher Handlungen?

Alfred Adler

Alfred Adler, ein Schüler Freuds, der sich schon früh von ihm getrennt hat, baut seine psychologische Theorie auf einem einzigen Grundbegriff auf, dem Begriff des Minderwertigkeitsgefühls. Bereits der Philosoph Friedrich Nietzsche hatte auf Zusammenhänge zwischen dem Neid, allgemeiner dem „Ressentiment", und der Moral hingewiesen. Ressentiment – dieser Begriff wird von Klages sehr treffend mit Lebensneid übersetzt – ist nach Adler der Mutterboden jeder amoralischen Handlung. Kretschmer hat Ressentiment als „Lebensperspektive von unten" bezeichnet.

Ressentiment

Definition 3

- „Unter Ressentiment verstehen wir die komplexe Gefühlseinstellung der im Leben wirklich oder vermeintlich Verkürzten; die aus Neid und Not geborenen Lebensansichten; die Lebensperspektive von unten; ein bohrendes, immer erneutes Gefühl geheimer innerer Auflehnung; die typische Einstellung des Schwachen gegen den Mächtigen, des Armen gegen den Reichen, des Häßlichen gegen die Schönheit, des Kranken, Entarteten und Welkenden gegen Gesundheit und Jugend, zugleich mit einer Tendenz zur Umwertung, die dem Schwachen und Armen den ethischen Höherwert zubilligen möchte" (Kretschmer).

Wenn jemand wegen seiner Minderwertigkeitsgefühle amoralisch wird, so geschieht dies fast immer unbewußt. Auch hat Adler nachgewiesen, daß die meisten negativen Charakterveränderungen schleichend verlaufen. Minderwertigkeitsgefühle haben jedoch nicht nur negative Auswirkungen. Viele Menschen sind in der Lage, sie zu kompensieren. Ein häßlicher Mensch z. B. kann, der Theorie von Adler zufolge, seine geistigen Fähigkeiten steigern und ein geistig Schwachbegabter durch körperliches Training ein ausgezeichneter Sportler werden. Viele Spitzenleistungen sind in dieser Weise auf Kompensationen zurückzuführen, oft schießen sie weit über das Ziel eines bloßen Ausgleiches hinaus. Sie werden zu Überkompensationen und können sich in schöpferischer Aktivität oder im Streben nach sittlicher Vollkommenheit äußern.

Kompensation und Überkompensation

Es wäre aber falsch, würde man jede kulturelle Leistung und jede sittliche Tat als Folge überkompensierter Minderwertigkeitsgefühle betrachten. Überkompensationen können auch negativ gerichtet sein, also z. B. die Ursache eines Verbrechens oder einer extrem amoralischen Lebenshaltung.
Adlers Gedankengänge waren nicht geeignet, eine selbständige Theorie, neben Freuds Lehre, aufzubauen. Ihr Fundament – die Begriffe Machtstreben, Minderwertigkeitsgefühl und Überkompensation – waren dafür zu schwach. Adlers Ideen wurden jedoch von neueren Tiefenpsychologen aufgegriffen, weitergeführt und in das System der Freudschen Psychoanalyse eingefügt.

Zusammenfassung

Empirische Untersuchungen konnten bisher nur Teilaspekte der Moralität erfassen. Man muß moralisches Verhalten und moralische Urteilsfähigkeit unterscheiden. Moralisches Verhalten wird an sozialen Gegebenheiten gelernt, z. B. an der Ordnung, die ein Kind in seiner Umwelt vorfindet. Die Ent-

wicklung der moralischen Urteilsfähigkeit erfolgt in einer Reihe von Stufen, die reifungsbedingt sind. Zwar gibt es Zusammenhänge zwischen moralischen Urteilen und moralischem Verhalten, aber moralische Urteile bedingen nicht immer moralisches Verhalten. Auch Intelligenz und Ich-Stärke haben einen Einfluß darauf. Den wichtigsten Beitrag zum Moralproblem hat bisher die Psychoanalyse geleistet. Freuds Modell der drei psychischen Instanzen erklärt moralisches Verhalten als Ergebnis der Verdrängung von Triebwünschen unter den Geboten des Über-Ich. Adler führt gemeinschaftsfeindliches Verhalten auf die Überkompensation von Minderwertigkeitsgefühlen zurück. Solche Aussagen der Tiefenpsychologie wurden ihrer methodischen Eigenwilligkeit wegen immer wieder angezweifelt. Sie tragen aber erheblich zum Verständnis dessen bei, was man Moral nennt.

Worterklärungen

autonom	eigengesetzlich, selbständig
exzessiv	maßlos, übertrieben
kompensieren	ausgleichen
vasomotorische Störungen	Störungen im Füllzustand der Blutgefäße; meist Störungen der Gefäßnerven

17. KAPITEL

Probleme der Geschlechtsreifung

In diesem Kapitel sollen alte und neue Standpunkte zum Problem der Pubertät erörtert werden. Über keinen Lebensabschnitt haben Pädagogen wie Psychologen mehr geschrieben als über die Zeit der Geschlechtsreife; vor allem nicht so viel Widersprüchliches. Während früher meist die Besonderheit der Pubertät betont wurde als eine Art Neugeburt des Menschen, betrachtet man heute diese Zeit etwas zurückhaltender, eher als eine Übergangsphase. Von der Pubertät zu sprechen erfordert auch, ausführlicher auf die körperlichen Reifungsprobleme einzugehen, denn in keiner anderen Lebensphase ist die psychische Entwicklung mit der körperlichen stärker verwoben als in der Pubertät.

1. Pubertät oder Adoleszenz?

Adoleszent = Heranwachsender

In der neueren Psychologie zeigt sich die Tendenz, den Begriff Pubertät durch den der Adoleszenz zu ersetzen. Der Grund dafür ist zunächst nicht recht zu erkennen, denn ein Adoleszent ist einfach ein Heranwachsender, und damit wird deutlich, daß der neue Begriff eher unschärfer ist und sich auf eine weitere Zeitspanne der Entwicklung bezieht als der der Pubertät. Das Bedürfnis nach Ablösung des Begriffes Pubertät kennzeichnet jedoch eine bestimmte wissenschaftliche Auffassung: Früher sah man in der Pubertät einen relativ scharf abgrenzbaren Altersabschnitt mit einem besonders auffälligen und nicht selten dramatischen Entwicklungsgeschehen; heute wird dagegen mehr die Kontinuität der Entwicklung zwischen dem 10. und dem 20. Lebensjahr betont. Eine solche Auffassung ist, angesichts der doch recht massiven körperlichen Veränderungen nach dem 12. Lebensjahr, erstaunlich; unter der Voraussetzung sehr enger Beziehungen zwischen körperlicher und psychischer Entwicklung müßten körperliche Veränderungen von entsprechend auffälligen psychischen Veränderungen begleitet werden.

Pubertät

Es ist nicht einzusehen, warum man einen unbestimmteren Begriff an die Stelle eines, wenn auch nicht ganz unproblematischen, so doch immerhin vertrauten Begriffes setzen soll. Wir wollen deshalb den Begriff Pubertät beibehalten und den der Adoleszenz, wie dies früher üblich war, für die Zeit nach dem Abschluß der eigentlichen geschlechtlichen Reife verwenden.

Definition 1

- Unter Pubertät verstehen wir den Abschnitt der eigentlichen Geschlechtsreifung im Alter zwischen dem 12. und dem 16. Lebensjahr.

2. Wandel in der Auffassung über das Wesen der Pubertät

Man dramatisiert heute, wie gesagt, die Reifezeit viel weniger, als dies früher üblich war. Es gibt mehrere Gründe für diesen Wechsel in den Anschauungen. Die wichtigsten sind wohl folgende: Einmal gibt es in primitiven Gesellschaften nicht in diesem Sinne eine Übergangsphase, zum anderen sind die

Symptome, die bei uns als typisch für die Pubertät gelten, überwiegend in einer bestimmten Gesellschaftsschicht zu finden.

Pubertätskriterien und körperliche Entwicklung

Pubertätskriterien

Sozial und kulturell bedingt

Mißverhältnis von Leistungsfähigkeit und Abhängigkeit

Aus den Ergebnissen der vergleichenden Völkerpsychologie und Kulturanthropologie läßt sich folgern: Viele der Eigenschaften und Verhaltensweisen, die früher als typische psychische Pubertätskriterien gegolten haben (z. B. die Neigung zum Grübeln, zur Selbstbeobachtung, zur sozialen Isolierung, die Aufsässigkeit und der Trotz, die Leistungshemmungen und die Schwererziehbarkeit), stehen mit der körperlichen Geschlechtsreifung in keiner direkten Beziehung. Diese psychischen Pubertätskriterien sind im Gegenteil vorwiegend (oder sogar ausschließlich) von den jeweiligen sozialen und kulturellen Bedingungen in einer Gesellschaft abhängig. In Primitivkulturen z. B., in denen sich Erziehung und Ausbildung wegen des geringeren Differenzierungsgrades des Wirtschaftssystems auf kürzere Zeit beschränken, wird dem Jugendlichen der Übergang zum Erwachsenenstatus leichter gemacht als bei uns. Oft gibt es in diesen Gesellschaften kaum eine eigentliche Übergangsphase. Sobald der Jugendliche die körperlichen Reifekriterien erfüllt, wird er mit allen Rechten und Pflichten in die Gemeinschaft der Erwachsenen aufgenommen. In unserer Gesellschaft verbleibt jedoch der Heranwachsende viele Jahre im Zustand einer relativ starken sozialen und psychischen Abhängigkeit. Aus dem Mißverhältnis zwischen körperlicher Leistungsfähigkeit und mangelnder sozialer Achtung resultieren zweifellos viele der für die Heranwachsenden als typisch geltenden Verhaltensweisen. Man muß jedoch davor warnen, die Pubertätsprobleme ausschließlich unter dem sozio-kulturellen Aspekt zu sehen.

Teilzusammenfassung

Man glaubt heute, daß die Geschlechtsreifung in psychischer Hinsicht weniger dramatisch verläuft, als dies früher angenommen wurde. Die ältere Psychologie bevorzugte bei der Ermittlung psychischer Reifungskriterien die Analyse literarischer Aussagen. Diese Methode ist jedoch geeignet, das Bild der psychischen Entwicklung in der Reifezeit zu verzerren. Die Ergebnisse der vergleichenden Völkerpsychologie zeigen, daß viele der als typisch angesehenen Pubertätskriterien mit der körperlichen Geschlechtsreifung wenig zu tun haben. Das Verhalten von Jugendlichen in der Pubertät wird vielmehr wesentlich von den sozialen und kulturellen Bedingungen in einer Gesellschaft bestimmt.

3. Die Zeit der Vorpubertät

Stabilität der Funktionen

Die Spanne um das 10. und 11. Lebensjahr ist ein bemerkenswertes Alter. Körperliche und psychische Funktionen haben ein großes Ausmaß an Stabilität gewonnen. Die Kinder lieben Bewegung, Lärm und kräftige Farben; sie sind begeisterte Wasserratten und Fußballspieler; gäbe es in diesem Alter keinen Schulwechsel mit neuen und erhöhten psychischen Anforderungen, so wären diese Jahre für die Kinder vielleicht die wahrhaft goldene Jugendzeit. Charlotte Bühler, eine der bekanntesten Kinderpsychologinnen, sieht als kennzeichnend für dieses Alter die Fähigkeit zur realistischen Weltanschauung.

„Mit dem Auftreten neuer Funktionen, d. h. der Fähigkeit zu einer realistischen Weltanschauung, Funktionsbetätigung und Funktionslust stellen sich auch Übung und Lernen wieder als Lust und Bedürfnis ein. Überall, wo ein funktioneller Erwerb vor sich geht, wird das Lernen zum Lustelement und zum Bedürfnis" (Bühler).

Realismus und Phantasie

Der Realismus im Denken und im Verhalten steht allerdings in gespanntem Verhältnis zu der meist blühenden Phantasie. Märchen bedeuten zwar dem Kind nichts mehr, die Phantasietätigkeit ist jedoch noch sehr lebhaft und vor allen Dingen weitschweifend aktiv.
Im Denken des Kindes scheint sich ein deutlicher Wandel zu vollziehen. Das schlußfolgernde Denken macht entscheidende Fortschritte, und auch das vorher mehr mechanische Gedächtnis wird um logische Gedächtnisfunktionen erweitert.

4. Die körperliche Entwicklung in der Pubertät

Phasen der körperlichen Pubertät

Zeller, ein Berliner Schularzt, hat umfangreiche Untersuchungen über den Ablauf der körperlichen Entwicklung in der Pubertät durchgeführt. Er unterschied zwei puberale Entwicklungsphasen.

Die *erste Phase*
beginnt bei Mädchen mit 10½ und endet etwa mit 13½ Jahren,
beginnt bei Jungen mit 13 und endet etwa mit 15¾ Jahren.

Die *zweite Phase*
beginnt bei Mädchen mit 13½ und endet etwa mit 16½ Jahren,
beginnt bei Jungen mit 15¾ und endet etwa mit 17½ Jahren.

Die körperliche Pubertät wird bei beiden Geschlechtern mit dem „Stadium der Funktion", d. h. mit der Funktionsfähigkeit des Fortpflanzungsapparates abgeschlossen.

Männliche Reifung unstetiger als weibliche

Diese Grenzwerte und auch die Einteilung in zwei Phasen sind für das weibliche Geschlecht etwas genauer als für das männliche, dessen Geschlechtsreifung insgesamt unstetiger verläuft. Man sollte auch berücksichtigen, daß sich die von Zeller bestimmten Grenzwerte, die allerdings nicht von allen Forschern anerkannt werden, durch die säkulare Akzeleration (siehe 4. Kapitel) im Sinne einer zeitlichen Vorverlegung verändert haben.

Rolle der Hormondrüsen

Hypophyse

Die Pubertät wird durch recht komplizierte hormonale Vorgänge eingeleitet und in ihrem Verlauf gesteuert. Zentralorgan für diese Steuerung ist die Hypophyse (Hirnanhangdrüse); sie regelt durch mehrere Hormone das Reifungsgeschehen. Ein gonadotropes Hormon wirkt auf die Keimdrüsen (Ovarien und Hoden). Die Schilddrüse wird vor Beginn der eigentlichen Pubertät angeregt. Gelegentlich ist die Schilddrüsentätigkeit so stark, daß bei Mädchen vorübergehend ein sogenannter Pubertätskropf (Blähhals) auftreten kann. Erregbarkeit und Stimmungsschwankungen bei Beginn der eigentlichen Pubertät gehen auf die Schilddrüsentätigkeit zurück. Mit dem verstärkten Wachstum der Keimdrüsen – sie bilden das Gegengewicht zur Schilddrüse – stellt sich das psychische Gleichgewicht wieder ein. Eine übermäßig andauernde Reizbarkeit ist oft das Zeichen einer zu langsamen Keimdrüsenreifung. Die Hypophyse wirkt ferner über ein besonderes Hormon (kortikotropes Hormon) auf die Nebennierenrinde ein. Von hier aus werden wiederum Hor-

Schilddrüse

Keimdrüsen

Nebennierenrinde

mone ausgeschieden, die neben der Körpergestalt auch intensiv die Stimmungslage des Jugendlichen beeinflussen. So führt man z. B. die Gewalttätigkeit und Aggressivität von Jungen in der Pubertät auf eine Überfunktion der Nebennierenrinde zurück.

Ablauf des Körperwachstums

Wachstumsschub

Die erste puberale Phase beginnt mit einem kräftigen Wachstumsschub. Während bei einem Zehnjährigen die jährliche Zunahme der Körpergröße etwa 5 cm beträgt, steigt der Jahreszuwachs in der Pubertät bei Jungen auf 7 bis 12 cm und bei Mädchen auf 6 bis 11 cm. Das Körperwachstum schwankt meist sehr stark. Nach Abschluß der Reifezeit nimmt jedoch der Jugendliche in der Regel ungefähr wieder den gleichen Platz hinsichtlich seiner Körpergröße ein, den er unter den Gleichaltrigen vor der Pubertät innehatte.

Disharmonische Phase

Das Körperwachstum fängt bei den Extremitäten an. Zuerst vergrößern sich Hände und Füße, sodann beginnen sich die Arme und besonders die Beine intensiv zu strecken. Die Jugendlichen erscheinen schlaksig, und ihre Bewegungen sind nicht gerade als anmutig zu bezeichnen. Aus diesen Gründen wird die erste puberale Phase von Zeller auch als „disharmonische Phase" bezeichnet; erst in der zweiten Phase gewinnt die Körperform wieder Harmonie.

Menarche und Pollutionen

Der Wendepunkt zwischen den puberalen Phasen wird bei Mädchen von der Menarche markiert. Bei Jungen betrachtet man das Auftreten der ersten Samenausscheidungen (Pollutionen) als den eigentlichen Höhepunkt der puberalen Entwicklung; der Zeitpunkt dieses Ereignisses läßt sich jedoch nur selten genau bestimmen. Er ist, wie übrigens auch das Auftreten der anderen männlichen Reifekriterien, starken Schwankungen unterworfen.

Schwankungen von Menarche- und Pollutionstermin

Zeitpunkt teils genetisch, teils umweltbedingt

Menarche- und Erstpollutionstermin sind hauptsächlich durch genetische Faktoren bestimmt. Eineiige Zwillinge unterscheiden sich hinsichtlich des Zeitpunktes des Eintretens dieser Ereignisse weniger als zweieiige. Bei den einzelnen Rassen hat man große Schwankungen des mittleren Menarchealters festgestellt. Wahrscheinlich werden sie teils vom Klima, teils aber auch von den Lebensbedingungen verursacht. Bei einigen ostafrikanischen Stämmen liegt der Menarchetermin zwischen 16½ und 17½ Jahren. Kubanische Mädchen haben ihre erste Menstruation im Durchschnitt bereits mit 12 Jahren. Unter extrem schwierigen Lebensbedingungen, wie sie z. B. bei Primitivvölkern Neuguineas bestehen, verzögert sich die Menarche bis zu einem Alter von fast 19 Jahren. Bei allen Rassen und unter allen klimatischen Bedingungen reifen Mädchen, die geistig beansprucht werden, schneller als körperlich arbeitende Mädchen, und überall liegen die mittleren Menarchetermine in Großstädten früher als auf dem Lande.

Teilzusammenfassung

Die Zeit der Vorpubertät zwischen dem 10. und dem 12. Lebensjahr ist gekennzeichnet durch körperliche Gesundheit und seelische Stabilität. Die Kinder sind aufgeschlossen und lernbereit. Die erste puberale Phase beginnt bei beiden Geschlechtern mit einem kräftigen Wachstumsschub. Über ein kompliziertes System hormonaler Wechselwirkungen werden Beginn und Verlauf der Geschlechtsreifung gesteuert. Die hormonalen Vorgänge sind genetisch bedingt; jedoch wirken sich Umweltbedingungen (Klima und Art der Beanspruchung des Menschen) auf die Geschwindigkeit der Reifung aus. Erst nach dem Abschluß der Pubertät ist das Fortpflanzungssystem voll funktionsfähig.

5. Früh und spät reifende Jugendliche

Verlaufsstrukturen

Die Verlaufsstruktur der Geschlechtsreifung kann stark variieren. Weder ein früher Beginn der Reifung noch eine hohe Reifungsgeschwindigkeit bestimmen sie jeweils allein.
Zwischen dem Beginn der Geschlechtsreifung und der Verlaufsgeschwindigkeit besteht ein Zusammenhang: Jugendliche, die früh die Pubertät beginnen (bei denen sich also der Wachstumsschub bereits mit neun oder zehn Jahren zeigt) beenden sie auch meistens früh.

Psychische Auswirkungen abnormer Verläufe

Die große pädagogische Bedeutung abnormaler Pubertätsverläufe hat in den letzten Jahren zahlreiche Forscher veranlaßt, die psychischen Auswirkungen einer zu schnellen oder zu langsamen Reifung zu untersuchen. Die Folgen sind entweder direkte oder indirekte:

Direkte Folgen

- Die psychische Entwicklung wird unmittelbar von der körperlichen beeinflußt. Verzögert sich z. B. die Reifung der Keimdrüsen (Ovarien und Hoden), dann behält die Schilddrüse ein zu starkes Übergewicht. Die Jugendlichen sind reizbar und in ihrer Stimmungslage unausgeglichen. Eine zu starke Produktion von Nebennierenrindenhormonen (aufgrund einer zu hohen Reifungsgeschwindigkeit) kann zur Aggressionsneigung führen.

Indirekte Folgen

Minderwertigkeitsgefühle

- Sie sind nicht weniger deutlich als die direkten, bestimmt jedoch nachhaltiger. Während der Pubertät vergleichen sich die Jugendlichen ständig. Wenn sie bemerken, daß die körperliche Reifung bei den Alterskameraden schneller verläuft, entstehen bei den „Spätentwicklern" leicht Minderwertigkeitsgefühle, die sie durch ihr Verhalten zu kompensieren suchen. Reizbarkeit, Unausgeglichenheit, Angeberei, Aggressivität, Geschwätzigkeit, nicht selten jedoch auch Fleiß und erhöhte Lernbereitschaft sind indirekte und sozusagen sozialpsychologische Folgen verlangsamter Geschlechtsreifung.

Spätentwickler und Frühentwickler

Spätentwickler

Neuerdings will man beobachtet haben, daß Aufsässigkeit und rebellisches Verhalten in der Schule besonders bei den langsam reifenden Jugendlichen auftreten. Die Folgen der Pubertätskrisen erstrecken sich bis in das Erwachsenenalter. In einer Nachuntersuchung typischer Spätentwickler wurden noch im 33. Lebensjahr negative Verhaltensweisen festgestellt. Männer, die zu langsam die Pubertät durchlaufen hatten, waren im Vergleich mit anderen unausgeglichener, weniger verantwortungsbewußt und unselbständiger.

Frühentwickler

Die früh und schnell reifenden Jugendlichen – dies gilt wiederum für beide Geschlechter – sind, wie viele Untersuchungen ergeben haben, ingesamt ausgeglichener, selbstbewußter, verantwortungsbewußter und bei ihren Alterskameraden auch beliebter.

Nicht nach dem Alter beurteilen

Kein sinnvolles Kriterium

Die pädagogische Bedeutung ungleichmäßiger, übermäßig langsamer oder schneller Reifungsverläufe ist kaum zu übersehen. Noch immer werden die Jugendlichen vorwiegend nach ihrem chronologischen Alter behandelt und beurteilt. In keinem anderen Lebensabschnitt ist jedoch die chronologische Altersangabe weniger sinnvoll als in der Pubertät.

Große Entwicklungsunterschiede

Schon ein einfacher Vergleich mehrerer Jungen, die gerade 16 Jahre alt geworden sind, zeigt meist große Unterschiede in der körperlichen Entwicklung. Während ein Teil der Jungen bereits typisch männliche Eigenschaften und Verhaltensweisen an den Tag legt, sind manche gleichaltrige Kameraden noch kindlich. Da viele Jugendliche dieses Alters in die Berufswelt eintreten und ihre ersten Erfahrungen mit dem „wirklichen Leben" machen, ergeben sich aus abweichenden Verläufen zusätzliche psychologische Probleme. Eltern, Lehrer und Lehrmeister tragen für die weitere Entwicklung des jungen Menschen eine schwere Verantwortung.

Teilzusammenfassung

Die Verlaufsstruktur der Geschlechtsreifung kann sehr unterschiedlich sein. Jugendliche, die früh in die Pubertät eintreten, beenden sie meist auch früher. Jugendliche, bei denen der Wachstumsschub erst spät einsetzt, gelangen oft auch relativ spät in das Stadium der Funktion. Die unterschiedliche Reifungsgeschwindigkeit wirkt sich auf zweierlei Weise aus: direkt durch unmittelbare Beziehungen zwischen den hormonalen Vorgängen und den Verhaltensweisen, indirekt durch sozialpsychologische Folgen, die sich für Spät- und Frühentwickler aus dem Vergleich mit Alterskameraden ergeben, sowie durch die Tatsache, daß der Jugendliche in der Regel nach seinem chronologischen Alter behandelt wird.

6. Psychische Veränderungen in der Pubertät

Pubertät nicht Ursache von Merkmalsverfestigung

Man hat, wie gesagt, die Pubertät früher oft als „Neugeburt des Menschen" bezeichnet und war überzeugt, daß erst nach der Pubertät Charakter und Persönlichkeit gefestigt sind. In der Tat sind die meisten psychischen Eigenschaften in den ersten zehn Jahren verhältnismäßig instabil; es wäre jedoch falsch, in der Geschlechtsreifung die Ursache für die Charakterverfestigung zu sehen. Wie man heute weiß, ist die Pubertät für die Persönlichkeitsbildung nicht von der Bedeutung, die man ihr früher zugeschrieben hat. Die meisten Jugendlichen gehen durch diesen Lebensabschnitt, ohne daß sie psychisch besonders auffällig werden.

Einfluß sozialer und kultureller Gegebenheiten

Lernerfahrungen

Viele der Verhaltenseigentümlichkeiten, die man früher mit der Geschlechtsreifung in Zusammenhang brachte, lassen sich auch durch die wachsende geistige Reife und die zunehmende Lernerfahrung erklären. Das gilt besonders für die Interessen der Jugendlichen. Sie werden in starkem Maße vom „geistigen Klima" und den allgemeinen kulturellen Bedingungen in einer Gesellschaft bestimmt.

Ablösung von den Eltern

Schwärmen

Die sozialen Interessen scheinen in der Pubertät einem starken Wechsel unterworfen zu sein. Die Ablösung von den Eltern – Kretschmer spricht von einem „puberalen Instinktwandel" in bezug auf das Verhältnis zu Mutter und Vater – bewirkt, daß sich die Jugendlichen neuen Idealen und Vorbildern zuwenden. In der bekannten Erscheinung des Schwärmens mischen sich offensichtlich unbewußte sexuelle Spannungen mit den Resten eines Bedürfnisses nach mütterlicher Zärtlichkeit und Behütung. „Ich wollte, sie wäre meine Mutter", sagte z. B. eine 13jährige von ihrer angeschwärmten Lehrerin; dieser Wunsch ist kennzeichnend für die Ambivalenz in den Gefühlen den eigenen Eltern gegenüber.

Interessenwandel bei den Mädchen

Bei Mädchen läßt sich der Interessenwechsel während der Pubertät genauer untersuchen als bei Jungen; denn die Menarche ist ein immerhin recht zuverlässiges und zeitlich gut bestimmbares Reifekriterium. Man untersucht die Mädchen vor der Menarche und einige Zeit nachher mit Hilfe bestimmter Interessen- und Einstellungstests. Dabei wurde festgestellt, daß sich nach der Menarche vor allem die Weite der Interessen vergrößert. Während vorher sachorientierte und egozentrische Interessen den Vorrang hatten, nimmt das reifere Mädchen in wachsendem Ausmaß Anteil am Schicksal von Personen, ihren Lebensbedingungen und vor allem an ihren Gefühlen und Handlungsmotiven.

Nach der Menarche mehr personenorientiert

Intelligenzschub in der Pubertät?

Man hat früher geglaubt, daß dem Wachstumsschub in der Pubertät eine ähnlich starke Steigerung der Intelligenz parallelgehe. Bisher ist es jedoch noch nicht gelungen, einen Intelligenzschub in der Pubertät nachzuweisen. Man führt dies in erster Linie auf methodische Schwierigkeiten zurück.

Geschlechtsreifung und geistige Entwicklung

Wahrscheinlich bestehen aber zwischen der Geschlechtsreifung und der geistigen Entwicklung keine engen Beziehungen. Die Intelligenzleistungen von Mädchen vor und nach der Menarche unterscheiden sich nur wenig, und auch zwischen dem Grad der geschlechtlichen Reifung und den Schulleistungen sind die statistischen Zusammenhänge sehr gering.

Allerdings scheinen während der Geschlechtsreife in der Entwicklung des Denkens entscheidende Veränderungen qualitativer Art stattzufinden. Wie Piaget nachweisen konnte, beginnt mitten in der Pubertät die Stufe der formalen Denkoperationen, die auf die Stufe des konkreten Denkens folgt. Ein direkter Zusammenhang mit der Geschlechtsreifung besteht jedoch auch hier nicht, denn Mädchen wie Jungen, die vorzeitig (etwa bereits mit acht oder neun Jahren) in die Pubertät eintreten (pubertas praecox), bleiben trotz rasch fortschreitender sexueller Reifung geistig auf der Stufe des konkreten Denkens.

Qualitätsänderung des Denkens

Nicht alle Pubertierenden sind in sich gekehrt

Die älteren Psychologen waren fast einhellig der Meinung, ein typisches Kennzeichen der Pubertät sei die Steigerung der Introversionsneigung. Der Begriff stammt von C. G. Jung.

Introversion

Definition 2

- Unter Introversion versteht man eine Persönlichkeitseigenschaft, bei welcher die psychische Energie auf die Innenwelt gerichtet wird. Der introvertierte Mensch ist durch Verschlossenheit und Zurückgezogenheit gekennzeichnet.

Früher hat man immer wieder versucht, mit Persönlichkeitstests und mit Hilfe der Fragebogenmethode Charakterveränderungen während der Pubertät festzustellen. Das ist bisher weder für die Eigenschaft Introversion noch für andere Persönlichkeitseigenschaften gelungen.

Als Charakterveränderung nicht feststellbar

Teilzusammenfassung

Die psychischen Veränderungen in der Pubertät stehen teils in Verbindung mit der Reifung des Sexualsystems, teils sind sie lediglich Folge einer stetigen Weiterentwicklung der psychischen Funktionen. In der Pubertät ändern sich vor allem Inhalte und Weite der Interessen. Ein Entwicklungsschub der Intelligenz ist bisher noch nicht eindeutig nachgewiesen.

Während früher die Ansicht vorherrschte, in der Pubertät bildeten sich viele Charaktereigenschaften neu heraus und verfestigten sich die Persönlichkeitszüge, ist man heute der Auffassung, daß im allgemeinen die Pubertät die Kontinuität der charakterlichen Entwicklung kaum unterbricht. Auffallende Verhaltenseigentümlichkeiten in der Pubertät werden vorwiegend auf die soziale Situation der Jugendlichen in der Gesellschaft zurückgeführt.

7. Die psychologische Funktion der Pubertät

Sprangers verstehende Psychologie

Ein Vertreter der Verstehenden Psychologie war der Pädagoge und Psychologe Eduard Spranger. Wie viele andere seiner Zeit lehnte auch Spranger eine zu einseitige biologische Behandlung des Pubertätsproblems mit dem Hinweis auf die Eigengesetzlichkeit des Psychischen ab. Die Empirische Psychologie steht Spranger und überhaupt der Verstehenden Psychologie skeptisch gegenüber, vielleicht weil sich Erkenntnisse, wie z. B. folgende Behauptung über das Zeiterleben in der Pubertät, wissenschaftlicher Nachprüfbarkeit entziehen.

> „Wird die Zeit plötzlich anders erlebt, so kann dieses metaphysische Erlebnis den Abschied von der Kindheit und das Erwachen der Seele ankündigen" (Spranger).

Zeit der Selbstfindung

Spranger gehört zu den Forschern, die oft hellsichtig und meist auch geistvoll die Probleme der Reifezeit und der Jugend analysiert haben. Allerdings ist zu berücksichtigen, daß er fast ausschließlich einen Typus von Jugendlichen aus bürgerlichen Verhältnissen vor Augen hatte.

Seelische Neuorganisierung

Nach Spranger ist die Pubertät die Zeit der seelischen Neuorganisierung des Menschen. Die Kennzeichen dafür sind:

- die Entdeckung des Ich,
- die allmähliche Entstehung eines Lebensplanes und
- das Hineinwachsen in die einzelnen Lebensgebiete.

Entdeckung der eigenen Persönlichkeit

Das Kind erfährt in der Pubertät, daß es eine eigenständige und selbstverantwortliche Persönlichkeit ist. Fragen wie „Warum bin ich?" und „Worin liegt mein Wert?" kennzeichnen die psychische Situation bei der Entdekkung des Ich. Das Kind will bewußt ein anderer Mensch werden; es beginnt sich anders zu kleiden, wechselt seine Frisur; aus einer Luise wird vielleicht eine Lissi, aus Karl ein Charly. Der Jugendliche strebt Unverwechselbarkeit und Persönlichkeit an. Dies kann gelegentlich zu bizarrem und manieriertem Verhalten führen: Manche betreiben mit einem Male ungewöhnliche Hobbys, spezialisieren sich auf ausgefallene Sportarten, sammeln merkwürdige Dinge, kleiden und bewegen sich in auffälliger Weise.

Erfahrung der Eigenständigkeit

Es wäre erzieherisch falsch, dieses Verhalten als Ausdruck von Eitelkeit, Großmannssucht oder Geltungsbedürfnis zu bekämpfen; denn die Jugendlichen suchen in diesem Verhalten eigentlich sich selbst. Sie erfahren ihr eigenes Ich, ihre Eigenständigkeit erst dann, wenn sie sich von anderen abheben. Der Erzieher darf deshalb ein solches Verhalten nicht lächerlich machen oder durch „einebnende" Maßnahmen den Prozeß der Ichfindung stören.

Entwicklung des Zeitbewußtseins

Punktuelle Zeiterfahrung

Das Kind hat bis etwa um das 10. Lebensjahr kein rechtes Verhältnis zur Zeit; sie erscheint ihm unbegrenzt und wird nur punktuell begriffen, z. B. wenn es an die Ferien, die nächste Klassenarbeit oder an Weihnachten denkt. Diese egozentrische Einstellung zur Zeit ändert sich wesentlich in der Pubertät: Die Zeit beginnt sich zu strukturieren, der Jugendliche erkennt seine Lebensspanne als begrenzt, die Endlichkeit aller Dinge und das unumstößliche Faktum seines eigenen Todes werden ihm bewußt. Das Führen eines Tagesbuches ist ein Symptom für die Veränderung des Zeitbewußtseins. Der Jugendliche glaubt, den Fluß der Erlebnisse aufhalten zu können, indem er sie fixiert.

Strukturierter Zeitbegriff

Lebensplan

Aus der Veränderung des Zeiterlebens heraus entwickelt sich mehr oder weniger bewußt und zunächst noch recht unklar der Lebensplan des jungen Menschen. Meistens ist er anfangs voller Phantastik und wenig realistisch. Der Bezug auf die fernere Zukunft beherrscht jedoch in zunehmendem Maße das Denken und das Verhalten des Jugendlichen.

Aufbau eines eigenen Systems von Wertnormen

Lebensbereiche = Bezugssysteme

Vor der Pubertät kennt das Kind noch keine deutlich getrennten Lebensbereiche. Die Familie ist das Medium seines Lebens. Schule und Spielgemeinschaften wirken eher als Randbezirke. Mit der beginnenden Ablösung von der Familie erkennt das Kind neue Lebensbereiche und Lebensformen, vor allem aber erfährt es neue Bezugssysteme für seine Werturteile. Der Jugendliche beginnt jetzt die Relativität und auch die Mängel der Wertnormen zu begreifen, die er von der Familie vermittelt bekommen hat, und sucht nach neuen Maßstäben. Das führt dann häufig zu Konflikten mit der Familie, und die Art, wie die Eltern auf diese Konflikte reagieren, verstärkt in vielen Fällen den Ablösungsprozeß.

Konflikte mit der Familie

Aktive Inbesitznahme der kulturellen Welt

Während vor der Pubertät das Kind sich gegenüber den verschiedenen Wertbereichen (Kultur, Religion, Erziehungssystem, Arbeitswelt usw.) weitgehend rezeptiv und passiv verhält – es geht in die Kirche, weil es sich so gehört; es besucht das Theater, weil die Eltern oder weil Freunde dorthin gehen –, will sich der Jugendliche in der Pubertät die Kultur, die ethischen und religiösen Werte entsprechend den Schwerpunkten seiner Interessen selbst erarbeiten. Die Wertsetzungswidersprüche, die er dabei erfahren muß, und die Unfähigkeit, aus sich heraus ein eigenes Wertnormsystem aufzubauen und andere Werte darin zu integrieren, veranlassen den Pubertierenden vielfach zu zwiespältigen Urteilen und ambivalenten Verhaltensweisen.

Ambivalentes Verhalten

Teilzusammenfassung

Spranger sieht in der Pubertät die Zeit einer Neuorientierung. Im Mittelpunkt seiner Analysen steht das Wertproblem. Der Pubertierende versucht seinen eigenen Wert zu begreifen und strebt nach Individualität. Das Entstehen eines Lebensplanes beruht auf einem neuen Verhältnis des Jugendlichen zur Zeit. Mit der Ablösung vom Elternhaus begreift er neue Wertnormsysteme, die ihm ein Hineinwachsen in neue Lebensbereiche ermöglichen.

8. Pubertät und Sexualität

Die Pubertät ist nicht zuletzt die Zeit der Reifung des Sexualsystems. Freud bezeichnet sie als eine Phase, in welcher die infantile Geschlechtlichkeit in ihre endgültige, normale Form übergeführt wird. Dabei zentriert sich die vorher diffus über den ganzen Körper verteilte sexuelle Erregbarkeit auf die Genitalzone. Die Geschlechter beginnen getrennte Sexualziele (außerhalb der Familie) anzustreben.

Hinwendung zum Partner

Wahrnehmung verliert Sachbezogenheit

Nach Charlotte Bühler verändert die Sexualisierung des Psychischen auch die kognitiven Funktionen, also die Wahrnehmung und das Denken. Während die zehnjährigen Kinder noch scharfe und realistische Beobachter sind, wird die Wahrnehmung bei den Zwölf- bis Vierzehnjährigen nicht selten ein Instrument sinnlichen Genießens, und aus der sachbezogenen Phantasie des älteren Kindes erwächst in der Pubertät Begehrlichkeit. Die Zentrierung sexueller Empfindungen auf die Genitalzone – sie ist beim männlichen Geschlecht stärker als beim weiblichen – äußert sich hauptsächlich in einem Anstieg der Onaniehäufigkeit. Die frühe Sexualität in der Pubertät ist noch ganz auf das eigene Selbst bezogen, und die Notwendigkeit eines Partners wird kaum empfunden.

Frühe Sexualität

Hingabebereitschaft

Erst in der späteren Pubertät entwickelt sich aus dem sexuellen Egozentrismus Hingabebereitschaft, die von Ch. Bühler als die eigentlich produktive Seite der sexuellen Entwicklung angesehen wird. Diese Hingabebereitschaft äußert sich anfangs im unbestimmten Schwärmen für Personen außerhalb der Familie und ist ziemlich unabhängig von der konkreten Erreichbarkeit der „angebeteten" Person. Bei Jungen wie bei Mädchen kommt es im weiteren Verlauf fast regelmäßig zum Konflikt zwischen Hingezogensein zum anderen Geschlecht und Annäherungsangst, zu deren Überwindung die Jugendlichen mannigfache Verhaltenstechniken entwickeln. Im Tanz, auf der Party und vor allem in der fast süchtigen Hingabe an Musik von großer Expressivität werden Auswege aus dieser Angst gesucht.

Annäherungsangst

Sexualität und Erotik

Wiederum war es Spranger, der einer zu stark sexualitätsbezogenen Interpretation der Pubertät widersprach. Er ist seinerzeit besonders durch seine strikte Trennung von Erotik und Sexualität bekannt geworden. Während sich Sexualität, nach Meinung Sprangers, in Lustgewinn und körperlicher Begehrlichkeit erschöpft, werden in die Erotik mehr ästhetische, ethische und geistige Momente miteinbezogen. Nach psychoanalytischer Auffassung wäre eine Erotik im Sinne Sprangers Ausdruck verdrängter oder sublimierter Sexualität und könnte als solche nicht schon kennzeichnend sein für die Pubertät. Spranger ist der Meinung, daß sich erst nach Abschluß der Pubertät Sexualität und Erotik in der reifen Persönlichkeit vereinen – allerdings nicht bei allen Menschen. Erst in der Verbindung von Sexualität und Erotik sieht Spranger die Voraussetzung für eine wahre Liebes- und Hingabefähigkeit.

Reife Persönlichkeit

Das sind geistreiche Gedanken, eigentlich schon Ideale, die Spranger in schöner Sprache vorträgt. Wie nehmen sie sich in unserer heutigen Zeit aus? Wie bestehen sie vor den Ergebnissen der modernen Jugendsexologie?

Offensichtlich sind Ideale, wie Spranger sie beschrieben hat, lebendiger denn je. Die männliche Jugend strebt derzeit in stärkerem Ausmaß als noch die Angehörigen der älteren Generation relativ früh feste Verbindungen an. Die Ergebnisse Johnsons, Kinseys und anderer Forscher erlauben sogar den Schluß, daß bei der heutigen Jugend die heterosexuelle Betätigung vielfach auch stärker in die Gesamtpersönlichkeit eingebettet ist. Trotz vieler gegenteiliger, aber weniger gut belegter Auffassungen, scheint die nackte, der Gefühlsregungen und der Erotik bare Geschlechtlichkeit eher im Abnehmen begriffen zu sein.

Zusammenfassung

Die Pubertät wurde früher als ein besonderer Lebensabschnitt gesehen, als eine Zeit der Neuwerdung des Menschen. Die neuere Psychologie hat gezeigt, daß die intellektuelle und die charakterliche Entwicklung relativ unbeeinflußt von den körperlichen Vorgängen der Geschlechtsreifung ablaufen. Die einzelnen Phasen der körperlichen Reifung und ihre Aufeinanderfolge sind genetisch bedingt. Äußere Einwirkungen, z. B. soziale Verhältnisse können den Reifungsbeginn früher oder später eintreten lassen und die Reifung verlangsamen oder beschleunigen. Deswegen darf man einen Pubertierenden nicht nach seinem chronologischen Alter beurteilen. Nach Eduard Spranger entdeckt der Jugendliche während der Pubertät sein Ich und findet zu sich selbst. Spranger sieht in der Pubertät primär nicht die sexuelle Entwicklung, er glaubt vielmehr, daß zunächst Erotik und Sexualität unverbunden sind und beide sich erst in der reifen Persönlichkeit vereinigen und dann die Voraussetzung für eine echte Liebesfähigkeit bilden. Nach Meinung der neueren Jugendsexologie ist, entgegen vielen Vorurteilen, das Sexualverhalten der heutigen Jugend von größerer Verantwortlichkeit und persönlicher Reife getragen, als dies bei früheren Generationen der Fall war.

Worterklärungen

Adoleszenz	Zeit des Heranwachsens
Ambivalenz	Gefühlsbeziehungen, die zugleich positiv und negativ gerichtet sind, z. B. Haßliebe
Introversion	Hinwendung des Menschen auf sein eigenes Ich als Dauerhaltung der Persönlichkeit (Gegensatz: Extraversion). Beide Begriffe spielen in der Persönlichkeitspsychologie (Typologie) C. G. Jungs eine große Rolle.
gonadotrope Hormone	(Gonaden = Keimdrüsen) Hormone, die auf die Keimdrüsen einwirken
kortikotrope Hormone	Hormone, die auf die Nebennierenrinde einwirken. Diese ist ein Teil der Nebennieren, die kappenartig auf beiden Nieren aufsitzen, von denen sie aber funktionell unabhängig sind. Nebennieren und Nebennierenrinde sind wichtige Hormonorgane.
manieriert	unecht, gekünstelt
Sexologie	Sexualkunde

18. KAPITEL

Abweichende Sexualentwicklung unter biologischen, soziokulturellen und pädagogischen Aspekten

Erzieher müssen sich gelegentlich mit einer abweichenden Entwicklung der Sexualität bei Jugendlichen auseinandersetzen. Die Homosexualität ist die wichtigste. Zwar hat sich die Einstellung ihr gegenüber geändert, auch wird sie nicht mehr bestraft; dennoch erschrecken die meisten Eltern, wenn sie erfahren oder glauben, festgestellt zu haben, ihr Sohn oder ihre Tochter entwickle homosexuelle Neigungen. Pädagogen, Psychologen und auch Ärzte sind, wenn sie um Rat gefagt werden, oft hilflos. Beim Versuch einer Antwort auf die Frage, was Homosexualität sei, wie sie entstanden sein könnte, ob Homosexualität „geheilt" werden kann oder ob sie überhaupt therapiebedürftig ist, wird man mit Problemen konfrontiert, die weit über diejenigen der Homosexualität hinausreichen.

1. Arten der Homosexualität

Es gibt nicht *die* Homosexualität. Vielmehr müssen mehrere Arten, Unterformen und Ausprägungsgrade unterschieden werden. Allgemein kann Homosexualität etwa so definiert werden:

> Unter Homosexualität oder Homoerotik ist die sexuelle bzw. erotische Neigung von Menschen zu Angehörigen ihres eigenen Geschlechts zu verstehen.

Bezeichnungen

Diese Definition gilt für beide Geschlechter. Die weibliche Homosexualität wird als ,,lesbische Liebe" bezeichnet. Ältere Namen, wie Tribadismus oder Sapphismus sind ungebräuchlich geworden. Die männliche Homosexualität hat, sieht man von umgangssprachlichen Ausdrücken wie ,,schwul" oder ,,gay" ab, keine eigene Bezeichnung. Der Begriff Homosexualität ist erst seit dem späten 19. Jahrhundert gebräuchlich.
Die Wissenschaft hat sich erst spät mit dem Tabuthema Homosexualität auseinandergesetzt. Zunächst waren es Forscher, die, wie etwa Magnus Hirschfeld, hofften, eine wissenschaftliche Versachlichung könnte Rechtsprechung und öffentliche Meinung umstimmen. Dies erfüllte sich, in Grenzen allerdings, erst in jüngerer Zeit.

Ausprägungsstufen

Für die Homosexualität existieren mehrere Klassifikationsversuche. Kinsey z. B. unterscheidet sechs Ausprägungsstufen. Homosexuelle der 6. Stufe haben ausschließlich homosexuelle Beziehungen, die der unteren Stufe sind in verschiedener Ausprägung homo-, hetero- oder bisexuell. Bell und Weinberg beschreiben fünf Typen. Homosexuelle des Typus 1 bekennen sich zu ihrer Neigung und haben länger dauernde Partnerbindungen. Dazu gehören allerdings nur 10% der homosexuellen Männer, aber immerhin 28% lesbischer Frauen. Homosexuelle des Typus 2 sind weniger partnerfixiert und solche

des Typus 3 gehen bei starker sexueller Aktivität keine feste Partnerbeziehung ein. Den Typen 4 und 5 gehören neigungsunsichere und auch neurotische Männer und Frauen an. Schon wegen der Uneinheitlichkeit der Klassifikationskriterien befriedigen diese Einteilungen weniger.
Die eigentliche Homosexualität – sie wird auch Neigungshomosexualität genannt – sollte von der Pseudohomosexualität getrennt werden. Diese Pseudohomosexualität wiederum läßt sich unterteilen in die Nothomosexualität und die Entwicklungshomosexualität. Die Nothomosexualität tritt überall dort auf, wo ein heterosexueller Kontakt nicht möglich ist. Dies gilt für alle Einrichtungen, in denen Männer oder Frauen jeweils längere Zeit „unter sich" sind, also etwa in Strafanstalten oder auch in Internaten.

Die Entwicklungshomosexualität

Diese Form der Homosexualität ist ebenso verbreitet wie flüchtig und weitgehend auf die Pubertät beschränkt. In den meisten Fällen wird sie von der Heterosexualität problemlos abgelöst. Die eigentliche Homosexualität, die Neigungshomosexualität, äußert sich oft schon in der frühen Pubertät, die übrigens bei Homosexuellen oft verfrüht einsetzt. Das „coming out" zeigt sich besonders an den Inhalten erotischer Träume und Phantasien.
Ganz unproblematisch ist die Entwicklungshomosexualität allerdings nicht. Freud begriff die Homosexualität als Verzögerung der sexuellen Entwicklung. Das ist falsch, aber es erscheint zweckmäßig, auf Freuds Unterscheidung von Triebziel und Triebobjekten einzugehen und sie auch anzuwenden. Das Triebziel, gleich um welchen Trieb es sich handelt, ist die Befriedigung des Triebes. Triebobjekte dagegen sind die Mittel zur Triebbefriedigung. Beim Nahrungstrieb sind es die Nahrungsmittel mit ihren verschiedenen Geschmacksarten, beim Sexualtrieb sind die Triebobjekte in den weitaus meisten Fällen die Sexualpartner mit ihrem Sexappeal. Aber auch Gegenstände können als Fetische zu Triebobjekten werden.

Triebziel und Triebobjekt

Die Prägung auf bestimmte Triebobjekte – im erotischen Bereich könnte man es „Verlieben" nennen – ist für das Verständnis von Perversionen ein wichtiger Vorgang. Bei eindeutig ausgeprägter Heterosexualität – sie ergibt sich erst im Verlauf der Pubertät – können nur Personen des jeweils anderen Geschlechts prägend wirken. Ist die Neigung jedoch „objektunsicher" wie bei vielen Jugendlichen in der Pubertät, kann es zu einer homosexuellen Prägung kommen. Erleichtert wird eine solche, wenn zwischen den Partnern starke emotionale Bindungen bestehen. Diese wiederum entwickeln sich aus Freundschaften, aber auch aus Abhängigkeitsverhältnissen und werden besonders stark, wenn der Jugendliche vorher, etwa in seiner Familie, auf emotionale Zuneigung verzichten mußte.

Homosexuelle Prägung

Bei vielen Jugendlichen entwickelt sich die Heterosexualität verhältnismäßig langsam. Einige bleiben sogar zeitlebens im bisexuellen Ungleichgewicht. Wohin sich dann die „Waage" ihrer Sexualität neigt, darüber entscheidet oft ein emotional aufwühlendes sexuelles Ersterlebnis.
In Gesellschaften, die den homosexuellen Kontakt nicht nur zwischen Erwachsenen, sondern auch zwischen Erwachsenen und Jugendlichen dulden oder sogar fördern, verbreitet sich die Homosexualität sehr schnell und kann sogar das gesellschaftliche Leben weitgehend mitbestimmen. Wird wie im alten Griechenland die Päderastie sogar zu einer pädagogischen Einrichtung, so bildet sich eine Tradition, bei der homosexueller Umgang zur Selbstverständlichkeit wird.

Kulturhistorischer Exkurs

Jugenderziehung im alten Griechenland

Der Philosoph Nietzsche schrieb:

> „Wahrscheinlich sind junge Leute niemals wieder so aufmerksam, so liebevoll, so in jeder Hinsicht auf ihr Bestes behandelt worden, wie im 6. und 5. Jahrhundert."

Nietzsche spricht von einer Erziehungstradition im Griechenland der klassischen Ära, die uns gleichermaßen erstaunt wie verwirrt: Er meint die Päderastie.
Ein Erwachsener suchte sich (als „Erastes") einen Jüngling (als „Eromenos") und umwarb ihn mit Geschenken. Das Ansehen des Erastes stieg, wenn er einen besonders schönen und vielumworbenen Jüngling gewonnen hatte und dieser war stolz, wenn sein Erastes ein berühmter Politiker, Künstler oder sogar ein Philosoph war. Er zog dann Nutzen aus dessen Einfluß, Können, Wissen und Lebensklugkeit. Es ist nicht zu bestreiten, daß viele junge Männer geistige Förderung erfuhren und man glaubte später, die homoerotischen Beziehungen in Griechenland hätten doch eher einen nichtsexuellen oder platonischen Charakter gehabt. Wir wissen aber heute, daß die päderastischen Beziehungen meistens grob sexueller Natur gewesen sind. Es berührt uns auch peinlich, wenn wir erfahren, wie damals hochangesehene Politiker und Philosophen Jünglinge, die kaum dem Knabenalter entwachsen waren, umschwärmten, sich vor ihnen demütigten und sie sich untereinander lächerliche Eifersuchtsszenen machten.

Entstehung homosexueller Traditionen

Ein auf diese Weise erzogener junger Mann setzte natürlich später im Rollenwechsel vom Eromenos zum Erastes die homosexuelle Tradition fort. Homoerotische Freundschaften blieben aber oft lange Zeit bestehen. Im Krieg wurden homosexuelle Paare bewußt gemeinsam im Kampf eingesetzt, weil man glaubte, sie hülfen sich gegenseitig und suchten sich an Mut zu übertreffen.

Zwiespalt in der Bewertung

Dennoch war die Homosexualität keineswegs unumstritten; man begriff sie durchaus als eine griechische Eigenart. Es wird auch immer wieder von Widerständen gegen diese Tradition berichtet. Viele junge Männer nutzten die sexuelle Bedürftigkeit älterer Männer aus, fanden aber die Beziehung abstoßend. Plutarch z. B. schreibt:

> „Junge und von Natur nicht lasterhafte Männer sind verlockt und zur Unterwürfigkeit gezwungen worden und, nachdem sie sich hatten mißbrauchen lassen, haßten sie niemanden mehr auf Erden als den Mann, der sie so behandelt hatte. Wenn sich Gelegenheit bot, nahmen sie schrecklich Vergeltung. Crateas erschlug Archelaos, der sein Erastes war, und Pythalos tötete Alexander von Pherai."

Sogar Plato, der selbst homoerotische Neigungen zeigte, beklagte wie auch Aristoteles die „widernatürlichen" Praktiken seiner Landsleute:

> „Die Gymnasien ... scheinen auch ein Gesetz untergraben zu haben, das alt und mit der Natur im Einklang ist: Ich meine die Lust, die Mensch und Tier am Geschlechtsverkehr empfinden. Aber das von Männern beim Verkehr mit Männern und das von Frauen beim Verkehr mit Frauen genossene Vergnügen scheint wider die Natur, ein schweres Verbrechen, die Folge der Unfähigkeit, das Verlangen nach Genüssen zu zügeln."

Plato bezeichnete zwar die Päderastie als schweres Verbrechen, andererseits spricht er von den Päderasten als dem „dritten Geschlecht" (triton genos), wodurch er anerkennt, daß Päderastie eine Naturerscheinung ist.
Ein Verständnis griechischer (allgemein: antiker) Kultur, setzt Grundkennt-

nisse über päderastische Sitten voraus. Die griechische Mythologie und besonders die griechischen Komödien, die voller homosexueller Anzüglichkeiten sind, werden ohne diese Grundkenntnis nicht verstanden. Die päderastische Sitte war durch Gesetz und vor allem durch stille Übereinkünfte z.T. streng geregelt. Obwohl die Griechen alles andere als prüde gewesen sind, galten doch bestimmte Verhaltensweisen als sittenwidrig, einige sogar als obszön.
Die Römer der Frühzeit mokierten sich zuerst über die dekadente „griechische Liebe", übernahmen sie dann aber gern; jedoch blieb ihnen die passive Homosexualität verhaßt. Nur Sklaven durften sich passiv prostituieren. Weiteste Verbreitung fand die Bisexualität. Fast alle Herrschergestalten von Cäsar an sind Homo- oder Bisexuelle gewesen.
Die jüdische Religion betrachtete die Homosexualität als schwere Sünde; diese Bewertung wurde vom Christentum übernommen und bestimmte bis in unsere Zeit die Rechtsprechung. Es ist bemerkenswert, daß bereits im frühen 19. Jahrhundert in einigen süddeutschen Staaten Homosexualität nicht mehr zu den strafwürdigen Delikten gerechnet wurde. Erst mit der Gründung des Deutschen Reiches übernahmen alle deutschen Staaten die damals in Preußen geltenden Gesetze und damit die Pflicht auf Strafverfolgung der Homosexuellen. Die weibliche Homosexualität wurde dagegen in Deutschland, im Unterschied zu mehreren anderen Staaten, niemals strafrechtlich verfolgt.

Teilzusammenfassung

Es existieren mehrere Klassifikationsversuche hinsichtlich Art und Ausprägungsgrad der Homosexualität. Ihre Verbreitung in einer Gesellschaft hängt vom Ausmaß ihrer Tolerierung ab. Die Kulturgeschichte zeigt eindrucksvoll am Beispiel der griechischen Päderastie den Zusammenhang zwischen Duldung oder Förderung und der Verbreitung einer bestimmten Sitte. Aber auch in der antiken Welt hat es immer wieder Zweifel und Widerstände gegeben.

2. Gibt es eine „homosexuelle Persönlichkeit"?

Ist Homosexualität lediglich eine sich auf die Sexualität beschränkende Neigungsabweichung, oder durchdringt sie den ganzen Menschen? Steht sie vielleicht sogar mit ganz bestimmten Begabungen in engerer Beziehung? Die meisten Homosexuellen würden diese Frage mit dem Hinweis beantworten, sie seien „völlig normale" Menschen; allein ihre erotischen Neigungen seien andere als bei anderen Menschen.
In bestimmten Berufen findet man Homosexuelle häufiger; dies läßt jedoch noch keinen Schluß auf bestimmte Fähigkeiten bei Homosexuellen zu. Prüft man aber die doch recht lange Liste hochbegabter oder gar genialer Homosexueller, so bemerkt man eine deutliche Beziehung zwischen Homosexualität und dem, was man etwa „darstellerische Kreativität" nennen könnte, denn nicht wenige geniale Maler und Schauspieler waren (oder sind) homosexuell. Daraus könnte man schließen, es bestünde eine gewisse Affinität zwischen Homosexualität und der Persönlichkeitseigenschaft der „Extraversion".

Sind Homosexuelle extravertiert?

Eine solche Hypothese wird brüchig, beachtet man Gegenbeispiele. So finden sich unter Philosophen, die eher dem introvertierten Persönlichkeitstypus zuzurechnen wären, bekannte Hagestolze und Frauenfeinde. Sie waren vielleicht nicht gerade homosexuell, ließen aber doch homoerotische Neigungen erkennen. Auch die Beziehung zwischen der Art einer Begabung und der Homosexualität ist nicht ganz so klar wie sie zunächst erscheinen mag, denn nicht nur Künstler, sondern auch „kriegerische Gestalten", Politiker, Industrielle und Forscher finden sich in der Liste berühmter Homosexueller.

Bisexualität und geistige Begabung

Diese Liste ließe sich leicht verlängern, ergänzte man sie durch die Namen bedeutender Bisexueller. Vielleicht ist also hohe Begabung doch nicht ganz von der Sexualitätsausprägung unabahängig. Es ist schon des öfteren der Verdacht geäußert worden, klar ausgeprägte Männlichkeit bzw. Weiblichkeit seien unvereinbar mit geistiger und künstlerischer Begabung. Schon in der Antike galt die Vereinigung männlicher und weiblicher Eigenschaften in einem Menschen als Voraussetzung seiner Vollkommenheit. Die Gestalt des Hermaphroditen war Symbol für Ausgewogenheit und Harmonie. Der Pädagoge und Philosoph Eduard Spranger schrieb über den Naturforscher Alexander von Humboldt: „Er besaß die doppelte Sexualität, ohne die moralische Höhen der Menschheit nicht erreicht werden können".

Homosexuelle Pädagogen

Das dem Griechischen entnommene Wort Pädagoge bedeutete Knabenführer. Diese hatten nicht nur erzieherische Aufgaben, sondern sollten die noch minderjährigen Knaben vor erotischen Angriffen Erwachsener schützen.
Ebenso beschrieb Hirschfeld einen „Erostyp" mit idealistisch-pädagogischer Einstellung. Er gilt als der „geborene Jugendführer" und Erzieher. Als Erwachsener ist er seelisch jung geblieben, kleidet und benimmt sich wie ein Jugendlicher. Nicht selten verdrängt er seine homosexuellen Neigungen und gebärdet sich dann als Moralapostel, der Reinheit und Keuschheit predigt.

Homosexualität in der Jugendbewegung

Die ältere deutsche Wandervogelbewegung war von solchen „Erostypen" durchsetzt, was einen britischen Sexualforscher damals veranlaßt hatte, von der „german friendship" als einer idealisierten Sonderform der Homosexualität zu sprechen. Allerdings hat die Neigung Homosexueller zu Kindern und Jugendlichen immer wieder tragische Konflikte ausgelöst und viele solcher Menschen straffällig werden lassen. Es fällt auf, daß eine weibliche Entsprechung der Päderastie zu fehlen scheint.
Die pädagogische Begabung solcher „Erostypen" wird auf ihre besondere Einfühlungsgabe und Sensibilität für soziale Beziehungen zurückgeführt. Der Psychiater Kretschmer schreibt:

> „Von Sokrates bis Herbart begegnen wir großen Menschen, die homoerotische Triebkomponenten in sozial wertvollster Weise dadurch sublimiert haben, daß sie diese in eine von eigentümlicher Leidenschaft, Liebe und idealistischer Begeisterung getragene Tätigkeit an jungen Menschen umwandelten."

Die Bewertung der Homosexualität

Schuldzuweisung an andere Völker

Welches sind die Gründe für das allgemein negative Urteil über Homosexuelle? Plato selbst hatte die Päderastie als „widernatürlich" bezeichnet. An ihrer Erscheinung trügen die Kreter die Schuld. Die Franzosen nennen einen Homosexuellen „bougre", das ist eine Verstümmelung von „Bulgar". Die Engländer sprachen früher von „german friendship", die Römer von „griechischer Liebe" und so hat jedes Volk die Schuld für diese Form der Sexualität bei den anderen gesucht.
Der Vorwurf der Homosexualität ist schon immer in den Dienst der Propaganda und der Hetze gegen Andersgläubige gestellt worden. Im Mittelalter beschuldigte die Kirche die Abtrünnigen als Sodomiten, und die Kirchengegner nannten die Klöster Brutstätten der Homosexualität. Maxim Gorki stellte dem „homosexuellen Faschismus" seinen „proletarischen Humanismus" entge-

gen, aber bekanntlich verfolgten Faschisten mit großer Vehemenz jeden Homosexuellen.

Ablehnungsargumente fragwürdig

Zwar wird jede Normabweichung diskriminiert und immer wieder werden Minderheiten verfolgt. Aber bei den Homosexuellen werden noch andere Motive für ihre Verfolgung erkennbar:

- Man sagt, Homosexuelle übten Verrat an ihrem eigenen Geschlecht. Das ist ein merkwürdiges Argument, in dem die beiden Geschlechter als verfeindete Mächte begriffen werden.
- Man sagt, homosexuelle Männer seien keine „richtigen Männer" und lesbische Frauen keine „richtigen Frauen".
- Man sagt, Homosexuelle seien bevölkerungspolitisch unnütz; denn wenn sich Homosexualität ausbreite, müßte ein Volk aussterben. Es zeigt sich jedoch, daß in Ländern mit weitester Verbreitung der Homosexualität die Bevölkerung stark wächst.
- Weitverbreitet ist auch das Ekelargument: Die Art und Weise, wie Homosexuelle sich sexuell verhielten, sei nicht nur unästhetisch, sondern auch ekelhaft. Dieses Ekelargument kennzeichnet die heutige moralphilosophische Auffassung, nach der die Homosexualität „den düstersten Schatten, die äußerste ethische Finsternis" darstellt.

Selbst die wissenschaftliche Bewertung der Homosexualität wird auch heute noch weniger von Erkenntnis als von Vorurteilen bestimmt. Darüber können auch wissenschaftlich klingende Ausdrücke wie pervertiert, invertiert und konträre Sexualempfindung nicht hinwegtäuschen.
Wie unsicher selbst Psychiater sind, zeigt der Wandel der Bewertung in den letzten 30 Jahren. In der offiziellen Klassifikation seelischer Krankheiten und Störungen der amerikanischen Gesellschaft für Psychiatrie ist Homosexualität:

- 1952 eine sexuelle Abweichung, in Verbindung mit anderen Störungen und Delinquenzen wie etwa Alkoholismus, Vagabundage, Grausamkeit und Vertrauensunwürdigkeit,
- 1972 eine sexuelle Orientierungsstörung,
- 1982 eine inhärente Benachteiligung.

Attribuierung und ihre Folgen

Wir glauben, zu wissen, wen wir vor uns haben, wenn uns unser Gegenüber als ehrlich, fromm, verschlagen, geschwätzig usw. bekanntgemacht wird und verhalten uns entsprechend. Abgesehen davon, daß solche Attribuierungen oder Etikettierungen oft falsch sind, gilt es zu bedenken, daß ein von einer Zuschreibung Betroffener sein Verhalten der Zuschreibung anpaßt, weil er etwa seinem Ruf gerecht werden möchte. Dies gilt natürlich eher für positiv bewertete Eigenschaften; gelten sie dagegen als negativ, fühlt sich der Betroffene als abgestempelt oder gekennzeichnet. Dies kann tragische Folgen haben, besonders wenn die Zuschreibung durch eine Autorität erfolgt, die der Betroffene als solche anerkennt. Für ihn wird es dann zur Gewißheit, daß er Sünder, Verbrecher, Dekadenter, Neurotiker ist und er wird sich dann auch als ein so gekennzeichneter fühlen. Das tragischste Beispiel hierfür war die Zuschreibung von „Hexe" im späten Mittelalter. Die so attribuierten Frauen empfanden dies oft genug nicht etwa als eine verleumderische, ungerechtfertigte Diskriminierung, sondern ihnen wurde es zur Gewißheit, daß sie zu Recht ihr Schicksal verdienten.

Wandel in der Selbstbewertung

Hirschfelds Befragung in den zwanziger Jahren ergab, daß mehr als 60% der Homosexuellen sich als abnorm, krank, neurotisch und insgesamt unglücklich fühlten. Jüngere Untersuchungen ergaben völlig andere Werte. Jetzt sind es fast 60%, die sich sogar als glücklich bezeichnen. Auch in der öffentlichen Meinung hat sich ein Wandel vollzogen. So lehnten in einer deutschen Repräsentativbefragung nur noch 20% die Homosexuellen ab. 40% stehen ihnen gleichgültig gegenüber und weitere 40% akzeptieren die Homosexualität als eigene Lebensform.

Teilzusammenfassung

Gibt es die homosexuelle Persönlichkeit oder ist Homosexualität nur eine relativ spezifische sexuelle Abweichungsform? Die meisten Homosexuellen unterscheiden sich kaum von Heterosexuellen. Es fällt aber auf, daß unter genialen Persönlichkeiten der Anteil von Homosexuellen erstaunlich hoch ist. Auch werden ihnen nicht nur darstellerische, sondern auch pädagogische Talente nachgesagt.
Kaum eine andere Erscheinungsform hat im Laufe der Zeit so verschiedene Bewertungen erfahren wie die Homosexualität. Von diesem Wechsel wird aber nicht nur die öffentliche Meinung betroffen, auch das Selbstwertgefühl homosexueller Menschen kann von positiven und negativen Zuschreibungen stark beeinflußt werden.

3. Ursachen homosexueller Entwicklung

Bei der Frage nach den Ursachen oder Entstehungsbedingungen der Homosexualität müssen folgende Tatsachen erklärt werden:

- Die Homosexualität ist bei allen Völkern, Kulturen und Rassen verbreitet, wahrscheinlich hat es sie schon seit Beginn der Menschheit gegeben. Wer also ihre Entstehung auf besondere soziale oder gar familiäre Konstellationen und Erziehungseinflüsse zurückführen möchte, müßte voraussetzen, daß diese Bedingungen schon immer und überall gegeben waren.
- Von der Homosexualität sind weitaus mehr Männer als Frauen betroffen. Zwar könnte dies auf unterschiedliche Erziehungseinflüsse zurückgeführt werden, aber dies müßte sich in der Lebensgeschichte männlicher und weiblicher Homosexueller nachweisen lassen. Solche Unterschiede sind aber bisher nicht bekannt geworden.
- Die Entdeckung der eigenen Homosexualität fällt mit dem Beginn der Pubertät zusammen. Die „tardive", also verzögerte Homosexualität, die erst im fortgeschrittenen Lebensalter von Frauen und Männern in Erscheinung tritt, steht offenbar mit Rückbildungsprozessen der Sexualfunktionen in Zusammenhang.

Skepsis gegenüber Erwerbungstheorien

Bei Beachtung dieser drei Vorausetzungen wird man den favorisierten Umwelt- und Erwerbungstheorien mit größerer Vorsicht begegnen. Diese Theorien besagen: Homosexualität ist das Ergebnis von Lern- und Prägungsvorgängen, die in früher Kindheit stattgefunden haben müssen. Im Gegensatz zu dieser These steht die Auffassung, daß Homosexualität eine Konstitution ist, eine Anlage, die entweder ererbt oder in der vorgeburtlichen Zeit erworben wird.

Allerdings gibt es wie so oft den mittleren Standpunkt: Homosexualität wird auf konstitutioneller Grundlage in besonderen sozialen und familiären Situationen erworben.

Erwerbungstheorie I: Die Rolle der ödipalen Situation

In Freuds Lehre gewinnt der Begriff des Ödipuskomplexes besondere Bedeutung. Der Knabe, so behauptet Freud, entwickle zwischen seinem 3. und 6. Lebensjahr eine begehrende (erotische) Liebe zu seiner Mutter und empfinde dabei den Vater als Rivalen. Bei normalen familiären Verhältnissen erkennt der Knabe jedoch die Unhaltbarkeit dieser Lage und beginnt immer stärker sich dem Vater zuzuwenden und sich mit seiner männlichen Rolle zu identifizieren.

Homosexualität als ungelöster Ödipuskomplex?

Dies ist – stark verkürzt und vereinfacht – Freuds These. Aber wie erklärt sich aus ihr die Entstehung einer Homosexualität? Freud nimmt folgendes an: Nutzt eine Mutter die Verliebtheit ihres Sohnes egoistisch aus, indem sie ihn intensiv und übermäßig lange an sich bindet, so kann dem Jungen eine Identifikation mit dem Vater und seiner männlichen Rolle mißlingen. Für das Mädchen hat Freud im Elektrakomplex, in der Verliebtheit des Mädchens in den Vater, eine Analogie zum Ödipuskomplex beschrieben. Er erscheint aber noch weniger plausibel für eine Erklärung der Homosexualitätsentstehung als die Ödipuslegende.
Es ist nicht zu bestreiten, daß hier und dort eine Ödipussituation oder ein Elektrakomplex vorkommt. In den Biographien berühmter Homosexueller findet sich auch gelegentlich eine übermäßig starke Mutterbindung, die von einer dominanten und egoistischen Mutter zu lange aufrechterhalten wurde, so daß der junge Mann kaum früh genug heterosexuelle Beziehungen herstellen konnte. Insgesamt jedoch erscheint die Ödipuserklärung der Homosexualitätsentstehung befremdlich. Ihre Erfahrungsgrundlage ist äußerst schwach. Dennoch findet sie vielleicht gerade wegen ihres mystisch-mythischen Gehaltes in einer breiteren Öffentlichkeit Resonanz.

Erwerbungstheorie II: Lernen durch Lohn und Strafe

In den psychologischen Lerntheorien spielt das Lernen durch Lohn und Strafe eine wichtige Rolle. Verhaltensweisen werden erlernt und bleiben erhalten, wenn sie belohnt werden, wenn ihnen also ein Lusterlebnis folgt; sie werden dagegen eliminiert, wenn sie bestraft werden.

Homosexualität als Folge falscher Konditionierung?

Keine Lust aber ist intensiver als die sexuell-orgastische Lust und deshalb wird das sexuelle Verhalten allen anderen Betätigungen vorgezogen. Aber das Lusterlebnis bleibt nicht auf das Triebziel, also den Sexualakt selbst beschränkt. Es wird, wie die Lerntheoretiker sagen, generalisiert, d.h. es verbindet sich mit dem Triebobjekt im Freudschen Sinn. In der Heterosexualität ist das Triebobjekt eine Person des anderen Geschlechts, in der Homosexualität eine solche des eigenen Geschlechts und beim Fetischismus ist es ein Gegenstand, der mit dem Sexualakt in Beziehung stand. Personen oder Fetische können also zu konditionierenden Reizen werden. Ihre Gegenwart verbürgt ein Lusterlebnis.

Ist Homosexualität eine Phobie?

Bei emotional aufwühlenden sexuellen Ersterlebnissen können solche Triebobjektfixierungen besonders intensiv sein. Demnach könnte die Erstverführung eines Mannes durch einen Mann oder einer Frau durch eine Frau die sexuelle Orientierung eines Menschen nachhaltig bestimmen. Aber eine homosexuelle Entwicklung könnte auch auf ein frustrierendes sexuelles Ersterlebnis folgen. Man hat behauptet, die männliche Homosexualität bilde sich

aus der Angst vor der Frau und die weibliche aus Angst vor dem Mann. Eine gewisse Plausibilität gewinnt diese Erklärung aber nur bei der weiblichen Homosexualität. Ekel und Abscheu, etwa bei einer Vergewaltigung, können als seelisches Trauma tatsächlich eine lebenslange Abneigung gegen jede heterosexuelle Betätigung erzeugen.
Insgesamt befriedigen die lerntheoretischen Erklärungen der Homosexualität kaum.

Mögliche biologische Ursachen

Was die Natur hervorbringt, bringt sie in Variationen hervor. Variabilität aber entsteht immer dann, wenn die Determinanten einer Eigenschaft sehr zahlreich, in ihrer Ausprägung ungleich sind und wenn sie in zufälliger Mischung wirksam werden. So ist auch die Eigenschaft Femininität und Maskulinität variabel determiniert. Jeder Mensch trägt die Komponenten des jeweils anderen Geschlechts in unterschiedlicher Zahl und Proportion in sich.
Als die Sexualhormone entdeckt wurden, vermutete man sogleich, in jedem Menschen seien männliche und weibliche Hormone in verschiedenen Verhältnissen vorhanden. Männer und Frauen seien also nur graduell und nicht absolut voneinander verschieden. Das ist nicht falsch, es wäre jedoch nicht richtig, die Homosexualität als ein ausschließlich hormonales Problem zu bewerten oder sie als Intersexualität zu begreifen. Nur wenige Homosexuelle beiderlei Geschlechts könnten als Intersexe, Hermaphroditen oder Zwitter bezeichnet werden. Die weitaus meisten sind in ihren körperlichen primären und sekundären Geschlechtsmerkmalen eindeutig als Frauen oder Männer zu erkennen. Demnach dürften die Ursachen der Homosexualität nicht in einer abweichenden Mischungsproportion von Sexualdeterminanten (Sexualhormonen) gesucht werden.

Wird Homosexualität vererbt?

Der frühe Kampf homosexueller Wissenschaftler gegen die Kriminalisierung der Homosexualität wurde immer mit dem Argument geführt, Homosexualität sei ein biologisches Faktum, sei eine Anlage oder Konstitution. Damit ist freilich noch nicht gesagt, sie sei ererbt. Inzwischen liegen aber zahlreiche

Zwillingsuntersuchungen

Untersuchungen vor, die zu beweisen scheinen, daß Homosexualität vererbt werden kann. Es zeigen sich nämlich z. T. sehr hohe Zwillingskonkordanzen (siehe 6. Kapitel). In einigen Untersuchungen waren 100% einer Stichprobe eineiiger Zwillinge beide Zwillingsbrüder homosexuell, während es bei zweieiigen Zwillingen viel seltener vorkam, daß beide Zwillingspartner homosexuell waren.

Familiäre Häufung

Schon früh ist die Häufung von Homosexualität in bestimmten Familien aufgefallen. Besonders in Dynastien und Adelsgeschlechtern ist Homosexualität, die man häufig als Dekadenzerscheinung ansah, verbreitet. Das läßt darauf schließen, daß rezessive Erbgänge verantwortlich sind und daß sich dementsprechend in Inzuchtpopulationen die Wahrscheinlichkeit homosexueller Neigungen häuft. Naiv wäre die Annahme, Homosexualität könne nicht vererbt werden, sonst müßte sie längst ausgestorben sein. Allerdings fällt auch auf, daß Homosexualität völlig isoliert auftritt, daß also im familiären Umfeld keine weiteren Homosexuellen vorkommen. Das läßt darauf schließen, daß neben der Vererbung andere biologische Ursachen angenommen werden müssen.

Vorgeburtliche Ursachen

Im 7. Kapitel wurden die vorgeburtlichen Entwicklungsabschnitte behandelt. Insgesamt bilden sie für die verschiedenen Organsysteme kritische oder wenigstens sensitive Phasen. Dies gilt natürlich auch für die Entwicklung der Sexualorgane und der sexuellen Funktionalität. Werden in einer solchen Phase die Weichen nicht oder nicht richtig gestellt, kann die weitere Entwicklung „falsche Bahnen“ einschlagen.
Die erste und auch wichtigste Entscheidung über das Geschlecht fällt bei der Befruchtung des Eies (siehe 6. Kapitel). Bei einer Geschlechtschromosomenkonstellation XX wird die Weiche in Richtung Weiblichkeit, bei XY in Richtung Männlichkeit gestellt. Durch überzählige oder fehlende Geschlechtschromosomen kann diese Weichenstellung gestört werden, aber auch wenn sie richtig erfolgt ist, bleibt die weitere Entwicklung, besonders für die Männlichkeitsausprägung, nicht ohne Risiken.
Die zweite Weichenstellung beginnt etwa in der 5. Woche nach der Befruchtung. Das befruchtete Ei, die Gonade, wird unter dem Einfluß des Y-Chromosomes zur Ausbildung männlicher Sexualorgane veranlaßt. Die Hoden produzieren dann männliches Sexualhormon (Testosteron). Unterbleibt die Hormonwirkung, z. B. wegen einer Testosteronunempfindlichkeit, entwickelt sich auch eine XY-Gonade in Richtung Weiblichkeit. Wird eine XX-Gonade in diesem Stadium dagegen von Testosteron beeinflußt, wofür es mehrere Gründe geben kann, verläuft die weitere Entwicklung in Richtung vermännlichter Weiblichkeit. Das Ergebnis fehlerhafter Weichenstellung in dieser kritischen Phase vorgeburtlicher Entwicklung sind sexuelle Zwischenformen (Intersexe, Hermaphroditen, Zwitter). Bei der Geburt müssen Eltern und Arzt entscheiden, ob das Kind zum Mädchen oder zum Jungen erzogen werden soll. Oft geht man dabei von der Chromosomenkonstellation aus; aber die Geschlechtszuschreibung muß nicht selten operativ und medikamentös gestützt werden.

Das erste Drittel vorgeburtlicher Entwicklung

Es wäre aber falsch, brächte man die Homosexualität in direkte Verbindung mit der Entstehung von Intersexen. Schließlich sind diese außerordentlich selten, während die Homosexualität in ihren verschiedenen Unterarten und Ausprägungsformen recht häufig ist.
Demnach muß es noch eine dritte Weichenstellung geben. Da die weitaus meisten Homosexuellen hinsichtlich ihrer primären und sekundären Geschlechtsmerkmale eindeutig als Frauen oder Männer erkennbar sind, muß es in der vorgeburtlichen Zeit einen Abschnitt geben, in dem die Ausbildung dieser Merkmale bereits weitgehend abgeschlossen ist, der jedoch für die Determination der Homosexualitätsentstehung wichtig ist. Es ist anzunehmen, daß hierfür die beiden letzten Drittel der vorgeburtlichen Zeit und vielleicht auch eine gewisse Spanne der Neugeborenenzeit in Frage kommen.
In dieser Zeitspanne differenziert sich und reift das Gehirn. Man unterscheidet heute ein weibliches von einem männlichen Gehirn. Letzteres entwickelt sich, wenn die Gehirnreifung unter den Einfluß von Testosteron gerät. Fehlt dieses Hormon, so „verweiblicht“ das sich entwickelnde Gehirn, auch wenn die Konstellation der Geschlechtschromosomen eindeutig XY ist und wenn bei der zweiten Weichenstellung alle männlichen Sexualmerkmale voll ausgebildet wurden. In diesem Fall kann sich ein Mann wie eine Frau fühlen. Als Transvestit kleidet und benimmt er sich wie eine Frau und strebt nicht selten eine chirurgische Geschlechtsumwandlung an. Eine Maskulinisierung des Gehirns bei einem weiblichen Fötus tritt dann ein, wenn diese Entwicklung durch Testosteron beeinflußt wurde.

Weibliche und männliche Gehirnentwicklung

Als Beispiel derartiger Ausprägungen mögen die „Sissy-Boys" gelten, von denen in neueren amerikanischen Forschungen gesprochen wird.

Sissy-Boys

Bei der Geburt ist die Gehirnreifung noch nicht abgeschlossen, dennoch „entpuppt" sich ein Kind im Verhalten schon bald als typisches Mädchen oder typischer Bub. Das zeigt sich besonders bei der Wahl der Spielsachen. Zwar behauptet man immer wieder, die Mädchen liebten ihre Puppen nur deshalb, weil ihnen schon früh dies anerzogen würde und Buben fühlten sich zu lärmenden Spielzeugautos hingezogen, weil sie für diese Wahl lobende Zustimmung aus der Umgebung erhielten, aber diese Auffassung hat sich in vielen Untersuchungen als falsch erwiesen. So gibt es Buben, denen zwar immer wieder die typischen Bubenspielsachen angeboten werden, die jedoch lieber mit Puppen spielen und es gibt umgekehrt auch Mädchen, die sich in ihrem gesamten Spielverhalten eher wie Buben benehmen.
Man nennt in Amerika die mädchenhaften Buben „Sissy-Boys" und bubenhaften Mädchen „Tomboys". Während man letzteren mit größerer Toleranz begegnet, möchten die meisten Eltern eine Verweiblichung ihres Jungen vermeiden und belohnen jegliches Anzeichen geschlechtstypischen Verhaltens. Aber ohne jegliche Wirkung. Man hat die Lebensgeschichte solcher „Sissies" weiterverfolgt und festgestellt, daß etwa zwei Drittel dieser Kinder später homosexuell wurden. Immerhin ist aber ein beachtlicher Teil heterosexuell geworden und schließlich berichten die meisten Homosexuellen, daß sie als Kinder keine Verhaltensmerkmale zeigten, die auf eine spätere Homosexualität schließen ließen. Lediglich berichten lesbische Frauen häufiger von ihrem frühen Interesse für männliche Betätigungen.

Im 10. Kapitel ist bereits gesagt worden, eigentlich sei das weibliche Geschlecht das biologisch stabile. Für die Entwicklung der Männlichkeit müssen hormonale Faktoren hinzukommen, und wenn dies nicht erfolgt, so setzt sich die Entwicklung in Richtung Weiblichkeit fort. Die Männlichkeitsentwicklung ist also störanfälliger und risikoreicher, und so erklärt sich wenigstens teilweise das Überwiegen männlicher Homosexualität.

Ist Homosexualität ein hormonales Problem?

Es ist hier immer wieder von der Bedeutung des Testosterons, also eines männlichkeitsbestimmenden Hormons, die Rede gewesen. Man hatte früher angenommen, männliche Homosexuelle hätten ein hormonales Defizit, während lesbische Frauen etwas zu viel Männlichkeitshormon aufwiesen. Tatsächlich bestimmt dieses Hormon entscheidend die Entwicklung der Sexualorgane und des geschlechtsspezifischen Gehirns. Aber mit Abschluß dieser Entwicklung endet seine determinierende Wirkung.
Zwar hat man festgestellt, daß der Testoteronspiegel bei männlichen Homosexuellen gelegentlich tiefer liegt als bei Heterosexuellen, bei den meisten männlichen Homosexuellen ist jedoch hinsichtlich der hormonellen Problematik kein Unterschied zu Heterosexuellen festzustellen.
Man hatte versucht, der Homosexualität mit einer Hormontherapie zu begegnen; allein es zeigte sich, daß bei beiden Geschlechtern sich nur die Triebstärke (die Libido) intensivierte, daß jedoch die Art der Partnerwahl davon völlig unberührt blieb. Entscheidend für die Homosexualität ist demnach die Partnerwahl. Aber dies ist primär kein Problem des Triebes (des Triebzieles im Sinne Freuds), sondern des Triebojektes.

Homosexualität kein Trieb- sondern ein Partnerproblem

Freuds Unterscheidung von Triebziel und Triebobjekt ist jetzt hier wichtig. Triebziel bei der Sexualität ist die Befriedigung des Triebes über die orgastische Lust. Es ist nun schon des öfteren gefragt worden, ob dieses Ziel nicht schneller und problemloser durch Selbstbefriedigung zu erreichen wäre, weshalb es eigentlich eines Partners bedürfe. Vom biologischen Standpunkt ist eine solche Frage selbstverständlich unsinnig, denn schließlich ist der Geschlechtsverkehr zum Zwecke der Fortpflanzung eigentliches Triebziel. Die Sexualität und Erotik ist demnach primär ein Problem des Partners, denn auch bei der Selbstbefriedigung wird meistens ein Partner hinzuphantasiert. Die eigentliche Triebhaftigkeit wird von Zentren in sehr alten Teilen des Gehirns, genauer des Hypothalamus im Stammhirn, geregelt. Aber die Partnerwahl ist ein Problem der Wahrnehmung und diese ist beim Menschen in „höheren Regionen" des Gehirns, des Neu- oder Großhirns, angesiedelt. Demnach wäre die Homo- aber auch die Heterosexualität, was die Wahl der Triebobjekte betrifft, ein Problem der kognitiven Psychologie, denn diese befaßt sich mit den Beziehungen zwischen den wahrgenommenen Gegebenheiten und dem Verhalten.

Partnerwahrnehmung als kognitives Problem

Die neuere Kognitionspsychologie hat den Begriff der „kognitiven map" (der kognitiven Landkarte) geprägt. Man nimmt an, es handelt sich um mehr oder weniger fest verschaltete hirnphysiologische Strukturen, die das Verhalten eines Organismus regeln. Nun hat die Natur besonderen Aufwand getrieben, indem sie die beiden Geschlechter mit unterschiedlichen und oft sehr auffälligen sekundären Geschlechtsmerkmalen ausstattete. Beim Menschen bezeichnet man die Gesamtheit sexualattraktiver Merkmale bekanntlich mit Sexappeal.

Natürlich wäre hier einzuwenden, dieser Sexappeal sei doch wohl das Ergebnis persönlicher Erfahrung und demnach auch stark wandelbar. Das ist richtig, aber es muß eine bestimmte Kernstruktur geben, die von jedem Wandel des Geschmacks unabhängig zu sein scheint und die die Vorlieben oder Interessen eines Menschen, wenn auch nicht in Details, so doch in groben Umrissen festlegt.

Lovemaps

Der in der neueren Homosexualitätsforschung eingeführte Begriff „Lovemap" ist selbst in der Psychologie noch kaum bekannt. Man versteht darunter das im Gedächtnis gespeicherte Inventar von Interessen, Vorlieben und Zuneigungen. „ Das ist nicht mein Typ" oder „ich fliege auf blond"; dies sind Redensarten, die eine Lovemap kennzeichnen. Sie bestimmt nicht nur das Verhalten eines Menschen, sondern auch seine Wahrnehmung. Wer mit den Augen der Liebe die Welt sieht, sieht sie anders als derjenige, der sie durch den Filter des Hasses wahrnimmt. Wie entstehen solche Lovemaps bzw. Hatemaps? Selbstverständlich werden sie durch persönliche Erfahrungen geprägt. Aber es muß angeborene Vorlieben und angeborene Abneigungen geben, die sich wohl zuerst in der Geschmackswahrnehmung äußern.

Partnertyp

Ähnlich wie Kinder eine angeborene Vorliebe für die Qualität süß und eine angeborene Abneigung gegen bitter zeigen, so könnte es sein, daß es auch angeborene Vorlieben und Abneigungen geschlechtsspezifischer Art gibt.

Geschlechtsspezifische Wahrnehmung

Viele homosexuelle Männer fühlen sich ausschließlich von Jünglingen mit zartem und mädchenhaftem Äußeren angezogen. Es scheint demnach, daß es eher weiblich-zarte Merkmale sind, die solche Homosexuelle reizen; aber dann fragt man sich, weshalb sie keine Partner suchen, welche diese Merkmale in größerer Vollkommenheit besitzen, weshalb sie statt Frauen feminine junge Männer wählen. Offensichtlich ist es aber gerade die Mischung männlicher und weiblicher Körpereigenschaften, die auf Homoerotiker besonders wirken.

Das „Mädchenschema" im Jüngling

Thomas Mann hat in seiner berühmten Novelle „Der Tod in Venedig" die Gestalt des Tadzio so beschrieben:

> „Mit Erstaunen bemerkte Aschenbach, daß der Knabe vollkommen schön war. Sein Antlitz, bleich und anmutig verschlossen, von honigfarbenem Haar umringelt, mit der gerade abfallenden Nase dem lieblichen Munde, dem Ausdruck von holdem und göttlichem Ernst, erinnerte an griechische Bildwerke aus edelster Zeit, und bei reinster Vollendung und Form war es von so einmalig persönlichem Reiz, daß der Schauende weder in Natur noch bildender Kunst etwas ähnlich Geglücktes angetroffen zu haben glaubte."

Alle diese von Thomas Mann genannten Eigenschaften können erst recht Mädchen haben, aber Aschenbach wäre ungerührt geblieben, wäre ihm etwa bekannt geworden, dieser Tadzio sei in Wirklichkeit ein verkleidetes Mächen. Wir sind noch weit entfernt von einer wirklich schlüssigen Erklärung der Ursachen der Homosexualität; der Begriff der Lovemap, der uns vielleicht etwas weiterführen könnte, bleibt bis auf weiteres rein hypothetisch. Die hirnphysiologische Forschung schreitet jetzt rasch voran und wahrscheinlich wird schon bald das Rätsel der Lovemaps und damit der sexuellen Neigungen aufgeklärt werden können. Wer aber Ursachen und Entstehungsweise der Homosexualität kennt, wird sie auch zu tolerieren lernen. Denn, wie Freud urteilt, ist „Homosexualität kein Vorzug, aber sie ist nichts, dessen man sich schämen müßte, sie ist kein Laster, keine Entartung, sie kann nicht als krankhaft klassifiziert werden".Sie ist, so müßte man hinzufügen, selbstverständlich keine Sünde und kein Verbrechen.

Zusammenfassung

Die Homosexualität gehört noch immer zu den rätselhaften anthropologischen Varianten. Sie ist weltweit verbreitet und war schon immer bekannt. Es ist deshalb wenig wahrscheinlich, daß sie von speziellen sozialen (familiären) Konstellationen und Einflüssen verursacht wird. Es ist aufgefallen, daß sich unter hochbegabten Persönlichkeiten viele Homosexuelle befinden, daß aber andererseits die weitaus meisten Homosexuellen weder positiv noch negativ besonders in Erscheinung treten. Die Bewertung der Homosexualität im Verlaufe der Geschichte und auch in den verschiedenen Gesellschaften hat dramatische Wandlungen erfahren. Sie wird in wachsendem Ausmaß toleriert, was u. a. darauf zurückzuführen ist, daß man die Ursachen immer mehr als solche biologischer Entwicklung und Fehlsteuerung zu erkennen beginnt.

Worterklärungen

Attribuierung	mehr oder weniger willkürliche Zuschreibung einer Eigenschaft
coming out	erste Erkenntnisse der eigenen Homosexualität
extravertiert	nach außen gewandt; sozial aufgeschlossen; unkompliziert
inhärent	unveränderbar innewohnend
Hermaphroditismus	Vereinigung beider primärer (und oft auch sekundärer) Geschlechtsmerkmale in einem Menschen
Fetisch	hier: unnatürliches Triebobjekt (z. B. Kleidungsstücke)
Perversion	Veränderung des natürlichen Ablaufs eines Triebgeschehens oder Veränderung des Triebobjektes
platonische Liebe	nichtsinnliche, vergeistigte Liebe
Phobie	krankhafte Furcht vor...
Sublimierung	Erhöhung oder Vergeistigung eines primitiv triebhaften Prozesses oder Objektes

19. KAPITEL

Psychische Störungen und Psychotherapie im Kindesalter

Bereits in der Kindheit und in der Jugend können psychische Störungen auftreten. Wie sehen sie aus und woran sind sie zu erkennen? Zwar wird der Erzieher aufgrund dieses Kapitels derartige Störungen nicht selbst zu diagnostizieren vermögen. Er braucht jedoch ein bestimmtes Grundwissen, um überhaupt Verdacht schöpfen zu können und um dann einen Fachmann zu Rate zu ziehen. Der Erziehungsberater oder Kinderpsychotherapeut wird, falls sich der Verdacht bestätigt, eine Behandlung einleiten. Ihre Möglichkeiten sollte der Erzieher wenigstens in den Grundzügen kennen und realistisch einschätzen.

Nach wissenschaftlichen Untersuchungen kann man annehmen, daß etwa zwanzig Prozent aller Kinder und Jugendlichen als „seelisch gestört" zu bezeichnen sind und zumindest sechs Prozent eine psychotherapeutisch-heilpädagogische Hilfe benötigen.
Statistische Angaben aus Beratungsstellen und Erziehungsinstitutionen mögen im einzelnen variieren, insgesamt aber stellen sie Appell und Mahnung an Eltern und Erzieher dar, sich über die Anzeichen psychischer Störungen zu informieren. Denn ohne die Aufmerksamkeit und gegebenenfalls die Initiative von Eltern und Erziehern kann psychisch gestörten Kindern nur selten rechtzeitige Hilfe zuteil werden.

1. Wie äußern sich psychische Störungen?

Was mit dem Wort „krank" gemeint ist, weiß eigentlich jeder: daß jemandem „etwas fehlt", jemand „etwas hat" und er nicht leben kann wie ein Gesunder. Schwieriger wird es aber schon, wenn die Frage beantwortet werden soll, was ihm fehlt oder was er hat und in welcher Weise sich seine Möglichkeit zu leben von der eines Gesunden unterscheidet. Wir wollen den Begriff „krank" hier nicht in dieser verschwommenen umgangssprachlichen Weise verwenden, sondern ihn abgrenzen:

Krank

Ein Kind ist medizinisch krank, wenn es z. B. eine Infektion, Fieber oder Schmerzen hat, wenn es müde, schlapp oder appetitlos ist und wenn der Arzt die Ursache oder die Symptome des Mißbefindens aufklären, sie medizinisch-therapeutisch „angehen", in den meisten Fällen also bessern oder beheben kann.

Behindert

Vom Kranksein in diesem Sinne ist die „Behinderung" zu unterscheiden. Ein Kind gilt als behindert, wenn es in seinen körperlichen Funktionen mehr oder minder deutlich eingeschränkt ist, z. B. nicht gehen, sehen oder sprechen kann. Auch diesem Kind muß der Arzt helfen, indem er die Ursachen der Funktionsstörung festzustellen versucht und dann – soweit möglich – die geeigneten Hilfen vorschlägt.

Gestört

Was aber ist von einem Kind zu halten, das lügt? Ist sein Charakter schlecht? Ist es schlecht erzogen, d. h. gaben ihm seine Eltern ein schlechtes Vorbild? Was ist mit einem anderen Kind, das sein jüngeres Geschwisterchen schlägt, und es immer wieder tut, trotz aller erzieherischen Bemühungen? Und ist ein Kind, das in der Schule versagt, bloß faul oder dumm?
Beschreibend sprechen wir in solchen Fällen von „Störungen" des Verhaltens, deren Ursachen im einzelnen sehr kompliziert sein können.

Zu spät behandelt

Eltern solcher Kinder, die, wie sie sagen, „alles versucht" haben, kommen häufig erst sehr spät, wenn sich die Störung des Kindes schon „dramatisiert" und „fixiert" hat, zum Kinderpsychologen. Eine Haltung der Scham oder der Scheu, mit den Störungen des Kindes auch sich selbst preiszugeben, ist ein häufiges Motiv für derartige Versäumnisse. Dadurch wird aber nichts besser gemacht. In aller Regel haben die störenden Verhaltensweisen des Kindes längst zu therapeutisch unwirksamen Maßnahmen, insbesondere zu Strafen, geführt.

Erziehungsschwierigkeiten, Gehemmtheit und körperliche Symptome

Aggressives Verhalten

Wenn es sich um Störungen handelt, die man alltagssprachlich als schlechte Manieren und deren Übertreibungen bezeichnet, z. B. rüpelhaftes, aggressives Benehmen oder Leistungsverweigerung, wird dieses „abweichende" Verhalten häufig mit dem Ergebnis einer schlechten und falschen Erziehung gleichgesetzt. Der Anlaß, daß man mit Schwierigkeiten dieser Art schließlich überhaupt in die Praxis des psychologischen Erziehungsberaters geht, ist eine Störung des seelischen Gleichgewichts, die eine Erziehung immer problematischer macht.

Verborgene Symptome

Weniger auffällig als solche Kinder sind Kinder einer weiteren Gruppe, die zunächst überhaupt keine Erziehungsprobleme aufzugeben scheinen. Es handelt sich um die „gehemmten", d. h. besonders folgsamen, braven und angepaßten Kinder ohne Eigeninitiative. Sie neigen dazu, verborgene Symptome und Gehemmtheit zu entwickeln.

Beispiele 1

Der folgsame, schüchterne fünfjährige Dieter ist eines Tages einfach verschwunden und wird, offenbar ziellos verirrt, in einem anderen Stadtteil als sogenannter „Wegläufer" aufgegriffen.

Monika ist Bettnässerin; sie leidet unter einem Symptom, das ihre Mutter dadurch zu beheben versucht, daß sie ihr Kind herabsetzt und mit Verachtung straft.

Thomas, zwölf Jahre alt und bislang immer als „liebes" Kind beschrieben, versetzt eines Tages Familie und Nachbarschaft in Aufregung, weil er, scheinbar völlig unmotiviert, einer Katze den Schwanz abschneidet.

Körperliche Symptome

Solche Fälle, ihre Aufklärung und Heilung, gehören zum Alltag des Erziehungsberaters.
Eine dritte Gruppe neben den erziehungsschwierigen und den scheinbar unauffälligen Kindern mit mehr oder weniger plötzlichen Durchbrüchen von Störungszeichen im Verhalten sind jene Kinder, die zum Arzt gebracht werden, weil man bei ihnen eine ausschließlich körperlich bedingte Krankheit vermutet.

Beispiele 2

Der vierjährige Wolfgang hat eine Neigung zu Bronchitis und asthmatischen Atembeschwerden.

Bei der kaum einjährigen Marion treten immer wieder Ekzeme, d. h. ein unangenehmer Hautausschlag auf; die Mutter reagiert vielleicht mit Zurückhaltung oder gar Ekel auf dieses Ekzem und verrät dem Arzt, daß sie ihr Kind in diesem Zustand gar nicht mehr anfassen wolle.

Solche Beschwerden werden in den meisten Fällen erst einmal dem Arzt vorgetragen, der dann nach medizinischen Heilwegen sucht.

Die Angst der Eltern vor dem Psychologen

Informiertheit und Mut

Erst wenn der Arzt nicht helfen kann, erwägt man den Gang zur psychologischen Beratungsstelle. Häufig geschieht dies nur, wenn die Eltern darüber informiert sind, daß es psychische Gründe für solche Störungen und psychologische Behandlungsmöglichkeiten gibt, und diese Eltern den Mut aufbringen, ihre Erziehungsmethoden und, was noch wichtiger ist, ihre Gefühlshaltung gegenüber dem Kind einem psychologischen Berater zu offenbaren, der nicht in die familiäre Auseinandersetzung mit dem Kind verwickelt ist.

Gruppen von Störungen

Versuchen wir noch einmal und vielleicht etwas präziser darzustellen, welche Gruppen von psychischen Störungen zu unterscheiden sind:

- Die Gruppe der nicht angepaßten, offen (manifest) erziehungsschwierigen, meist besonders aggressiven Kinder. Zu dieser Gruppe zählen auch solche Kinder, die im schulischen Sinne unangepaßt sind, sogenannte faule oder widerspenstige Kinder, die sich gegen Leistungsforderungen stemmen.
- Die Gruppe der äußerlich überangepaßten, besonders fügsamen Kinder, die mehr zur verborgenen oder ganz plötzlichen Symptombildung neigen.
- Die Gruppe psychisch gestörter Kinder, die zunächst organisch erkrankt zu sein scheinen, aber später, wenn die medizinische Therapie nichts hilft, als „psychosomatisch" erkrankte Kinder bezeichnet werden. Ihre körperlichen Krankheitssymptome lassen sich, ebenso wie die anderen Störungen, auf psychische Ursachen zurückführen.

Verhaltensweisen der Eltern

Folgende Wege werden eingeschlagen, wenn Eltern mit psychischen Störungen ihrer Kinder konfrontiert sind:

a) Man leugnet die Störungen. Dieser Weg wird bedauerlicherweise zu oft und zu lange beschritten, und zwar besonders von Eltern, die Angst vor dem Psychologen haben. Diese Eltern erwarten fälschlicherweise vom Psychologen nicht die Einstellung, daß sich eine kindliche Entwicklung sehr schwierig gestalten kann, insbesondere ohne „Schuld" der Eltern im eigentlichen Sinne. Sehr oft sind nämlich unbewußte Fehlhaltungen oder falsche Einstellungen der Eltern verantwortlich.
b) Man versucht die Störungen durch mehr oder weniger massive Erziehungsmaßnahmen zu beheben. Gefährdete Kinder können dadurch vermehrt belastet werden.
c) Man trägt seine Sorgen beim Kinderarzt vor. Bei psychischen Störungen, die mit körperlichen Symptomen verbunden sind, ist dies fast immer der erste Weg.
d) Man sucht einen psychologischen Berater, in der Regel den Erziehungsberater, auf. Das geschieht vor allem dann, wenn schon von den Eltern oder vom Kinderarzt eine organische Ursache der kindlichen Erkrankung ausgeschlossen wird. Im Idealfall arbeitet der Berater mit einem Kinderpsychiater oder Pädiater (Kinderarzt) zusammen.

Risiko für Eltern?

Der Gang zum Kinderpsychologen ist nur für solche Eltern ein Risiko, die es bislang nicht gelernt haben, sich selbst auch kritisch zu sehen. Kränkbare und leicht Verletzliche laufen sozusagen Gefahr, daß ihre verborgenen Motive und Erziehungspraktiken in der psychologischen Beratung unter die Lupe genommen werden; es kann sich herausstellen, daß die Störung des Kindes das Symptom einer gestörten Ehe, eines gestörten familiären Klimas ist. Die Konfrontation mit solchen Wahrheiten ist in jedem Fall jedoch der notwendige erste Schritt zur wirklichen Hilfe für das Kind.

Teilzusammenfassung

Symptome psychischer Gestörtheit sind z. B. Leistungsversagen, Verhaltensstörungen (Aggressivität, Gehemmtheit) oder psychosomatische Erkrankungen. Häufig haben Erziehungsfehler der Eltern die Störungen verursacht. Deshalb ist ihre Bereitschaft, dem Psychotherapeuten offen ihre Erziehungsmethoden und ihre Gefühlshaltung gegenüber dem Kind zu schildern, vielfach sehr gering.

2. Wie man psychische Störungen untersucht und erkennt

Kommt ein auffällig gewordenes Kind mit seinen Eltern zum Kinderpsychologen, so ist dieses Kind – sein Dasein, seine Herkunft, seine Störungen – auch für den Psychologen anfangs ein „Rätsel", das entziffert und gelöst werden muß. Was sich hinter den Symptomen des Kindes verbirgt, welche Auslöser es für sein unerwünschtes Verhalten gibt, kann der Psychologe zunächst nicht wissen und auch nicht intuitiv mit einem Blick erkennen. Er ist, verglichen mit den befangenen und positiv wie negativ engagierten Eltern, ein neutraler Dritter, der der Ratlosigkeit der Eltern bei der Diagnose aus drei Gründen etwas voraus hat:

- Er ist nicht in derselben Weise engagiert wie die Eltern; das Leistungsversagen des Kindes trifft ihn nicht persönlich, wie es bei Vater und Mutter der Fall sein kann. Der Psychologe ist auch nicht in den elterlichen Konflikt mit dem Kind verstrickt.
- Er verfügt in der Regel über mehr Erfahrungen mit ähnlichen oder gleichen Störungen als die Eltern.
- Schließlich kennt er noch eine Reihe von Untersuchungsmethoden, die er als zusätzliche Hilfen einsetzen kann, um die kindlichen Verhaltensstörungen „objektiv" festzustellen.

Untersuchungsmethoden der Kinderpsychologen

Biographische Analyse

Die wichtigsten Untersuchungsmethoden des Kinderpsychologen sind: die Befragung, die Beobachtung, das Gespräch und der Test (vgl. 2. Kapitel).

a) *Die Befragung*

Die Befragung dient besonders der biographischen Analyse der kindlichen Entwicklung bis zum ersten Auftreten der Störungen sowie dem Erkennen der gegenwärtigen Haltungen und Verhaltensweisen der Eltern. Sie hat in der Regel den Charakter eines Gesprächs, das vielen Eltern schon große Erleichterung bringt.

b) *Die Beobachtung*

Verhalten von Eltern und Kind

Der Psychologe kann Eindrücke sammeln, wie die Mutter mit ihrem Kind umgeht, wie Mutter und Vater sich zu den Störungen des Kindes äußern, wie sich das Kind im Beisein und in der Abwesenheit der Eltern verhält, und wie es sich vom Psychologen ansprechen läßt, ob es vertrauensvoll oder mißtrauisch, aufmerksam oder zerstreut, gehemmt oder überaktiv und impulsiv reagiert.

c) *Das Gespräch*

Exploration

Das Gespräch mit dem Kind (die „Exploration") ist um so schwieriger, je jünger das Kind ist, und muß gegebenenfalls mit Rücksicht auf die Ausdrucksschwierigkeiten des Kindes durch die Beobachtung ersetzt werden.

d) *Entwicklungs- oder Intelligenztests*

Diagnostische Testverfahren

Mit das wichtigste Hilfsmittel des praktizierenden Psychologen in der Erziehungsberatung stellen die diagnostischen Tests dar. Wenn es z. B. um die Frage geht, ob das Kind wirklich so dumm ist, wie die Kindergärtnerin oder der Lehrer behaupten, muß der Psychologe einen Entwicklungs- oder Intelligenztest durchführen. Das Ergebnis eines solchen Tests wird mit den Leistungen der Altersgruppen des Kindes verglichen; dann läßt sich sagen, ob das Kind etwa unter dem Durchschnitt liegt. Es gibt Intelligenztests, die darüber hinaus genauere Aussagen zulassen: Etwa, daß der Schwerpunkt der Leistungsfähigkeit des einen Kindes mehr bei Wissens- und Gedächtnisfragen liegt, während ein anderes Kind besonders gut rechnen und abstrahieren kann.

e) *Projektive Tests*

Aufdeckung emotionaler Konflikte

Zur Ergänzung der für die Leistungsdiagnose wichtigen Intelligenz- und Entwicklungstests bedient man sich oft „projektiver" Tests. Sie sind aus der Erkenntnis heraus entwickelt worden, daß psychische Störungen, d. h. seelisches Unglück, innere Zerrissenheit oder, wie man sagt, „emotionale Konflikte", in der Regel „aufgedeckt" werden müssen, weil der psychisch gestörte Mensch und besonders das Kind sie häufig nicht sprachlich ausdrükken können. Es bedarf daher spezieller Erschließungsmethoden.
Beim Kind sieht ein projektives Verfahren z. B. so aus: Man läßt das Kind malen, was es gern möchte; danach soll es deuten, was es gemalt hat.

Beispiel 3
Man kann für diese Selbstdarstellung des Kindes auch Themen vorgeben: „Denk dir doch mal, Michael, es kommt ein Zauberer und verzaubert deine ganze Familie, alle, den Vati, die Mutti usw. Er zaubert lauter Tiere. Und nun überleg dir mal, was er aus dem Vati, aus der Mutti usw. gezaubert haben mag. Und du darfst das malen."

Schwer zu interpretieren

Solche Hilfsmethoden müssen überaus kritisch gebraucht werden; ihre Interpretation setzt große Zurückhaltung und Vorsicht voraus.
Andere projektive Tests sind an vielen Kinder erprobt und können als Stütze für Vermutungen über die Gründe der kindlichen Störung herangezogen werden. Zu diesen Verfahren gehört der sogenannte CAT („Children Apperception Test"), ein Test aus zehn Bildtafeln, die grundlegende Erfahrungen des Kindes aus dem Alltagsleben mit seinen Erziehern darstellen.

Beispiel 4
Wenn das Kind beschreibt, wie die Mutter Henne ihren Küken das Essen austeilt, kann es unmerklich seine eigenen Erfahrungen einfügen, ja es hat gar keine Möglichkeit, das Bild anders als auf der Grundlage seiner persönlichen Gefühle, etwa des Gefühls der Benachteiligung oder auch der besonderen Verwöhntheit, zu deuten.

Beispiel 5
Wenn ein Kind auf der Tafel die Henne nicht entdeckt, die ihren Kindern Essen gibt, sondern sagt: „Der Gockel will die Küken alle fressen, entweder er schafft's, oder die Küken rennen davon. So schnell können sie aber nicht rennen" – so kann man annehmen, daß in der Umwelt des Kindes eine angsterregende Person sein muß, die das normale Gefühl des Kleinkindes, von einer mütterlichen Person versorgt zu werden, erheblich zurückgedrängt hat. Das Kind hat seine persönlichen Erfahrungen „projiziert" und mitgeteilt, daß es in Angst vor einer übermächtigen Person lebt.

Gefährliche Routine

Die Aussagen dieser diagnostischen Hilfsmittel dürfen niemals schematisch „übersetzt" werden. Nichts ist gefährlicher als routinierte psychologische Deutung. Daher muß man verschiedene Aussagemöglichkeiten bei einem individuellen Fall prüfen und gegebenenfalls die Ergebnisse gegeneinander abwägen. Aus diesem Grunde darf man das psychologische Testen nicht wie ein Handwerk betreiben. Es sollte nur von Psychologen gehandhabt werden, die ihren eigenen Methoden nicht naiv gegenüberstehen. Die Aufklärung einer psychischen Störung kann sich im Einzelfall als äußerst kompliziert erweisen; der Psychologe kommt sozusagen zu einem „Testbefund", den er durch eine Reihe von begründeten Vermutungen abstützen, aber nicht „beweisen" kann.

Testbefund

Leistungsdruck und Angst

Beispiel 6
Eltern kommen mit ihrem Kind in die psychologische Praxis, weil es in der Schule schlechte Leistungen zeigt. Eine organische Ursache ist nach Aussage eines Neurologen ausgeschlossen. Das Kind hat auch im ersten Schuljahr keinerlei Schwierigkeiten gehabt. Aus der Vorgeschichte entnimmt der Psychologe, daß die Entwicklung des Kindes stets „normal" war. Überdies zeigt der Intelligenztest gut durchschnittliche intellektuelle Fähigkeiten. Die Annahme, daß die Schwierigkeiten in der zweiten Grundschulklasse auf die höheren Anforderungen zurückzuführen sind, hat unter diesen Umständen wenig für sich. Auch die Befragung des Kindes ergibt keinen weiteren Aufschluß. Es sagt etwa, daß es im Unterricht „bestimmt" aufpasse. Die Exploration der Eltern bleibt gleichfalls ohne Befund; sie ergibt vielleicht ein etwas farbloses Bild ohne auffällige Details.

Erschöpfende Erklärung nicht immer möglich

Keinesfalls ist es nun sicher, daß der Psychologe eine umfassende und erschöpfende Aufklärung leisten kann. Aber er wird mit Hilfe des projektiven Verfahrens einschließlich der Beobachtung des Kindes beim Spiel die einzelnen Fakten in einen verstehbaren Zusammenhang bringen. Welche Zusammenhänge möglich sind, vermag nur ein Psychologe herauszufinden, der schon viele familiäre Notsituationen kennengelernt hat.

Leistungsdruck

In Beispiel 6 kann die Analyse etwa folgendes ergeben: Das Kind erhält von seinen Eltern nur dann Liebe und Zuwendung, wenn es gute Leistungen bringt. Gelingt ihm das nicht, reagieren die Eltern enttäuscht und abweisend. Um den Ehrgeiz des Kindes anzuspornen, verweist der Vater gleichzeitig auf die eigenen überragenden Leistungen: früher in der Schule und heute in seinem Beruf. An diesem Maßstab kann sich das Kind nicht messen, es steht in einer anderen individuellen Situation. Vielleicht sind sehr gute Schüler in seiner Klasse, die das durchschnittliche Niveau heben – kurz, der Vergleich des Kindes mit dem Vater geht nicht zugunsten des Kindes aus, es kann nur seine Unterlegenheit spüren. Gleichzeitig wächst seine Angst, dem Vater nicht zu genügen, und zwar um so stärker, je enger seine Gefühlsbindung an die Eltern ist. Diese Angst kann in günstigen Fällen, wenn das Kind genügend Reserven besitzt, vor allem wenn es eine emotional stabile kleine Persönlichkeit ist und die Mutter liebevoll kompensierend wirkt, dazu führen, daß es dem Vater mit vermehrten und erfolgreichen Anstrengungen trotzt. In Beispiel 6 konnte das Kind die Angst vor dem Liebesentzug nicht überwinden; seine Verunsicherung hatte weitere Rückschläge in der Schulklasse zur Folge.

Angst

Häusliche Atmosphäre

Auseinandersetzungen der Eltern

Ein anderer psychologischer Hintergrund eines scheinbar grundlosen Leistungsversagens ist folgender: Die Eltern bieten nach außen, auch vor dem Psychologen, das Bild einer funktionsfähigen, wenn auch emotional nicht gerade lebendigen Eintracht. In Wirklichkeit tragen sie häufig heftige Auseinandersetzungen aus, besonders abends, wenn das Kind ihrer Meinung nach schläft. Das Kind wird diese Spannungen gefühlsmäßig längst erfahren haben. Es erlebt sie als innere Bedrohung und entwickelt eine übermächtige Trennungsangst. Das kann sich z. B. darin äußern, daß es im Spiel die Trennung der Eltern oder sein eigenes Hin- und Hergerissensein darstellt. Erst wenn der Psychologe die Eltern auf diesen Sachverhalt vorsichtig anspricht, kann die Wahrheit zutage kommen: Mit den Leistungsstörungen reagierte das Kind auf seine seelische Lage, die ihm unerträglich geworden war.

Auch Lehrer fördern Leistungsversagen

Gestörtes Selbstgefühl

Leistungsversagen kann auch dann auftreten, wenn der Lehrer, besonders in der ersten Klasse der Grundschule, es nicht versteht, dem einzelnen Kind die erforderliche Wertschätzung und Zuwendung entgegenzubringen. Heftige Kritik, vor allem jede Kritik, die das Selbstgefühl stört, also etwa abwertende Bemerkungen wie „Bist du heute mal wieder nicht gewaschen?", „Ach du mit deinen Eselsohren! – Schaut euch mal wieder die Eselsohren in Udos Heft an!" sind geeignet, die gefühlsmäßige Beziehung des Kindes zum Lehrer zu zerstören. Das Kind wird sich für einen solchen Lehrer nicht freiwillig anstrengen. Sein Verhältnis zur Leistung kann nicht nur in bezug auf diesen Lehrer, sondern fundamental gestört werden.

Ursachenanalyse

Gleiche Symptome, verschiedene Ursachen

Bei einer Ursachenanalyse ist alle Vorsicht geboten. Äußerlich gleiche Probleme – etwa das Leistungsversagen, aber auch andere Symptome wie Einnässen, Stottern, Lügen, Stehlen, aggressives Verhalten, das nicht mehr lenkbar erscheint – können jeweils sehr verschiedene Ursachen haben. Sie zu ermitteln erfordert Erfahrung und Kenntnis der Fachliteratur. Deshalb ist das „Herumpsychologieren" von Personen, die nicht mit dem kinderpsychologischen Fach vertraut sind, als unverantwortlich abzulehnen.

Teilzusammenfassung

Zur Diagnose kindlicher Verhaltensstörungen stehen dem Psychologen mehrere Hilfsmittel zur Verfügung: die Erhebung der Vorgeschichte der Störung, die Befragung der Eltern über die kindliche Entwicklung, die kon-

trollierte Beobachtung, das Gespräch mit dem Kind und die verschiedenen Testverfahren. Die Analyse der Ergebnisse von diagnostischen und projektiven Tests erfordert Erfahrung und große Fachkenntnis. Ursachen kindlicher Störungen sind häufig Leistungsdruck von seiten der Eltern oder der Lehrer und eine gespannte häusliche Atmosphäre.

3. Therapeutische Möglichkeiten

Wir wollen uns jetzt dem Problem der therapeutischen Methoden, d. h. der psychologischen Heilverfahren zuwenden. Es gibt viele therapeutische Techniken. Sie können nur am Einzelfall studiert und verstanden werden. Die psychotherapeutischen Techniken setzen jeweils eine bestimmte Ursachenkonstellation voraus. Eine Therapie wird nicht nur die „Normalisierung" des kindlichen Verhaltens anstreben, sondern darüber hinaus auch die Ursache der Störung zu beheben suchen. Das klingt freilich einfacher, als es ist: Auch wenn es möglich scheint, die Störungsart des psychisch kranken Kindes klar zu definieren, so gehen vielfach doch die Auffassungen, welche Ursachen bei dem einen oder anderen Kind psychisch, d. h. im Gefühlsleben und im Verhalten, wirksam wurden, bei den einzelnen Psychologen stark auseinander. Solche Meinungsverschiedenheiten sind etwa denen unter Ärzten vergleichbar: Kaum zwei Ärzte werden einen kranken Patienten völlig gleich beurteilen und behandeln – dennoch können beide mit ihrer Behandlung Erfolg haben.

Ursachen beheben

Wer macht das Kind krank?

Wenn die psychische Störung eines Kindes auf falsche Erziehungsmaßnahmen zurückzuführen ist, genügen manchmal wenige Gespräche mit den Eltern, um dem Kind zu helfen. Nicht immer darf man allerdings voraussetzen, daß die Eltern eines psychisch kranken Kindes wirklich daran interessiert sind, daß die Störung beseitigt wird.

Beispiele 7

Das neurotisch ungezogene Kind kann der Sündenbock in der Familie sein: Wäre das Kind unauffällig, müßten die Eltern ihre Aggressionen gegeneinander richten.

Ein besonders hilfloses, unselbständiges und überängstliches Kind kann seiner Mutter immer wieder den Vorwand liefern, es von der feindseligen Umwelt fernzuhalten. Die Mutter bewahrt sich dadurch vor dem Alleinsein auf Kosten des Kindes, dessen Persönlichkeitsreifung so gut wie stillsteht.

Elterntherapie

In solchen Fällen ist es wichtiger, die Eltern oder den betreffenden Elternteil therapeutisch zu behandeln, als das Kind, das in diesem Stadium seiner Unmündigkeit nur Objekt und Opfer der elterlichen Interessen ist. Am besten ist es, wenn sich der Psychotherapeut um die Eltern und um das Kind zugleich bemüht. Ein Beispiel dafür, wie ein Kind in einer neurotischen Familie zum Sündenbock werden kann, beschreibt Horst-Eberhard Richter in seinem Buch „Eltern, Kind und Neurose".

Beispiel 8

„Ein 44jähriger, äußerst ehrgeiziger Steinsetzer hat es zu einem kleinen Posten in einer Arbeiter-Organisation gebracht, der seine überspannten Prestige-Bedürfnisse allerdings nur wenig befriedigt. Er selbst ist auf der Schule einmal sitzengeblieben. An seinen schwächlichen und unbegabten Sohn knüpft er die höchsten

Erwartungen. Unbeirrt von der Skepsis seiner Frau und seiner Mutter läßt er keine Möglichkeit ungenutzt, den Jungen durch Nachhilfeunterricht oder Stärkungspillen zu fördern. Obwohl kaum Geld da ist, werden für die Pflege des Kindes unverhältnismäßig hohe Mittel aufgewendet; der Sohn soll einmal alles erreichen, was dem Vater verschlossen geblieben ist. Dieser baut mit ihm bereits lauter Luftschlösser. ‚Wo nichts drin ist, da ist auch nichts rauszuholen!' warnt zwar seine Mutter und wirft ihm Größenwahnsinn vor. Aber der Vater hält an seinen Illusionen und seinen rigorosen Dressaten fest, bis er sieht, daß das Kind in der Schule tatsächlich nicht vorankommt. Er hält es für ‚Hemmungen' und kommt in unsere Sprechstunde, wo er dringend eine Art Rezept zu erhalten hofft, um die in den Sohn hineinprojizierten Ideal-Qualitäten doch noch endlich hervorbrechen zu sehen. Behutsame Belehrungen über den Begabungszustand des armen Jungen und die sich häufenden Fehlschläge in der Schule verwirren und beunruhigen den Mann. Plötzlich schlägt seine Einstellung um. Hatte er den Sohn bisher gegen alle Kritiker verteidigt und verherrlicht, verdammt er ihn jetzt in Grund und Boden: ‚Aus dir wird doch nichts. Du bist eine völlige Niete. Wenn du Ostern sitzenbleibst, dann wäre es besser für dich du würdest krepieren... Bei den Tieren sterben ja auch die lebensuntüchtigen.' Auf einmal entdeckt er, daß der Junge masturbiert – was er bis dahin nicht beachtet hatte. Brutale Bestrafungen sind die Folge. Ungeniert erzählt er: ‚Ich könne den Jungen totschlagen'." (Aus: Richter, H. E., Eltern, Kind, Neurose. 1972, S. 200.)

Eltern von falschen Erwartungen befreien

Würde man im geschilderten Fall die psychologische Therapie beim Jungen einleiten, ohne gleichzeitig die Einstellung des Vaters und wahrscheinlich auch der Mutter zu ändern, wäre die Aussicht auf Erfolg gering. Man muß solche Eltern von ihren blinden, an das wehrlose Kind herangetragenen Leistungserwartungen befreien; man muß ihnen verdeutlichen, daß der Wert ihres Kindes nicht davon abhängt, ob es die höhere Schullaufbahn einschlagen kann; man muß ihnen schließlich den Zusammenhang zwischen persönlichen Lebens- und Erfolgserwartungen, die enttäuscht wurden, und der Überforderung ihres Kindes klarmachen. Eine Elterntherapie kann langwierig und auch sehr schwierig sein, denn es ist meist nicht vorherzusehen, wie starr solche Eltern an ihren Prinzipien festhalten. Dabei steht immer das spätere Lebensschicksal des Kindes auf dem Spiel.

Erst Vertrauen aufbauen

Freundlichkeit, Anhören, Spielen

Betrachten wir den Jungen aus Beispiel 8. Nehmen wir an, er habe in der psychologischen Untersuchung und im Gespräch mit dem Psychologen eine für ihn neuartige Erfahrung gemacht: nämlich gespürt, daß es jemanden gibt, der freundlich ist, ihm zuhört, ihn nicht bestraft, weder durch Blicke noch durch Drohungen. Er habe ferner erfahren – und dies versuchen alle behandelnden Kinderpsychologen zu vermitteln –, daß der Psychologe auch mit ihm spielt, daß er sogar etwas von Autos und vom Fußball versteht – kurz, daß er ein Mann ist, zu dem der Junge gern wiederkommt, ja den er sogar zu fragen wagt, ob er wiederkommen dürfe. Damit wäre ein wichtiger Schritt getan. Der Psychologe hätte das Vertrauen des Jungen gewonnen.

Kinderanalyse verhindert Neurosen

Neurosen entstehen in der Kindheit

Die Spieltherapie kann sich mehr oder weniger eng an psychoanalytische Behandlungsmethoden anlehnen. Die Kinderanalyse als selbständige Therapieform entwickelte sich aus den Erfahrungen der Erwachsenenanalyse. Nach psychoanalytischer Auffassung lassen sich die Neurosen (seelischen Störungen) der Erwachsenen auf frühkindliche Konflikte zurückführen. So glaubte Freud, daß jede Neurose eigentlich eine Kindheitsneurose sei. Es lag daher nahe, sich mit diesen Konflikten am besten schon zum Zeitpunkt ihres Entstehens, also im Kindesalter, zu beschäftigen. Wegweisend für psychoanalytische Ansätze in der Kindertherapie wirkten u. a. Anna Freud, die Tochter Sigmund Freuds, ferner auch Melanie Klein und Hans Zulliger.

Das Kind drückt sich im Spiel aus

Die wichtigste Einsicht dieser Kinderanalytiker war, daß sich das Kind nicht wie der Erwachsene sprachlich, sondern durch sein Verhalten, und zwar am unmittelbarsten in seinem Spielverhalten, ausdrückt.

Beispiele 9

Wenn ein Kind im Spiel mit der Puppe zankt, weil sie nicht brav ist, wird es unmerklich die Schimpfworte seiner Mutter gebrauchen.

Wenn ein sechsjähriger Junge sein Spielinteresse ausschließlich auf die Darstellung von Autounfällen und Verkehrskatastrophen richtet, in denen Mütter und Väter umkommen, wird dieses Kind – so würde der Kinderanalytiker wohl folgern – Todeswünsche hegen, die es nur im Spiel zum Ausdruck bringen kann.

Nur im Spiel sind die uneingestandenen Wünsche eines Kindes auch zu korrigieren, etwa indem der Therapeut sehr vorsichtig und erst, wenn das Kind aufnahmebereit ist, mit dem Kind über sein Spielverhalten spricht und das Spielverhalten deutet, z. B. als Wunsch des Kindes, selbst einmal so schimpfen zu dürfen wie die Mutter, oder von den Geboten und Verboten des Vaters frei zu sein.

Gruppentherapie macht kontaktfähig

Minderung der Kontaktangst

Als Heilmethode für viele kindliche Störungen eignet sich auch die Gruppentherapie. Für ein kontaktgestörtes oder stotterndes Kind wirkt das Zusammensein mit anderen Kindern angstmindernd, vorausgesetzt, daß der Therapeut die Gruppe richtig führt. In einer normalen Kindergruppe wird kontaktgestörtes Verhalten oft nur verstärkt, weil normale Kinder, die von Erwachsenen nicht darüber aufgeklärt werden, das psychisch gestörte Kind nicht verstehen. In einer therapeutisch geführten Kindergruppe macht das kontaktgestörte Kind grundlegende positive Sozialerfahrungen, die seinen Mut vergrößern, mit anderen Kindern zu spielen. Besonders Kinder mit Minderwertigkeitsgefühlen, Kinder, die bei ihren Versuchen sozialer Kontaktnahme zurückgewiesen wurden, aber auch überbehütete Kinder können in der Gruppentherapie lernen, ihren ängstlich eingeengten Aktionsradius zu vergrößern.

Verhaltenstherapie löscht erlernte Symptome

Symptome sind erlernt

Die sog. Verhaltenstherapie umfaßt viele Spezialmethoden der Verhaltenskorrektur und geht von der Einsicht aus, daß ein gestörtes Kind seine Symptome erlernt hat, und zwar in Abhängigkeit von bestimmten Verhaltensweisen und Reizen der Umwelt.

Beispiel 10

Ein vierjähriges Kind hat sich lautes Schreien angewöhnt, das in seinem Alter längst überholt sein müßte. Dieses Schreien belastet die Nerven der Eltern stark und führt, kaum angewendet, für das Kind sofort zum Erfolg: es wird auf den Schoß genommen; das Licht wird zum Einschlafen nicht gelöscht; es bekommt *noch* ein Stück Schokolade usw.

Aus der Sichtweise des Verhaltenstherapeuten ist das lästige Schreien dem Kind zur Gewohnheit geworden, weil die Eltern es dafür belohnt haben.

Die Eltern stabilisieren auf diese Weise ein unerwünschtes Verhalten – d. h. ihr Kind erwartet, daß sich alle seine Bedürfnisse sofort erfüllen. Der Verhaltenstherapeut muß solchen Eltern ihren Erziehungsfehler einsichtig machen. Er wird auch Möglichkeiten vorschlagen, wie sie das Schreien beseitigen, d. h. löschen können. Z. B. muß das Kind die Erfahrung machen, daß Schreien und Bedürfnisbefriedigung nicht notwendig zusammengehören. Die Eltern sollten ihm eine neue, eine Gegenerfahrung vermitteln, etwa indem sie die gewünschte Bedürfnisbefriedigung an ein Verhalten knüpfen, das mit dem Schreien unverträglich ist, vielleicht an leises, aber sehr deutliches Sprechen. Ziel der Therapie wäre also, daß die Eltern für „richtige" Lernerfahrungen sorgen, die beim Kind zu erwünschten Gewohnheiten führen.

Methodenbeispiel: Löschen durch Gegenerfahrung

Zusammenfassung

Eine wichtige Rolle bei der Therapie kindlicher Verhaltensstörungen spielt die Bereitschaft der Eltern, dem Therapeuten ihre Erziehungsmethoden und ihre Gefühlshaltung gegenüber dem Kind offen zu schildern. Auch verdrängte und auf die Kinder projizierte Wünsche der Eltern können Ursache von Fehlentwicklungen sein. Deshalb ist häufig eine Behandlung der Eltern Voraussetzung einer erfolgreichen Therapie beim Kinde. Der Therapeut ergründet durch Befragung, Beobachtung, Gespräch und Tests die Ursachen der Störung. Denn die Behandlung muß bei den Ursachen ansetzen, d. h. oft bei den Einstellungen und Verhaltensweisen der Eltern. Wichtigste Voraussetzung der Therapie ist das Vertrauen des Kindes zum Therapeuten. Der Therapeut wendet je nach Lage des Falles verschiedene Heilmethoden an: Die Spieltherapie ermöglicht dem Kind, sich von Hemmungen zu befreien.

Worterklärungen

Psychiater	Facharzt für Nerven- und Gemütsleiden
psychosomatisch	wörtlich: seelisch-körperlich; gemeint ist, daß körperliche Symptome seelische Ursachen haben können und umgekehrt; der Mensch wird hierbei als leib-seelische Ganzheit gesehen
Symptom	Krankheitszeichen
Therapie	ärztliche oder psychologische Behandlungsweise

20. KAPITEL

Sozial auffälliges Verhalten von Kindern und Jugendlichen

Schwererziehbarkeit, Verwahrlosung, Delinquenz und Kriminalität von Kindern und Jugendlichen stellen den Erzieher vor schwierige Aufgaben. Er muß sie rechtzeitig erkennen, damit er entweder selbst wirksam helfen kann oder wenigstens in der Lage ist, die richtige Hilfsmaßnahme in die Wege zu leiten. Er sollte also zumindest ein Grundwissen über die psychologischen, soziologischen und biologischen Ursachen dieser Erscheinungen besitzen und ein angemessenes Verhalten entwickeln: Gefährdete vor dem Straucheln bewahren und Gestrauchelten die Wiedereingliederung in die Gesellschaft erleichtern.

1. Jugendkriminalität und Erziehung

Generationenkonflikt

Eines der ältesten literarischen Zeugnisse, das wir kennen, enthält die uns vertraute Klage: „Welch eine Welt, die Kinder gehorchen den Eltern nicht mehr!" Der Vorwurf, die Jugend sei frech, nichtsnutzig, faul, widerspenstig usw., hat eine uralte Tradition und ist weltweit verbreitet; man kann ihn deshalb als unmittelbaren Ausdruck eines allgemeinen Generationenkonfliktes betrachten.

Steigende Jugendkriminalität

Es wäre jedoch falsch, die Ansicht, daß die Kinder- und Jugendkriminalität stetig im Wachsen begriffen ist, gleichfalls auf das Ressentiment der Älteren gegenüber den Jüngeren zurückzuführen; dazu sind die Fakten zu klar: Alle Kurven der Häufigkeit von Jugend- und Kinderverbrechen gehen seit Jahren steil nach oben.

Gesellschaftliche Ursachen?

Da sich jedoch in der gleichen Zeit die Menschen weder körperlich noch psychisch wesentlich verändert haben, müßte man wohl die Ursachen für diesen Anstieg in einer veränderten Umwelt oder Gesellschaft suchen. Doch genügt dieses Argument nicht ganz; denn der weitaus größte Teil der Jugendlichen paßt sich der bestehenden Ordnung an und verhält sich sozial durchaus verantwortungsbewußt. Eine rein soziologische Erklärung für den Anstieg der Jugendkriminalität reicht also offensichtlich nicht aus. Nichts anderes ist aber über die Erklärungshilfen der Psychologie zu sagen. Auch sie reichen allein nicht aus, die Jugendkriminalität befriedigend zu erklären. Schon dies weist auf die Tatsache hin, daß die Jugendkriminologie ein ungewöhnlich komplexer Problembereich ist; dieses Kapitel kann auch nur einen ersten Einblick in ihn vermitteln.

Die Haltung des Erziehers

Gefühlsduselei oder Rache?

Den Reformatoren unseres Strafrechts und Strafvollzugs wird immer wieder vorgeworfen, sie verfielen in eine gefährliche Gefühlsduselei und seien von den Humanwissenschaften auf einen Standpunkt gedrängt worden, von dem aus sie „alles verstehen und damit alles verzeihen". Die Empörung der Bürger, die z. B. von einem grausamen Verbrechen hören, das eine jugendliche Bande an einem Rentner verübt hat, ist verständlich. Kaum jemand wird sich dabei spontaner Gefühle des Abscheus erwehren können. Gerechtigkeitsgefühl, Mitleid mit dem Opfer, aber auch Grauen und Angst lassen ein Bedürfnis nach Sühne und nicht selten auch nach Rache entstehen, dessen Irrationalität kaum geringer ist als die Motive vieler jugendlicher Verbrecher. Es ist sehr schwer, solchen empörten Menschen das Vernunftwidrige ihres Rachedenkens gegenüber jugendlichen Rechtsbrechern einsichtig zu machen. Gelegentlich gelingt es, in einem verständigen Gesprächspartner zumindest Skepsis gegenüber seiner eigenen Haltung zu erwecken. Das folgende Gespräch soll dies verdeutlichen:

Herr X: „Haben Sie von diesem schrecklichen Verbrechen gehört? Unsere Justiz ist viel zu weich. Man sollte endlich die Todesstrafe wieder einführen. Rädern müßte man diese Bande ..."
Frage: „Würden Sie nicht auch ein solches Verbrechen begehen können? Was hält Sie davon ab?"
Herr X: „Gott bewahre, welch eine Frage! Ich bin ein anständiger Mensch, stamme aus gutem Elternhaus; in meiner ganzen Verwandtschaft ist noch nie jemand mit dem Gericht in Berührung gekommen."
Frage: „Kann der junge Verbrecher, über den Sie sich empören, nicht auch solche Gründe angeben? Ist er verantwortlich für sein Elternhaus, seine Erziehung, für die Tatsache, daß sein Vater im Gefängnis war und seine Mutter auf die Straße gehen mußte?"
Herr X: „Für seine Umwelt kann niemand etwas. Man muß sich aber beherrschen können, man muß Willenskraft besitzen und sich selbst erziehen. Man muß seine Triebe bezähmen ... Schauen Sie sich die Brutalität und Mitleidslosigkeit dieses Burschen an!"
Frage: „Woher haben Sie Ihre Willenskraft und Ihre Selbstbeherrschung? Wie kommt es, daß Sie ein guter Mensch geworden sind?"
Herr X: „Meine Eltern waren anständige Leute, Sie haben mich mit Liebe, aber auch mit Strenge erzogen ..."

In diesem Gespräch sind bei weitem nicht alle Ursachen für wohlanständiges oder für kriminelles Verhalten genannt; aber keine einzige könnte man einem Menschen als Verdienst anrechnen oder ihm anlasten.

Funktion der Strafe

Spontane Empörung ist verständlich. Als Dauerhaltung gegenüber rechtsbrüchigen jungen Menschen ist Empörung aber besonders für einen Erzieher völlig unangemessen; denn sie kann zu sehr schädlichen Erziehungsfehlern führen. Niemand wird die Bedeutung der Strafe, auch schwerer Strafe, für die Gesellschaft leugnen können. Strafe darf jedoch niemals das Bedürfnis nach Rache, nicht einmal das nach ausgleichender Gerechtigkeit befriedigen.

Ich-Stärkung

Die Funktion der Jugendstrafe ist eine pädagogische. Sie soll Voraussetzungen schaffen für einen erzieherischen Einfluß auf das Motivationssystem des straffälligen Jugendlichen. Seine Persönlichkeit soll reifen, sein Ich gestärkt werden. Aufgabe der Strafe wäre also, den jungen Menschen „zu sich selbst" zu bringen. Deshalb sind alle Strafen und alle Maßnahmen strikt abzulehnen, die nicht seiner Ich-Stärkung dienen oder die im Gegenteil den Jugendlichen demütigen und erniedrigen. Die Strafe als Mittel der Abschrekkung anderer ist keine erzieherische Maßnahme, sondern ein fragwürdiges Instrument der Justiz.

Verantwortungsbewußtsein fördern

Einerseits kann man dem Jugendlichen seine Umwelt und seine Erziehung nicht anlasten. Andrerseits ist aber eine Veränderung seiner Persönlichkeit und eine Stärkung seines Ich nicht möglich, wenn man den Jugendlichen nur darauf verweist, er sei eigentlich nicht für seine Tat verantwortlich; nur Umwelt und Gesellschaft müßten als die wahren Schuldigen betrachtet werden. In diesem Fall wird er nicht willens sein, an sich selbst zu arbeiten. Man darf ihm also nicht einreden, er könne nichts für seine starken Triebe oder er sei psychisch krank (vorausgesetzt, dem ist nicht so). Viele Jugendliche verwenden solche Hinweise nicht bloß als Schutzbehauptungen vor dem Richter, sondern, was viel schlimmer ist, auch vor sich selbst.

2. Schwererziehbarkeit, Verwahrlosung, Delinquenz, Kriminalität

„Schwererziehbarkeit" und „Verwahrlosung" sind rein pädagogisch-psychologische Begriffe; „Delinquenz" ist in den USA ein juristischer Begriff, bei uns bürgert er sich in differenzierterer Bedeutung ein; „Kriminalität" wird ausschließlich durch das Gesetzbuch definiert. Jede dieser Formen von abweichenden Verhaltensweisen kann für sich allein bestehen, oft jedoch führt eine in die andere hinüber bzw. eine baut auf der anderen auf.

Schwererziehbarkeit

Widerstand gegen Erziehung

Unter Schwererziehbarkeit versteht man einen längere Zeit andauernden Widerstand gegen erzieherische Einflüsse, der durch fortwährende schwere Erziehungsfehler oder durch eine Hirnschädigung bedingt sein kann. In selteneren Fällen geht Schwererziehbarkeit rasch vorüber; meistens ist sie dann die Folge einer Krankheit oder eines traumatischen Erlebnisses.
Zwei Beispiele sollen den Begriff verdeutlichen.

Beispiel 1
Schwererziehbarkeit durch Erziehungsfehler: Der siebenjährige Fritz ist das einzige Kind seiner verwitweten Mutter, die mit Putzen ihren Lebensunterhalt verdient. Sie versagt Fritz keinen Wunsch. Er läßt sich in allem von seiner Mutter bedienen und ist nicht bereit, ihr zu helfen. Bittet die Mutter ihn um eine kleine Besorgung, so fragt er: „Was zahlst?" Paßt ihm etwas nicht, wird er grob. Er verwendet dann Schimpfworte wie „blöde Gans" und „dumme Kuh".

Beispiel 2
Schwererziehbarkeit durch Hirnschädigung bei der Geburt: Die achtjährige Ulla wurde zu früh und mit einem Geburtsgewicht von nur 1800 Gramm geboren. Erst mit zwei Jahren begann sie zu laufen. Die Sprachentwicklung ist noch nicht abgeschlossen. Das Kind artikuliert sehr schlecht. Die Sauberkeitserziehung ist ohne Erfolg geblieben. Ulla ist sehr erregbar und kann sich nicht konzentrieren. Sie widersetzt sich jeder Forderung. Der Lehrer in der Sonderschule schildert sie als widerspenstig und trotzig.

Verwahrlosung

Schädigung durch soziale Umwelt

Verwahrlosung ist eine Schädigung, die dem Kind von seiten einer lieblosen Umwelt widerfährt. Schon die Herkunft des Wortes – im Althochdeutschen bedeutet „waralo" soviel wie unachtsam, und im Mittelhochdeutschen heißt „verwarlosen" unachtsam behandeln – verweist auf die Tatsache, daß ausschließlich die soziale Umwelt für diesen Zustand verantwortlich ist.

Selbstverwahrlosung

Daneben gibt es auch die Selbstverwahrlosung von Erwachsenen und besonders häufig von alten Leuten, bei letzteren oft als Folge hirnorganischer Prozesse.

Bindungsunfähigkeit

Villinger, ein bekannter Jugendpsychiater, beschreibt „Verwahrlosung" u. a. als Lockerung der inneren Beziehung zu sittlichen Werten.

„Verwahrlosung ist eine abnorme charakterliche Ungebundenheit und Bindungsunfähigkeit, die auf eine geringe Tiefe und Nachhaltigkeit der Gemütsbewegungen und der Willensstrebungen zurückgeht und zu einer Lockerung der inneren Beziehung zu sittlichen Werten wie Rücksicht, Liebe, Verzicht, Opfer, Recht, Wahrheit, Pflicht, Verantwortung und Ehrfurcht führt."

Delinquenz

Normwidriges Verhalten

Um alle Arten normwidrigen Verhaltens mit einem einzigen Begriff zu bezeichnen, bürgert sich bei uns immer mehr der Begriff der Delinquenz ein, der in den USA vorwiegend juristisch definiert wird. Das Spektrum delinquenten Verhaltens reicht vom Schuleschwänzen bis zum Mord. Unter Delinquenz fallen auch das Schlafen auf Parkbänken, das Verwickeltsein in dunkle Geschäfte, der Aufenthalt in verrufenen Lokalen, kurz eine große Zahl von Normabweichungen, die nicht alle strafbar sind. Im delinquenten Verhalten schädigen sich die Jugendlichen oft selbst am meisten.

Delinquenz und Verwahrlosung

Zwischen Delinquenz und Verwahrlosung bestehen Beziehungen. Häufig werden auch Jugendliche aus gutem Hause delinquent; vielfach erwächst delinquentes Verhalten der Langeweile und dem Überdruß an einem behaglichen und gefahrlosen Leben ohne Spannungen. Verwahrlosung und Delinquenz unterscheiden sich also in den Ursachen wie in den Folgen.

Verwahrlosung wirkt nachhaltig

Verwahrlosung ist, wie gesagt, auf eine lieblose und kalte soziale Umwelt zurückzuführen. Der Verwahrloste ist bindungslos und im wahrsten Sinne des Wortes einsam. Verwahrlosung ist ein Zustand, der das gesamte Persönlichkeitsgefüge des Jugendlichen zerrüttet und seine Entwicklung nachhaltig stört. Einen Verwahrlosten zu resozialisieren, seine Charakterschäden zu heilen, erfordert außerordentlichen pädagogischen Aufwand; vielfach sind Verwahrlosungsschäden überhaupt nicht mehr zu beheben.

Delinquenz ist dagegen in vielen Fällen soziales Verhalten, d. h. an den Handlungen sind mehrere Jugendliche beteiligt. Oft ist delinquentes Verhalten auf bestimmte Zeiträume in der Entwicklung des Jugendlichen begrenzt, und die Taten sind als typische Jugendsünden zu erkennen; dementsprechend ist die Rückfallquote, vorausgesetzt der Jugendliche wird pädagogisch richtig behandelt, sehr gering. Männliche Jugendliche, die z. B. sexuell delinquent geworden waren, werden relativ selten im Erwachsenenalter rückfällig. Weibliche Jugendliche, deren sexuelle Delinquenz meist einer Verwahrlosung entspringt, haben dagegen im Erwachsenenalter eine hohe Rückfallquote.

Jugendkriminalität

Jugendkriminalität ist ein rein juristischer Begriff; er wird durch das Strafgesetzbuch definiert. Bei uns beginnt die strafrechtliche Verantwortlichkeit mit dem vollendeten 14. Lebensjahr, wenn der Jugendliche zur Zeit der Tat nach seiner sittlichen und geistigen Entwicklung reif genug ist, das Unrecht der Tat einzusehen und nach dieser Einsicht zu handeln. Auf Heranwachsende zwischen dem 18. und dem 21. Lebensjahr wird das Jugendstrafrecht angewendet, wenn der Täter zur Zeit der Tat in seiner geistigen und sittlichen Entwicklung noch einem Jugendlichen gleichstand oder es sich bei der Tat um eine typische Jugendverfehlung handelte. Über die strafrechtliche Verantwortung und die Frage, ob ein Jugendlicher nach der Vollendung des 18. Lebensjahres noch nach dem Jugendstrafrecht zu verurteilen ist, entscheidet der Richter, der zuvor psychiatrische oder psychologische Gutachter anhört. Derartige Entscheidungen sind meist recht schwierig.

Falscher Begriffsrelativismus

Zweifellos sind Abgrenzungen von Begriffen und Definitionen im Grenzbereich zwischen Rechtsprechung, Soziologie, Psychologie und Pädagogik immer etwas problematisch. Dies sollte jedoch nicht zu einem Begriffsrelativismus bei der Beurteilung abweichenden, delinquenten oder kriminellen Handelns führen. Man liest gelegentlich Definitionen folgender Art: „Abweichendes Verhalten ist das, was andere als abweichend definieren" (F. Sack). Hier wird die Bedeutung der Begriffe Verwahrlosung, Delinquenz oder Jugendkriminalität subjektiver Willkür unterworfen. Damit ist aber auch gesagt, daß eine solche Definition in der Wissenschaft eigentlich nicht gebraucht werden dürfte.

Teilzusammenfassung

Die Einstellung des Erziehers zu Jugendlichen mit abweichendem Verhalten sollte nicht von Affekten bestimmt sein. Strafe darf nie in Sühne oder Rache ausarten; ihr Sinn liegt ausschließlich in der Möglichkeit, erzieherisch auf den Charakter und die Ich-Stärkung einzuwirken. Schwererziehbarkeit, Verwahrlosung, Delinquenz und Jugendkriminalität sind in ihrer begrifflichen Bedeutung nicht immer klar voneinander zu trennen. Als Formen abweichender Zustände und Verhaltensweisen unterscheiden sie sich jedoch hinsichtlich ihrer Ursachen und ihrer Auswirkungen beträchtlich; sie erfordern dementsprechend verschiedenartige erzieherische Maßnahmen.

3. Ist Jugendkriminalität schichtspezifisch?

Mehr Kriminalität in der Unterschicht

Seit langem ist bekannt, daß sowohl die Erwachsenenkriminalität als auch die Jugendkriminalität in den unteren sozialen Schichten weiter verbreitet sind als in der Mittel- oder der Oberschicht.

Die naheliegende Erklärung, daß Armut die Angehörigen der unteren Schicht zur Kriminalität treibe, reicht nicht aus, denn viele Menschen, die im reiferen Alter in tiefste Not geraten, lassen sich nicht zu kriminellen Handlungen verführen. Man muß deshalb nach anderen Erklärungen suchen.

Werden mehr Arme bestraft?

Viele Soziologen leugnen, daß Jugendkriminalität schichtspezifisch sein kann. Sie sehen in unserer Gesellschaft zwischen der Tat und der Strafe eine Art Ausleseprozeß, der vorwiegend Jugendliche aus der Unterschicht der Strafverfolgung zuführt und damit kriminalstatistisch auffällig macht, während Jugendliche aus der Mittel- und Oberschicht bei gleichem Verhalten straffrei bleiben. Der Kriminalsoziologe Sack schreibt dazu:

> Die Zuweisung einer kriminellen Rolle hängt im wesentlichen von der sozialen Schicht ab. Damit ist jedoch nicht gemeint, daß die Schichtzugehörigkeit oder die Familiensituation im Individuum eine erhöhte Motivation zu abweichendem Verhalten erzeugt, sondern daß jemand, der dieser Situation entstammt, damit rechnen muß, daß sein Verhalten eine größere Wahrscheinlichkeit in sich trägt, als kriminell definiert zu werden, als jemand, der sich in der gleichen Weise verhält, jedoch einer anderen sozialen Schicht oder einem intakten Familienmilieu entstammt."

Diese Meinung, die den Vorwurf enthält, unsere Justiz sei eine Klassenjustiz, ist wissenschaftlich nicht haltbar. Nun gibt es aber in der Tat Forschungsergebnisse, die besagen, bei einer genauen Analyse der moralischen Einstellungen wie der tatsächlichen Verhaltensweisen seien Delinquenzneigungen und faktische Delinquenz fast gleichmäßig in allen sozialen Schichten anzutreffen. Demnach wäre Jugendkriminalität also nicht schichtspezifisch. Wie

wir gesehen haben, ist jedoch der Bedeutungsumfang von „Delinquenz" sehr weit. Leichtere Delinquenzfälle sind tatsächlich in den oberen sozialen Schichten fast genauso häufig wie in den unteren. Schwere Verhaltensabweichungen kommen dagegen in den unteren sozialen Schichten häufiger vor. Natürlich ist auch zu berücksichtigen, daß Jugendliche der Oberschicht andere und raffiniertere Möglichkeiten zu anomalem Verhalten haben als Jugendliche der Unterschicht. Solches Verhalten erscheint nicht in der Statistik, wenn es keinen Straftatbestand erfüllt.
Die Schichtzugehörigkeit allein besagt jedoch wenig; erst zahlreiche Einzelfaktoren, wie Beruf, Häufigkeit des Berufswechsels, Wohngebiet, Bevölkerungsdichte im Wohngebiet, Erziehung und Ausbildung, Ortswechsel, Religionszugehörigkeit, machen die Tatsache schichtspezifischer Jugendkriminalität verständlicher.

4. Warum werden Kinder kriminell?

Vielfältige Motive

Nicht immer sind die Motive delinquenten Verhaltens von Kindern leicht zu erraten und zu interpretieren. Der Erzieher muß lernen, gleichsam hinter die Kulissen zu schauen. Ein Diebstahl, den ein Kind begeht, kann zunächst mit Genußsucht oder mit Besitz- und Gewinnstreben erklärt werden. Meistens jedoch dürften seine Motive komplizierter sein. Diebstähle aus Angst vor Liebesverlust, aus dem Bestreben, sich die Liebe der Eltern zu erhalten oder zurückzugewinnen, Diebstähle aus Eifersucht, aus dem Gefühl des Isoliertseins, aus herabgesetztem Selbstwertgefühl oder aus Geltungsbedürfnis sind bei Kindern häufiger, als man denkt. Bei derartigen Motiven handelt es sich nicht um psychologisch interessante Ausnahmen; bei kleinen Kindern sind sie eher die Regel.

Angst vor Liebesverlust

Tiefenpsychologische Hintergründe

Die Umstände, unter denen ein Diebstahl erfolgt, vor allem jedoch das Diebesgut selbst geben erste Hinweise auf die tiefenpsychologischen Hintergründe des Verhaltens. Der Kinderpsychologe Zulliger schildert folgenden Fall eines Mädchens, das eine Krawattennadel gestohlen hat.

> Beispiel 3
> „Die zehnjährige Käthi fühlte sich vom Vater arg vernachlässigt. Wenn er nicht in der Studierstube saß, unterhielt er sich eher mit der älteren oder der jüngeren Schwester. Käthi war deshalb rasend eifersüchtig und betrübt. Da stahl sie ihrem Vater eine Krawattennadel mit einem Brillanten, die er, weil sie ein Geburtstagsgeschenk seiner Frau war, besonders hochschätzte. Käthi verbarg sie unter dem Bett. Der Verlust wurde entdeckt, und das Mädchen half scheinheilig mit, das ganze Haus zu durchsuchen. Als sich die Aufregung gelegt hatte, kam Käthi vom Spielen zurück und brachte die Nadel. Sie habe sie draußen gefunden, log das Mädchen ..."

Symbolische Diebstähle

Zulliger spricht von symbolischen Diebstählen, denn das Diebesgut ist nicht selten Ersatz für eine geliebte Person. Im vorliegenden Fall wollte allerdings das Mädchen wohl eher die Liebe des Vaters erringen oder wenigstens seine Aufmerksamkeit auf sich lenken.

Symbolische Zerstörung

Symbolische Bedeutung haben auch viele Fälle von zunächst unerklärlichem Vandalismus und von Aggressivität. Das zerstörte Gut ist dann meist ein wertvoller Gegenstand, der anderen Menschen viel bedeutet, der Werte symbolisiert, die von den (verhaßten) Erwachsenen geachtet werden.

Beispiel 4
Jürgen, Hans und Sigbert (alle 13 Jahre alt) sind Söhne angesehener Eltern. Im Gymnasium haben sie Schwierigkeiten und wurden auch schon vom Direktor wegen schlechter Leistungen und aufsässigen Verhaltens ermahnt. Eines Nachts steigen sie in ein Fenster der Schule ein, brechen das Musikzimmer auf und zertrümmern mit Beilen und Hämmern den dort stehenden Flügel.

Folge von Demütigung oder Überforderung

Man könnte diese Tat natürlich zunächst als einen schlichten Racheakt an der Schule abtun. Genauere Untersuchungen haben jedoch immer wieder ergeben, daß Vandalismus und erhöhte Aggressivität nicht selten die Folge von Demütigung und vor allem von geistiger Überforderung sind. Der Haß gegen die fordernde Erwachsenenwelt und gegen die Gesellschaft entlädt sich an einem Gegenstand; er hat als Symbol der in dieser Gesellschaft geschätzten kulturellen Werte zu gelten.

Teilzusammenfassung

Daß die Jugendkriminalität in der sozialen Unterschicht häufiger ist als in anderen Schichten, wird gelegentlich bezweifelt. Es gibt Untersuchungsergebnisse, die besagen, Delinquenz sei in allen Schichten etwa gleich verbreitet. Man hat auch vermutet, lediglich die Strafverfolgung von Jugendlichen aus der Unterschicht verlaufe konsequenter und erfolgreicher. Aber solche Auffassungen sind wissenschaftlich nicht haltbar, denn bei der schweren Delinquenz ist eine Schichtspezifität nicht zu übersehen. Die Motive delinquenten Verhaltens lassen sich besonders bei Kindern nicht immer leicht ermitteln; oft verbergen sich dahinter tieferliegende Konflikte. Viele delinquente Handlungen sind tiefenpsychologisch zu erklären: Die Kinder wollen sich dadurch die Liebe der Eltern erhalten bzw. wiedergewinnen oder aber mit ihrer Tat symbolisch gegen bestehende Wertordnungen protestieren, die sie nicht anerkennen wollen oder können.

5. Soziale Bedingungen der Jugendkriminalität

Wie funktioniert die Familie?

Die jugendkriminologische Forschung vieler Länder stimmt in ihren Ergebnissen darin überein, daß der Familie die größte Bedeutung für die Entstehung krimineller Neigungen bei Jugendlichen zukommt. Wichtig ist weniger, ob die Familie vollständig ist, als vielmehr, ob sie als Familie „funktioniert". Dafür gibt es zahlreiche Kriterien. Ein recht zuverlässiges Kriterium ist die Art, Häufigkeit und der zeitliche Umfang gemeinsam verbrachter Freizeit und gemeinsamer Aktivitäten der Familienmitglieder. Die innere Funktionalität einer Familie wird zwar vom Bildungsstand, von den Einkommens- und Wohnverhältnissen, der Familiengröße und vielen anderen Faktoren beeinflußt, letztlich sind es aber die Personen der Handlung, welche darüber entscheiden, ob aus dem Familiendrama eine Tragödie oder ein langweiliges Stück entsteht.
Die ökonomischen Verhältnisse gelten für sich allein nicht als wesentliche Entstehungsbedindungen für die Jugendkriminialität; oft sind sie jedoch die natürlichen Voraussetzungen für innerfamiliäre Spannungen, die etwa einem Anspruchsdenken entspringen.
Insgesamt spielen objektive Bedingungen eine geringere Rolle als die erlebten und im Bewußtsein verarbeiteten. So wirkt die Anwesenheit eines chronisch kranken oder schwer behinderten Familienmitgliedes häufig eher festigend und den Familienverband stabilisierend, während psychische Störungen bei einem Angehörigen oft entscheidend zur Zerrüttung der Familie

beitragen. Psychopathie, Neurose, Trunksucht und Drogenabhängigkeit eines Elternteils bilden immer wieder die Voraussetzung für den Zerfall einer Familie.
Viele Untersuchungen stimmen darin überein, daß für die Entstehung der Jugendkriminalität besonders die Spannungen zwischen Eltern und Kindern verantwortlich sind. Aber dieses Ergebnis läßt auch eine andere Interpretation zu: Es könnte sein, daß z. B. das schlechte Vater-Sohnverhältnis nicht die Ursache, sondern bereits die Folge einer Straftat des Sohnes ist. Überhaupt ist immer Vorsicht geboten, wenn aus statistisch ermittelten Beziehungen auf Ursache-Wirkungsbeziehungen geschlossen wird.
Das gilt auch für andere Erziehungsmaßnahmen. Kriminelle Neigungen entstünden, so wird allgemein behauptet, bei regellos zwischen Laxheit oder Gleichgültigkeit und harten Maßnahmen wechselnder Erziehung. Aber dieses Schwanken zwischen Gleichgültigkeit und Strenge könnte die Folge einer bisher erfolglosen und eher verwöhnenden Erziehung sein. Gleichgültigkeit ist oft ein Zeichen dafür, daß man „mit seiner Weisheit am Ende ist" und resigniert hat. „Er hatte alles was er brauchte, ich habe ihn verwöhnt," so sprechen viele Mütter von Söhnen, die auf die schiefe Bahn gerieten, und fahren fort: „aber bei ihm ist Hopfen und Malz verloren".

Erziehungsresignation

Die Ursache-Wirkungs-Beziehung zwischen Erziehung und Straffälligkeit ist keine lineare und eindeutig gerichtete. Oft bildet sie eine Kreisbahn, in unserem Fall einen Teufelskreis, der sich kaum noch durchbrechen läßt.
Jugendliche Kriminelle haben mit Schule und Berufsausbildung wenig im Sinn. Leistungsanforderungen, besonders geistigen, gehen sie aus dem Weg. Das „Schule-Schwänzen" schon in den ersten Klassen gehört zu den frühen schlimmen Anzeichen. Dazu kommt das Vagabundieren, das häufige Fortlaufen, der Alkohol- und Nikotingenuß und in wachsendem Ausmaß der Konsum von zunächst „weichen Drogen". Aber selbst bei Häufung solcher Symptome wäre es falsch, in einem Jugendlichen sofort den zukünftigen Berufsverbrecher zu erblicken.

Leistungsverweigerung

Jugendliche Straftäter berufen sich zu ihrer Verteidigung oft auf die schlimmen familiären Verhältnisse. (Hierin unterscheiden sie sich, wie im folgenden Kapitel gezeigt wird, von vielen Drogenabhängigen, die eher dazu tendieren, ihre Familie in Schutz zu nehmen.) Meistens akzeptieren Richter und Öffentlichkeit ungeprüft solche Schuldzuweisung an die sozialen Verhältnisse, die allerdings in vielen Fällen nicht unberechtigt ist.

Schuldzuweisung an die Gesellschaft

Eine wiederholte öffentliche oder amtliche Bestätigung der Schuldzuweisung an die sozialen Verhältnisse birgt die Gefahr, daß sich ein Täter eher als Opfer fühlt und zur Reue kaum bereit ist.

Reue

Reue, ein kurzes und prägnantes Wort, das allmählich aus dem deutschen Wortschatz zu verschwinden scheint. Vielleicht sprechen heute nur noch Religionslehrer von Reue und Gewissen. Kein Wörterbuch der Pädagogik oder Psychologie kennt diese Begriffe und lediglich Freud hat sich mit seinem Begriff des „Über-Ich" mit tiefenpsychologischen Reueprozessen befaßt. Selbst ein so psychologisierender Philosoph wie Nietzsche glaubte, Reue sei eine Art Rache an sich selbst, eine recht primitive Art der Selbstbestrafung, die dem Leben eher schädlich als nützlich sei. Eine Tat könne nicht ungeschehen gemacht werden; weshalb solle man in „Katerstimmung" auf vergangene Taten oder Genüsse zurückblicken? Dieser gängigen Auffassung widerspricht der Philosoph Max Scheler: Reue habe neben ihrer „verwerfenden Funktion" eine befreiende, aufbauende. Sie sei eine Form der Selbsthei-

Reue als Selbstheilung

lung der Seele, der einzige Weg zur Wiedergewinnung verlorener Kräfte. Reue sei kein sinnloser Stoß gegen Unabänderliches. Vielmehr „tötet sie den Lebensnerv der Schuld. Sie stößt Motiv und Tat, die Tat mit ihren Wurzeln, aus dem Lebenszentrum der Person heraus und macht damit den freien, spontanen Beginn einer neuen Lebensreihe möglich" (Scheler, M.: Über Reue und Wiedergeburt).

Gewissens- und Reueerziehung als pädagogische Aufgabe

Wie aber erzieht man einen jungen Menschen zur Reuebereitschaft, wie weckt man sein Gewissen? Bestimmt nicht durch Belehrung, denn diese gewinnt nur zu rasch den Geruch des Pharisäerhaften. Eine sehr schwierige Aufgabe also für den Erzieher; aber man löst sie nicht, indem man einen jugendlichen Straftäter ständig an die Möglichkeit einer Fremdschuldzuweisung (Gesellschaft, Familie) erinnert.

6. Läßt sich kriminelles Verhalten bei Jugendlichen vorhersagen?

Der Ausdruck „geborener Verbrecher" ist heute verpönt; völlig abzulehnen wäre er, bezöge er sich auf jugendliche Straftäter, auch wenn diese immer wieder rückfällig werden. Es stellt sich jedoch die Frage, ob die Eigenschaft der kriminellen Neigung als kontinuierlich abstufbare psychische Disposition zu gelten hat, oder ob sie als eine Entweder-Oder-Eigenschaft (eine Eigenschaft, die man hat oder nicht) bewertet werden muß. Bildet sie ein Kontinuum, so müßten Kriterien etwa für eine notwendig gewordene sozialpädagogische Intervention bestimmt werden. Man wählt häufig das Kriterium der 3. Rückfälligkeit, aber dieses ist natürlich nur ein sehr grobes, denn der 3. Rückfall bei einem siebenjährigen Ladendieb ist anders zu bewerten als der 3. Rückfall bei einem siebzehnjährigen Einbrecher.

Interventionskriterien

Das Problem der Prognose der weiteren kriminellen Karriere bildet ein zentrales Thema der Kriminologie und besonders der Jugendkriminologie. Lassen sich bestimmte Gefährdungswahrscheinlichkeiten berechnen? Der Jugendpsychiater Stutte gab folgende Regel für die Kriminalitätsprognose bei Jugendlichen:

> „Je mehr am Zustandekommen jugendlicher Delinquenz Umweltfaktoren beteiligt sind, desto günstiger sind die Aussichten auf eine spätere Resozialisierung. Je mehr jedoch die Delinquenz in der geistig-seelischen Eigenart des Jugendlichen begründet ist, desto ungünstiger gestalten sich die Erwartungen an eine Besserung. So bildet die Mischung aus Gemütskälte, geistiger Minderbegabung, gesteigerter Aktivität und Erregbarkeit eine sehr ungünstige Konstellation für eine soziale Eingliederung des Jugendlichen."

Aber diese Trennung von Umweltfaktoren und Persönlichkeitseigenschaften ist problematisch, denn es sind weniger die objektiven Umweltbedingungen als vielmehr die Art, wie sie vom Jugendlichen erlebt werden, und dieses Erleben der familiären Situation ist wiederum von der psychischen Eigenart des erlebenden Menschen abhängig. Ein sensibler Jugendlicher spricht auf kaum merkliche interfamiliäre Spannungen an, ein grobschlächtiger wird selbst von massiven Störungen des Familienklimas kaum beeinflußt.

Die Art, wie Umwelt und familiäre Situation von einem Jugendlichen erlebt und innerlich verarbeitet werden, läßt sich nicht für eine Delinquenzprognose verwenden. Man kann aber nach objektiven Merkmalen Ausschau halten, welche eine Delinquenz- oder Rückfallgefährdung anzeigen. Es existieren mehrere solcher Prognosetabellen. Aber die Gefährdungswerte dürfen, da es sich um statistisch gewonnene Zahlen handelt, nicht einzelnen Personen zugeschrieben werden. Dies sei an einem fiktiven Beispiel verdeutlicht:

Statistische Werte und ihre Interpretation

Beispiel 6

In einer Jugendstrafanstalt erhält die Strafakte des Fritz M. folgenden Vermerk: Fritz M. wird mit einer Wahrscheinlichkeit von 60% wieder rückfällig.
Eine solche Etikettierung ist wahrscheinlichkeitstheoretisch nicht erlaubt, denn Wahrscheinlichkeitsaussagen gelten immer nur für Kollektive.
Erlaubt wäre höchstens folgender Vermerk: Fritz M. gehört einer Merkmalsgruppe an, für die in ihrer Gesamtheit eine Rückfallwahrscheinlich von 60% errechnet wurde. Von 100 Straftätern, die alle Merkmale dieser Gruppe haben, werden 60 rückfällig und 40 nicht mehr rückfällig.
Zwar besitzt Fritz M. alle Merkmale dieser Gruppe, aber es muß unentschieden bleiben, ob er den 60% Rückfälligen oder den 40% Nichtrückfälligen zuzurechnen ist.

Dies gilt auch für die Behauptung, ein früher Beginn delinquenten Verhaltens sei ein Symptom für eine beginnende kriminelle Karriere. Daraus kann nicht folgen, daß Hänschens Ladendiebstahl in seinem 10. Lebensjahr den Jungen mit einer Wahrscheinlichkeit von X% zu einem späteren Kriminellen macht.
Die weitaus größere Zahl der Kinder, die zwischen ihrem 6. und 14. Lebensjahr polizeiaktenkundig werden, bleibt später für die Polizei unauffällig. 85% der Jugendlichen, die zwischen dem 16. und 18. Lebensjahr einmal straffällig werden, kommen später mit dem Gericht nicht mehr in Berührung. Für sie ist tatsächlich die Tat eine einmalige Jugendsünde gewesen. Die restlichen 15% gelten als die eigentlichen Frühkriminellen und von diesen wiederum bleiben nur ein Viertel endgültig auf der kriminellen Laufbahn.

Rückfälle bei jugendlichen Delinquenten

Bevor jemand den Stab über delinquente Jugendliche bricht, sollte er diese Zahlen, die sich allerdings in den letzten Jahren zur negativen Seite hin verschieben, bedenken. Die weitaus meisten entgleisten Jugendlichen haben gute Chancen einer Resozialisierung, wenn ihnen öffentliches Verständnis entgegengebracht wird und wenn bessere pädagogische Einrichtungen der Vorsorge und ein reformierter humaner Strafvollzug ihnen eine Wiedereingliederung in die Gesellschaft erleichtern.

Zusammenfassung

Schwererziehbarkeit, Verwahrlosung, Delinquenz und Kriminalität bei Kindern und Jugendlichen haben verschiedene Ursachen und erfordern deshalb auch unterschiedliche erzieherische Maßnahmen. Die Begriffe Schwererziehbarkeit, Verwahrlosung, Delinquenz und Kriminalität bedürfen genauerer Definition, denn erst dann lassen sich Bedingungs- und Ursachenanalysen durchführen. Es wird allgemein anerkannt, daß besonders die familiären Verhältnisse und die Art der Erziehung als wesentliche Ursachefaktoren zu bewerten sind. Es existieren mehrere Methoden, mit deren Hilfe sich Delinquenz- und Rückfallwahrscheinlichkeiten für bestimmte definierte Gruppen errechnen lassen. Alle diese Methoden kommen zu den übereinstimmenden Ergebnissen, daß die weitaus meisten jugendlichen Delinquenten und Straftäter wieder resozialisierbar sind und später nicht mehr rückfällig werden.

Worterklärungen

Humanwissenschaften	hier sind gemeint: Medizin, Psychologie, Pädagogik, Anthropologie, Soziologie
Prognose	Vorhersage
Psychopathie	angeborene, von der Norm abweichende Beschaffenheit mit affektiven Verhaltensstörungen, wie z. B. Aggressivität, Grausamkeit
Resozialisierung	Wiedereingliederung in die Gemeinschaft
traumatisch	auf dem Erlebnis eines seelischen Schocks beruhend
Vandalismus	blinde Zerstörungswut

21. KAPITEL

Neue Freiheit – neue Abhängigkeit

Jugendsekten und Drogen

Die Jugend unserer Zeit hat sich von gesellschaftlichen Zwängen freigemacht. In den letzten Jahrzehnten hat sich eine eigenartige Jugendkultur mit einem bunten Spektrum von Subkulturen, autonomen Gruppen, Kultgemeinschaften, Fanklubs und „Szenen" gebildet. Auf ihrer Suche nach neuen Erlebnisweisen können Jugendliche jedoch in Abhängigkeiten geraten, die schlimmer sind als die, denen sie gerade entflohen sind. In Abhängigkeit gerät der junge Mensch in Jugendsekten; fataler jedoch sind die Folgen einer Abhängigkeit von psychoaktiven Substanzen, von Drogen.

Der Jugendliche früherer Zeiten wollte möglichst rasch erwachsen werden. Für die heutige Jugend ist dagegen der Erwachsenenstatus nicht sehr attraktiv. Es hat sich jetzt eine eigenständige Jugendkultur mit zahlreichen spezifischen Merkmalen gebildet: Kleidung, Haartracht, Sprache und Anredeweise, lässige Umgangsformen, eine neue und sehr liberale Sexualmoral, Verwischung der Geschlechtergrenzen, eigene Jugendtreffs, gemeinsame Vorliebe für grelle und expressiv-rhythmische Musik usw. grenzen die Jugendkultur ziemlich scharf gegen die Welt der Erwachsenen ab.

Neue Jugendkultur

Es scheint, als wüchse jetzt eine selbstbewußte Generation heran, die sich ein alternatives Leben gestalten will. Die Jugendlichen, die sich von ihrem Elternhaus innerlich oder äußerlich zu entfernen beginnen, unterwerfen sich jedoch oft einer sekundären Erziehung, an der sich viele Instanzen, so auch die Massenmedien, beteiligen. Hier wird der Jugendliche ermuntert, seinen eigenen Impulsen zu folgen, sich nicht von Traditionen und alten Moralvorstellungen gängeln zu lassen, sondern sein eigenes Leben zu gestalten.

1. Ausreißer und Aussteiger

Viele Jugendliche fühlen sich den Anforderungen von Schule oder Berufsausbildung nicht gewachsen; andere wollen der ihnen unerträglich erscheinenden familiären Situation entfliehen. Die Fortläufer oder Ausreißer bilden die jüngste Gruppe. Ihr Entschluß, die Familie zu verlassen, ist meistens spontan und unüberlegt. Demgemäß sind die Ziele vage und wenig realistisch; deshalb enden die meisten Fortläufer nach kurzem Streunen auf einem Polizeirevier, von wo sie reumütig zur Familie zurückkehren. In jüngerer Zeit sind solche Fortläufer in Gefahr, mit Drogenszenen in Berührung zu kommen. Gefährdet sind auch die Mädchen, deren Weglaufen oft auch als triebhafte Suche nach neuer Bindung und Geborgenheit oder nach einer neuen Vaterfigur gedeutet werden kann.

Motive der Aussteiger

Dagegen haben Aussteiger meistens klare Vorstellungen über ihre Gründe und ihre Ziele. Die Protestaussteiger finden das bürgerlich-bequeme Leben und die gesellschaftlichen Verhältnisse unerträglich, weshalb sie sich politischen und mehr oder weniger radikalen Gruppen anschließen.

Egoistische Motive für das Aussteigen haben dagegen die ,,Lebensverdrossenen". Mit gesellschaftlichen Veränderungen und Politik haben sie wenig im Sinn. Sie streben nach Erlebnissteigerung, nach Identitätsfindung, Bewußtseinserweiterung, Schlüsselerlebnissen und dergleichen. Diese Ziele lassen sich auf zwei bedenklichen Wegen erreichen: Die einen schließen sich einer Jugendsekte oder Kultgemeinde an, die anderen begeben sich auf den Weg in die Abhängigkeit von Drogen.

Ist die Familie schuld?

Aussteiger, nach ihren Gründen befragt, nennen meistens die unerträgliche Situation in der Familie als Hauptgrund. Entsprechend wird in der breiten Öffentlichkeit die Familie des Versagens beschuldigt. Natürlich sind solche Vorwürfe hier und dort berechtigt, aber sie dürfen keinesfalls verallgemeinert werden; denn die meisten neueren Untersuchungen stimmen in ihren Ergebnissen darin überein, daß zumindest die objektiven familiären Verhältnisse nicht als Hauptursachen gelten dürften. Aussteiger kommen eher aus Familien der Mittel- und Oberschicht, die meistens finanziell gesichert und im objektiven Sinne intakt sind, was freilich nicht besagen muß, sie seien auch heil und harmonisch.

Scheinliberalität

Die Eltern vieler Aussteiger können das Verhalten ihrer Kinder oft nicht verstehen. Sie begreifen sich nämlich als besonders aufgeschlossen gegenüber den Nöten ihrer Kinder, betonen ihre Vorurteilslosigkeit, sind stolz auf ihren sogenannten demokratischen Erziehungsstil und behaupten, ihren Kindern die größmögliche Freiheit gelassen zu haben.

Aber der Schein trügt meistens, denn der demokratische Erziehungsstil, auf den sich Eltern berufen, ist nicht selten der Stil des ,,Laissez-faire" und die Gewährung von größtmöglicher Freiheit ist oft nur Ausdruck egoistischer Gleichgültigkeit.

Konservative Moralvorstellungen

Es mag jeder Theorie progressiver Kinder- und Jugenderziehung widersprechen, die wissenschaftlichen Befunde sind eindeutig: Die Gefahr, daß ein Jugendlicher aussteigt, sich einer Jugendsekte anschließt oder gar drogenabhängig wird, ist geringer in Familien mit eher konservativen Werthaltungen und Moralvorstellungen. Voraussetzung ist allerdings ein Erziehungsklima der Wärme und der Anteilnahme am Leben ihrer Kinder. Wer sich um die heranwachsenden Jugendlichen im ständigen Gespräch bemüht, mit ihnen nicht nur redet, sondern vor allem ihnen zuhört, gemeinsam Freizeit und Urlaub mit ihnen verbringt, bietet bessere Gewähr vor den Gefahren neuer Abhängigkeit als ein Erziehungsverhalten, das man nur als ,,pseudodemokratisch" bezeichnen kann.

Allerdings bildet die zerrüttete Familie eine Gefährdungsursache. Nur wäre es eben falsch, sähe man in ihr die wichtigste oder sogar einzige Ursache für das Aussteigen und den Weg in die Abhängigkeit. Es ist aufgefallen, daß besonders drogenabhängige Jugendliche nicht selten ihre Familie ausdrücklich in Schutz nehmen und von ihrer behüteten Kindheit schwärmen; kriminelle Jugendliche hingegen bevorzugen die bewährte Taktik der Schuldzuweisung an die Familie.

Klüngel und Cliquen

Selten ist der Entschluß, auszusteigen, ein einsamer. Meistens wird er von Freunden vorbereitet und unterstützt. So bilden denn Klüngel oder Cliquen auch das erste Ziel des Ausstiegs. Diese aber bestimmen dann das weitere Schicksal. Handelt es sich um eine reine Wohngemeinschaft, eine politisch orientierte Gruppe, eine Kultgemeinschaft, eine Drogenclique oder nur eine hetero- oder homosexuelle Zweierbeziehung?

Gruppenzusammensetzung

Während sich früher Freundeskreise meist aus Klassenkameraden oder -kameradinnen zusammensetzten, sind Klüngel und Cliquen heute stark altersgemischt. Zu ihnen gehören nicht selten auch jüngere Erwachsene unterschiedlicher sozialer Herkunft und vor allem unterschiedlicher Lebenserfahrung. Eine solche Gruppe kann die Einstellung, das Wertesystem und die Verhaltensprinzipien eines Jugendlichen stärker und nachhaltiger prägen, als es die Eltern jemals vermochten.

Gruppenziele

Harmlos bleiben Gruppierungen, die sich „Außenziele" setzen, die sich also z. B. als „Fangemeinde" eines Sport- oder Rockidols verstehen. Bedenklich sind jedoch Cliquen, die durch einen, wie man es nennen könnte, „kollektiven Egoismus" geprägt sind. Solche Gruppen haben nur das Ziel, jedem Mitglied seine eigene Lust zu gewährleisten. Aber aus dieser Gewährleistung entsteht nur zu schnell ein kollektiver Zwang und damit die Voraussetzung einer sozialen Abhängigkeit.

Teilzusammenfassung

Jugendliche verlassen aus unterschiedlichen Motiven vorzeitig ihre Familie. Protestaussteiger wollen die gesellschaftlichen Verhältnisse verändern, andere Aussteiger streben egoistisch nach neuen Erlebnissen und nach Bewußtseinserweiterung. Die Ursachen des Aussteigens dürfen nicht immer in der Familie gesucht werden. Nicht selten bildet aber ein scheindemokratischer oder scheinliberaler Erziehungsstil ein Klima, das alle Voraussetzungen für eine Motivation zum Ausstieg bietet. Wichtig für das weitere Schicksal des Aussteigers ist die Gruppe, deren Ziele und Verhaltensformen einen Jugendlichen stärker prägen können, als es die Eltern vermochten.

2. Jugendsekten

Demokratische Verfassungen garantieren das Recht auf Glaubens- und Gewissensfreiheit. Dieses Recht nutzen aber Gruppen, deren Ziele den freiheitlichen Prinzipien dieser Verfassungen strikt zuwiderlaufen. Dazu gehören viele Kultgemeinschaften, die als Jugendsekten oder als Nachwuchsorganisationen von Erwachsenensekten immer stärker in Erscheinung treten.
Nun haben aber auch die anerkannten Religionsgemeinschaften Jugendgruppen; einige Jugendliche schließen sich sogar mit weitreichenden Verpflichtungen Klostergemeinschaften an. Wo aber liegt der Unterschied zwischen Jugendsekten und Ordensgemeinschaften? Diese Frage mag absurd erscheinen, aber überzeugte Sektenanhänger pflegen sie in provokativer Absicht immer wieder zu stellen.

Harmlos oder destruktiv?

Nun könnte man harmlose und destruktive Jugendsekten unterscheiden, denn nicht jede dieser Gemeinschaften zelebriert schwarze Messen, betreibt sexuelle Promiskuität oder beutet ihre Mitglieder schamlos aus. Einige Sekten befriedigen durchaus das Bedürfnis der Jugendlichen nach Geborgenheit und religiöser Vertiefung ihres Lebens. Nicht wenige Mitglieder machen einen glücklichen Eindruck und fühlen sich durchaus nicht unfrei und abhängig.
Aber dem verklärten Bild von Zufriedenheit und Geborgenheit, das Sektenprediger und Propagandisten schildern, können düstere entgegengehalten werden.

Beispiel 1
Im November 1978 wurden im Dschungel Guyanas die Leichen von 912 Mitgliedern der Sekte „Tempel des Volkes" gefunden. Sie alle waren gezwungen worden, sich mit Cyanid zu vergiften. Der Sektenführer begründete den mehrfach angekündigten Massenselbstmord mit dem Argument, der Tod so vieler Menschen erwecke Sympathien der ganzen Welt für die Sekte. Bereits ein Jahr zuvor berichtete eine Zeitung von den sklavenhaften Lebensbedingungen, den Erpressungen, Todesdrohungen und Züchtigungen, denen Mitglieder jeden Alters und Geschlechts ausgesetzt gewesen sind.

Beispiel 2
Im Februar 1974 wurde die 19jährige Patricia H., Tochter eines bekannten Milliardärs, von einer radikalen politischen Sekte entführt. Der Vater bezahlte ein hohes Lösegeld. Die junge Frau weigerte sich jedoch, zu ihren Eltern zurückzukehren. Sie verkündete öffentlich, sie habe jetzt ein neues Bewußtsein und werde niemals wieder zu den Eltern zurückkehren. Ihre Verlobung betrachte sie als gelöst. Ihr Vater habe schwere „Verbrechen gegen das Volk" begangen.

Wie können Menschen, oft innerhalb verhältnismäßig kurzer Zeit, ihre Überzeugungen so gründlich ändern, daß sie sogar ihr eigenes Leben zu vernichten bereit sind? Wie können Wertsysteme, zu deren Aufbau Eltern und Lehrer Jahrzehnte benötigten, binnen weniger Tage oder Wochen zerstört werden?

Merkmale destruktiver Sekten

Bei aller Verschiedenheit ihrer Ziele und ihrer Ideologie haben die meisten Sekten folgende Gemeinsamkeiten:

Der „Guru"

- An ihrer Spitze steht fast immer eine lebende religiös überhöhte Führergestalt, deren Charisma von der Gemeinde sorgsam gepflegt wird. Dieser „Führer" versteht sich als „neuer Messias", als „Herr der Wiederkunft", als „Endzeitprophet" oder „Übervater". Seine Tätigkeit bleibt geheimnisvoll und ist keiner Kontrolle unterworfen. Mit seinem Tod gerät die Sekte oft in eine Krise, die mit ihrer Auflösung enden kann.
- Die Sekten sind streng hierarchisch gegliedert und autokratisch geführt. Demokratische Entscheidungsprozesse sind verpönt.

Der Sektennovize

- Der umworbene Jugendliche erhält zunächst das Gefühl von Geborgenheit und Nestwärme. Dann aber durchläuft er als Novize ein System strenger Bewährungsproben.
- Die endgültige Aufnahme wird als „neue Geburt" gefeiert. Der Novize erhält einen neuen Namen und neue Kleidung.
- Der Tagesablauf ist streng geregelt. Das Jahr ist in zahlreiche Feier- und Festtage gegliedert.
- Die vom „Guru" verkündete Lehre, die absoluten Wahrheitsanspruch erhebt, wird scharf gegen konkurrierende Lehren abgegrenzt.
- Die Glaubensüberzeugung wird von Heils- und Erlösungserwartungen bestimmt und pseudowissenschaftlich untermauert. Dabei werden gleichermaßen vage wie fremdartige Begriffe verwendet (oft aus dem indischen Kulturbereich), die der Interpretation viel freien Raum lassen.

Erzwungener Gesinnungswandel

Wie ist es möglich, daß bei einem Menschen Überzeugungen und Wertesysteme innerhalb kurzer Zeit aufgelöst und durch völlig andere ersetzt werden können? Wie erklärt sich der radikale Gesinnungswechsel im Fall Patricia (Beispiel 2)? Was ist mit den Angeklagten politischer Schauprozesse geschehen, die sich selbst beschuldigt und beschimpft haben? Gibt es eine „Gehirnwäsche"?

Gehirnwäsche?

Man kennt inzwischen die Techniken, mit deren Hilfe Überzeugungen und Werthaltungen oft in kurzer Zeit verändert werden können. Grundvoraussetzung ist allerdings, daß der zu manipulierende Mensch sich vollkommen im Einflußbereich anderer befindet.

- Die erste Maßnahme ist die völlige Isolation des zu Bekehrenden. Er muß von allen bestehenden sozialen Bindungen abgeschnitten werden und darf keine unerwünschten Informationen erhalten.
- Permanente Schuldzuweisungen, ständiger Wechsel von Versprechungen und Strafandrohungen verursachen ein Gefühl allgemeiner Unsicherheit.
- Die beginnende seelische Zerrüttung wird durch Angriffe auf die körperliche Widerstandsfähigkeit ergänzt. Mit Hilfe von Schlafentzug durch „Wachprogramme" und eiweißarme Kost kann dies oft in kurzer Zeit erreicht werden.
- Während der Indoktrination darf der Novize niemals ohne Aufsicht mit Schicksalsgefährten Erfahrungen austauschen. Als Gesprächspartner kommen nur Eingeweihte in Frage.
- Die meisten Kultgemeinden praktizieren Meditationsübungen, was der Sekte das Erscheinungsbild von Friedfertigkeit und Innigkeit verschafft. Meditationen können aber, werden sie in eine bestimmte Richtung gelenkt, Bewußtseinsveränderungen bewirken und werden deshalb in den Dienst der Indoktrination gestellt.
  Indische Meditationen haben besonders viele Anhänger. Sie sollen Schlüsselerlebnisse, also etwa Gefühle des „Eins-Sein mit dem Kosmos" vermitteln. Über seine Erlebnisse darf der Eingeweihte aber nicht sprechen, denn nichts hält eine Kultgemeinde stärker zusammen als die gemeinsamen Geheimnisse.

Die Wiedereingliederung sektenabtrünniger Jugendlicher

Jugendliche schließen sich Sekten an, wenn sie verzweifelt sind, wenn ihnen reale oder auch nur vermeintliche Schwierigkeiten über den Kopf wachsen. Will man einen Jugendlichen zum Austritt aus einer Sekte bewegen, so müssen natürlich die Gründe für seinen Eintritt beseitigt werden.

Freiwillige und erzwungene Abkehr

Die meisten Sektenabtrünnigen verlassen jedoch freiwillig die Gemeinschaft, wenn sie erst das System durchschaut und erkannt haben, wie sie ausgenützt und betrogen wurden. Aber selbst bei solch rational begründeter Trennung können beachtliche Reste gefühlhafter Bindungen und auch verfestigte ideologische Einstellungen übrigbleiben. Wenn der Austritt aus der Sekte von den Eltern veranlaßt oder gar erzwungen wurde, läßt sich die Sektenideologie nur mit Mühe und Geduld „aufweichen". Gelegentlich haben sich Eltern berufsmäßiger „Deprogrammierer" bedient, weil sie glaubten, die von der Sekte vorgenommene Gehirnwäsche könne nur durch eine entsprechende Maßnahme wieder rückgängig gemacht werden. Aber eine „Neuprogrammierung" kann nicht der Sinn einer Wiedereingliederung in ein freies Leben sein. Viele Jugendliche, besonders aber die Mädchen, befinden sich nach dem Verlassen der Sekte in schlechtem körperlichem und seelischem Zustand und bedürfen der Erholung und des einfühlsamen Zuspruchs. Ihnen ist in der

Sekte eingebläut worden, jeder Abtrünnige oder Verräter würde von geheimnisvollen Mächten bestraft und nicht selten versucht die Sekte auch mit kriminellen Mitteln, z. B. durch Erpressung, den Abtrünnigen wieder für sich zu gewinnen.
Eltern machen dann meistens den Fehler, ihre Tochter oder den Sohn ständig im Auge zu behalten. Aber diese aufmerksame Beobachtung könnte die paranoischen Beziehungsideen, unter denen viele Sektenabtrünnige leiden, eher verstärken. Es ist also nicht ganz einfach, mit Rückkehrern umzugehen. Einerseits sollen sie mit ihren Depressionen und Zweifeln nicht allein gelassen werden, andererseits muß ihnen genügend Gelegenheit geboten werden, wieder „mit sich ins Reine zu kommen".
Viele Heimkehrer haben das Bedürfnis, über ihre positiven Erfahrungen und Erlebnisse in der Sekte zu sprechen. Es wäre ein Fehler, unterbräche man belehrend und abwertend diese Berichte. Sie müssen schließlich ihren Entschluß, in die Sekte einzutreten und in ihr längere Zeit zu verharren, vor sich selbst ständig rechtfertigen und gäben sich völlig auf, würden sie dies alles radikal als „große Dummheit" bewerten.
Es läßt sich leicht erkennen, daß das Problem der erzwungenen Gesinnungsänderung in einer Sekte und die Probleme der Umkehr große Ähnlichkeiten mit politischen Sachverhalten haben. Sektenabhängigkeit ist exemplarisch für jegliche Art von geistiger Unfreiheit. Wird ein Mensch, der längere Zeit in einem Zwangssystem leben mußte, daraus befreit, so stellen sich nicht immer euphorische Gefühle ein. „Es kann nicht alles schlecht gewesen sein", lautet oft die sprachliche Reaktion der Befreiten. Diesen Zustand der Zwiespältigkeit nennt man in der Psychologie kognitive Dissonanz.

Kognitive Dissonanz

Dieser Begriff stammt aus der neueren Motivationspsychologie. Festinger, einer ihrer wichtigsten Vertreter, hat seine Theorie in zahlreichen Experimenten auf Bewährung geprüft:

Definition

- Der psychische Zustand kognitiver Dissonanz entsteht, wenn neue Erkenntnisse oder Informationen bestehende feste Überzeugungen oder Gewohnheiten in Frage stellen. Der seelische Zustand des Ungleichgewichtes verlangt nach Ausgleich. Die Art, wie kognitive Harmonie oder Konsonanz wiederhergestellt werden kann, ist je nach Person und Überzeugungs- oder Gewohnheitsfestigkeit verschieden.

Es gibt etwa folgende Möglichkeiten:

Auflösung und Reduktion kognitiver Dissonanz

a) Die neuen Informationen oder Erkenntnisse lösen alte Überzeugungen oder Gewohnheiten völlig auf.
b) Die bestehende Überzeugung oder Gewohnheit wird nach Möglichkeit den neuen Informationen angepaßt. Die alte Überzeugung bleibt jedoch im Kern bestehen.
c) Die alte Überzeugung oder Gewohnheit wird gegen die neue Information abgeschirmt und sogar noch verstärkt. Dies geschieht u. a. dadurch, daß der Wahrheitsgehalt der neuen Information angezweifelt wird, indem Gegeninformationen gesucht werden.

Die Art, wie eine kognitive Dissonanz aufgelöst oder wenigstens reduziert werden kann, soll an folgenden Beispielen erläutert werden:

Beispiel 3
Ein Kettenraucher (Nikotinabhängiger) erfährt von der Gefährlichkeit seiner Sucht (Lungenkrebs, Herzinfarkt usw.). Aus dem Zwiespalt zwischen seiner Sucht und seiner Erkenntnis könnte er sich befreien, indem er

a) das Rauchen vollständig aufgibt,
b) seine Rauchgewohnheiten ändert, und etwa zu leichteren Zigaretten übergeht oder
c) die Informationen über die Schädlichkeit des Rauchens in Frage stellt und nach Gegenbeweisen sucht. So mag er sich z. B. eines kettenrauchenden Neunzigjährigen erinnern.

Beispiel 4
Der Guru einer Sekte prophezeite seinen Anhängern, an einem bestimmten Tag ginge die Welt unter. Am bewußten Tag versammelte sich seine Gemeinde in einer Höhle und erwartete dort singend und betend den Weltuntergang. Als dieser auch an den folgenden Tagen nicht eintrat, begannen die Anhänger zu zweifeln (gerieten also in den Zustand kognitiver Dissonanz). Einige Mitglieder verließen enttäuscht die Gemeinde. Die Mehrzahl jedoch suchte nach Gründen für das Ausbleiben des Weltuntergangs. Einleuchtend erschien das Argument, Gott habe nur eine Bewährungsfrist gesetzt, diese müsse aber durch besondere Hingabe genutzt werden.

Das Verhalten vieler Menschen in einem Land mit rascher und tiefgreifender Veränderung der politischen Verhältnisse wird erst verständlich, wenn ihre Probleme unter dem Aspekt der Auflösung kognitiver Dissonanzen gesehen werden.
Das Ziel einer pädagogischen Zuwendung zu Jugendlichen, die einer Sekte den Rücken gekehrt haben, muß sein, sie wieder weltoffen, kritik- und entscheidungsfähig zu machen. Eine Art „Kontra-Indoktrination" wäre die falsche Maßnahme. Dem Jugendlichen vorzuhalten, sein Eintritt und seine Mitgliedschaft in der Sekte sei blanker Unsinn gewesen, könnte die kognitive Dissonanz verstärken, Trotzreaktionen hervorrufen und zur Verfestigung der alten Ideologie führen. „So schlecht sei das ganze nun doch nicht gewesen", solche Verteidigung der Vergangenheit hört man auch nach politischen Umbrüchen. Die Eltern sind für die zurückgekehrte Tochter oder ihren Sohn nicht immer die geeigneten Gesprächspartner. Sie vergessen nämlich leicht, daß der Ausstieg aus der Sekte nicht notwendig eine Rückkehr in den Schoß der Familie bedeutet. Viel besser ist ein gegenseitiger Erfahrungsaustausch in einer Gruppe von Schicksalsgefährten unter Leitung eines sehr zurückhaltend agierenden Pädagogen. In der Gruppe lassen sich nach allen Erfahrungen kognitive Dissonanzen am besten auflösen. Dies zeigen die Erfolge von Gruppentherapien bei verschiedenen Abhängigkeiten. Freilich ist nicht ganz auszuschließen, daß sich in der Gruppe ein Wir-Gefühl bildet und daß kognitive Dissonanzen in unerwünschter Richtung aufgelöst werden.

Trotzreaktionen

Gruppentherapie

Sekten und politische Zwangssysteme

Sektenabhängigkeit bei Jugendlichen ist gesellschaftspolitisch vielleicht nicht das dringlichste Problem. Aber eine Sekte kann als Modell für jegliches politische Zwangssystem fungieren. Sektenabhängigkeit ist exemplarisch für allgemeine geistige Unfreiheit. Die Art, wie junge Menschen indoktriniert werden, wie ihr Bedürfnis nach Sicherheit, Geborgenheit und Gemeinschaft ausgenutzt wird, wie Zukunftsängste mit falschen Versprechungen gedämpft werden und wie der Machthunger weniger auf Kosten der Mehrheit gestillt wird, dies alles haben Sekten mit politischen Zwangssystemen gemeinsam.

Teilzusammenfassung

Beim Eintritt in eine Sekte begibt sich der Jugendliche in Abhängigkeit. Sekten erzwingen mit gezielter Methode eine Veränderung des Überzeugungs- und Wertesystems eines Jugendlichen. Bei einer Rückkehr in die Familie lassen sich solche Indoktrinationen oft nur schwer korrigieren oder auslöschen. Der Zustand kognitiver Dissonanz, in dem sich Jugendliche nach ihrer Abkehr von der Sekte oft noch befinden, kann nur mit pädagogischem Einfühlungsvermögen beseitigt werden. Das Problem der Sektenabhängigkeit stellt sich als exemplarisch für jegliche Art geistigen Zwanges dar.

3. Süchtige Abhängigkeit

Das Wort Sucht ist mit „siech" und auch mit „Seuche" verwandt. Früher bedeutete es einfach Krankheit, was sich noch an Schwindsucht oder Magersucht erkennen läßt. Jetzt hat sich seine Bedeutung in Richtung auf „zwanghaftes, unwiderstehliches und immer wieder auftretendes Verlangen nach..." verschoben. Auf was aber richtet sich dieses süchtige Verlangen?

Triebziel und Triebobjekte

Im 18. Kapitel erwähnten wir Freuds Unterscheidung von Triebziel und Triebobjekt. Triebziel im Sinne Freuds ist die direkte Befriedigung eines Triebes. Triebobjekte hingegen sind die Mittel, die bei einer Triebbefriedigung eingesetzt werden. (Beim Sexualtrieb sind die Triebobjekte die Sexualpartner, also Personen; in seltenen Fällen, wie im Fetischismus, auch Gegenstände wie etwa Kleidungsstücke).

Die Unterscheidung von Triebziel und Triebobjekten erlaubt eine erste Kennzeichnung des Wesens der Sucht: Dem Süchtigen kommt es weniger (oder gar nicht) auf die Triebobjekte als vielmehr auf das Triebziel an. Dieses sucht er auf schnellstmögliche Weise zu erreichen. Folgende Beispiele sollen dies deutlich machen:

Beispiel 5

Dem Stehlsüchtigen (Kleptomanen) kommt es weniger auf das gestohlene Gut als auf den Vorgang des Stehlens an. Triebziel ist die lustgetönte Entspannung beim raschen Zugriff auf das Gut.

Beispiel 6

Der Spielsüchtige strebt nicht in erster Linie nach dem Spielgewinn. Er strebt nach Lust im Wechsel von Spannung und Entspannung beim Glücksspiel.

Beispiel 7

Der Alkoholsüchtige unterscheidet sich vom Weingenießer schon in der Art, wie er trinkt. Letzterer achtet auf das, was er trinkt, auf den Geschmack und die Blume seines Getränks. Der Alkoholiker dagegen strebt die schnellstmögliche euphorische Entspannung an.

Zum Wesen der Sucht gehört vor allem die Zwanghaftigkeit des immer wieder auftretenden Verlangens. Aber es ist nicht ganz einfach, Sucht von Gewohnheit zu unterscheiden.

Gewohnheit und Sucht

Am Morgen haben die meisten Menschen das Verlangen nach erfrischender Körperreinigung und einer belebenden Tasse Kaffee oder Tee. Das ist eine „liebe" Gewohnheit, die man gegebenenfalls (z. B. auf einer Expedition) leicht aufgeben könnte. Aber jede Gewohnheit kann zum Zwang werden. Das normale Händewaschen kann zum Waschzwang, der Kaffeegenuß zur Koffeinsucht, der mäßig, aber regelmäßig genossene Magenbitter kann zum Alkoholismus „ausarten". Wenn aber die Grenzen zwischen Gewohnheit und Sucht nur fließende sind, dann müßte auch ein „Joint Cannabis" zu einer lieben Gewohnheit werden können. Das Argument, Gewohnheiten seien normal, Süchte dagegen pathologisch, bringt uns keinen Schritt voran.

Zwanghafte Handlungen

Wäre dann der Unterschied zwischen Gewohnheit und Sucht nur eine Sache der Dosierung, wobei Dosierung im weitesten Wortsinn verstanden werden müßte? Aber wo wären die Grenzen zwischen normaler und süchtiger Dosierung? Bei welcher Häufigkeit von Spielcasinobesuchen müßte man von Spielsucht sprechen? Wieviele Zigaretten pro Tag definieren die Nikotinsucht? Berücksichtigt man die z.T. erheblichen interindividuellen Toleranzunterschiede für die jeweiligen süchtigmachenden Agentien, so muß das Kriterium der Dosierung als kaum brauchbar angesehen werden.

Die Unterscheidung von Gewohnheit und Sucht könnte jedoch an folgenden Kriterien deutlich gemacht werden:

- Für den Süchtigen hat das Triebziel Vorrang vor den Triebobjekten.
- Der Süchtige wird in seinem ganzen Denken von seinem Verlangen beherrscht. Seine Entscheidungsfreiheit ist eingeschränkt oder sogar ganz aufgehoben.
- Wird der Süchtige am Erreichen seines Triebzieles, der Stillung seines Verlangens, gehindert, so kann er bis zur Aggressivität reizbar werden. Aber auch schwere Depressionen können sich einstellen.
- Wird ein Süchtiger längere Zeit an der Stillung seines Verlangens gehindert, so treten meistens dramatische körperliche Entzugserscheinungen und seelische Veränderungen ein.

Wer dagegen bestimmte Gewohnheiten erworben hat und dann etwa auf eine gewohnte Speise oder gewohnte Tätigkeit verzichten muß, spürt höchstens ein gewisses Unbehagen. Gewohnheiten treten im Bewußtsein meistens völlig zurück und werden oft gar nicht mehr bemerkt. Dagegen beherrschen die Objekte einer Sucht, beherrscht das süchtige Verlangen das gesamte Denken und verdrängt alle anderen Bewußtseinsinhalte. Ein Süchtiger ist auch in seinem Denken und Phantasieren nicht mehr frei, und deshalb wird es verständlich, wenn bei schöpferisch tätigen Menschen die Kreativität versiegt, wenn sie süchtig werden.

Sucht beherrscht Denken und Phantasie

Sucht und Lust

In einem Gedicht Nietzsches lautet eine Zeile: „Weh spricht vergeh! Doch alle Lust will Ewigkeit..." Der Süchtige erstrebt diese „Ewigkeit der Lust" und dieses Streben muß zum Zwang werden.

Lust und Unlust sind existentielle Grundbefindlichkeiten. Deshalb gilt das Verlangen nach Lust und das Vermeiden von Unlust oder Schmerz als Urmotiv jeglichen Verhaltens von Mensch und Tier. Lust und Unlust stehen im Dienste des Lebens, denn alles, was dem Leben nützt, wird als lustvoll, was ihm schadet, als schmerzhaft empfunden.

Biologische Bedeutung von Lust und Unlust

Lust und Unlust entstehen, wenn Bedürfnisse befriedigt werden bzw. wenn sie unbefriedigt bleiben. Während beim Tier Lust und Unlust eng mit den Lebensfunktionen (der Nahrungsaufnahme oder der Sexualität) verbunden bleiben, kann sich Lust beim Menschen verselbständigen, von ihren biologischen Funktionen lösen und autonom werden. Z.B. ißt der Mensch nicht nur,

Autonomie der Lust

um seinem Körper Energie zuzuführen, sondern um des Genusses selbst willen. Ebenso ist seine sexuelle Aktivität fast nur noch ausnahmsweise auf ihren eigentlichen biologischen Zweck gerichtet.
In der freien Natur sind süchtige Tiere noch nicht beobachtet worden. Die Beziehungen zwischen zwanghaftem Lustverlangen und süchtigem Verhalten lassen sich jedoch im Labor an Tieren auf eindrucksvolle Weise darstellen:

Olds und Milner, zwei amerikanische Hirnforscher, entdeckten, daß die direkte Reizung bestimmter Nervenbahnen im Stammhirn von Ratten mittels Elektrizität, bei den Tieren offensichtlich „orgiastische" Zustände hervorrief. Nachdem die Tiere dressiert worden waren, sich durch Tastendruck selbst zu stimulieren, taten sie dies bis zu 7000mal in der Stunde. Sie wären bei diesem typisch „lustsüchtigen" Verhalten verhungert und verdurstet, hätte man sie weiter gewähren lassen. Die elektrische Stimulation regt die Produktion und Ausschüttung bestimmter, für die Fortleitung nervöser Impulse benötigten biochemischen Substanzen an. Diese Neurotransmitter können aber auch durch bestimmte chemische Substanzen, also etwa durch bestimmte Drogen, verändert werden. Das Problem der Lust erscheint somit als ein biochemisches Problem.

Teilzusammenfassung

Alle Verhaltensweisen, die einen raschen Lustgewinn versprechen, können süchtige Verhaltensweisen werden. Der Süchtige erstrebt unter Umgehung oder Vernachlässigung der Triebobjekte eine direkte Triebbefriedigung. Zwischen Sucht und Gewohnheit sind zwar die Grenzen fließend, weil aus jeder Gewohnheit eine Sucht werden kann, dennoch lassen sich Gewohnheit und Sucht durch bestimmte Merkmale unterscheiden. Sucht macht unfrei und behindert Phantasie und schöpferisches Denken. Die bloße Gewohnheit hingegen, wenn sie nicht zum Zwang entartet ist, läßt den seelischen Funktionen freien Raum.

4. Drogenabhängigkeit

Der stetig wachsende Drogenkonsum besonders bei jungen Menschen gehört zu den bedrückenden Problemen unserer Zeit. Mit politischen und strafrechtlichen Mitteln allein lassen sie sich nicht lösen; denn letztlich geht es um die Verantwortlichkeit des Menschen für sich selbst. Das Problem der Drogenabhängigkeit ist dem allgemeineren Suchtproblem untergeordnet, und da Sucht als medizinisch-psychologische Erscheinung zu bewerten ist, muß auch das Drogenproblem in erster Linie als ein medizinisch-psychologisches Problem und die Prävention als pädagogische Aufgabe bewertet werden.

Die relativistischen Argumente

Unterscheidung von legalen und illegalen Drogen

Weshalb soll der Besitz von 100 Gramm Haschisch bestraft werden, während Zigarettenindustrie und Schnapsfabriken Milliarden verdienen? Von dieser Art sind zahlreiche Argumente besonders derer, die eine Legalisierung „weicher" Drogen fordern. Es ist nicht ganz einfach, den relativistischen Argumenten überzeugend zu begegnen. Die Auffassung, Alkohol und Nikotin seien alltagsgebräuchlich und eingebürgert, Cannabis und Kokain dagegen kulturfremd oder exotisch ist von dürftiger Logik, denn Tabak und selbst der Kaffee waren im 17. und 18. Jahrhundert exotische und gelegentlich sogar verbotene Genußmittel.

Der Relativist, welcher eine Legalisierung anstrebt, ist auch vom Gefährlichkeitsargument nicht überzeugt. Er entgegnet, die toxische Wirkung von Nikotin stehe der von Kokain kaum nach und Heroin sei noch vor 80 Jahren als Hustenmittel verkauft worden. Wer die „halluzinogenen Eigenschaften" etwa von LSD erwähne, sollte auch die „weißen Mäuse" des Alkoholikers erwähnen.
Ganz und gar absurd empfindet der Relativist das Argument der Beschaffungskriminalität. Diese sei ja gerade das Ergebnis der Illegalität und der Strafverfolgung. Welche Beschaffungskriminalität wäre erst zu erwarten, verböte man Alkohol und Tabak.
Der Verteidiger „eingebürgerter" Drogen könnte nun eine Rückzugsposition einnehmen und das gesamte Drogenproblem, einschließlich des Alkohol- und Nikotinproblems, als ein solches der Dosierung bewerten. Es käme vor allem darauf an, Exzesse und körperschädigenden Mißbrauch zu verhindern. Gegen ein „Gläschen Wein", ein „Bierchen", „Schnäpschen" oder „Pfeifchen" könne man doch nichts einwenden. Der Relativist würde antworten, es gäbe auch die „still genießenden Kokser" und solche, die sich nur gelegentlich einen „kleinen Joint" genehmigten. Übrigens bewiesen die Verniedlichungen und Verkleinerungsformen das schlechte Gewissen legaler Konsumenten. Auch der Hinweis auf die schrecklichen Bilder von Drogentoten in Bahnhofstoiletten wird einen Relativisten nicht anrühren: Gewiß könne eine Überdosierung bei einem Heroinschuß spektakuläre Folgen haben, aber dramatisch sei auch das der Öffentlichkeit nicht dokumentierte Sterben von Lungenkrebskranken und Leberzirrhosepatienten in Kliniken. Dieses aber nehme man hin.

Wann beginnt der Mißbrauch?

Die relativistischen Argumente und Antworten mögen hier und dort wenig stichhaltig sein, sie sollten jedoch ernstgenommen werden. Wer gegen Drogen kämpft, darf den Kampf gegen die Sucht schlechthin, also auch gegen die Nikotin- und Alkoholsucht nicht vermeiden. Der gemeinsame Gegner ist die Sucht, ist die Abhängigkeit und Unfreiheit. Aber in diesem Kampf ist die Pädagogik gefordert, weil nicht früh genug im Leben eines Menschen mit dem Kampf gegen die Gefahren der Abhängigkeit begonnen werden kann.

Was sind eigentlich Drogen?

Mit dem Begriff Droge verbinden wir spontan Ausdrücke wie Drogenkriminalität, Drogenszene usw. Niemand würde noch Drogerie in diesen Bedeutungskreis mit aufnehmen. Im übertragenen Sinn spricht man heute gern etwa von der „Droge Fernsehen" oder der „Droge Liebesroman" und will damit ausdrücken, daß solche Medien süchtig machen können, daß sie eine betäubende Wirkung haben und als „Fluchthelfer" aus der Realität dienen.

Übertragene Bedeutung

Im engeren und eigentlichen Sinn sind Drogen chemische Substanzen, welche im Organismus Veränderungen hervorrufen. Aber dazu gehören zahlreiche Stoffe, von denen man zwar abhängig ist, die jedoch nicht abhängig machen müssen, obwohl bekanntlich sogar Zucker süchtig machen kann.
Engt man den Begriffsumfang von Droge noch weiter ein, indem man auf die psychischen Veränderungen zielt, so nähert man sich der Bedeutung von Droge wie sie hier angesprochen wird. Drogen wären demnach psychotrope Substanzen. Jedoch wäre der Begriffsumfang noch immer zu weit, denn z. B. verändert auch ein Erfrischungsgetränk bei einem Ermatteten dessen Stimmungslage und Reaktionsbereitschaft. Ungern würden wir jedoch Limonade als psychotrope Substanz oder Droge bezeichnen wollen. Bei Colagetränken und erst recht bei Kaffee wäre dies schon zu überlegen. Demnach kommt es darauf an, von welcher Art psychischer Veränderungen die Rede ist, welche

Eigentliche Bedeutung

psychischen Funktionen und Dispositionen beeinträchtigt oder verändert werden.

Klassifikation der Drogen

Meistens werden die Suchtdrogen nach Herkunft, chemischer Beschaffenheit und Wirkungsweise klassifiziert. Diese verschiedenen Einteilungskriterien machen eine Systematik nicht gerade durchsichtig. Man muß auch bedenken, daß ein und dieselbe chemische Substanz je nach Höhe der Dosierung und je nach der erreichten Toleranz bei einem Konsumenten völlig verschiedene Wirkungen haben kann. Ein Heroinkonsument erlebt zuerst Euphorie, später benötigt er wachsende Mengen, um wenigstens seine schwere Depression mildern zu können. Ein Glas Wein oder auch eine Zigarette können je nach dem Ausgangszustand anregend oder beruhigend wirken.

Es würde hier zu weit führen, gingen wir genauer auf die z. T. schwierigen pharmakologischen, medizinischen und psychologischen Auswirkungen ein. Wenden wir uns statt dessen allgemeineren Problemen der Drogenabhängigkeit zu. Wichtigste Aufgabe der Forschung ist die Bestimmung der Ursachen und Motive des Drogenkonsums.

Ursachen und Motive des Drogenkonsums

Drogenabhängige können ihre Sucht auf eine vorausgegangene notwendige medikamentöse Therapie (Schmerzlinderung z. B.) zurückführen. Diese Ursache ist selbstverständlich hier kein Thema. Die anderen Ursachen können grob in drei größere Komplexe unterteilt werden:

Ursachenkomplexe

a) den Elends- und Verzweiflungskonsum,
b) den Konsum aus Überdruß, Langeweile und Erlebnishunger sowie
c) den Gewohnheitskonsum nach vorausgegangener Verführung.

Diese drei Komplexe können natürlich kombiniert gegeben sein. So wird nicht selten aus einem Gewohnheits- oder Erlebniskonsum in fortgeschrittenen Abhängigkeitsstadien ein Elends- und Verzweiflungskonsum.

Die heute bei weitem wichtigste Ursache ist die Verführung, und da diese oft schon in früher Jugend, gelegentlich sogar in der Kindheit möglich ist, gewinnt sie besondere Bedeutung für den Erzieher.

Gibt es eine „Suchtpersönlichkeit"?

„Er ist ein labiler Junge", so spricht man oft von einem Drogenabhängigen. Was aber bedeutet labil? Untersuchungen sprechen von folgenden Persönlichkeitseigenschaften drogenabhängiger Jugendlicher: Unreife, Unsicherheit, Gefühlslabilität, soziale Kontaktschwierigkeiten, geringe Eigendisziplin und Ich-Stärke, Neigung zu Depressionen, geringe Frustrationstoleranz, Aggressivität, Neurotizismus, Hysterie, vegetative Labilität, Schlafstörungen usw. Kurz, es gibt kaum eine negativ bewertete Eigenschaft, die man nicht in Verbindung mit Drogenabhängigkeit brächte.

Untersuchungen kaum repräsentativ

Es ist jedoch zu bedenken, daß solche Untersuchungen fast ausschließlich an Jugendlichen vorgenommen wurden, die sich bereits einer Therapie unterzogen oder auch aus anderen Gründen in den Gesichtskreis der Forschung gerieten. Möglicherweise sind solche Untersuchungen nicht repräsentativ. Dafür spricht auch die Vielzahl von z. T. sich widersprechenden Eigenschaftszuschreibungen.

Alkoholiker sind wahrscheinlich anders zu beurteilen als Cannabisraucher. Während den Heroinsüchtigen Introversion nachgesagt wird, sind die Beziehungen zwischen der Anzahl der am Tag gerauchten Zigaretten und der Extraversion nachweislich sehr eng. Kettenraucher sind meistens alles andere als kontaktscheu und in sich gekehrt. Es scheint also ziemlich sicher, daß es nicht *die* Suchtpersönlichkeit gibt und daß man keinesfalls eine Suchtgefährdung aus irgendwelchen Persönlichkeitstests ableiten kann.

Verführung und Verführungsresistenz

Mit der erwähnten Labilität könnte gemeint sein, ein Mensch habe (noch) keine stabilen Verhaltensprinzipien entwickelt und sei in seiner Persönlichkeitsstruktur noch wenig gefestigt. Er schwanke „wie ein Rohr im Winde", er sei Versuchungen ausgesetzt, ließe sich leicht überreden und verleiten.
Diese Persönlichkeitsdisposition der Verführbarkeit ist nicht angeboren, sondern entwickelt sich in der frühesten Kindheit. Wenn das Kind schon beim geringsten Schmerz sofort mit Schokolade getröstet wird, wenn es dann sieht, wie der Vater nur zu rasch zur Flasche greift, um seinen Ärger „hinunterzuspülen", lernt es, dies sei offensichtlich die beste Art einer Bewältigung von Schwierigkeiten. Unbilden lassen sich, wie solche Erfahrung zeigt, durch Wohlbefinden, ja sogar durch Euphorie ersetzen. Lernpsychologisch interpretiert, ist diese Erfahrung das Ergebnis eines Lernens durch belohnende Verstärkung.

Verwöhnung und Selbstverwöhnung

Was man „sich genehmigt" ist angenehmer als das, was man „sich versagt". Die Erziehung zum Verzichtenkönnen und zum Widerstand gegen Verführung ist aber eine schwierige pädagogische Aufgabe, die nicht einfacher wird in einer Gesellschaft, die sich aufdringlicher Werbung und raffinierter Lockmittel ausgesetzt sieht. Entscheidend für eine Erziehung zur Verführungsresistenz ist natürlich das Vorbild der Erwachsenen. Bloße Belehrungen sind nach allen Erfahrungen nutzlos.

Verzichten-Können als pädagogisches Ziel

Verführung durch die Clique

Bei Jugendlichen geht der erste Drogenkonsum fast nie auf einen einsamen Entschluß zurück. Wohl aber enden viele Drogenkarrieren in Einsamkeit und Verlassenheit. Fast immer wird der Jugendliche in einer Clique verführt. „Sei kein Frosch!" und „Versuch's doch wenigstens einmal!" sind Aufforderungen, denen er sich nur schwer entziehen kann, wenn ein „Joint" die Runde macht. Da jedoch der erste Zug am Joint alles andere als ein wirklicher Genuß ist, was ja jeder Zigarettenanfänger erfahren muß, bedarf es nach der Erstverführung eines längeren Gruppendruckes, bis der Neuling sich zum gelernten „Kiffer" gemausert hat. Der Zeitraum zwischen dem Erstversuch und der eigentlichen Abhängigkeit ist je nach Drogenart und Genußfrequenz verschieden groß. Es ist dies ein kritischer und entscheidender Zeitraum, innerhalb dessen eine Abkehr noch möglich ist und der für eine pädagogische Intervention genutzt werden muß.

Gruppenzwang

Der Jugendliche fühlt sich zunächst zur Clique hingezogen, deren freie Lebensweise ihm imponiert. Aber er wird auch von Gewissensbissen geplagt, und diese Skrupel, dieses Schwanken müssen Erzieher erkennen und ausnutzen. Geschieht dies nicht, dann greifen skrupellose Cliquenmitglieder zu einem bewährten niederträchtigen Mittel, indem sie versuchen, den Schwankenden an die Gruppe zu binden: Sie machen ihn mitschuldig nach dem Prinzip „Mitgegangen-Mitgefangen". Da der Drogenhandel gegenüber dem bloßen Konsum oder Besitz von Drogen als das schwerere Delikt gilt, besteht die Technik des Schuldigmachens und der Gleichverteilung von Schuld im Bemühen, die Mitglieder und besonders die Neulinge in den Drogenhandel einzubeziehen.

Teilzusammenfassung

Der Begriff Droge ist weit und unklar. Anhänger einer Legalisierung bestimmter Drogen nutzen diese Vagheit des Drogenbegriffs aus und berufen sich auf die Legalität bereits eingebürgerter Drogen wie Alkohol und Nikotin. Unter den verschiedenen Ursachen für den Drogenkonsum ist pädagogisch gesehen die Verführung in der Clique die wichtigste. Es bleibt unentschieden, ob man von einer Suchtpersönlichkeit sprechen kann. Untersuchungen über persönlichkeitspsychologische Voraussetzungen der Drogenabhängigkeit haben keine einheitlichen Ergebnisse erbracht.

5. Suchtprävention

Das pädagogische Ziel muß sein, Jugendliche vor *jeder* Art von Abhängigkeit zu bewahren. Eine Prävention darf sich also nicht auf den Konsum illegaler Drogen beschränken, sondern muß auch den Alkoholgenuß und das Rauchen einbeziehen. Dieser sehr allgemeine Auftrag kann nicht durch spezifische Maßnahmen oder Präventivprogramme erfüllt werden, sondern hier muß die Erziehung von früher Kindheit an wirksam werden. Vorbild und Überzeugungskraft der am Erziehungsprozeß beteiligten Personen sind wichtiger als eine noch so kompetente Belehrung über die Art und Wirkungsweise der einzelnen Suchtmittel.

Vorbeugen durch Aufklärung

Zweifel ist angebracht, ob sich Süchte gleich welcher Art durch Aufklärung verhindern lassen. Viele Drogenabhängige erweisen sich als gut informierte Laienpharmakologen und auch der kettenrauchende Lungenfacharzt kennt sehr genau seine Risiken.

Im zeitlichen Vorfeld einer Gefährdung, also etwa zu Beginn der Pubertät, erscheint jedoch eine dem Aufnahmevermögen der Jugendlichen angemessene Suchtaufklärung sinnvoll. Jedoch sollte sich diese nicht auf die illegalen Drogen beschränken; vielmehr müßte das Suchtproblem als globales Thema behandelt werden. Ob es richtig wäre, die Suchtaufklärung mit der allgemeinen Gesundheitserziehung zu verknüpfen, erscheint ebenso fragwürdig wie die problematische Koppelung der Sexualaufklärung mit der Warnung vor Aids und den Geschlechtskrankheiten.

Abschreckende Aufklärung nicht sinnvoll

Abschreckende Aufklärung hat nach allen Erfahrungen nur eine kurzzeitige Wirkung, was u. a. durch die uns ständig vor Augen geführten Bilder schwerster Auffahrunfälle auf Autobahnen bewiesen werden kann. Die Bilder, auch die von Drogentoten, schockieren zwar, vermögen jedoch das Verhalten Betroffener auf Dauer nicht zu verändern.

Mit der Sexualaufklärung hat die Suchtproblematik noch eine Gemeinsamkeit: Eine zu detaillierte Aufklärung kann „schlafende Hunde wecken". Jugendliche können neugierig gemacht werden und bei der nächsten Gelegenheit ihren ersten „grünen Türken" oder „roten Libanesen" ausprobieren.

Vom Erzieher werden bei der Aufklärung eher pädagogische Phantasie und Einfühlungsvermögen als detaillierte pharmakologische und toxikologische Kenntnisse zu verlangen sein. Man hat auch schon versucht, die Drogenaufklärung gerade von Betroffenen, also von drogengefährdeten Jugendlichen

Aufklärung durch Betroffene

vornehmen zu lassen. Man gründet dies auf die Erfahrung, daß eine intensive Beschäftigung mit einem Thema zur Identifikation mit Prinzipien und Forde-

rungen und damit zu einer Änderung der bisherigen Einstellung und Verhaltensweisen führen kann.
Entsprechendes gilt auch für die Therapie Süchtiger. Der Erfahrungsaustausch in der Gruppe Betroffener und die gegenseitige engagierte Hilfe – erwähnt sei hier nur die Grupppe der Anonymen Alkoholiker – können zwar eine medizinische Entzugstherapie nicht ersetzen, sie liefern aber eine wichtige Voraussetzung für eine Entwicklung der immer notwendigen Motivation zur Abstinenz.
Das Problem der Therapie Drogenabhängiger ist umstritten und auch sehr komplex. Es kann deshalb hier nicht näher auf dieses heikle Thema eingegangen werden.

Folgerungen

Das Ziel jeder Erziehung ist die Mithilfe bei der selbständigen Gestaltung eines erfüllten und freien Lebens. Der Erzieher soll den Jugendlichen anleiten, wie die Schwierigkeiten des Lebens bewältigt werden können. Der Drogenkonsum ist aber eine Flucht vor diesen Schwierigkeiten. Er ist Ausdruck eines geschwächten Selbstwertgefühls und mangelnden Lebensmutes. Viele werden drogenabhängig, weil sie in der Kindheit nicht gelernt haben, Schwierigkeiten zu überwinden und Konflikte zu lösen. Drogenabhängigkeit macht unfrei und behindert die Persönlichkeitsentwicklung. Sie bedroht auch das eigene Leben und die Gesundheit.
Der sich immer weiter verbreitende liberalistische Relativismus, der eine allmähliche Legalisierung bisher illegaler Drogen erstrebt, ist mit diesen Zielen nicht zu vereinbaren mit dem jetzt allgemein anerkannten pädagogischen Prinzip der Erziehung zu freien und selbstverantwortlichen Menschen.

Zusammenfassung

In diesem Kapitel wurden zwei wichtige Ursachen der Abhängigkeit (der Unfreiheit) behandelt. Beim Eintritt in eine Jugendsekte macht sich der junge Mensch mehr oder weniger freiwillig von obskuren Machtstrukturen abhängig und unterwirft sich dem Gesinnungsterror. Zum Drogenkonsum wird der Jugendliche meistens verführt. Die Erziehung ist bei der Vorbeugung und Verhinderung solcher Abhängigkeiten entscheidend gefordert. Aber mit Aufklärung allein ist es nicht getan. Viele Voraussetzungen späterer Abhängigkeit bilden sich schon in der frühen Kindheit. Hier stellt sich die Stärkung der Resistenz gegen Verführung als wichtige und vorwiegend den Eltern übertragene erzieherische Aufgabe.

Worterklärungen

Charisma	Persönlichkeitsausstrahlung
destruktiv	zerstörerisch
Euphorie	Wohlbefinden, gesteigerte Stimmung
extravertiert	Persönlichkeitseigenschaft: gut angepaßt, weltzugewandt, sozial zugänglich; jedoch auch oberflächlich
Frustrationstoleranz	Fähigkeit, Enttäuschungen (Frustrationen) längere Zeit zu ertragen
Guru	geistlicher Lehrer und Oberhaupt eines (exotischen) Kults

halluzinogen	Trugwahrnehmungen (Halluzinationen und Illusionen) erzeugend
Idiom	Spracheigentümlichkeit
Indoktrination	erzwungene Belehrung oder Einflüsterung
Joint	hier: selbstgerollte Haschisch- oder Marihuanazigarette
Kiffer	hier: bereits abhängiger Haschischraucher
Laissez-faire	hier: Gewährung von Freizügigkeit ohne Erziehungsverantwortung
okkult	dunkel, geheimnisvoll
orgiastisch	zügellos wild
Pharmakologie	Wissenschaft von den Arzneimitteln und Drogen
Promiskuität (sexuelle)	sexuelle Aktivität ohne feste Partnerbeziehung
psychotrop	auf die Psyche wirkend und sie verändernd
toxisch	giftig

Biographische Hinweise

Adler, Alfred (1870–1937): Arzt und Tiefenpsychologe; Schüler Freuds. Begründer einer eigenen Schule der sog. Individualpsychologie

Binet, A. (1857–1911): Französischer Arzt und Psychologe

Bühler, Charlotte (1893–1977): Wiener Kinderpsychologin; Verfasserin zahlreicher Bücher über Probleme der Kindheit und Jugendzeit. Lehrte von 1933 an in den USA

Freud, S. (1856–1939): Österreichischer Nervenarzt, Begründer der Psychoanalyse

Fröbel, F. (1782–1852): Pädagoge, Mitarbeiter Pestalozzis, Begründer des Kindergartens

Hobbes, Thomas (1588–1679): Englischer Philosoph, Moralist und Staatstheoretiker. Lehrte, daß der Trieb zur Selbsterhaltung der wichtigste Trieb ist, auf den sich jede Art von Vergesellschaftung des Menschen gründet

Itard, J. M. G. (1775–1838): Französischer Arzt und Taubstummenlehrer

James, W. (1842–1910): Amerikanischer Arzt und Psychologe. Gilt als der Begründer der wissenschaftlichen Psychologie in den USA

Jung, Carl-Gustav (1875–1961): Schweizer Psychiater und Psychologe. Zunächst Anhänger Freuds. Verselbständigung und Gründung einer eigenen tiefenpsychologischen Schule

Lombroso, Cesare (1836–1909): Italienischer Psychiater und Gerichtsmediziner. Begründete die Lehre vom „geborenen Verbrecher"

Pascal, Blaise (1623–1662): Französischer Philosoph, Mathematiker und Moralist

Pawlow, I. P. (1848–1936): Russischer Physiologe (Nobelpreis 1906)

Piaget, Jean (1896–1980): Genfer Psychologe. Veröffentlichte bedeutende Arbeiten über die geistige Entwicklung des Kindes

Rousseau, Jean-Jacques (1712–1778): In Genf geborener französischer Philosoph und Erziehungsmoralist

Skinner, Burrhus F. (geb. 1904): Amerikanischer Psychologe. Begründer einer lerntheoretischen Schule. Veröffentlichte Arbeiten, die besonders für das programmierte Lernen bedeutsam wurden

Watson, J. B. (1878–1958): Amerikanischer Psychologe; Begründer des Behaviorismus

Literaturempfehlungen

Die empfohlenen Bücher sind nach folgenden Prinzipien ausgewählt worden:

1. Sie sind in deutscher Sprache geschrieben und gut lesbar.
2. Sie sollten über den Buchhandel oder die öffentlichen Bibliotheken rasch verfügbar sein.

I. Einführende Werke in die Psychologie

Dörner, D. und Selb, H.: Psychologie. Stuttgart (Huber), 1985.
Schönpflug, W. und Schönpflug, U.: Psychologie. München (Psychologie Verlagsunion), 1989.
Ulich, D.: Einführung in die Psychologie. Stuttgart (Kohlhammer), 1989.
Zimbardo, P. G.: Psychologie. Berlin (Springer), 1983.

II. Wörterbuch und Nachschlagewerke

Assanger, R. und Wenninger, G.: Handwörterbuch Psychologie. München (Psychologie Verlagsunion), 1988.
Dorsch, F.: Psychologisches Wörterbuch. Bern (Huber), 1989.
Grubitzsch, S. und Rexilius, G.: Psychologische Grundbegriffe. Hamburg (Rowohlt), 1987.

III. Einführende Werke in die Entwicklungspsychologie, die Kinderpsychologie und die Jugendpsychologie

Ewert, O.: Entwicklungspsychologie des Jugendalters. Stuttgart (Kohlhammer), 1983.
Mietzel, G.: Wege in die Entwicklungspsychologie. München (Psychologie Verlagsunion), 1989.
Mussen, P.: Einführung in die Entwicklungspsychologie. München (Juventa), 1991.
Oerter, R.: Moderne Entwicklungspsychologie. Donauwörth (Auer), 1987.
Trautner, H. M.: Lehrbuch der Entwicklungspsychologie (2 Bände). Göttingen (Verlag für Psychologie), 1991.

IV. Literatur zu den einzelnen Kapiteln

1. Kapitel
Was ist Psychologie?

Laucken, U. und Schick, A.: Einführung in das Studium der Psychologie. Stuttgart (Klett-Cotta), 1985.

2. Kapitel
Wie arbeitet die Psychologie?

Traxel, W.: Grundlagen und Methoden der Psychologie. Stuttgart (Huber), 1974.
Wottawa, H.: Psychologische Methodenlehre. Weinheim (Juventa), 1988.

3. Kapitel
Zur Geschichte der Kinder- und Jugendpsychologie

Höhn, E.: Geschichte der Entwicklungspsychologie in ihren wesentlichen Ansätzen. Handbuch der Psychologie, Bd. 3. Göttingen (Verlag für Psychologie), 1959.

4. Kapitel
Allgemeine Probleme und Begriffe der Entwicklungspsychologie

Silbereisen, R. K. und Montada, L.: Entwicklungspsychologie. Ein Handbuch in Schlüsselbegriffen. Weinheim (Psychologie Verlagsunion), 1983.

5. Kapitel
Entwicklungsphasen in Kindheit und Jugend

Bergius, R.: Entwicklung als Stufenfolge. Handbuch der Psychologie, Bd. 3. Göttingen (Verlag für Psychologie), 1959.

6. Kapitel
Die Wirkung von Vererbung und Umwelt auf die Entwicklung

Merz, F. und Stelzl, I.: Einführung in die Erbpsychologie. Stuttgart (Kohlhammer), 1972.
Murken, J. und Cleve, H.: Humangenetik. Stuttgart (Enke), 1984.

7. Kapitel
Vorgeburtliche Einflüsse und Geburt

Krüll, M.: Die Geburt ist nicht der Anfang. Stuttgart (Klett), 1989.
Schindler, S. (Hrsg.): Geburt – Eintritt in eine neue Welt. Göttingen (Verlag für Psychologie), 1982.

8. Kapitel
Das neugeborene Kind und der Beginn des bewußten Erlebens
Flehmig, J.: Normale Entwicklung des Säuglings und ihre Abweichungen. Stuttgart (Thieme), 1990.
Spitz, R.: Vom Säugling zum Kleinkind. Stuttgart (Klett), 1965.

9. Kapitel
Die ersten Erfahrungen und ihre Folgen
Brazelton, T.B. und Cramer, B.G.: Die frühe Bindung – Die erste Beziehung zwischen dem Baby und seinen Eltern. Stuttgart (Klett), 1991.
Ernst, C. und Luckner v., N.: Stellt die frühe Kindheit Weichen? Stuttgart (Enke), 1985.
Marshall, M.K. und Kennell, J.H.: Mutter-Kind-Bindung. (Über die Folgen einer frühen Trennung). Kempten (Kösel), 1983.

10. Kapitel
Körperliche und psychische Geschlechtsunterschiede
Merz, F.: Geschlechtsunterschiede und ihre Entwicklung. Göttingen (Verlag für Psychologie), 1979.

11. Kapitel
Abhängigkeit und Angst
Krohne, H.W.: Theorien zur Angst. Stuttgart (Kohlhammer), 1976.
Seligman, M.E.P.: Erlernte Hilflosigkeit. München (Urban und Schwarzenberg), 1979.

12. Kapitel
Identifikation und Imitation
Bandura, A.: Lernen am Modell. Stuttgart (Klett), 1976.
Uzgiris, I.: Die Mannigfaltigkeit der Imitation in der frühen Kindheit. In: Montada, L. (Hrsg.): Brennpunkte der Entwicklungspsychologie. Stuttgart (Kohlhammer), 1979.

13. Kapitel
Das Denken und seine Entwicklung
Oeveste zur, H.: Kognitive Entwicklung im Vor- und Grundschulalter. Göttingen (Verlag für Psychologie), 1987.

14. Kapitel
Die geistige Entwicklung des Kindes in der Lehre Jean Piagets
Steiner, G. (Hrsg.): Piaget und die Folgen. In: Psychologie des 20. Jahrhunderts, Bd. VII. Zürich (Kindler), 1978.

15. Kapitel
Die Entwicklung der Sprache beim Kinde
Kegel, G.: Sprache und Sprechen des Kindes. Opladen (Westdeutscher Verlag), 1987.
Szagun, G.: Sprachentwicklung beim Kind. München (Psychologie Verlagsunion), 1991.

16. Kapitel
Die moralische Entwicklung des Kindes und des Jugendlichen
Hoffmann, M.L.: Eine Theorie der Moralentwicklung im Jugendalter. In: Montada, L. (Hrsg.): Brennpunkt der Entwicklungspsychologie. Stuttgart (Kohlhammer), 1979.
Pelzer, U.: Lawrence Kohlbergs Theorie des moralischen Urteilens. Opladen (Westdeutscher Verlag), 1986.

17. Kapitel
Probleme der Geschlechtsreifung
Lempp, R. (Hrsg.): Adoleszenz. Stuttgart (Huber), 1981.
Olbrich, E. und Todt, E.: Probleme des Jugendalters. Berlin (Springer), 1984.
Steinhausen, H. Chr.: Das Jugendalter. Stuttgart (Huber), 1990.

18. Kapitel
Abweichende Sexualentwicklung (Homosexualität)
Bräutigam, W.: Formen der Homosexualität. Stuttgart (Enke), 1967.
Dannecker, M.: Homosexuelle und die Homosexualität. Frankfurt (Syndikat Autoren und Verlagsgesellschaft), 1978.

19. Kapitel
Psychische Störungen und Psychotherapie im Kindesalter
Biermann, G. (Hrsg.): Handbuch der Kinderpsychotherapie. Frankfurt (Fischer), 1988.
Deegener, G.: Grundlagen der Psychotherapie bei Kindern und Jugendlichen. Weinheim (Beltz), 1990.
Schmidtchen, St.: Kinderpsychotherapie. Stuttgart (Kohlhammer), 1989.

20. Kapitel
Sozial auffälliges Verhalten von Kindern und Jugendlichen
Bäuerle, S.: Kriminalität bei Schülern

(2 Bände). Stuttgart (Verlag für angewandte Psychologie), 1988.
Klockhaus, R. und Trapp-Michel, A.: Vandalistisches Verhalten Jugendlicher. Göttingen (Verlag für Psychologie), 1987.
Moser, T.: Jugendkriminalität und Gesellschaftsstruktur. Frankfurt (Suhrkamp), 1970.
Schumann, K. F. (Hrsg.): Jugendkriminalität und die Grenzen der Generalprävention. Neuwied (Luchterhand), 1987.

21. Kapitel
Neue Freiheit – neue Abhängigkeit

Jugendsekten:

Korpe, K. G. und Müller-Küppers, M. (Hrsg.): Destruktive Kulte. Göttingen (Vandenhoeck und Rupprecht), 1983.
Müller-Küppers, M. und Specht, F.: Neue Jugendreligionen. Göttingen (Verlag für medizinische Psychologie), 1979.
Zinke, K. G.: Religionen am Rande der Gesellschaft. München (Kösel), 1978.

Drogenabhängigkeit:

Kindermann, W.: Drogenabhängig. Freiburg (Lambertus), 1989.
Kollehn, K. und Weber, N. H.: Der drogengefährdete Schüler. Düsseldorf (Schwann), 1991.
Scheerer, S. und Vogt, J. (Hrsg.): Drogen und Drogenpolitik. Ein Handbuch. Frankfurt (Campus), 1989.

Stichwortverzeichnis

Abhängigkeit
– emotionale 112 ff.
– instrumentelle 115 ff.
– süchtige 234
Abstraktion 138 f.
– egozentrische 142
Adoleszenz 181
Aggressivität 133
Akkommodation 148
Akzeleration 47 ff.
– säkulare 48 f.
Alter, chronologisches 43
Amoralität 177
angeboren 66
Angst 119 ff., 210
– kategoriale 139
Angstauslöser 121 f.
Angstlust 122
Anpassung 146 f.
Anschaulichkeit 155
Apgartest 77
Appetenz 91
Artikulation 166
Assimilation 147 f.
Asynchronie 48
Attribuierung 197 f.

Bedürfnisbefriedigung 99
Begriffe, moralische 174
Behandlungsmöglichkeiten 207
Beobachtung 22
Bewußtseinsvorgänge 10, 16
Bindung 111
Binetarium (Staffelprüfsystem) 37
Biogenetisches Grundgesetz 33 f.
Bisexualität 192 ff.
Brustfütterung 94

Charakter 14
– oraler 93
Chromosomen 65, 104 f.

Daumenlutschen 95 ff.
Delinquenz 219
Denken 136 ff., 150 f.
Denkhandlungen 135
Denkoperationen 148 f.
Differenzierung 41 f.
Disharmonische Phase 184
Diskordanzquotient 67
Diskrepanzwahrnehmung 122
Dissonanz, kognitive 232
Drogen 236 ff.

Egozentrismus 149 f.
Ehrlichkeit 173 f.
Eidetik 137
Einwortsatz 165
Elektrakomplex 199
Embryonalstadium 70 f.
Entwicklung 40 ff.
Entwicklungsabschnitt 70
Entwicklungsgeschwindigkeit 46
Entwicklungshomosexualität 193
Entwicklungsnormen 36 f.
Entwicklungsphasen 52 ff.
Entwicklungsschub 54
Entwicklungsstörung 77
Entwicklungsstottern 166
Entwicklungsvorsprung (der Mädchen) 109
Entzugsprägung 57
Erkenntnisquellen 20 ff.
Erogene Zonen 92
Erotik 190
Ersatzhandlung 96
Erwerbungstheorie 189
Erziehungsklima 95, 118
Erziehungsresignation 223
Erziehungsschwierigkeiten 206
Es 178
Experiment, diagnostisches 26

Familienanalyse 222
Fehlentwicklungen (bei Jungen) 109
Fötalstadium 71
Frühentwickler 185
Frühgeburt 76
Frustration, orale 96
Fütterungstechnik 94
Furcht 120

Geburtsschädigungen 75
Geburtsschrei 81, 161
Geburtstrauma 75
Gehemmtheit 206
Gehör (des Neugeborenen) 86
Gene 65
Geruchssinn (des Neugeborenen) 86
Geschlecht, anatomisches 106
– genetisches 104
– hormonales 105
– psychisches 107
Geschlechtschromosomen 104 f.
Geschlechtsmerkmale 101 f.
Geschlechtspolarität 101
Geschlechtsreifung 181 f.
Geschlechtsrollen 102
Geschlechtsspezifische Merkmale 101 f.
Geschlechtsunterschiede, biologische 104
Geschmackssinn (des Neugeborenen) 86
Gestaltwandel 52
Gewissen 178
Grammatik, kindliche 161
Gruppentherapie 214

Habit 98
Heimkind 59, 140
Hermaphrodit 107, 200
Homosexualität 192 ff.

Ich 178
Identifikation 124, 127
– mit dem Angreifer 126
Imitation
– intentionale 132
– inzidentelle 132
– von Aggressionen 133
– von Lauten 163
Imitationsmodell 132
Instanzenmodell (Freud) 178
Instinkt 91
Intelligenzalter 37, 43
Intelligenzquotient 37 f.
Intelligenztest 209
Interessenwandel (Pubertät) 186 f.
Introversion 187
Isolation 58, 140 f.

Jugendkriminalität 216
Jugendsekten 229 ff.
Jugendsexologie 190
Jugendstrafrecht 219

Kategoriales Verhalten 138 ff.

Kategoriebildung 139 ff.
Kategorien, kindliche 139
Kindchenschema 81
Kinder, evakuierte 59
Kinderanalyse 213
Kindersprache 159 f.
Kindertagebücher 32
Klinische Methode
(Piagets) 152
Koedukation 102
Kognition 12
Kompensation 179
Konkretismus 142
Kriminalität 172 f., 221
Kulturrelativismus 103

Lächeln 85
Lallmonolog 163
Lebenserfahrung 21 f.
Lebensplan 189
Lebenswirklichkeit 28
Leerlaufhandlung 91 f.
Leistungsdruck 210
Leistungsmotivation 117
Lernen
– am Erfolg 89
– durch Beobachtung 130 f.
– durch Konditionieren 87 f.
– durch Nachahmung 89, 129
Liebesverlust 221
Lovemaps 303

Massenbewegungen 83
Mehrsprachigkeit 159
Menarche 184, 187
Mentale Übung 131
Minderwertigkeitsgefühl 179
Modell 132
Moralität 169 f.
Morallehre 169 f.
Mutter-Imago 125
Mutter-Kind-Beziehung 113
Mutterprägung 58
Muttertrennung 58 f.

Nennfunktion
(der Sprache) 165
Neurose 213

Ödipuskomplex 199
Operationen
– konkrete 149
– verinnerlichte 149
Oralität 92
Ordnungserfahrung 172

Persönlichkeit
– orale 93
Persönlichkeitspsychologie 14
Phase 53
– kritische 55 f.
– sensitive 61
Pollution 184
Präformationstheorie 40
Prägung 55 f.
– latente 57 f.
prämatur geboren 76
Probehandlungen 136
Prognose (der Kriminalität) 224
Projektion 127 f.
Projektiver Test 127
Prüfexperimente 26
Psychische Störungen 205 f.
psychosomatisch 207
Psychotherapie 212
Puberale Phasen 183
Pubertät 181 ff.
Pubertätskriterien 182

Rauchen (während der Schwangerschaft) 73 f.
Reaktionsfähigkeit 24
Reflex 83 f.
Reflexe, Darwinsche (des Neugeborenen) 83
Reifezeit 183, 185
Reiz, bedingter 88
Reizgeneralisierung 88
Retardierung 49 f.
Resozialisierung 225
Ressentiment 179
Reue 223 f.
Reversibilität
(des Denkens) 148

Saugen 91 f.
Schema 146 f.
– kognitives 147
– sensumotorisches 147
Schlaf (des Neugeborenen) 82
Schnalzlaute 163
Schreien 81 f.
Schreiketten 162
Schwärmen 186
Schwangerschaft 70 ff.
Schwererziehbarkeit 218
Seele 9 f.
Sehen 85
Selbständigkeit
– Entwicklung zur 61
– frühe 117 f.
Selbstfindung 188

Sexualität 189 ff.
– frühkindliche 92
Sissy-Boys 202
Skelettalter 43
sozialer Dialekt 158
Spätentwickler 185
Spiel (als Modell von Ordnung) 172 f.
Spieltherapie 213 f.
Sprache 20, 139 f., 150 f.
Sprachentwicklung 140 f., 150 f., 161 f.
– bei Unterprivilegierten 162, 167 f.
Sprachnormen 160
Sprachverständnis, passives 164
Stammeln 166
Statistik 23
Statusneid 126
Störungen, vorgeburtliche 70 ff.
Strafen 217 f.
Strafvollzug 216
Stufe 54
Stufenlehre (von Piaget) 153 ff.
Stufentheorie (von Kohlberg) 175
Sucht 234 ff.
Suchtpersönlichkeit 238
Suchtprävention 240
Surrogatmutter 113 f.
symbolischer Diebstahl 221

Tabula-rasa-Theorie 40 f.
Temperatursinn (des Neugeborenen) 86
Test, psychologischer 26 f.
Träume 82
Trieb 91
– oraler 92
Trotz 182

Über-Ich 178
Überkompensation 179
Umwelt 63 f.
Unbewußtes 16
Unselbständigkeit 117
Urgefühl 87
Urteilsvermögen, moralisches 174
Urvertrauen 93 f.

Vandalismus 221
Vererbung 65
Verfremdung 122
Verführung
– zum Drogenkonsum 239

– zur Unehrlichkeit 173
Verhaltenstherapie 214 f.
Verinnerlichung 136
Verlaufsform (der Entwicklung) 43 ff.
Verstärkungsschema 116, 185
Versuchsplan 24
Vertrautheitsschemata 122
Verwahrlosung 218 f.
Verwöhntheit 115
Vorgeformtheit 40
Vorpubertät 182 f.
Vorstellungen 137
Vorstellungsschemata 143 f.

Wachstum 41 f.
Wachstumsschub 184
Wahrnehmung 136 ff.
Wahrnehmungsfunktionen 84 f.
Wertnormen 189
Wolfskinder 58, 160 f.
Wortschatz 44, 166

Zeit, biologische 42
Zeitbewußtsein 189
Zeitperspektive 176 f.
Zwillingsforschung 67 f.
Zyklen, biologische 53

Namenverzeichnis

Adler, A. 81, 179
Angermeier, W. F. 116

Bandura, A. 133
Bernstein, B. 99, 167
Binet, A. 37
Bowlby, J. 59
Bühler, Ch. 182, 190
Busemann, A. 38

Danziger, L. 38
Darwin, Ch. 33

Erikson, E. H. 93

Festinger, L. 232
Freud, A. 59, 214
Freud, S. 16, 35, 92 f., 94, 136, 178, 189, 193, 199, 223, 234
Fröbel, F. 169

Gesell, A. 54
Goldfarb 59

Haeckel, E. 33
Hall, St. 33
Harlow, H. F. 113
Hartshorne, H. 171, 177
Hebb, D. O. 122
Heckhausen, H. 117
Heidegger, M. 121
Hellpach, W. 54
Hetzer, H. 38
Hirschfeld, M. 192, 198
Hobbes, Th. 169
Hunt 57

Itard, J. 58

James, W. 84
Jung, C. G. 187

Katz, D. 142
Key, E. 35
Kinsey, A. Ch. 190, 192
Klages, L. 179
Klein, M. 214
Kohlberg, L. 174 f.
Kretschmer, E. 179, 186

Levy 97
Lewis, M. M. 162
Lombroso, C. 170
Lorenz, K. 81, 113

May, R. 171, 177
McCarthy, D. 160
Mead, M. 102

Palmer 162
Pawlow, I. 87
Pestalozzi, J. H. 31, 169
Piaget, J. 54, 146 ff., 172
Portmann, A. 80
Preyer, W. 32

Rank, O. 75
Raynor, J. O. 88
Richter, H. E. 212 f.
Rousseau, J. J. 169

Sack, F. 220
Sarason 123
Scheler, M. 223 f.
Sears 119
Skinner, B. F. 115 f.
Stern, W. 35, 37,159, 165
Spranger, E. 188, 190, 196

Terman, L. M. 38
Tinbergen, N. 91
Traxel, W. 40

Villinger, W. 218
Volkelt, H. 38

Watson, J. B. 88,139
Wertheimer, M. 142
Winterbottom 117

Zeller 183
Zulliger, H. 214, 221

Recht für Erzieherinnen und Erzieher

Verf.: Simon Hundmeyer

Dieses juristische Lehrbuch vermittelt, in einer auch dem Laien verständlichen Darstellungsweise, das Grundwissen über die wichtigsten Rechtsvorschriften, die Kinder, Jugendliche, Heranwachsende und Erzieher betreffen. Gelegentlich wird dem Erzieher bewußt, daß pädagogische Erkenntnisse und beruflicher Auftrag in Widerstreit zu den gesetzlichen Bestimmungen treten können. Nicht nur in solchen Konfliktfällen trägt die Kenntnis der jeweiligen rechtlichen Situation zur Sicherheit des Erziehers und seiner Berufspraxis bei.
Soweit es die Materie erlaubte, bilden Fälle und Beispiele aus der Berufspraxis des Erziehers die Ausgangspunkte der einzelnen Kapitel. Die amtlichen Lehrpläne der Fachschule und der Fachakademie für Sozialpädagogik wurden berücksichtigt.

„Praxisbezogene, ohne juristische Vorbildung lesbare Einführung in das Jugendrecht im weitesten Sinne sowie den Erzieherberuf betreffende Rechtsfragen . . . zur Erstinformation und Aneignung von Grundkenntnissen." (ekz-Informationsdienst 7/92)

11. überarb. Auflage 1992
192 S., kart.,
ISBN 3-8058-2408-4

Soziologie für Erziehungs- und Sozialberufe

Hrsg.: Gudrun Cyprian, Hans-Peter Frey, Friedrich Heckmann

Dieser Band ist eine Einführung in die Soziologie, die sich vor allem an Studierende von Erziehungs- und Sozialberufen, wie Vorschul- und Heimerziehung, Sozialpädagogik, Heilpädagogik usw., wendet. In fünfzehn Kapiteln werden soziale Strukturen und Prozesse der Gesellschaft der Bundesrepublik Deutschland mit Berücksichtigung der neuen Bundesländer untersucht. Die Stoffauswahl ist praxisbezogen, d.h. bei Themen wie Industriegesellschaft, Familie, Schule, Partnerwahl, Beruf, ethnische Minderheiten, Kriminalität und Drogenproblemen wird immer wieder von der Frage ausgegangen, welche soziologischen Tatbestände den Erzieher unmittelbar angehen und welche sozialen Konflikte er selbst lösen muß. Die Berufsfeldanalysen Heimerziehung und Kindergarten runden diesen Überblick ab. Am Ende eines jeden Kapitels wird auf weiterführende Literatur zur Vertiefung des Stoffgebietes hingewiesen.

9. völlig neubearb. Auflage
ca. 250 S., Abb., kart.,
ISBN 3-8058-2514-5

TR-Verlagsunion · Postfach · 8000 München 26